Coleção

REVISAÇO®

REDAÇÃO OFICIAL E DISCURSIVA

Pablo Jamilk

Coleção REVISAÇO®

REDAÇÃO OFICIAL E DISCURSIVA

2ª edição
Revista, ampliada e atualizada

2017

EDITORA JusPODIVM
www.editorajuspodivm.com.br

EDITORA
*Jus*PODIVM
www.editorajuspodivm.com.br

Rua Mato Grosso, 164, Ed. Marfina, 1º Andar – Pituba, CEP: 41830-151 – Salvador – Bahia
Tel: (71) 3045.9051
• Contato: https://www.editorajuspodivm.com.br/sac

Diagramação: SBNigri Artes e Textos Ltda. *(sbnigri@centroin.com.br)*

Capa: Rene Bueno e Daniela Jardim *(www.buenojardim.com.br)*

Apresentação da Coleção Revisaço

"REVISAÇO" é a consagrada coleção de questões comentadas da *Editora Juspodivm*.

Com cuidado, pensamos num formato que fosse além dos comentários das questões. Algo que realmente pudesse ajudar o aluno no estudo de concursos ou Exames de Ordem, principalmente na revisão final.

Para isso, estabelecemos a seguinte estrutura **didática**:

- **Questões divididas por matéria e assunto, comentadas assertiva por assertiva, item por item**, demonstrando tanto o que está certo como o que está errado na questão;
- Sempre que possível, há uma "nota do autor" em cada questão trazendo **comentários que vão além do assunto abordado no exercício.**

Ao final das disciplinas apresentamos:

- **Dicas de estudo**, funcionando como verdadeiro resumo da matéria;
- **Súmulas dos Tribunais Superiores**;
- **Informativos do STF, STJ e TST**;
- **Orientações Jurisprudenciais.**

A ideia, portanto, é apresentar a **prática do concurso ou Exame da Ordem** (questões), a **doutrina para estudo** (dicas) e a **jurisprudência** (súmulas e informativos), formando a tríade necessária para uma revisão (verdadeiro REVISAÇO!) rumo ao sucesso na aprovação.

Vários livros compõem a coleção e, para todos, chamamos grandes nomes, professores experientes, profissionais de destaque e especialistas em cada área para que organizassem as obras e comentassem as questões.

Acreditamos que essa coleção será bastante útil aos candidatos de concursos públicos e Exame de Ordem.

EDITORA JUSPODIVM

www.editorajuspodivm.com.br

Nota do autor à 2ª edição

Seja bem-vindo, concurseiro batalhador, ao livro *Revisaço de Redação Oficial e Discursiva*. Este autor agradece pela confiança e pelo interesse em estudar esses dois fantásticos temas que povoam o universo dos concursos públicos.

Serei breve na explicação daquilo que se segue sob forma de conteúdo do texto. Inicialmente, você deve saber que as questões comentadas deste livro são extraídas das mais diversas bancas examinadoras e versam sobre os mais diversos assuntos relacionados à correspondência oficial – um tópico que ganha cada vez mais importância nos certames ao longo do país.

Fique ciente, portanto, de que você há de lidar com alguns assuntos que, por vezes, serão repetitivos (a exemplo dos fechos comunicativos), mas eu garanto que é fundamental estudar todas as maneiras de redigir a mesma questão, ou seja, não pule questões, não deixe para depois os assuntos aqui arrolados. Eles podem ser a chave para sua aprovação no concurso. Lembre-se de que Redação Oficial é muito mais uma questão de memória e entendimento de como a questão está redigida.

Como se tornou uma tendência de cobrança nos últimos tempos, muitas bancas começaram a exigir o conhecimento da técnica de Redação Oficial. Fiz questão de incluir esses elementos nesta nova edição do livro. Será possível perceber como algumas bancas ainda não têm a menor intimidade com o assunto, ao passo que outras se consolidam por sua tradição. Os comentários serão postos de forma a identificar quais questões poderiam ou deveriam ser anuladas por má elaboração.

Quanto à parte da prova discursiva, da nossa redação, eu busquei trazer alguns apontamentos teóricos a respeito de como escrever os textos. Escrevi os passos fundamentais sobre a escrita das redações, considerando propostas e temáticas. Há, neste livro, propostas de redação, redações comentadas (com análise de argumentação e adequação ao que foi solicitado pela banca examinadora), exemplos de estudos de caso, exemplos de padrões de resposta que a banca pode apresentar ao candidato. Em resumo, trago para você o que há de fundamental para escrever uma redação passível de receber a nota máxima em seu concurso!

Pronto. Podemos interromper a conversa para começarmos a trabalhar!

Força, guerreiro!

Professor Pablo Jamilk

Sumário

Redação Oficial – Banca FCC

01. (FCC – AA (SERGAS)/SERGAS/2010) Assunto: Atributos da Redação Oficial (impessoalidade, forma, concisão e clareza). A maneira pela qual o poder público redige atos normativos e comunicações denomina-se redação

a) empresarial.

b) oficial.

c) governamental.

d) mercadológica.

e) estadual.

COMENTÁRIOS

a) redação empresarial (também chamada de redação corporativa) é o conjunto de procedimentos adotados para a comunicação em uma empresa ou em uma corporação.

b) pelo Manual de Redação da Presidência da República, Redação Oficial é o meio pelo qual o poder público redige seus atos normativos.

c) não há, na teoria sobre redação de expediente, definição para redação governamental, ou seja, não se pode falar que exista um padrão para esse tipo.

d) redação mercadológica poderia ser definida como a redação comercial, ou de mercado, o que não se confunde com redação de expediente (ou oficial).

e) não se emprega o termo redação estadual para a composição de documentos oficiais. O correto é redação oficial.

Gabarito: B

02. (FCC – Sec Exec (SERGAS)/SERGAS/2010) Assunto: Atributos da Redação Oficial (impessoalidade, forma, concisão e clareza). Alguns dos princípios da redação oficial são:

a) imparcialidade e objetividade.

b) cortesia e parágrafos curtos.

c) precisão e estilo rápido.

d) estilo floreado e emprego da ortografia comercial.

e) adoção de formatos padronizados e emprego da ortografia oficial.

COMENTÁRIOS

a) apesar de o texto oficial primar pela impessoalidade, não se fala nada a respeito de imparcialidade.

b) o MRPR não faz menção a cortesia como princípio para comunicação oficial.

c) não há menção a estilo rápido ou a precisão no MRPR.

d) estilo floreado é contrário à objetividade que o MRPR exige; já a ortografia a ser empregada é a do padrão formal, não a comercial (que nem existe, diga-se de passagem).

e) os princípios da Redação Oficial são: impessoalidade, concisão, clareza, formalidade, uniformidade e uso do padrão culto da linguagem. Disso se compreende que a formalidade está associada à adoção de formatos padronizados e o emprego da ortografia oficial se relaciona ao uso do padrão culto da linguagem.

Gabarito: E

---

03. (FCC – AJ TRT12/TRT 12/Judiciária/2010) Assunto: Atributos da Redação Oficial (impessoalidade, forma, concisão e clareza). Ao se redigir um documento oficial, deve-se atentar para as seguintes recomendações:

I. Praticar a concisão e a clareza, de modo a que poucas palavras possam trazer muita informação, não deixando dúvida quanto à significação do conjunto do texto.

II. A comunicação oficial não exime o redator de manifestar claramente sua subjetividade, por meio de opiniões criativas e do posicionamento estritamente pessoal diante de uma questão.

III. A formalidade da linguagem é uma característica imprescindível da redação oficial, fazendo-se notar, por exemplo, pela observância da norma culta e pelas formas protocolares de tratamento.

Está correto o que consta APENAS em

a) I.

b) II.

c) III.

d) I e III.

e) II e III.

COMENTÁRIOS

I. o MRPR sugere que, no critério e clareza, sejam eliminadas as repetições e a informações inúteis, de modo que seja possível compreender a mensagem com o mínimo de texto. Esse item está correto.

II. o princípio da impessoalidade impossibilita posicionamentos particulares de qualquer natureza, ou seja, impressões pessoais devem ser evitadas a todo custo na composição de um texto oficial. Esse item está errado.

III. esse item segue os princípios da formalidade e do uso do padrão culto da linguagem, os quais fazem entender que o uso de formas protocolares e a observância da norma culta são elementos essenciais para que uma comunicação possa ser considerada oficial. Esse item está correto.

Gabarito: D

---

04. (FCC – AA (SERGAS)/SERGAS/2010) Assunto: Ortografia e Gramática (redação Oficial). Expressões que podem causar um efeito negativo na redação são:

a) prematuro, anteriormente e falha.

b) conforme entendimento, superficial e anexo.

c) falha, ineficiência e despreparo.

d) através desta, absurdo e pela presente.

e) apesar de, anexo segue e recebemos.

COMENTÁRIOS

a) não há indicadores de expressões que criem efeito negativo na comunicação.

b) não há indicadores de expressões que criem efeito negativo na comunicação.

c) essas expressões – semanticamente falando – indicam efeitos negativos. No gabarito oficial, a banca examinadora considerou que esse item era o correto. Apresenta divergências, no entanto, uma vez que o emprego desses elementos não prejudica a formulação do texto.

d) identificam-se nesse item elementos que causariam erro na formulação de uma comunicação oficial, porque se enquadram como elementos incorretos na escrita oficial. O primeiro (através desta) é empregado para designar algo físico (passar através de algo); o segundo (absurdo) revela impressão pessoal, e não deve ser empregado; o terceiro termo (pela presente) é uma expressão "cristalizada" (vazia) e não deve ser empregada na Redação Oficial. A banca examinadora deveria ter optado pela letra "d" como item correto.

e) não há incorreção no emprego dos elementos desse item.

Gabarito: C

---

05. (FCC – AA (SERGAS)/SERGAS/2010) Assunto: Ortografia e Gramática (redação Oficial). A expressão que apresenta um pleonasmo na correspondência é

a) então.

b) além disso.

c) rogamos que.

d) reiterar outra vez.

e) casualmente.

COMENTÁRIOS

a) essa palavra é apenas uma conjunção conclusiva, ou seja, não é pleonástica.

b) essa expressão é uma locução adverbial inclusiva, ou seja, não é pleonástica.

c) essa é uma expressão que introduz um pedido na comunicação.

d) o vocábulo "reiterar" significa "reafirmar", ou seja, afirmar novamente. Empregar a construção "reiterar outra vez" é um vício de linguagem denominado "pleonasmo". Esse vício consiste em uma repetição desnecessária.

e) essa palavra é um advérbio de modo, não é um item repetitivo.

Gabarito: D

---

06. (FCC – AA (SERGAS)/SERGAS/2010) Assunto: Ortografia e Gramática (redação Oficial). Identifique os vícios de linguagem que dificultam a comunicação:

a) ambiguidade, estrangeirismo e cacofonia.

b) concordância, coesão e naturalidade.

c) correção, concisão e clareza.

d) barbarismo, pleonasmo e simplicidade.

e) cacofonia, coesão e correção.

COMENTÁRIOS

a) a ambiguidade é prejudicial, pois dificulta a interpretação da mensagem final. Ambiguidade ou anfibologia é o vício que consiste em haver mais de uma interpretação possível de um texto, em função de sua redação. O estrangeirismo não é vedado pelo Manual de Redação da Presidência da República, mas seu uso deve ser restrito. A cacofonia (fenômeno que consiste na formação de outras palavras ou de expressões de sonoridade desagradável em razão da posição dos vocábulos em uma frase) também é um vício de linguagem que deve ser evitado.

b) esses três elementos não são vícios de linguagem.

c) esses três elementos não são vícios de linguagem.

d) barbarismo é um vício de linguagem que consiste no emprego de uma forma incorreta de grafar um elemento (exemplos: sachicha, iorgute etc.), o qual deve ser evitado. Pleonasmo é uma repetição desnecessária que também prejudica a redação de um texto oficial. Simplicidade não é um vício de linguagem.

e) cacofonia é vício de linguagem (já descrito anteriormente). Coesão e correção não são vícios.

Gabarito: A

---

07. (FCC – Ass Ad Jr (METRO SP)/METRO SP/Secretaria/2014) Assunto: Ortografia e Gramática (redação Oficial).Observe a seguinte frase:

"Ela não entregou seu *curriculum* pessoalmente, pois preferiu enviá-lo por e-mail". O itálico foi utilizado porque se trata de palavras

a) erradas.

b) sinônimas.

c) estrangeiras.

d) antiquadas.

e) ambíguas.

COMENTÁRIOS

a) não se emprega itálico em palavras incorretas.

b) não se emprega itálico em palavras sinônimas.

c) trata-se de um latinismo (uma expressão proveniente do latim), portanto considera-se um estrangeirismo. Essa é a razão do emprego do itálico.

d) não se emprega itálico em palavras antiquadas.

e) não se emprega itálico em palavras ambíguas.

Gabarito: C

---

08. (FCC – TJ TRE SP/TRE SP/Apoio Especializado/Programação de Sistemas/2012) Assunto: Julgamento de Trechos quanto a Correção (Red. Oficial). O trecho redigido de acordo com as qualidades exigidas em um documento oficial, principalmente clareza e correção, é:

a) Em obediência às normas deste Departamento, encaminhamos este relatório, que tem por objetivo informar a V. Sa. o andamento de nossos serviços durante o bimestre, em que as metas foram integralmente cumpridas.

b) Enquanto Chefe deste Departamento, devo dirigir-me à V. Sa. para que sabeis dos nossos procedimentos durante o bimestre, com a meta a ser atingida por nossos serviços, já determinada antes.

c) Devemos encaminhar a V. Sa. este relatório de que, na qualidade de Chefe do Departamento, damos conta dos nossos serviços no bimestre, feitos com toda a boa vontade de atender bem nosso público.

d) Me dirijo a V. Sa., como o Chefe deste Departamento, para informar-vos que estamos atingindo a meta prevista de realização no bimestre, em que atuamos de acordo com as regras estabelecidas.

e) Cumprimos nosso dever, como o Chefe do Departamento, para informar V. Sa. que o andamento dos nossos serviços se saiu de acordo com o que já estava sendo previsto desde o início, meta que conseguimos, felizmente, atingir.

COMENTÁRIOS

a) não há erros na construção dessa sentença. As regras de regência e do emprego do acento grave indicativo de crase estão bem observadas. Destaque para o verbo informar, que é bitransitivo, ou seja, exige dois complementos (o primeiro está preposicionado, o segundo não está).

b) não se emprega acento grave diante de pronomes de tratamento; não se faz concordância com a segunda pessoa do plural para termos relativos a pronomes de tratamento. Além disso, o texto está fragmentado, o que dificulta a leitura.

c) além de a frase estar truncada (com construção ruim para a leitura), há um erro relativo ao princípio da impessoalidade. No momento em que o interlocutor fala sobre a "boa vontade", faz um juízo de valor – o que é proibido na Redação Oficial.

d) não se inicia sentença com pronome oblíquo átono (o correto seria "Dirijo-me"). Há um grave erro com relação ao emprego do pronome "vos", pois as correlações pronominais são feitas com os pronomes de terceira pessoa – quando se faz menção ao pronome de tratamento.

e) a expressão "como o Chefe do Departamento" está empregada de maneira incoerente na sentença. Além disso, há um erro de regência, pois o verbo informar necessita de – ao menos – um complemento preposicionado, o que não ocorreu na sentença. É possível ainda considerar que a expressão "felizmente" quebra o princípio da impessoalidade na redação oficial, pois apresenta um juízo de valor.

Gabarito: A

---

09. (FCC – PMP (INSS)/INSS/2012) Assunto: Julgamento de Trechos quanto a Correção (Red. Oficial). Considere o trecho do documento que encaminha um relatório ao Chefe de um setor hospitalar. Está inteiramente correto e segue as orientações da redação oficial o segmento:

a) Temos o enorme prazer de encaminhar a V. Sa. no devido prazo, este relatório que nos foi solicitado na semana passada, para que tomeis conhecimento da realização dos serviços próprios deste Setor, e do que precisamos para melhorá-lo ainda mais.

b) Cabe-nos, cumprindo os devidos prazos, informar à V. Sa. de tudo o que deve ser conhecido sobre os nossos serviços de atendimento ao público neste Setor, e também, sendo-lhe possível, vossa atenção para os nossos pedidos de melhoria desse atendimento.

c) Encaminhamos a V. Sa. o relatório das atividades deste Setor, para dar-lhe conhecimento da prestação dos serviços e solicitar sua atenção quanto a algumas providências a serem tomadas no sentido de agilizar o atendimento ao público.

d) Este relatório que encaminhamos deverá informarvos do que ocorre habitualmente em nosso Setor, é para a tomada de providências que se torna necessário no andamento dos nossos serviços e na melhoria do atendimento.

e) Para V. Sa. segue este relatório, cuja a avaliação de nosso Setor do que está sendo necessário para nossos serviços o acompanha, esperando que será tomado providências para melhorar os serviços prestados por este.

COMENTÁRIOS

a) o primeiro erro é a quebra da impessoalidade com a expressão "temos o enorme prazer"; o segundo erro é a vírgula entre o verbo "encaminhar" e o objeto direto "este relatório"; o terceiro erro é a conjugação do verbo "tomar" na segunda pessoa do plural.

b) o primeiro erro é o emprego do acento grave diante de pronome de tratamento; o segundo é a presença da preposição "de" antes do complemento direto "tudo o que deve ser conhecido"; o terceiro erro é o emprego do pronome possessivo na segunda pessoa do plural.

c) não é incorreções nessa sentença.

d) o primeiro erro é a forma "informarvos" – gramaticalmente incorreta (não há essa construção na Língua); o segundo erro é o truncamento sintático gerado pela inserção do segmento "é para a tomada de providências".

e) o primeiro erro é relativo à ordem frasal: a inversão sintática dificulta a interpretação do texto; o segundo erro é o emprego do artigo feminino após o pronome relativo "cuja", o terceiro erro é a opção por "está sendo necessário" – um vício de linguagem; o quarto erro é de concordância em "será tomado providências", o correto seria "serão tomadas providências".

Gabarito: C

---

10. (FCC – Esc BB/BB/2011) Assunto: Julgamento de Trechos quanto a Correção (Red. Oficial). A redação inteiramente apropriada e correta de um documento oficial é:

a) Estamos encaminhando à Vossa Senhoria algumas reivindicações, e esperamos poder estar sendo recebidos em vosso gabinete para discutir nossos problemas salariais.

b) O texto ora aprovado em sessão extraordinária prevê a redistribuição de pessoal especializado em serviços gerais para os departamentos que foram recentemente criados.

c) Estou encaminhando a presença de V. Sa. este jovem, muito inteligente e esperto, que lhe vai resolver os problemas do sistema de informatização de seu gabinete.

d) Quando se procurou resolver os problemas de pessoal aqui neste departamento, faltaram um número grande de servidores para os andamentos do serviço.

e) Do nosso ponto de vista pessoal, fica difícil vos informar de quais providências vão ser tomadas para resolver essa confusão que foi criado pelos manifestantes.

COMENTÁRIOS

a) o primeiro erro é o acento grave diante do pronome de tratamento; o segundo erro é o vício de linguagem conhecido como "gerundismo" em "poder estar sendo recebidos"; o terceiro erro é o emprego de "vosso" em lugar de "seu".

b) não há incorreções nesse texto.

c) o primeiro erro é a ausência do acento grave em "a presença", pois o substantivo "presença" é feminino, e a preposição "a" provém do verbo "encaminhar". O segundo erro é a quebra de impessoalidade no elogio feio ao rapaz "muito inteligente e esperto". Há um terceiro erro, o emprego do pronome oblíquo "lhe", que cria uma ambiguidade em relação ao detentor dos problemas (portanto, a mensagem fica obscura).

d) há um erro de concordância no trecho "faltaram um número grande". O sujeito do verbo "faltar" é simples e está no singular (um número grande de servidores), logo, o verbo deve ficar no singular também.

e) o primeiro erro é dar o "ponto de vista pessoal" (quebra de impessoalidade); o segundo erro é empregar o pronome "vos"; o terceiro erro é duplo: deve ser retirada a preposição "de" em "de quais providências", e o pronome oblíquo deve ser um de forma direta (o ou a); o quarto erro é de concordância nominal: "criado" deveria estar no feminino para concordar com "confusão".

Gabarito: B

---

11. (FCC – Esc BB/BB/2011) Assunto: Julgamento de Trechos quanto a Correção (Red. Oficial). A frase cuja redação está inteiramente correta e apropriada para uma correspondência oficial é:

a) É com muito prazer que encaminho à V. Exa. os convites para a reunião de gala deste Conselho, em que se fará homenagens a todos os ilustres membros dessa diretoria, importantíssima na execução dos nossos serviços.

b) Por determinação hoje de nosso Excelentíssimo Chefe do Setor, nos dirigimos a todos os de vosso gabinete, para informar de que as medidas de austeridade recomendadas por V. Sa. já está sendo tomadas, para evitar-se os atrasos dos prazos.

c) Estamos encaminhando a V. Sa. os resultados a que chegaram nossos analistas sobre as condições de funcionamento deste setor, bem como as providências a serem tomadas para a consecução dos serviços e o cumprimento dos prazos estipulados.

d) As ordens expressas a todos os funcionários é de que se possa estar tomando as medidas mais do que importantes para tornar nosso departamento mais eficiente, na agilização dos trâmites legais dos documentos que passam por aqui.

e) Peço com todo o respeito a V. Exa., que tomeis providências cabíveis para vir novos funcionários para esse nosso setor, que se encontra em condições difíceis de agilizar todos os documentos que precisamos enviar.

COMENTÁRIOS

a) o primeiro erro é quebrar a impessoalidade com as expressões "é com muito prazer", "ilustres membros" e "importantíssima"; o segundo erro é acento grave diante do pronome de tratamento; o terceiro erro é de concordância verbal em "que se fará homenagens", o correto seria "que se farão homenagens".

b) o primeiro erro consiste no emprego da forma Excelentíssimo – admissível apenas para chefes dos poderes; o segundo erro consiste no emprego do artigo após o pronome "todos"; o terceiro erro consiste no emprego incorreto do pronome "vosso" no lugar de "seu"; o quarto erro consiste no emprego incorreto da preposição "de" para introduzir o complemento do verbo "informar"; o quinto erro é de concordância no segmento "já está sendo tomadas", para concordar com o núcleo do sujeito "medidas", a forma deveria ser "já estão sendo tomadas"; o sexto erro é de concordância no trecho "evitar-se os atrasos": trata-se de uma voz passiva sintética, cujo sujeito se encontra no plural, logo a forma correta seria "evitarem-se os atrasos".

c) não há erros nesse item. A alternativa está adequada à composição de um texto oficial.

d) o primeiro erro é de concordância "as ordens... é" (duas possibilidades "a ordem... é" ou "as ordens...são"); o segundo erro é o gerundismo em "possa estar tomando"; o terceiro erro é a prolixidade (repetição da informação) no momento em que o se explica no que consiste a eficiência do setor.

e) o primeiro erro está na expressão "com todo o respeito" (desnecessária em razão da impessoalidade que a comunicação deve ter); o segundo erro é o emprego do verbo na segunda pessoa do plural "tomeis providências"; o terceiro erro é de concordância "para vir novos funcionários" (o correto seria para virem novos funcionários, pois o sujeito do verbo "vir" é o termo "novos funcionários"); o quarto erro é a construção "que se encontra em condições difíceis de agilizar", pois trata-se de um construção informal, o que não é permitido na redação de correspondências oficiais.

Gabarito: C

---

12. (FCC - ODP (DPE SP)/DPE SP/2010) Assunto: Julgamento de Trechos quanto a Correção (Red. Oficial). A frase inteiramente correta é:

a) Vossa Excelência, Senhor Embaixador, está sendo aguardado no salão nobre, para a cerimônia de apresentação das credenciais.

b) Vossa Senhoria bem sabeis, Senhor Diretor, que vós devereis determinar a ordem em que se apresentarão os conferencistas.

c) Excelentíssimo Senhor Prefeito, vossas determinações estão sendo repassadas a seus funcionários, encarregados da execução dos serviços.

d) Dirigimo-nos a Vossa Senhoria, Senhor Governador, para expor as dificuldades que impedem a resolução dos problemas apontados no relatório que lhe entregamos.

e) Se Vossa Senhoria quiserdes, estaremos ao vosso dispor para realizarmos a programação do evento.

COMENTÁRIOS

a) não há incorreções nessa sentença.

b) o erro consiste em empregar a concordância do verbo com a segunda pessoa do plural. Deve-se empregar a terceira pessoa na relação com os pronomes de tratamento.

c) primeiro erro é empregar a forma Excelentíssimo Senhor para prefeitos; o segundo erro é empregar o pronome possessivo "vossas".

d) deve-se empregar o pronome Vossa Excelência para governadores.

e) o primeiro erro consiste no emprego da segunda pessoa do plural na conjugação do verbo; o segundo erro consiste no emprego do possessivo "vosso" em lugar de "seu".

Gabarito: A

---

13. (FCC – ODP (DPE SP)/DPE SP/2010) Assunto: Julgamento de Trechos quanto a Correção (Red. Oficial). A afirmativa INCORRETA, considerando-se a redação de um ofício, é:

a) O local e a data devem aparecer por extenso, com alinhamento à direita da página.

b) Devem constar o tipo e o número do expediente, seguido da sigla do órgão que o expede.

c) Deve haver identificação do signatário, constando nome e cargo abaixo da assinatura, exceto se for o Presidente da República.

d) O fecho deve conter as expressões Respeitosamente ou Atenciosamente, de acordo com a autoridade a que se destina o documento.

e) É facultativa a indicação do teor do documento, ou seja, o assunto, pois ele vem expresso no corpo do ofício.

COMENTÁRIOS

a) procedimento correto conforme a seção 3.1 (b) do Manual de Redação da Presidência da República.

b) item obrigatório de acordo com a seção 3.1 (a) do MRPR.

c) correto, de acordo com a seção 2.3 do MRPR.

d) correto, de acordo com a seção 2.3 do MRPR.

e) um dos elementos fundamentais do Padrão Ofício é a indicação do assunto. Isso deve ser feito para facilitar a organização dos documentos em função de sua importância.

Gabarito: E

---

14. (FCC – TJ TRT2/TRT 2/Administrativa/"Sem Especialidade"/2014) Assunto: Julgamento de Trechos quanto a Correção (Red. Oficial). Está redigida com clareza e em consonância com as regras da gramática normativa a seguinte frase:

a) Consultaram o juíz acerca da possibilidade de voltar atraz na suspensão do jogador, mas ele foi categórico quanto a impossibilidade de rever sua posição.

b) Vossa Excelência leu o documento que será apresentado em rede nacional daqui a pouco, pela voz de Sua Excelência, o Senhor Ministro da Educação?

c) A reportagem sobre fascínoras famosos não foi nada positiva para o público jovem que estava presente, de que se desculparam os idealizadores do programa.

d) Estudantes e professores são entusiastas de oferecer aos jovens ingressantes no curso o compartilhamento de projetos, com que serão também autores.

e) Queremos, ou não, ele será designado para dar a palavra final sobre a polêmica questão, que, diga-se de passagem, tem feito muitos exitarem em se pronunciar.

COMENTÁRIOS

a) a palavra "juiz" não recebe acento por ser uma oxítona terminada em "z"; a palavra "atrás" está grafada incorretamente; além disso, deveria haver o acento grave em "quanto à impossibilidade".

b) não há incorreções nessa sentença. Os pronomes (que fazem referência a pessoas diferentes – Vossa Excelência e Sua Excelência) foram empregados corretamente.

c) o correto é grafar sem a letra "s" – facínoras (indivíduos que executam um crime com crueldade ou perversidade acentuada). Além disso, a preposição "de" foi mal-empregada. Uma sugestão para corrigir a sentença seria empregar a preposição "com".

d) grave erro de regência ocorre nessa sentença. A preposição "com" deveria ser substituída pela preposição "de" – o que resultaria em "de que são também autores".

e) o primeiro verbo deveria estar conjugado no presente do subjuntivo "queiramos"; houve também erro no emprego do verbo "hesitar", que deveria estar grafado como "hesitarem".

Gabarito: B

---

15. (FCC – TJ TRT12/TRT 12/Administrativa/2010) Assunto: Julgamento de Trechos quanto a Correção (Red. Oficial). Esses mesmos princípios (...) aplicam-se às comunicações oficiais: elas devem sempre permitir uma única interpretação e ser estritamente impessoais e uniformes, o que exige o uso de certo nível de linguagem.

As observações acima estão inteiramente respeitadas em:

a) Tendo sido convidado para participar junto de V. Sa. da festa de encerramento do ano, apesar da evidente prova de amizade dada ao dirigir-me tão honroso convite, devo dizer-lhe que, infelizmente não poderei comparecer a tão auspicioso evento, por ter assumido outro importante compromisso na mesma data.

b) Em cumprimento ao despacho de V. Exa., publicado nesta data no Diário Oficial do Estado, encaminhamos-lhe as informações referentes ao andamento dos serviços, em consonância com o cronograma previamente estabelecido por esta pasta.

c) Venho, em nome de toda a comunidade que tenho a honra de estar representando, enviar a V. Exa. e a todos servidores de seu gabinete, o convite para a merecida homenagem que desejamos prestar-lhe, em agradecimento ao vosso valioso auxílio para o andamento de nossos projetos sociais.

d) Como estamos com tempo realmente reduzido, encaminho a vós, Senhor Responsável pelo setor de entregas deste Departamento, pedindo-lhe o despacho dos produtos com urgência, que se destina ao pessoal da limpeza destas dependências.

e) Complementando, como deve ser feito, as informações que se referem ao ato que o Diário Oficial publicou, de V. Sa., na semana passada, é meu dever informar a V.Sa. de que já está sendo tomada as devidas providências a respeito.

COMENTÁRIOS

a) o texto fere o princípio da impessoalidade, segundo o qual o remetente da comunicação deve tratar de maneira impessoal o interlocutor e a mensagem a ele dirigida, além de se demonstrar impessoal na própria apresentação do texto.

b) não há incorreções na redação do trecho antecedente. É preciso ressaltar, também, que o trecho está impessoal e atende ao que preconizam os mandamentos da redação oficial.

c) há quebra de impessoalidade na redação desse fragmento. Basta observar as mesuras relativas à apresentação do remetente. Quando ele emprega "tenho a honra de" ocorre a quebra de impessoalidade. Além disso há uma forma de gerundismo em "tenho a honra de estar representando".

d) há erro no emprego da inicial maiúscula em "Senhor Responsável" e há um erro de concordância em "que se destina", pois esse termo tem como referente a palavra "produtos". Nesse caso, deveria haver a flexão para o plural – dos produtos com urgência, que se destinam ao pessoal da limpeza".

e) a ordem das sentenças causou uma grande dificuldade de leitura desse parágrafo. Além disso, há erros de ordem gramatical na sentença, a exemplo do erro de regência com o verbo "informar" – que está com dois complementos indiretos. O outro erro gramatical é de concordância, no segmento "já está sendo tomada", porque essa expressão deveria estar no plural para concordar com seu sujeito. A forma correta seria: já estão sendo tomadas as devidas providências.

Gabarito: B

---

16. (FCC – AJ TRT12/TRT 12/Judiciária/2010) Assunto: Julgamento de Trechos quanto a Correção (Red. Oficial). A frase em que se apresenta adequado e uniforme o tratamento pessoal e verbal é:

a) Vimos, por este intermédio, solicitar a Vossa Senhoria que vos digneis a acolher e enviar ao Juiz da 4ª Vara os autos do processo em tela.

b) Viemos, por este intermédio, solicitar que Vossa Excelência se digneis a acolher o parecer do processo em tela e enviá-lo ao Juiz da 4ª Vara.

c) Vimos, por este instrumento, solicitar-vos que acolhais o parecer que dispomos sobre o processo, e encaminhá-lo ao Juiz da 4ª Vara.

d) Vêm aqui, por este recurso, solicitar-vos os interessados que Vossa Excelência remetais o parecer do processo em tela ao Juiz da 4ª Vara.

e) Vimos, por este dispositivo, solicitar que Vossa Senhoria acolha e encaminhe ao Juiz da 4ª Vara os autos do referido processo.

COMENTÁRIOS

a) não se deve empregar o tratamento de segunda pessoa. As formas "vos" e "digneis" estão inadequadas.

b) o pronome "vos" é de segunda pessoa e não pode ser empregado.

c) o mesmo problema ocorre nessa sentença. A concordância com a segunda pessoa do plural é incorreta para a Redação Oficial.

d) o mesmo problema ocorre nessa sentença. A concordância com a segunda pessoa do plural é incorreta para a Redação Oficial.

e) essa questão está correta. A concordância de todas as formas relativas aos pronomes de tratamento deve ser feita com a terceira pessoa.

Gabarito: E

---

17. (FCC – AJ TRT16/TRT 16/Judiciária/"Sem Especialidade"/2009) Assunto: Julgamento de Trechos quanto a Correção (Red. Oficial).Atenção: A questão baseia-se no texto apresentado abaixo.

A correspondência oficial não dispensa nem os protocolos de rigor que lhe são próprios, nem a máxima objetividade no tratamento do assunto em tela. Não cabendo o coloquialismo do tratamento na pessoa você, é preciso conhecer o emprego mais cerimonioso de Vossa Senhoria e Vossa Excelência, por exemplo, para os casos em que essas ou outras formas mais respeitosas se impõem. Quanto à disposição da matéria tratada, a redação deve ser clara e precisa, para que se evitem ambiguidades, incoerências e quebras sintáticas.

(Diógenes Moreyra, inédito)

A ocorrência de ambiguidade e falta de clareza faz necessária uma revisão da seguinte frase:

a) Causa-nos revolta, a todos, o pouco interesse que ele vem demonstrando na condução desse processo – razão pela qual há quem peça a demissão dele.

b) Conquanto ele nos haja dado uma resposta inconclusiva e protelado a decisão, há quem creia que nos satisfará o desfecho deste caso.

c) Inconformados com a resposta insatisfatória que nos deu, reiteramos o pedido para que ele não deixe de tomar as providências que o caso requer.

d) Ele deu uma resposta insatisfatória à providência que lhe solicitamos, em razão da qual será preciso insistir em que não venha a repeti-la.

e) Caso não sejam tomadas as providências cabíveis, seremos obrigados a comunicar à Direção o menoscabo com que está sendo tratado este caso.

COMENTÁRIOS

a) não há problemas relativos à clareza nessa sentença.

b) não há desvios relativos à clareza nessa sentença.

c) nessa sentença também não há problemas relacionados à clareza redacional.

d) estabelece-se ambiguidade nessa sentença em razão da concordância com os temos no feminino. Não é possível saber se o pronome relativo "qual" retoma resposta ou providência. Além disso, a forma pronominal "la" também está com uma referência vaga, ou seja, não é possível saber qual é o seu referente.

e) não há problemas relativos à clareza nesse texto.

Gabarito: D

---

18. (FCC – Tec (CNMP)/CNMP/Apoio Técnico Administrativo/Administração/2015) Assunto: Julgamento de Trechos quanto a Correção (Red. Oficial). Considerando-se as recomendações do Manual de Redação da Presidência da República, está correta a redação da frase que se encontra em:

a) O Presidente da República, que tem competência exclusiva nessa matéria, decidiu encaminhar o projeto.

b) Pelo aviso circular, recomendou-se aos Ministérios que elaborasse planos de contenção de despesas, bem como economizar energia.

c) Considero que vossa senhoria deve estar satisfeito com a pronta nomeação de vosso substituto.

d) Não cabem adotar medidas precipitadas e às quais comprometam o andamento de todo o programa.

e) Segundo a minuta encaminhada anexo, o benefício-alimentação, será concedido a todos os servidores.

COMENTÁRIOS

a) não há incorreções nessa sentença, portanto é a resposta correta.

b) o verbo "elaborar" deveria ser empregado no plural, porque o referente do sujeito oculto está no plural "Ministérios". Além disso, a sentença está truncada, com leitura difícil.

c) não se deve empregar o pronome "vosso" para fazer a adequação de uniformidade de tratamento. Deve-se empregar o pronome "seu".

d) o verbo "caber" deve ser empregado no singular, porque seu sujeito é oracional. Além disso, o acento grave foi empregado incorretamente, pois não há justificativa para o emprego da preposição na sentença.

e) a vírgula foi empregada incorretamente, pois está separando o sujeito (o benefício-alimentação) do verbo (será concedido), que se encontra na voz passiva.

Gabarito: A

---

19. (FCC – TJ TRE SP/TRE SP/Administrativa/"Sem Especialidade"/2012) Assunto: Pronomes de Tratamento (Redação oficial). Constante de correspondência oficial enviada a um Ministro de Estado, a frase redigida de modo correto e adequado é:

a) Solicitamos a Sua Excelência, Senhor Ministro, que avalieis a proposta de pauta para a próxima reunião ordinária, que enviamos anexo à esse documento.

b) Solicitamos a Sua Excelência, Senhor Ministro, que avalies a proposta de pauta para a próxima reunião ordinária, que enviamos anexada a este documento.

c) Solicitamos a Vossa Excelência, Senhor Ministro, que avalie a proposta de pauta para a próxima reunião ordinária, que enviamos anexa a este documento.

d) Solicitamos a Vossa Senhoria, Senhor Ministro, que avalie a proposta de pauta para a próxima reunião ordinária, que enviamos anexado à este documento.

e) Solicitamos a Vossa Excelência, Senhor Ministro, que avalieis a proposta de pauta para a próxima reunião ordinária, que enviamos em anexo a esse documento.

COMENTÁRIOS

a) o primeiro erro está relacionado com a formalidade do tratamento: o pronome de tratamento a ser empregado é Vossa Excelência, pois o tratamento é feito diretamente com a autoridade. O segundo erro é o emprego da segunda pessoa do plural na sentença, o que não é possível em redação oficial. O terceiro erro é o acento grave diante do pronome demonstrativo.

b) o primeiro erro está relacionado com a formalidade do tratamento: o pronome de tratamento a ser empregado é Vossa Excelência, pois o tratamento é feito diretamente com a autoridade. O segundo erro é o emprego da segunda pessoa do plural na sentença, o que não é possível em redação oficial.

c) não há erros nessa sentença.

d) o erro está no emprego do acento grave indicativo de crase antes do pronome demonstrativo. Há também um erro na forma do tratamento: deveria ser Vossa Excelência.

e) o erro está no emprego da segunda pessoa do plural, o que não é possível em redação oficial.

Gabarito: C

---

20. (FCC – EST (BB)/BB/2012) Assunto: Pronomes de Tratamento (Redação oficial). Em uma correspondência oficial, em que se apuram o rigor e a formalidade da linguagem, deve-se atentar para o seguinte procedimento:

a) o verbo deve conjugar-se como se a pessoa gramatical fosse **você** no caso de tratamentos como **Vossa Senhoria** ou **Vossa Excelência**.

b) o tratamento por **vós** (e não por **tu**) é o indicado no caso de interlocutores de alta projeção na esfera política e institucional.

c) o tratamento por **Sua Senhoria** ou **Sua Excelência** revela menos solenidade do que os tratamentos em **Vossa**.

d) apenas excepcionalmente o tratamento em **Vossa Excelência** levará o verbo a flexionar-se na 3ª pessoa do singular.

e) formas abreviadas, como **V. Exa.**, devem reservar-se a autoridades com quem se tenha contato mais amiúde.

COMENTÁRIOS

a) essa alternativa está correta, de acordo com o que exige o MRPR, na seção relativa ao emprego dos pronomes de tratamento. Deve-se realizar a concordância sempre com a terceira pessoa.

b) não se emprega o tratamento em segunda pessoa nas correspondências oficiais.

c) a diferença entre os tratamentos é a referência que se faz. Quando se emprega a forma Sua (Senhoria ou Excelência), faz-se uma referência à pessoa DE QUEM se fala. Quando se emprega a forma Vossa (Senhoria ou Excelência), faz-se referência à pessoa COM QUEM se fala.

d) todos os pronomes de tratamento obedecem ao mesmo mandamento (o de concordar com a 3ª pessoa).

e) não existe prerrogativa de contato amiúde em correspondência oficial. As abreviaturas podem ser empregadas independentemente da autoridade.

Gabarito: A

21. (FCC – TJ TRT2/TRT 2/Apoio Especializado/Tecnologia da Informação/2008) Assunto: Pronomes de Tratamento (Redação oficial). Considere o final de uma reivindicação dos moradores de um bairro, dirigida ao Prefeito da cidade:

Esperamos que..........., Senhor Prefeito,.......... verificar as condições por nós apontadas, e que sejam tomadas as medidas necessárias no sentido de solucionar tais problemas.

A.......... dispor, atentos às providências,

Os moradores

As lacunas estarão corretamente preenchidas, respectivamente, por:

a) V.Sa. – mandeis – vosso

b) V.Exa. – mande – seu

c) V.Exa. – mandeis – seu

d) V.Sa. – mande – vosso

e) V.Exa. – mande – vosso

COMENTÁRIOS

a) o pronome a ser empregado deve ser Vossa Excelência, por se tratar de comunicação ao Prefeito; não se emprega o verbo na segunda pessoa; o pronome possessivo deve ser o de terceira pessoa.

b) essa alternativa é a correta.

c) não se deve empregar o verbo na segunda pessoa me comunicação oficial.

d) o pronome a ser empregado deve ser Vossa Excelência, por se tratar de comunicação ao Prefeito; o pronome possessivo deve ser o de terceira pessoa.

e) o pronome possessivo empregado deve ser o de terceira pessoa.

Gabarito: B

22. (FCC – TJ TRT12/TRT 12/Administrativa/2010) Assunto: Pronomes de Tratamento (Redação oficial). O emprego dos pronomes de tratamento está inteiramente correto em:

a) Senhor João das Neves, respeitável representante da Sociedade Amigos e Amigos, queremos cumprimentar-vos pela gestão que V. Exa. tão bem tem conduzido neste último ano.

b) Estamos à disposição de V. Exa. para dar continuidade aos trabalhos que vós encetaram neste setor, e esperamos fazê-lo tão bem quanto vós mesmos o fizestes.

c) É notório que V. Sa. deveis estar sabendo dos progressos conseguidos por estas pessoas, e por isso vimos solicitar-vos vossa atenção para uma situação surgida recentemente.

d) Pedimos encarecidamente a Vossa Senhoria que não abandoneis a organização de nossos programas culturais, em nome daqueles que dependem de vosso conhecimento nessa área.

e) A Vossa Excelência, nossa prestigiada Embaixadora, dirigimos os votos de que possa cumprir com êxito sua missão diplomática em região tão conturbada por conflitos entre nações vizinhas.

COMENTÁRIOS

a) dever-se-ia empregar o pronome "lo" em vez de "vos", uma vez que não há espaço para as formas de segunda pessoa na comunicação oficial.

b) o erro da alternativa está no reiterado emprego da segunda pessoa do plural – vós. De acordo com o MRPR, não se emprega essa forma pronominal em redações oficiais.

c) há dois erros na sentença: o primeiro é o emprego da conjugação na segunda pessoa do plural, o que não é permitido em correspondência oficial; o segundo é o emprego do pronome "vos" em lugar de "lhe", pois não se deve empregar a segunda pessoa na adequação dos pronomes.

d) o primeiro erro é a conjugação do verbo na segunda pessoa do plural (abandoneis); o segundo erro é o emprego de "vosso" em lugar de "seu".

e) não há erros no emprego dos verbos e das formas pronominais nessa sentença.

Gabarito: E

---

23. (FCC – AJ TRT16/TRT 16/Judiciária/"Sem Especialidade"/2009) Assunto: Pronomes de Tratamento (Redação oficial). Atenção: A questão baseia-se no texto apresentado abaixo.

A correspondência oficial não dispensa nem os protocolos de rigor que lhe são próprios, nem a máxima objetividade no tratamento do assunto em tela. Não cabendo o coloquialismo do tratamento na pessoa você, é preciso conhecer o emprego mais cerimonioso de Vossa Senhoria e Vossa Excelência, por exemplo, para os casos em que essas ou outras formas mais respeitosas se impõem. Quanto à disposição da matéria tratada, a redação deve ser clara e precisa, para que se evitem ambiguidades, incoerências e quebras sintáticas.

(Diógenes Moreyra, inédito)

Quanto ao emprego das formas de tratamento, está correta a seguinte construção:

a) Se preferires, adiaremos o simpósio para que não nos privemos de sua coordenação, Excelência, bem como das sugestões que certamente tereis a nos oferecer.
b) Sempre contaremos com os préstimos com que Vossa Senhoria nos tem honrado, razão pela qual, antecipadamente, deixamos-lhe aqui nosso profundo reconhecimento.
c) Vimos comunicar a Vossa Excelência que já se encontra à vossa disposição o relatório que nos incumbiste de providenciar há cerca de uma semana.
d) Diga a Vossa Senhoria que estamos à espera de suas providências, das quais não nos cabe tratar com seu adjunto – grande, embora, seja a consideração, meu caro senhor, que lhe dispensamos.
e) Esperamos que Vossa Senhoria sejais capaz de atender aos nossos reclamos, ao nosso ver justos e precisados de toda a vossa atenção.

COMENTÁRIOS

a) o erro padrão nas questões da banca FCC – o emprego da segunda pessoa do plural na conjugação dos verbos (preferires).
b) não há erros nessa sentença.
c) o primeiro erro é o acento grave diante de pronome de tratamento (não é possível, de acordo com a gramática); o segundo erro é a conjugação do verbo na segunda pessoa (incumbiste).
d) o tratamento "meu caro senhor" não está adequado ao princípio de formalidade necessário aos documentos oficiais.
e) o primeiro erro é a conjugação do verbo na segunda pessoa (sejais); o segundo erro e o emprego de "vossa" no lugar de "sua".

Gabarito: B

---

24. (FCC – Ass Ad Jr (METRO SP)/METRO SP/Secretaria/2014) Assunto: Pronomes de Tratamento (Redação oficial). Vossa Excelência, Vossa Eminência e Vossa Magnificência são formas tradicionais de tratamento utilizadas, respectivamente, para

a) funcionários públicos, papas e bispos.

b) juízes, cardeais e reitores.

c) prefeitos, governadores e ministros.

d) vereadores, deputados e senadores.

e) presidentes de bancos, presidentes de tribunais e presidentes da República.

COMENTÁRIOS

a) um funcionário público não possui um pronome específico, apenas uma autoridade do serviço público; para papas, o pronome é Vossa Santidade e para bispos é Vossa Excelência Reverendíssima.

b) essas três autoridades recebem os pronomes descritos no comando da questão.

c) para prefeitos, governadores e ministros; emprega-se Vossa Excelência.

d) para vereadores, deputados e senadores; emprega-se Vossa Excelência.

e) não há especificação de pronome para presidentes de bancos; entretanto, para os demais (de tribunais e da República), emprega-se Vossa Excelência.

Gabarito: B

---

25. (FCC – Esc BB/BB/2011) Assunto: Padrão Ofício. Analise:

1. Atendendo à solicitação contida no expediente acima referido, vimos encaminhar a V. Sa. as informações referentes ao andamento dos serviços sob responsabilidade deste setor.

2. Esclarecemos que estão sendo tomadas todas as medidas necessárias para o cumprimento dos prazos estipulados e o atingimento das metas estabelecidas.

A redação do documento acima indica tratar-se

a) do encaminhamento de uma ata.

b) do início de um requerimento.

c) de trecho do corpo de um ofício.

d) da introdução de um relatório.

e) do fecho de um memorando.

COMENTÁRIOS

a) não é possível saber qual documento está sendo encaminhado pela redação do texto.

b) o início de um requerimento deve ser dado pela identificação do requerente e por sua qualificação (dados pessoais).

c) trata-se da introdução de um ofício cujo objetivo é encaminhar um documento.

d) um relatório não se apresenta como encaminhamento de documentação.

e) fecho de documento oficial é caracterizado por duas palavras – atenciosamente ou respeitosamente. Isso não está no texto em apreço.

Gabarito: C

---

26. (FCC – Esc BB/BB/2010) Assunto: Ofício. A respeito dos padrões de redação de um ofício, é INCORRETO afirmar que:

a) Deve conter o número do expediente, seguido da sigla do órgão que o expede.

b) Deve conter, no início, com alinhamento à direita, o local de onde é expedido e a data em que foi assinado.

c) Deverá constar, resumidamente, o teor do assunto do documento.

d) O texto deve ser redigido em linguagem clara e direta, respeitando-se a formalidade que deve haver nos expedientes oficiais.

e) O fecho deverá caracterizar-se pela polidez, como por exemplo: **Agradeço a V. Sa. a atenção dispensada**.

COMENTÁRIOS

a) no Padrão Ofício, deve haver – obrigatoriamente – o emprego de tipo, número e órgão expedidor do documento.

b) local e data (com alinhamento à direita) são essenciais para um documento do Padrão Ofício.

c) trata-se do item "assunto", obrigatoriamente empregado.

d) trata-se do princípio de clareza e de uso do padrão culto da linguagem, os quais norteiam a redação oficial.

e) há apenas dois fechos – atenciosamente e respeitosamente. O fecho sugerido pela alternativa está incorreto.

Gabarito: E

---

27. (FCC – TJ TRT16/TRT 16/Administrativa/2009) Assunto: Ofício. Considere as afirmativas seguintes sobre redação de documentos.

I. Correspondência oficial utilizada por autoridades, para tratar de assuntos de serviço ou de interesse da Administração.

II. Com estrutura específica, esse documento deve, de início, ser numerado em ordem sequencial, com sigla do órgão expedidor e data.

III. Na exposição do assunto, os parágrafos devem ser numerados, com exceção do primeiro e do fecho.

IV. Encerra o assunto a fórmula Atenciosamente ou Respeitosamente, seguida da assinatura e do cargo do emitente.

Trata-se de

a) ofício.

b) requerimento.

c) ata.

d) parecer.

e) portaria.

COMENTÁRIOS

a) todos os itens descrevem estruturas de diagramação de um Ofício.

b) o requerimento não é necessariamente um documento oficial, ou seja, ele não possui uma estrutura predeterminada pelo MRPR. Além disso, também pode ser redigido por um particular.

c) uma ata registra as decisões de uma reunião ou de uma sessão de qualquer natureza. Deve ser redigida em apenas um parágrafo e possui formatação diferente do Padrão Ofício.

d) um parecer é uma opinião fundamentada, de caráter técnico, que é resultado de uma análise realizada sobre algum projeto ou medida. Possui formato específico, distinto do Padrão Ofício.

e) trata-se de documento que versa sobre orientações ou normativas a serem adotadas por algum setor ou órgão da Administração Pública. Sua formatação é distinta do Padrão Ofício, sem necessitar de fecho ou de numeração de parágrafos.

Gabarito: A

---

28. (FCC – Ass Ad Jr (METRO SP)/METRO SP/Secretaria/2014) Assunto: Memorando. Para comunicações internas sobre assuntos rotineiros, as instituições públicas e privadas utilizam, em geral,

a) o ofício.

b) a moção.

c) o telegrama.

d) o memorando.

e) a decisão.

COMENTÁRIOS

a) o ofício é documento eminentemente externo, empregado para assuntos gerais da Administração Pública.

b) moção é uma proposição legislativa que oportuniza a Câmara aplaudir ou repudiar todo e qualquer ato ou omissão do Poder Público em todas as esferas.

c) de acordo dom o MRPR, com o fito de uniformizar a terminologia e simplificar os procedimentos burocráticos, passa a receber o título de *telegrama* toda comunicação oficial expedida por meio de telegrafia, telex etc.

d) de acordo com o MRPR, o memorando é: *a modalidade de comunicação entre unidades administrativas de um mesmo órgão, que podem estar hierarquicamente em mesmo nível ou em nível diferente. Trata-se, portanto, de uma forma de comunicação eminentemente interna.*

e) de acordo com o Manual de Redação de Atos Oficiais e de Comunicação da Secretaria da Fazenda, uma decisão é *ato normativo destinado ao público em geral, fixando critérios ou orientação no tocante a caso concreto que não justifique a expedição de uma Resolução SF.*

Gabarito: D

---

29. (FCC – AA (SERGAS)/SERGAS/2010) Assunto: Atos Normativos (Redação Oficial). Os artigos de um ato oficial são numerados por algarismos cardinais a partir do

a) décimo.

b) terceiro.

c) vigésimo.

d) segundo.

e) décimo quinto.

COMENTÁRIOS

Para essa questão, basta apenas um comentário.

De acordo com o Manual de Redação da Presidência da República:

> *Artigo é a unidade básica para apresentação, divisão ou agrupamento de assuntos num texto normativo. No tocante à numeração, consagrou-se a práxis, hoje positivada pela*

> *Lei Complementar nº 95, de 26 de fevereiro de 1998, de até o artigo nono (art. 9º) adotar a numeração ordinal. A partir do de número 10, emprega-se o algarismo arábico correspondente, seguido de ponto-final (art. 10). Os artigos serão designados pela abreviatura "Art." sem traço antes do início do texto. Os textos dos artigos serão iniciados com letra maiúscula e encerrados com ponto-final, exceto quando tiverem incisos, caso em que serão encerrados por dois-pontos. (MRPR, seção 10.2.2.1).*

Ou seja, emprega-se o cardinal a partir do décimo.

Gabarito: A.

---

30. (FCC – Assis Leg (ALMS)/ALMS/2016) Considere o trecho abaixo, parte de memorando encaminhado ao Chefe de Departamento de Administração.

> *Atendendo a necessidades (1) da implantação do Plano Geral de Informatização, solicito a Vossa Senhoria que se expresse, exprimindo sua opinião (2), sobre a possibilidade de instalação de mais cinco microcomputadores no Departamento de Arquivo de Documentos. Sem que se considerem maiores detalhes técnicos associados à tarefa de arquivamento, porque julgo que ora são irrelevantes (3), a conceção (4) desses computadores ensejará racional distribuição do trabalho tendo redução do tempo de execução necessária (5).*

Considerados os princípios de impessoalidade, clareza, concisão e uso de linguagem formal, que se aplicam às comunicações oficiais, a alternativa que apresenta comentário **INCORRETO** é:

a) Em (1), o sinal indicativo da crase está ausente, o que contraria a norma-padrão da língua.

b) Em (2), há redundância, o que contraria o princípio da concisão.

c) Em (3), atenta-se contra o princípio da impessoalidade.

d) Em (4), há erro de grafia, o que contraria a norma-padrão da língua.

e) Em (5), a clareza está comprometida.

COMENTÁRIOS

a) Não se pode empregar o acento indicativo de crase, uma vez que o artigo definido não está presente na sentença. Lembre-se: "a" no singular mais palavra no plural: crase nem a pau! Esse é um item a ser marcado!

b) A expressão é redundante, pois se nota uma repetição do termo "exprimir".

c) Essa sentença demonstra uma impressão pessoal, logo atenta contra a impessoalidade.

d) Há erro de grafia. A forma correta é *concessão*.

e) Não há clareza, pois o texto está com um erro de concordância: o tempo é necessário, não a execução.

Gabarito: A

---

31. (FCC – Assis Leg (ALMS)/ALMS/2016) Considere o trecho abaixo, parte de memorando encaminhado ao Chefe de Departamento de Administração.

Manacá Florido, 8 de agosto de 2016.

Excelentíssimo Senhor Presidente do Tribunal de Justiça:

A Assembleia Legislativa do Estado de Manacá realizará, em 10 de dezembro de 2016, o fórum técnico "Decisões do Poder Judiciário em Processos que Envolvem Calúnia e Difamação: Análise de Casos", ocasião em que será avaliada a oportunidade de se estabelecerem diretrizes que contemplem o consenso dos juristas acerca do tema.

Certo de que V. Exa. poderá prestar valiosa contribuição à consecução dos objetivos do fórum, tenho a honra de convidá-lo a participar do referido evento como expositor de tema, a sua escolha, que seja relevante para a matéria.

Na oportunidade, esta presidência terá o prazer de recepcionar V. Exa., bem como os demais expositores, no Salão Nobre do Palácio Solanáceas, no dia 9 de dezembro, às 20 horas.

Atenciosamente,
(Assinatura)
Deputado Aldair Quintanilha Ferraz
Presidente

Exmo. Sr. Desembargador Dorival Menezes de Oliveira Filho
Presidente do Tribunal de Justiça do Estado de Manacá
Capital

Considerados o ofício acima e as normas que regem a redação de documentos oficiais, é correto o seguinte comentário:

a) Em *Excelentíssimo Senhor Presidente do Tribunal de Justiça*, a expressão destacada pode ser substituída por Senhor, pois essas duas formas são equivalentes quando o cargo do remetente e o do destinatário são iguais aos observados no texto transcrito.

b) A palavra destacada em *Excelentíssimo* Senhor Presidente do Tribunal de Justiça pode ser substituída por Digníssimo, pois este tratamento é adequado para qualquer autoridade de cada um dos três poderes.

c) O pronome de tratamento "V. Exa." permite, com idêntica correção, o emprego do verbo na terceira pessoa do singular ou na segunda pessoa do plural, portanto as formas "poderá" e "podereis" são legítimas na frase.

d) Se, no ofício acima, houvesse a frase "Vossa Excelência é bastante conhecedor do tema", ela estaria correta; mas, se o Presidente do Tribunal de Justiça fosse uma mulher, o correto seria empregar o feminino "conhecedora".

e) A forma *Atenciosamente* pode ser substituída por "Respeitosamente", pois é indiferente o emprego de uma ou outra, seja o destinatário pertencente ao mesmo nível hierárquico do remetente, ou superior a este.

COMENTÁRIOS

a) Não são formas equivalentes e, se houvesse a troca, no texto teríamos a forma final Senhor Presidente do Tribunal de Justiça, o que é incorreto.

b) Não se emprega o termo "Digníssimo" em redação oficial. Aliás, até o emprego da forma "Excelentíssimo" está incorreto para o caso em pleito.

c) Não é possível fazer concordância indistinta, uma vez que a flexão do verbo depende da flexão do pronome.

d) As formas participiais, pronominal e adjetivas concordam com o gênero da pessoa a que se refere a comunicação. Item correto.

e) O fecho da comunicação depende da hierarquia entre os comunicadores.

Gabarito: D

Redação Oficial – Banca Cespe

01. (CESPE – TA (ANATEL)/ANATEL/Administrativo/2014) Assunto: Conceitos e Propriedades da Redação Oficial. Em relação às correspondências oficiais, julgue o seguinte item.

A redação oficial caracteriza-se por uma linguagem contrária à evolução da língua, uma vez que sua finalidade é comunicar com impessoalidade e máxima clareza.

( ) Certo

( ) Errado

COMENTÁRIOS

Essa é uma questão controversa em razão da posição adotada pela banca examinadora. Note-se o que o MRPR ensina em seu disposto 1 a respeito da definição de Redação Oficial:

> *A redação oficial não é, portanto, necessariamente árida e infensa à evolução da língua. É que sua finalidade básica – comunicar com impessoalidade e máxima clareza – impõe certos parâmetros ao uso que se faz da língua, de maneira diversa daquele da literatura, do texto jornalístico, da correspondência particular etc.*

Não é possível dizer que tal questão esteja completamente errada ou completamente correta, porque o próprio texto do Manual afirma que a Redação Oficial não é infensa (contrária) à evolução da língua. Evidentemente, fica claro que o propósito é comunicar com impessoalidade e máxima clareza, o que inviabiliza o emprego de determinadas formas comuns à evolução de uma língua, tais como gírias, síncopes, apócopes etc. Por tal razão, a banca examinadora considerou tal questão como correta.

Gabarito: Certo (com ressalvas)

02. (CESPE - TA (ANATEL)/ANATEL/Administrativo/2014) Assunto: Conceitos e Propriedades da Redação Oficial. Em relação às correspondências oficiais, julgue o seguinte item.

As comunicações oficiais devem nortear-se pela uniformidade, pois há sempre um único comunicador: o serviço público.

( ) Certo

( ) Errado

COMENTÁRIOS

Inicialmente, vejamos a previsão "legal" que possuímos para analisar tal questão. O MRPR, em seu disposto 1.3 (a respeito de Formalidade e Padronização) doutrina que:

> *A formalidade de tratamento vincula-se, também, à necessária uniformidade das comunicações. Ora, se a administração federal é una, é natural que as comunicações que expede sigam um mesmo padrão. O estabelecimento desse padrão, uma das metas deste Manual, exige que se atente para todas as características da redação oficial e que se cuide, ainda, da apresentação dos textos.*

Desse modo, fica evidente que na relação comunicativa, que envolve três pontos fundamentais (comunicador, mensagem e receptor). Uma vez que para expedientes oficiais, o caráter só é oficial em razão da comunicação ser feita pelo serviço público, a uniformidade da comunicação é critério fundamental. Essa questão também encontra respaldo no princípio da Impessoalidade comunicativa.

Gabarito: Certo

03. (CESPE - TA (ANATEL)/ANATEL/Administrativo/2014) Assunto: Conceitos e Propriedades da Redação Oficial. Em relação às correspondências oficiais, julgue o seguinte item.

Os princípios da publicidade e da impessoalidade, que regem toda a administração pública, devem nortear a elaboração das comunicações oficiais.

( ) Certo

( ) Errado

COMENTÁRIOS

A fundamentação dessa questão se encontra nos princípios do estudo do Direito Administrativo e na parte inicial do MRPR. Segundo o referido manual (seção 1 – sobre a definição de Redação Oficial):

A redação oficial deve caracterizar-se pela impessoalidade, uso do padrão culto de linguagem, clareza, concisão, formalidade e uniformidade. Fundamentalmente esses atributos decorrem da Constituição, que dispõe, no artigo 37: "A administração pública direta, indireta ou fundacional, de qualquer dos Poderes da União, dos Estados, do Distrito Federal e dos Municípios obedecerá aos princípios de legalidade, impessoalidade, moralidade, publicidade e eficiência (...)". Sendo a publicidade e a impessoalidade princípios fundamentais de toda administração pública, claro está que devem igualmente nortear a elaboração dos atos e comunicações oficiais.

Com isso, entende-se claramente que os dois princípios da administração pública (impessoalidade e publicidade) devem nortear a elaboração dos documentos oficiais. Também seria lícito pensar que tais documentos serão públicos e que devem primar por uma comunicação ausente de impressões pessoais do comunicador.

Gabarito: Certo

---

04. (CESPE – TA (ANATEL)/ANATEL/Administrativo/2014) Assunto: Conceitos e Propriedades da Redação Oficial. Em relação às correspondências oficiais, julgue o seguinte item.

Na elaboração das comunicações oficiais, deve-se empregar, sempre, o padrão culto da linguagem, admitindo-se o emprego dos jargões técnicos, mas não de regionalismos e gírias.

( ) Certo

( ) Errado

COMENTÁRIOS

Tomando como base o que o MRPR ensina a respeito da linguagem na Redação Oficial, torna-se cristalino o ensinamento a respeito do emprego do Padrão Culto de Linguagem. Nessa parte da doutrina, o Manual orienta que não se pode empregar jargão técnico ou burocrático de natureza alguma. Não se confunda tal informação com a noção relacionada ao emprego da linguagem técnica – pois, quando necessário, ela deve ser empregada. O termo que faz a questão ficar evidentemente incorreta é "jargão".

Gabarito: Errado

---

05. (CESPE – TJ TJDFT/TJDFT/2013) Assunto: Atributos da Redação Oficial (impessoalidade, forma, concisão e clareza). Acerca das correspondências oficiais, julgue o item seguinte.

O memorando, que se caracteriza pela rapidez e simplicidade de procedimentos burocráticos, deve ser redigido sem rebuscamentos acadêmicos e sem linguagem estritamente técnica, aspectos específicos da redação de documentos oficiais mais complexos, como a exposição de motivos.

( ) Certo

( ) Errado

COMENTÁRIOS

A questão está correta até a parte em que fala a respeito do tipo de documento que exigiria linguagem estritamente técnica e rebuscamentos acadêmicos. Fique claro que rebuscamentos acadêmicos não devem ser empregados em momento algum na Redação Oficial, pois não há um documento que exija esse tipo de linguagem. Considere-se sempre a necessidade de compreensão da mensagem, a qual pode ser prejudicada caso a linguagem empregada esteja em desacordo com o princípio estabelecido, o da clareza.

Gabarito: Errado

---

06. (CESPE – TJ TRT10/TRT 10/Administrativa/2013) Assunto: Atributos da Redação Oficial (impessoalidade, forma, concisão e clareza). No que se refere a aspectos gerais das correspondências oficiais, julgue o item que se segue segundo o Manual de Redação da Presidência da República (MRPR).

O tipo de linguagem empregado em comunicações oficiais é próprio do meio em que estas circulam e, portanto, seu entendimento costuma ficar restrito aos seus usuários.

( ) Certo

( ) Errado

COMENTÁRIOS

Um dos princípios da Redação Oficial é a clareza. Logo, não é possível conceber um documento cujo texto seja manifestamente escrito para privilegiar o entendimento de apenas um grupo. Isso quer dizer, qualquer texto oficial deve ter sua redação clara, de modo que qualquer indivíduo possa compreender a mensagem transmitida.

Gabarito: Errado

---

07. (CESPE – TJ TRT10/TRT 10/Administrativa/2013) Assunto: Atributos da Redação Oficial (impessoalidade, forma, concisão e clareza). No que se refere a aspectos gerais das correspondências oficiais, julgue o item que se segue segundo o Manual de Redação da Presidência da República (MRPR).

A impessoalidade e o emprego do padrão culto de linguagem garantem a clareza textual, pois evitam que haja ambiguidade no texto.

( ) Certo

( ) Errado

COMENTÁRIOS

Não é possível afirmar que esses dois princípios apenas sejam responsáveis por garantir a clareza textual, uma vez que eles apenas contribuem para a clareza textual. A questão deveria fazer menção também ao emprego do padrão culto de linguagem, o que auxilia a evitar erros como o de ambiguidade.

Gabarito: Errado

---

08. (CESPE – AJ TRT10/TRT 10/Administrativa/"Sem Especialidade"/2013) Assunto: Atributos da Redação Oficial (impessoalidade, forma, concisão e clareza). Com relação a aspectos gerais das correspondências oficiais, julgue o item a seguir segundo o Manual de Redação da Presidência da República.

O emprego de linguagem simples e vocabulário acessível denota coloquialidade, razão por que deve ser evitado em correspondências oficiais.

( ) Certo

( ) Errado

COMENTÁRIOS

Coloquialidade é um termo que pode ser traduzido como "forma semelhante à fala". Não é essa a situação imposta pelo emprego de linguagem simples e de vocabulário acessível. Esses fatores contribuem para o entendimento da mensagem, por isso a questão está incorreta. Lembre-se de que não se deve buscar linguagem rebuscada ou complexa na Redação Oficial.

Gabarito: Errado

---

09. (CESPE – AJ TRT10/TRT 10/Administrativa/"Sem Especialidade"/2013) Assunto: Atributos da Redação Oficial (impessoalidade, forma, concisão e clareza). Com relação a aspectos gerais das correspondências oficiais, julgue o item a seguir segundo o Manual de Redação da Presidência da República.

Recomenda-se que o registro de impressões pessoais seja evitado na redação de correspondências oficiais, mas a decisão sobre seguir ou não essa recomendação cabe a quem expede o documento.

( ) Certo

( ) Errado

COMENTÁRIOS

O princípio da impessoalidade ensina que não se devem registrar impressões pessoais em qualquer tipo de documento oficial, ou seja, não é facultado ao emissor esse registro ou não. O termo "impressões pessoais" deve ser memorizado, uma vez que é muito incidente em provas. Ressalte-se que qualquer questão que sugerir o emprego de impressões pessoais estará errada. Em resumo: não empregue impressões pessoais em documentos oficiais. Não confunda a noção de "impressão pessoal" com a noção de "parecer opinativo". Uma opinião fundamentada pode constar de um parecer técnico, e isso não fere o princípio da impessoalidade.

Gabarito: Errado

---

10. (CESPE – Tec MPU/MPU/Apoio Técnico e Administrativo/Administração/2013) Assunto: Atributos da Redação Oficial (impessoalidade, forma, concisão e clareza). Acerca das características gerais dos diversos tipos de comunicação oficial, julgue o item seguinte.

Comunicações oficiais, utilizadas para a comunicação entre órgãos do serviço público ou entre órgãos do serviço público e o público em geral, podem ser emitidas tanto pela administração pública quanto pelos cidadãos.

( ) Certo

( ) Errado

COMENTÁRIOS

Deve-se ter em mente que há sempre uma ordem para a comunicação oficial. Tal é a seguinte:

Emissor: serviço público.

Mensagem: matéria de interesse público.

Destinatário: serviço púbico / particular.

Isso quer dizer que particular não será o comunicador na Redação Oficial, pode ser – no máximo – o receptor da comunicação.

Gabarito: Errado

11. (CESPE – Tec MPU/MPU/Apoio Técnico e Administrativo/Administração/2013) Assunto: Atributos da Redação Oficial (impessoalidade, forma, concisão e clareza). Acerca das características gerais dos diversos tipos de comunicação oficial, julgue o item seguinte.

Para atender à exigência de uniformidade, um dos atributos da redação oficial, os expedientes oficiais de qualquer tipo devem ser estruturados conforme o padrão ofício de diagramação.

( ) Certo

( ) Errado

COMENTÁRIOS

A palavra que inviabiliza a correção para essa questão é "todos". Há muitos tipos de expedientes oficiais, e poucos deles são diagramados segundo o Padrão Ofício de diagramação. Apenas para citar, os diagramados de seguindo a premissa mencionada são o aviso, o ofício, o memorando e a exposição de motivos. Outros expedientes, a exemplo da mensagem, da ata, do parecer, são diagramados seguindo um padrão próprio, distinto do Padrão Ofício.

Gabarito: Errado

12. (CESPE – Ana MPU/MPU/Apoio Jurídico/Direito/2013) Assunto: Atributos da Redação Oficial (impessoalidade, forma, concisão e clareza).Acerca das características gerais dos diversos tipos de comunicação oficial, julgue o item a seguir.

Os expedientes oficiais devem caracterizar-se pela impessoalidade, por constituírem modalidade de comunicação empregada exclusivamente entre órgãos do serviço público.

( ) Certo

( ) Errado

COMENTÁRIOS

A impessoalidade é quesito essencial da comunicação oficial, porque a linguagem deve ser isenta de impressões pessoais ou quaisquer elementos que possam denotar tratamento diferenciado entre os comunicantes. Embora isso seja verdade, a comunicação oficial não ocorre exclusivamente entre órgãos do serviço público. Particulares também podem ser interpelados pela comunicação oficial.

Gabarito: Errado

13. (CESPE – Deleg (PC BA)/PC BA/2013) Assunto: Atributos da Redação Oficial (impessoalidade, forma, concisão e clareza). Com base no Manual de Redação da Presidência da República, julgue o item que se segue.

O caráter impessoal das comunicações oficiais decorre da ausência de impressões individuais de quem comunica, da impessoalidade conferida ao destinatário da comunicação e do tratamento impessoal a ser dado aos assuntos tratados nas comunicações.

( ) Certo

( ) Errado

COMENTÁRIOS

Em muitas situações, as bancas costumam retirar trecho do Manual de Redação da Presidência da República, a fim de verificar se os candidatos conhecem minimamente o assunto. Esse é um dos casos. Lê-se no MRPR, a respeito de impessoalidade:

> *Percebe-se, assim, que o tratamento impessoal que deve ser dado aos assuntos que constam das comunicações oficiais decorre:*
>
> *a) da ausência de impressões individuais de quem comunica: embora se trate, por exemplo, de um expediente assinado por Chefe de determinada Seção, é sempre em nome do Serviço Público que é feita a comunicação. Obtém-se, assim, uma desejável padronização, que permite que comunicações elaboradas em diferentes setores da Administração guardem entre si certa uniformidade;*
>
> *b) da impessoalidade de quem recebe a comunicação, com duas possibilidades: ela pode ser dirigida a um cidadão, sempre concebido como público, ou a outro órgão público. Nos dois casos, temos um destinatário concebido de forma homogênea e impessoal;*
>
> *c) do caráter impessoal do próprio assunto tratado: se o universo temático das comunicações oficiais se restringe a questões que dizem respeito ao interesse público, é natural que não cabe qualquer tom particular ou pessoal.*

Gabarito: Certo

14. (CESPE – Inv (PC BA)/PC BA/2013) Assunto: Atributos da Redação Oficial (impessoalidade, forma, concisão e clareza). Julgue o item subsequente, com base no que estabelece o Manual de Redação da Presidência da República.

Embora as redações oficiais devam ser redigidas, em regra, de forma clara e objetiva, há situações em que se recomenda a prolixidade, como nas exposições de motivos, nas quais a redundância é necessária.

( ) Certo

( ) Errado

COMENTÁRIOS

Jamais haverá um expediente em que redundância e prolixidade sejam características recomendáveis, uma vez que um dos princípios da Redação Oficial é o da concisão. Ser conciso, essencialmente, significa redigir de maneira breve, clara e objetiva. A redundância (repetição desnecessária) e a prolixidade (discurso informativamente inútil) devem, a todo custo, ser evitadas.

Gabarito: Errado

---

15. (CESPE – EPF/PF/2013) Assunto: Atributos da Redação Oficial (impessoalidade, forma, concisão e clareza). Com relação à função e à linguagem das correspondências oficiais, julgue o item seguinte.

O emprego do padrão culto da língua em expedientes oficiais é justificado pelo alto nível de escolaridade daqueles que os redigem e daqueles a quem se destinam.

( ) Certo

( ) Errado

COMENTÁRIOS

Justifica-se o emprego do padrão culto da língua em razão da necessidade de clareza dos expedientes oficiais. Não há previsão alguma relativa ao nível de escolaridade dos destinatários da comunicação oficial.

Gabarito: Errado

---

16. (CESPE – AFT/MTE/2013) Assunto: Atributos da Redação Oficial (impessoalidade, forma, concisão e clareza). Considerando as orientações constantes do Manual de Redação da Presidência da República, julgue o item subsequente.

A linguagem clara e inteligível deve pautar a comunicação oficial. Desse modo, o uso de jargão técnico colabora para a clareza na comunicação.

( ) Certo

( ) Errado

COMENTÁRIOS

Deve ficar claro, para qualquer candidato, que jargões de qualquer natureza devem ser evitados na comunicação oficial. Linguagem cristalizada, complexa ou de compreensão restrita deve ser evitada na elaboração de documentos oficiais.

Gabarito: Errado.

17. (CESPE – AnaTA MIN/MIN/2013) Assunto: Atributos da Redação Oficial (impessoalidade, forma, concisão e clareza). Considerando as normas e as características da redação oficial, julgue o item a seguir.

Em um documento oficial conciso, são eliminados termos desnecessários, o que permite transmitir um máximo de informação com um mínimo de palavras. A concisão, portanto, contribui para a clareza do texto oficial.

( ) Certo

( ) Errado

COMENTÁRIOS

Na seção 1.4 (sobre concisão) do MRPR, lê-se o seguinte:

> *Conciso é o texto que consegue transmitir um máximo de informações com um mínimo de palavras. Para que se redija com essa qualidade, é fundamental que se tenha, além de conhecimento do assunto sobre o qual se escreve, o necessário tempo para revisar o texto depois de pronto. É nessa releitura que muitas vezes se percebem eventuais redundâncias ou repetições desnecessárias de ideias.*

Disso se entende que concisão é característica fundamental das correspondências oficiais.

Gabarito: Certo

18. (CESPE – Ana Info (TCE-RO)/TCE-RO/2013) Assunto: Atributos da Redação Oficial (impessoalidade, forma, concisão e clareza). A respeito da redação de expedientes oficiais, julgue o item a seguir.

Na redação de expedientes oficiais, deve-se obedecer à norma culta da língua, prescindindo-se de uma linguagem específica administrativa, embora se possa utilizar linguagem técnica quando necessário.

( ) Certo

( ) Errado

COMENTÁRIOS

Para iniciar a resolução da questão, deve-se compreender o sentido de "prescindir". Essa palavra significa algo como "abrir mão", ou seja, é possível abrir mão de uma linguagem específica administrativa. Depois disso, basta lembrar que um dos princípios da Redação Oficial consiste em empregar o padrão culto da língua. Por fim, deve-se saber que linguagem técnica, de acordo com o MRPR, só pode ser empregada quando necessário.

Gabarito: Certo

---

19. (CESPE – Ana Info (TCE-RO)/TCE-RO/2013) Assunto: Atributos da Redação Oficial (impessoalidade, forma, concisão e clareza). A respeito da redação de expedientes oficiais, julgue o item a seguir.

Será violado o princípio da impessoalidade se um expediente oficial versar sobre tema alheio aos assuntos relacionados ao interesse público.

( ) Certo

( ) Errado

COMENTÁRIOS

Evidentemente haverá desrespeito ao princípio da impessoalidade na situação mencionada. O Manual de Redação da Presidência da República ensina que apenas matéria de interesse público pode compor textos oficiais.

Gabarito: Certo

---

20. (CESPE – TJ STF/STF/Administrativa/"Sem Especialidade"/2013) Assunto: Atributos da Redação Oficial (impessoalidade, forma, concisão e clareza). Acerca da redação de correspondências oficiais, julgue o item seguinte.

A redação oficial, maneira como atos e comunicações são elaborados pelo poder público, deve orientar-se por princípios dispostos na Constituição Federal, tais como impessoalidade e publicidade.

( ) Certo

( ) Errado

COMENTÁRIOS

Essa questão traz o conceito de correspondência oficial que se encontra na abertura do MRPR. Nele, há a afirmação de que Redação Oficial é o meio pelo qual o poder público redige suas ordens de serviço e seus atos oficiais. Considerando ser uma atividade de cunho público, é fundamental amparar a redação nos princípios da impessoalidade e da publicidade.

Gabarito: Certo

21. (CESPE – AJ (STF)/STF/Administrativa/2013) Assunto: Atributos da Redação Oficial (impessoalidade, forma, concisão e clareza).

Mem. 123/DJ

Em 10 de novembro de 2013.

Ao Sr. Chefe do Departamento de Materiais

Assunto: Solicitação de impressora

1. Consulto Vossa Senhoria a respeito da possibilidade de instalação de uma nova impressora neste departamento.

2. A solicitação deve-se ao fato de que, desde a oportuna nomeação de três novos servidores para este Departamento, no mês passado, a quantidade de impressoras em uso tornou-se insuficiente para atender a demanda, que, aliás, tem crescido nos últimos meses.

3. A título de acréscimo, devo mencionar que a instalação de mais uma impressora no departamento será positiva e bem-vinda, pois conferirá maior agilidade ao trabalho dos servidores.

Atenciosamente,

Fulano de Tal

Chefe do Departamento de Atendimento ao Público

Tendo como referência a comunicação hipotética acima, julgue o item a seguir à luz do Manual de Redação da Presidência da República.

O texto do documento em questão está em discordância com os princípios de impessoalidade e concisão necessários à redação de correspondências oficiais.

( ) Certo

( ) Errado

COMENTÁRIOS

O maior problema da formulação desse documento está relacionado ao princípio da concisão, principalmente pelo emprego repetido da justificativa para o pedido da impressora no departamento em questão.

Gabarito: Certo

22. (CESPE – Admin (SUFRAMA)/SUFRAMA/2014) Assunto: Atributos da Redação Oficial (impessoalidade, forma, concisão e clareza). Acerca das características gerais da comunicação oficial, julgue o item a seguir, à luz do disposto no Manual de Redação da Presidência da República.

Como as comunicações oficiais devem primar pela concisão, o que implica transmitir o máximo de informações com o mínimo de palavras, na elaboração de um documento a partir de determinado texto, devem-se selecionar as passagens substanciais do texto e preservá-las no documento.

( ) Certo

( ) Errado

COMENTÁRIOS

As partes substanciais de um documento são as que transmitem as informações necessárias, ou seja, aquilo que se pretende comunicar. Logo, com o fito de garantir a concisão deve-se eliminar o que for de natureza supérflua e manter apenas os itens essenciais à comunicação.

Gabarito: Certo

---

23. (CESPE – Ag Adm (MDIC)/MDIC/2014) Assunto: Atributos da Redação Oficial (impessoalidade, forma, concisão e clareza). Acerca das características fundamentais da redação oficial apresentadas no MRPR, julgue o item subsequente.

A formalidade das comunicações oficiais não se limita ao emprego adequado dos pronomes de tratamento, devendo-se observar, também, a polidez, a civilidade e a obediência às regras de impessoalidade e ao padrão culto da linguagem.

( ) Certo

( ) Errado

COMENTÁRIOS

A polidez mencionada também pode ser compreendida com a forma correta de utilizar o tratamento textual, algo que se traduz no emprego de uma linguagem clara e desprovida de palavras de baixo calão ou que possam denotar as impressões pessoais de quem escreve.

Gabarito: Certo

---

24. (CESPE – Ag Adm (MDIC)/MDIC/2014) Assunto: Atributos da Redação Oficial (impessoalidade, forma, concisão e clareza). Acerca das características fundamentais da redação oficial apresentadas no MRPR, julgue o item subsequente.

Redigir um documento oficial com a norma padrão da língua portuguesa não significa utilizar linguagem rebuscada ou termos técnicos restritos a um determinado grupo social. O uso da norma padrão visa conferir impessoalidade às comunicações oficiais e informar com o máximo de clareza e concisão.

( ) Certo

( ) Errado

COMENTÁRIOS

Afirmar que o uso da norma padrão deve nortear a elaboração de documentos oficiais significa afirmar que se deve buscar a eliminação de quaisquer incorreções gramaticais do texto oficial. Essa necessidade está relacionada à possibilidade de interpretação do texto dos documentos.

Gabarito: Certo

---

25. (CESPE – AnaTA (CADE)/CADE/2014) Assunto: Atributos da Redação Oficial (impessoalidade, forma, concisão e clareza)

Convido Vossa Senhoria a participar de audiência pública sobre os impactos concorrenciais da importação de pré-forma de garrafas PET (uma peça em forma de tubo que é posteriormente inflada para chegar à embalagem final de PET), a se realizar em 10 de fevereiro, às 10h, no edifício-sede do CADE. O objetivo da audiência pública é discutir os aspectos técnicos dessa cadeia para auxiliar a análise deste Conselho.

O mercado de embalagens PET é afetado pelo Regime de Origem do MERCOSUL, que garante tratamento tarifário preferencial às mercadorias vindas dos países participantes do bloco. O setor também é influenciado pelo regime aduaneiro especial chamado de drawback, previsto no Decreto-Lei n.º 37. Esse instrumento prevê incentivos tributários para a importação de insumos de produtos a serem exportados pelo Brasil.

Respeitosamente,

(espaço para assinatura)

Fulano de Tal

Servidor do CADE

À luz do Manual de Redação da Presidência da República (MRPR), julgue o item a seguir, com base no documento apresentado acima, adaptado da Internet: <www.cade.gov.br>.

O emprego de um termo técnico no primeiro parágrafo, ainda que explicado entre parênteses, desobedece às normas estabelecidas no MRPR, que proíbe o uso de linguagem específica a determinada área nas comunicações oficiais.

( ) Certo

( ) Errado

COMENTÁRIOS

De acordo com o MRPR, o emprego de linguagem técnica pode ser realizado desde que necessário para a compreensão da mensagem – fato que ocorre no início do parágrafo. O termo técnico a que a questão alude é a explicação a respeito do que significa garrafa PET – o que contribuiu para o entendimento da mensagem.

Gabarito: Errado

---

26. (CESPE – Ag Adm (PF)/PF/2014) Assunto: Atributos da Redação Oficial (impessoalidade, forma, concisão e clareza). À luz das orientações constantes no Manual de Redação da Presidência da República, julgue o item a seguir.

A obrigatoriedade do uso do padrão culto da língua e o requisito de impessoalidade são incompatíveis com o emprego da linguagem técnica nas comunicações oficiais.

( ) Certo

( ) Errado

COMENTÁRIOS

Há um erro grave na formulação dessa questão, a saber: o emprego da palavra "incompatíveis". É certo que não se pode empregar linguagem técnica de maneira desregrada – deve haver uma justificativa para seu emprego. Portanto, é incorreto dizer que o emprego de linguagem técnica é incompatível com os dois princípios mencionados.

Gabarito: Errado

---

27. (CESPE – Ag Adm (PF)/PF/2014) Assunto: Atributos da Redação Oficial (impessoalidade, forma, concisão e clareza). À luz das orientações constantes no Manual de Redação da Presidência da República, julgue o item a seguir.

Admite-se o registro de impressões pessoais na redação oficial, desde que o assunto seja de interesse público e expresso em linguagem formal.

( ) Certo

( ) Errado

COMENTÁRIOS

Mesmo que haja observação aos princípios da publicidade e do uso do padrão culto da língua, ainda é necessário observar o princípio da impessoalidade. Isso serve para entender que impressões pessoais devem ser evitadas em qualquer texto oficial.

Gabarito: Errado

---

28. (CESPE – Ag Adm (PF)/PF/2014) Assunto: Atributos da Redação Oficial (impessoalidade, forma, concisão e clareza). À luz das orientações constantes no Manual de Redação da Presidência da República, julgue o item a seguir.

A concisão, que consiste no respeito ao princípio da economia linguística, é uma característica fundamental em telegramas, modalidade dispendiosa de comunicação.

( ) Certo

( ) Errado

COMENTÁRIOS

O telegrama é a modalidade definida pelo MRPR como a mais dispendiosa para os cofres públicos, sendo que – para sua utilização – deve haver uma justificativa plausível, tal como a impossibilidade de utilização de outras formas documentais. No caso de empregar o telegrama, a economia de termos significará a economia de valores para a administração púbica.

Gabarito: Certo

---

29. (CESPE – Adm (PF)/PF/2014) Assunto: Atributos da Redação Oficial (impessoalidade, forma, concisão e clareza). A respeito das correspondências oficiais, julgue o próximo item.

Os termos técnicos, as siglas, as abreviações e os conceitos específicos empregados em correspondências oficiais prescindem de explicação.

( ) Certo

( ) Errado

COMENTÁRIOS

Olho vivo para o vocábulo que forma a "pegadinha" da questão. Termos técnicos, siglas, abreviações e conceitos específicos necessitam obrigatoriamente de explicação. Uma maneira correta de escrever a mesma questão seria empregar a forma "imprescindem de explicação".

Gabarito: Errado

---

30. (CESPE – AJ TRT17/TRT 17/Apoio Especializado/Tecnologia da Informação/2013) Assunto: Atributos da Redação Oficial (impessoalidade, forma, concisão e clareza). Com base nas orientações do Manual de Redação da Presidência da República, julgue o item subsequente.

O emprego de vocabulário técnico de conhecimento específico dos profissionais do serviço público facilita a elaboração dos textos oficiais e, consequentemente, o seu entendimento pelo público geral.

( ) Certo

( ) Errado

COMENTÁRIOS

O emprego de vocabulário técnico deve ser limitado a situações necessárias. Não há facilitação da elaboração pelo emprego de uma linguagem mais complexa. Com efeito, o que ocorre é uma infração aos princípios da Redação Oficial, uma vez que a clareza pode ser prejudicada com o emprego de vocabulário restrito.

Gabarito: Errado

---

31. (CESPE – AA (ANTT)/ANTT/Administração/2013) Assunto: Atributos da Redação Oficial (impessoalidade, forma, concisão e clareza). No que se refere a aspectos gerais das correspondências oficiais, julgue o item que se segue de acordo com o Manual de Redação da Presidência da República (MRPR).

Quanto mais distantes, hierarquicamente, estiverem o remetente e o destinatário de uma comunicação oficial, maior deverá ser o nível de formalidade empregado na correspondência.

( ) Certo

( ) Errado

COMENTÁRIOS

Para responder a essa questão, é necessário considerar o ensinamento a respeito de formalidade e de uniformidade na Redação Oficial. Note-se que formalidade consiste no emprego das estruturas e das fórmulas de cortesia necessárias para o estabelecimento de qualquer comunicação. Já a uniformidade doutrina que essas fórmulas devem ser as mesmas para qualquer situação, isso quer dizer que não há distinção de formalidade em função da distância hierárquica entre os comunicadores.

Gabarito: Errado

---

32. (CESPE - ERSTT (ANTT)/ANTT/Ciências Contábeis/2013) Assunto: Atributos da Redação Oficial (impessoalidade, forma, concisão e clareza). Com base no Manual de Redação da Presidência da República, julgue o item seguinte.

Não é permitido, na redação de documento oficial, o uso de linguagens escritas típicas de redes sociais na Internet, haja vista que são variedades de uso restrito a determinados grupos e círculos sociais.

( ) Certo

( ) Errado

COMENTÁRIOS

Nesse sentido, é possível entender que a Redação Oficial parece – de certo modo – imune à evolução da língua. Não é cabível o registro de formas gráficas semelhantes às aplicadas nas redes sociais na Internet, porque muitas delas são contrárias ao que se preconiza como padrão culto de linguagem. Considerando que o emprego do padrão culto seja uma necessidade da comunicação de natureza oficial, outros registros devem ser eliminados.

Gabarito: Certo

---

33. (CESPE - ERSTT (ANTT)/ANTT/Ciências Contábeis/2013) Assunto: Atributos da Redação Oficial (impessoalidade, forma, concisão e clareza). Com base no Manual de Redação da Presidência da República, julgue o item seguinte.

O domínio do padrão culto da língua é fator suficiente para garantir a concisão no texto redigido — qualidade inerente aos documentos oficiais —, evitando-se, desse modo, a necessidade de revisão textual.

( ) Certo

( ) Errado

COMENTÁRIOS

Há três itens que merecem análise nessa questão. O primeiro se relaciona ao domínio do padrão culto da língua: não se pode dizer que ele seja quesito suficiente para GARANTIR a concisão do texto. Isso se afirma com base no fato de que um texto pode ser corretamente escrito, porém prolixo e de entendimento complexo. O segundo é relativo à concisão: sim, ela é uma qualidade inerente aos documentos oficiais. O terceiro se dirige à dispensa da necessidade de revisão textual: vejamos o que diz o MRPR a respeito desse assunto: *Não se deve proceder à redação de um texto que não seja seguida por sua revisão.*(Seção 1.4 – Concisão e Clareza).

Gabarito: Errado

---

34. (CESPE – AA (ANS)/ANS/2013) Assunto: Atributos da Redação Oficial (impessoalidade, forma, concisão e clareza). Com base no Manual de Redação da Presidência da República, julgue o item seguinte, referente a adequação da linguagem, formato e características da correspondência oficial.

Formalidade de tratamento, clareza datilográfica, correta diagramação do texto e utilização de papéis de mesma espécie são necessárias para a uniformidade das comunicações oficiais.

( ) Certo

( ) Errado

COMENTÁRIOS

Apesar de a palavra *uniformidade* não constar no Manual de Redação da Presidência da República, entende-se que há um padrão para orientar a formulação dos documentos. Esse padrão perpassa o tratamento dispensado na comunicação, bem como os critérios estruturais. Levando em conta que documentos de mesma natureza hão de ser expedidos com base nas mesmas fórmulas, é possível afirmar que a uniformidade documental pode ser relacionada com a formalidade de tratamento, com a clareza de digitação (datilográfica), com a correta diagramação do texto e com a utilização de papéis da mesma espécie (A4, na maior parte dos casos).

Gabarito: Certo

---

35. (CESPE – AA (ANS)/ANS/2013) Assunto: Atributos da Redação Oficial (impessoalidade, forma, concisão e clareza). Com base no Manual de Redação da Presidência da República, julgue o item seguinte, referente a adequação da linguagem, formato e características da correspondência oficial.

Na redação oficial, a impessoalidade refere-se ao emprego adequado de estruturas formais, como a utilização de pronomes de tratamento para determinada autoridade, à polidez e à civilidade no enfoque dado ao assunto que se pretende comunicar.

( ) Certo

( ) Errado

COMENTÁRIOS

A impessoalidade – princípio norteador das comunicações oficiais – não está relacionada às estruturas formais empregadas no texto, mas sim à isenção de impressões pessoais do autor da comunicação. Isso quer dizer que há três pontos fundamentais a respeito desse aspecto: impessoalidade de quem comunica, impessoalidade do assunto tratado e impessoalidade de quem recebe a comunicação.

Gabarito: Errado

---

36. (CESPE – AA (ANS)/ANS/2013) Assunto: Atributos da Redação Oficial (impessoalidade, forma, concisão e clareza). Com base no Manual de Redação da Presidência da República, julgue o item seguinte, referente a adequação da linguagem, formato e características da correspondência oficial.

Nas comunicações oficiais, o agente comunicador é o serviço público, e o assunto relaciona-se às atribuições do órgão ou da entidade que comunica, devendo a correspondência oficial estar isenta de impressões individuais do remetente do documento, para a manutenção de certa uniformidade entre os documentos emanados de diferentes setores da administração.

( ) Certo

( ) Errado

COMENTÁRIOS

Essa questão é uma síntese dos princípios da Redação Oficial. Na construção de um documento, o interlocutor que expede a mensagem a ser passada é sempre o serviço público (quem recebe pode ser o próprio serviço público ou um particular); o assunto tratado é sempre matéria administrativa, ou seja, interessa à Administração Pública. Como se trata de um texto impessoal, as impressões individuais (particulares) devem ser retiradas. Tudo isso deve se repetir no expedientes, a fim de que a uniformidade da comunicação oficial seja atingida.

Gabarito: Certo

37. (CESPE – APF/PF/2014) Assunto: Atributos da Redação Oficial (impessoalidade, forma, concisão e clareza). Julgue o item que se segue, relativo a aspectos gerais da redação oficial.

As comunicações oficiais podem ser remetidas em nome do serviço público ou da pessoa que ocupa determinado cargo dentro do serviço público.

( ) Certo

( ) Errado

COMENTÁRIOS

Uma comunicação oficial não pode ser expedida em nome de pessoas, porque o propósito deve ser sempre oficial. Mesmo que o indivíduo ocupe cargo dentro do serviço público, é necessário considerar a normativa a respeito da impessoalidade, a fim de garantir a idoneidade das comunicações oficiais.

Gabarito: Errado

38. (CESPE – AA (ANTAQ)/ANTAQ/Ciências Contábeis/2014) Assunto: Atributos da Redação Oficial (impessoalidade, forma, concisão e clareza). Considerando aspectos estruturais e linguísticos das correspondências oficiais, julgue o item que se segue, de acordo com o Manual de Redação da Presidência da República.

A concisão é uma qualidade dos textos oficiais intimamente relacionada ao princípio da economia linguística, que visa eliminar do texto redundâncias e passagens que nada acrescentem ao que já tenha sido dito.

( ) Certo

( ) Errado

COMENTÁRIOS

Lê-se, no subitem 1.4 (Concisão e Clareza) do MRPR:

> *O esforço de sermos concisos atende, basicamente ao princípio de economia linguística, à mencionada fórmula de empregar o mínimo de palavras para informar o máximo. Não se deve de forma alguma entendê-la como economia de pensamento, isto é, não se devem eliminar passagens substanciais do texto no afã de reduzi-lo em tamanho. Trata-se exclusivamente de cortar palavras inúteis, redundâncias, passagens que nada acrescentem ao que já foi dito.*

Nota-se que a banca simplesmente selecionou trechos do manual e os reescreveu sem grandes alterações semânticas. Apenas a título de esclarecimento: "redundâncias" são repetições desnecessárias em alguma passagem textual.

Gabarito: Certo

---

39. (CESPE – TA (ANTAQ)/ANTAQ/2014) Assunto: Atributos da Redação Oficial (impessoalidade, forma, concisão e clareza). Com base no Manual de Redação da Presidência da República, julgue o item a seguir, acerca de aspectos gerais da redação oficial.

Para que os textos oficiais sejam entendidos em sua plenitude e por todos os cidadãos, não se deve empregar, em nenhuma circunstância, a linguagem técnica, pois ela só é inteligível àqueles que com ela estejam familiarizados.

( ) Certo

( ) Errado

COMENTÁRIOS

O erro da questão é utilizar o termo "em nenhuma circunstância". No MRPR, há o ensinamento de que é possível empregar linguagem técnica em comunicações oficiais – com a ressalva de que isso só pode ser realizado caso haja necessidade. O recomendável é não empregar; contudo, se for necessário, o emprego é liberado.

Gabarito: Errado

---

40. (CESPE – TL (CAM DEP)/CAM DEP/Agente de Polícia Legislativa/2014) Assunto: Atributos da Redação Oficial (impessoalidade, forma, concisão e clareza). Com base nas regras de redação de correspondências oficiais, julgue o item que se segue.

A linguagem desse tipo de texto deve ser formal, impessoal, clara e concisa, características decorrentes da submissão dos documentos oficiais aos princípios da administração pública.

( ) Certo

( ) Errado

COMENTÁRIOS

Todos os documentos oficiais devem ser escritos com base nos princípios da Redação Oficial, quais sejam: impessoalidade, formalidade, concisão, clareza, uso do padrão culto da linguagem e, por consequência, a formalidade.

Gabarito: Certo

41. (CESPE – PT (CBM CE)/CBM CE/2014) Assunto: Atributos da Redação Oficial (impessoalidade, forma, concisão e clareza). Considerando as orientações do Manual de redação da Presidência da República, julgue o item a seguir.

A clareza, que diz respeito à compreensão imediata do texto pelo leitor, é prejudicada pela ambiguidade e é conferida ao texto mediante fatores como uso do padrão culto da língua, padronização e concisão.

( ) Certo

( ) Errado

COMENTÁRIOS

O ensinamento do item 9.2.1 do MRPR (Problemas de Construção de Frases) é o seguinte:

> *Os problemas mais frequentemente encontrados na construção de frases dizem respeito à má pontuação, à ambiguidade da ideia expressa, à elaboração de falsos paralelismos, erros de comparação, etc. Decorrem, em geral, do desconhecimento da ordem das palavras na frase. Indicam-se, a seguir, alguns desses defeitos mais comuns e recorrentes na construção de frases, registrados em documentos oficiais.*

Isso deixa evidente que a clareza passa a ser resultado do uso do padrão culto da língua, da padronização e da concisão.

Gabarito: Certo

42. (CESPE – TJ TRE GO/TRE GO/Administrativa/"Sem Especialidade"/2015) Assunto: Atributos da Redação Oficial (impessoalidade, forma, concisão e clareza)

Mem. 03/2015 – SePes

Goiânia, 21 de janeiro de 2015.

Ao Senhor Chefe do Setor de Estágios (SEst)

Assunto: Novos procedimentos para envio de frequência de estagiários

1. Para garantir mais agilidade em relação ao pagamento da bolsa-estágio, informo que, a partir do mês de abril deste ano, serão adotados novos procedimentos para o envio da frequência dos estagiários ao Setor de Pessoal (SePes).

2. A frequência mensal de cada estagiário deverá ser enviada para o endereço de email do SePes até o quinto dia útil de cada mês.

3. As informações do email devem ser complementadas com anexo contendo a planilha de frequência de estagiários, carimbada e assinada pelo chefe do SEst e pelos estagiários.

4. A observância desses procedimentos é essencial para evitar atrasos no pagamento da bolsa.

Atenciosamente,

(espaço para assinatura)
[nome do signatário]

Chefe do Setor de Pessoal

Com base no Manual de Redação da Presidência da República, julgue o item seguinte, relativo à correspondência oficial hipotética apresentada.

A situação comunicativa mediada pelo texto em questão envolve três interlocutores: o chefe do SePes (comunicador), o chefe do SEst (destinatário direto) e os estagiários (destinatários indiretos).

( ) Certo

( ) Errado

COMENTÁRIOS

Há sempre dois polos em uma comunicação oficial dessa natureza (memorando): quem envia – no caso o comunicador – e quem recebe – o destinatário. Na correspondência em questão, as informações sobre os estagiários devem ser fornecidas por quem ocupar a função de chefe do setor de estagiários.

Gabarito: Errado

---

43. (CESPE – AJ TJDFT/TJDFT/Judiciária/"Sem Especialidade"/2013) Assunto: Ortografia e Gramática (redação Oficial)

Brasília – DF, 24 de outubro de 2012.

Assunto: retificação do Relatório Justiça em Números no sítio do Conselho Nacional de Justiça

Senhor Presidente,

Como é do conhecimento de Vossa Excelência, o Departamento de Pesquisas Judiciárias do Conselho Nacional de Justiça oferece aos tribunais a oportunidade de retificarem os respectivos dados após publicação dos relatórios do Sistema Justiça em Números. Em abril de 2012, o TJDFT promoveu, na base de dados desse sistema, a correção de seus indicadores relativos aos anos de 2009, 2010 e 2011.

Entretanto, no Relatório Justiça em Números 2010, publicado no sítio desse Conselho, não se considerou as correções efetuadas pelo TJDFT nos seus mencionados indicadores, o que implicou na apresentação, nesse referido relatório, de informações equivocadas a respeito desta Corte de Justiça.

Como o resultado apresentado não reflete a realidade da Justiça do Distrito Federal e dos Territórios, solicita-se a Vossa Excelência a republicação do Relatório Justiça em Números ou, caso não seja possível, a publicação de erratas com os dados corretos referentes ao TJDFT.

Respeitosamente,

Desembargador Fulano

Presidente do Tribunal de Justiça do Distrito Federal e dos Territórios

Considerando as disposições do Manual de Redação da Presidência da República (MRPR), julgue o seguinte item, relativo ao documento oficial acima, reproduzido, com adaptações, do sítio www.tjdft.jus.br.

Para se adequar o parágrafo iniciado pela expressão "Entretanto" ao padrão culto exigido nas comunicações oficiais, seria suficiente reescrever a oração "não se considerou as correções efetuadas pelo TJDFT nos seus mencionados indicadores" da seguinte forma: não foram consideradas as correções efetuadas pelo TJDFT nos seus mencionados indicadores.

( ) Certo

( ) Errado

COMENTÁRIOS

No mesmo parágrafo há ainda um erro de regência, o qual pode passar se não houver bastante perspicácia por parte do candidato. O verbo "implicar" – empregado no trecho "o que implicou na apresentação" – foi empregado incorretamente. Quando estiver empregado no sentido de "acarretar", o verbo "implicar" será transitivo direto, ou seja, não necessitará de uma preposição para introduzir seu complemento. Desse modo, o emprego da preposição "em" cria um erro de regência – o que transforma o trecho em uma sequência incorreta, considerando o padrão culto da língua.

Gabarito: Errado

44. (CESPE – Escr (PC BA)/PC BA/2013) Assunto: Ortografia e Gramática (redação Oficial). Julgue o item subsequente, com base no que estabelece o Manual de Redação da Presidência da República.

Nas comunicações oficiais, o uso de itálico em lugar de aspas é aceito para indicar, por exemplo, alíneas de textos legais, nomes de obras de arte, de publicações e de artigos, entretanto, não se considera adequada tal substituição para a indicação de citações textuais.

( ) Certo

( ) Errado

COMENTÁRIOS

De acordo com o item 9.1.3.2 do MRPR,

> *d) nas citações de textos legais, as alíneas devem estar entre aspas:*
>
> *O tema é tratado na alínea "a" do artigo 146 da Constituição.*
>
> *Atualmente, no entanto, tem sido tolerado o uso de itálico como forma de dispensar o uso de aspas, exceto na hipótese de citação textual.*

Esse trecho torna evidente o emprego do itálico para alguns destaques – a exemplo das alíneas – para evidenciar determinadas passagens textuais. Isso não ocorre, porém, com citações – as quais devem ser destacadas com aspas.

Gabarito: Certo

---

45. (CESPE – AA (IBAMA)/IBAMA/2013) Assunto: Ortografia e Gramática (redação Oficial).

Em resposta ao documento enviado por essa prefeitura, informamos a Vossa Senhoria que o IBAMA disponibiiiza um minicurso gratuito que aborda como temas as queimadas, os incêndios florestais, as mudanças climáticas e os riscos globais, **cuja** carga horária varia de acordo com as disponibilidades, interesses e adaptações regionais e (ou) locais, podendo ser ministrado a grandes grupos em grandes auditórios. Solicita-se, apenas, que a instituição promotora providencie o local, a divulgação e a emissão de certificados.

Colocamo-nos à disposição para quaisquer esclarecimentos.

Atenciosamente,

Beltrano

Considerando que o documento acima tenha sido elaborado em resposta a documento anterior, elaborado pelo prefeito do município XYZ, julgue o item seguinte, de acordo com as normas do Manual de Redação da Presidência da República.

Se, na linha 2, no lugar do pronome "cuja", fosse empregada a expressão **que a**, o paralelismo sintático do período seria reforçado e a correção gramatical do texto seria mantida.

( ) Certo

( ) Errado

COMENTÁRIOS

Como o assunto da questão é relacionado ao emprego do padrão culto de linguagem, é preciso identificar o emprego do pronome relativo "cuja". Como esse termo liga dois substantivos usualmente com um sentido possessivo, sua substituição pela forma "que a" prejudicaria a correção gramatical. Essa troca proposta faz o texto adquirir uma forma coloquial – o que não se aceita na Redação Oficial.

Gabarito: Errado.

---

46. (CESPE – APF (DEPEN)/DEPEN/2013) Assunto: Ortografia e Gramática (redação Oficial). Com base no Manual de Redação da Presidência da República, julgue o próximo item.

É vedado o emprego de estrangeirismos em comunicações oficiais.

( ) Certo

( ) Errado

COMENTÁRIOS

De acordo com o MRPR, os estrangeirismos não são vedados em comunicações oficiais. Eles podem ser empregados desde que de maneira não abusiva. Caso haja um correlato em língua vernácula para o estrangeirismo, opta-se pelo emprego da forma portuguesa. Do contrário, pode-se empregar o estrangeirismo.

Gabarito: Errado.

---

47. (CESPE – Ag Adm (CADE)/CADE/2014) Assunto: Ortografia e Gramática (redação Oficial). À luz do disposto no Manual de Redação da Presidência da República a respeito da redação de correspondências oficiais, julgue o item seguinte.

Para manter a concisão do texto oficial, deve-se evitar o emprego de expressões como Vimos por meio desta e Tenho a honra de informar que.

( ) Certo

( ) Errado

COMENTÁRIOS

Para garantir a concisão das comunicações, expressões cristalizadas como as mencionadas no comando da questão devem ser evitadas. O próprio MRPR ensina "Evite o uso das formas: "Tenho a honra de" (Seção 3.1 do Manual).

Gabarito: Certo.

---

48. (CESPE – ERSTT (ANTT)/ANTT/Ciências Contábeis/2013) Assunto: Ortografia e Gramática (redação Oficial). Com base no Manual de Redação da Presidência da República, julgue o item seguinte.

No que se refere ao emprego de consoantes, o referido manual apresenta o termo "extensão" como ato ou efeito de "estender", apesar da diferença de grafia.

( ) Certo

( ) Errado

COMENTÁRIOS

O manual apresenta um apêndice com as formas de grafia preferíveis. Em relação ao emprego da consoante "s", o referido manual indica a grafia da palavra estender com "s"; porém indica a derivação dessa palavra com a letra "x" (informação que se encontra na seção *Palavras com S, e não C ou SC, nem X*).

Gabarito: Certo

---

49. (CESPE – AA (ANATEL)/ANATEL/Administração/2014) Assunto: Ortografia e Gramática (redação Oficial).

Ofício n.º 28/2014- IE

Brasília, 2 de março de 2014.

A Sua Excelência o senhor

[nome]

Coordenador de Estudos Econômicos Regionais

Ministério da Integração Social

Eixo Monumental Bloco E s/n

2.º andar, sala 214

70.160-900 – Brasília – DF

Assunto: Solicitação de documentação

Senhor Coordenador,

1. Em complementação à solicitação dos documentos sobre os estudos econômicos regionais feitos sob sua coordenação, nas publicações do ano de 2012, informamos que o material foi recebido e, na oportunidade, solicitamos os estudos registrados nas publicações desta Coordenação no ano de 2013.

2. Este novo pedido tem por objetivo completar o acervo universitário dos registros econômicos regionais elaborados por esta Coordenadoria, cuja leitura tem trazido qualidade às pesquisas de professores e alunos do curso de Economia.

Atenciosamente,

José da Silva

Com base no documento hipotético acima, julgue o item seguinte.

O emprego das formas pronominais "desta", no primeiro parágrafo, e "esta", no segundo parágrafo, atende às exigências do padrão culto da linguagem, visto que se refere à primeira pessoa do discurso, ou seja, ao remetente da comunicação oficial.

( ) Certo

( ) Errado

COMENTÁRIOS

As formas pronominais empregadas fazem menção ao destinatário da comunicação, não ao remetente.

Gabarito: Errado.

---

50. (CESPE - AJ TRE GO/TRE GO/Administrativa/2015) Assunto: Ortografia e Gramática (redação Oficial)

Xxx. 1032/SeTec

Goiânia, 15 de janeiro de 2015.

Ao Senhor Chefe do Setor de Documentação

Assunto: Oficinas de apresentação do novo sistema operacional

1. Como é sabido, recentemente adquirimos um novo sistema operacional. Como se trata de um sistema muito diferente do anterior, informo a Vossa Senho-

ria que o Setor de Tecnologia (SeTec) oferecerá, entre os dias 26 e 30 de janeiro deste ano, uma série de oficinas práticas para apresentação desse novo sistema aos funcionários.

2. Por essa razão, solicito que, no período acima indicado, Vossa Senhoria libere todos os funcionários do seu setor duas horas antes do fim do expediente para que eles possam frequentar as oficinas.

3. Devo mencionar, por fim, que a participação dos funcionários nas oficinas é obrigatória, pois o novo sistema já entrará em funcionamento no dia 20 de julho do corrente ano. Nessa data, todos já deverão conhecê-lo e saber como operá-lo.

Atenciosamente,

(espaço para assinatura)

[nome do signatário]

Chefe do Setor de Tecnologia

Com base no disposto no Manual de Redação da Presidência da República, julgue o item que se segue, a respeito da correspondência oficial hipotética Xxx. 1032/ SeTec, anteriormente apresentada, na qual o remetente e o destinatário são funcionários de igual nível hierárquico de um mesmo órgão da administração pública.

O segundo período do primeiro parágrafo do texto poderia ser corretamente reescrito da seguinte forma: Como esse sistema difere muito do anterior, informo Vossa Senhoria de que o Setor de Tecnologia (SeTec) oferecerá, entre os dias 26 e 30 de janeiro deste ano, uma série de oficinas práticas para apresentação desse novo sistema aos funcionários.

( ) Certo

( ) Errado

COMENTÁRIOS

A proposta de reescrita exige que o candidato atente para a mudança de regência do verbo "informar" que surgiu com um objeto indireto de "coisa" e um objeto direto de "pessoa". No trecho original, verifica-se "*informo a Vossa Senhoria que*"; já, na reescrita a forma sugerida é "*informo Vossa Senhoria de que*". Com essa mudança (veja que a preposição "a" saiu da sentença e que a preposição "de" foi empregada no outro complemento), a correção gramatical fica preservada – o que faz do trecho uma adaptação adequada à correspondência oficial.

Gabarito: Certo

51. (CESPE – AJ TRE GO/TRE GO/Administrativa/2015) Assunto: Ortografia e Gramática (redação Oficial)

Xxx. 1032/SeTec

Goiânia, 15 de janeiro de 2015.

Ao Senhor Chefe do Setor de Documentação

Assunto: Oficinas de apresentação do novo sistema operacional

1. Como é sabido, recentemente adquirimos um novo sistema operacional. Como se trata de um sistema muito diferente do anterior, informo a Vossa Senhoria que o Setor de Tecnologia (SeTec) oferecerá, entre os dias 26 e 30 de janeiro deste ano, uma série de oficinas práticas para apresentação desse novo sistema aos funcionários.

2. Por essa razão, solicito que, no período acima indicado, Vossa Senhoria libere todos os funcionários do seu setor duas horas antes do fim do expediente para que eles possam frequentar as oficinas.

3. Devo mencionar, por fim, que a participação dos funcionários nas oficinas é obrigatória, pois o novo sistema já entrará em funcionamento no dia 20 de julho do corrente ano. Nessa data, todos já deverão conhecê-lo e saber como operá-lo.

Atenciosamente,

(espaço para assinatura)

[nome do signatário]

Chefe do Setor de Tecnologia

Com base no disposto no Manual de Redação da Presidência da República, julgue o item que se segue, a respeito da correspondência oficial hipotética Xxx. 1032/SeTec, anteriormente apresentada, na qual o remetente e o destinatário são funcionários de igual nível hierárquico de um mesmo órgão da administração pública.

Sem prejuízo da correção gramatical e do sentido original do texto, o primeiro período do terceiro parágrafo poderia ser reescrito da seguinte forma: Finalmente, consigno que é obrigatório que haja participação nas oficinas de todos os funcionários, uma vez que o já novo sistema começará a funcionar no dia 20 de julho deste ano.

( ) Certo

( ) Errado

COMENTÁRIOS

O erro não está no verbo "consignar" (o qual indica "determinar ou indicar"). Na verdade, além do queísmo (a repetição antieufônica do "que" na frase), houve ambiguidade na sentença "oficinas de todos os funcionários" – isso dá a impressão de que os funcionários hão de promover oficinas, alterando o sentido original do período. Também é possível destacar a presença do advérbio "já", que aparece na frase sem qualquer justificativa, o que provoca um truncamento da leitura.

Gabarito: Errado

---

52. (CESPE – TJ TRE GO/TRE GO/Administrativa/"Sem Especialidade"/2015)
Assunto: Ortografia e Gramática (redação Oficial)

Mem. 03/2015 – SePes

Goiânia, 21 de janeiro de 2015.

Ao Senhor Chefe do Setor de Estágios (SEst)

Assunto: Novos procedimentos para envio de frequência de estagiários

1. Para garantir mais agilidade em relação ao pagamento da bolsa-estágio, informo que, a partir do mês de abril deste ano, serão adotados novos procedimentos para o envio da frequência dos estagiários ao Setor de Pessoal (SePes).

2. A frequência mensal de cada estagiário deverá ser enviada para o endereço de email do SePes até o quinto dia útil de cada mês.

3. As informações do email devem ser complementadas com anexo contendo a planilha de frequência de estagiários, carimbada e assinada pelo chefe do SEst e pelos estagiários.

4. A observância desses procedimentos é essencial para evitar atrasos no pagamento da bolsa.

Atenciosamente,

(espaço para assinatura)

[nome do signatário]

Chefe do Setor de Pessoal

Com base no Manual de Redação da Presidência da República, julgue o item seguinte, relativo à correspondência oficial hipotética apresentada.

As regras da norma padrão do português seriam respeitadas se, no parágrafo 4 do texto, a expressão "para evitar" fosse substituída por para que se evite.

( ) Certo

( ) Errado

COMENTÁRIOS

Na substituição proposta, haveria um erro de concordância, uma vez que o sujeito do verbo evitar (o qual se encontra apassivado na proposta de reescrita) tem núcleo no plural – a expressão "atrasos no pagamento da bolsa". A forma correta seria "para que se evitem atrasos", semelhante a "para que atrasos sejam evitados".

Gabarito: Errado

---

53. (CESPE – AudGov (CGE PI)/CGE PI/Geral/2015) Assunto: Ortografia e Gramática (redação Oficial)

Mem. 15/2014-CGE/PI

Teresina, 10 de outubro de 2014.

Ao Sr. José Alves André

Assunto: Reunião sobre Gestão de Convênios

1. Informo que, no próximo dia 25, às 9 horas, na sala de treinamento, será promovida reunião em que se tratará dos convênios celebrados por este órgão.

2. Solicito o comparecimento dos servidores dessa unidade, munidos dos relatórios anuais a serem discutidos com o diretor financeiro e o coordenador do setor, de forma a sanar possíveis questionamentos e dúvidas.

3. Esclarecimentos adicionais podem ser obtidos pelo ramal 678.

Atenciosamente,

[espaço para a assinatura]

[Nome]

Controlador-Geral do Estado

Considerando as disposições do Manual de Redação da Presidência da República, julgue o item que se segue, a respeito da adequação, do formato e da linguagem da comunicação oficial hipotética Mem. 15/2014-CGE/PI.

Seriam mantidas a correção e a adequação da linguagem se fosse inserido o complemento a Vossa Senhoria imediatamente após a forma verbal "Informo".

( ) Certo

( ) Errado

COMENTÁRIOS

O verbo "informar" pode ser bitransitivo, ou seja, possuir um complemento direto (que não exige preposição) e um indireto (que exige preposição). Desse modo, como o complemento direto já está na sentença – introduzido pela conjunção "que" – é possível inserir um complemento indireto, desde que seja empregada a preposição "a" antes do destinatário do ato de informar.

Gabarito: Certo

---

54. (CESPE - AAmb (IBAMA)/IBAMA/Tema 1/Licenciamento Ambiental/2013)
Assunto: Julgamento de Trechos quanto a Correção (Red. Oficial)

Serviço Público Federal

Instituto Brasileiro do Meio Ambiente e dos Recursos Naturais Renováveis

SCEN – Setor de Clubes Esportivos Norte, trecho 02, Ed. Sede do Ibama, bloco I

Caixa Postal n.º 09566 – CEP 70818-900 – Brasília-DF – Tel.: 61 3316-1212

Email: cgaa@ibama.gov.br

_n.º 313/2012/CGAA

Brasília, 6 de janeiro de 2013.

A Sua Excelência o Senhor

Fulano de Tal

Chefe do Serviço de Proteção ao Patrimônio e ao Ambiente

Rua D, n.º 123,

34.100-100 – Goiânia – GO

Assunto: Solicitação de serviço

Senhor Chefe,

1. O Instituto Brasileiro do Meio Ambiente e dos Recursos Naturais Renováveis, por meio de sua Coordenação-Geral de Ações Ambientais, vem, respeitosamente, à presença de Vossa Senhoria solicitar cessão do espaço físico, bem como autorização para realização do X Congresso Brasileiro de Biodiversidade do Cerrado, nesta capital, no Espaço Aberto do Parque das Nascentes, no dia 12 de dezembro do corrente ano.

2. O evento destina-se à discussão das diretrizes do Programa de Meio Ambiente para o Cerrado brasileiro, que conta com a participação efetiva da sociedade civil organizada, sobretudo de ONGs e entidades de proteção ambiental, bem como das secretarias estaduais e municipais no entorno do bioma cerrado brasileiro, convidadas a oferecer sua contribuição para o evento.

Certos do deferimento do nosso pedido, aguardamos a autorização.

Respeitosamente,

Beltrano de Tal

Coordenação-Geral de Ações Ambientais

Em relação ao exemplo de correspondência oficial acima apresentado, julgue o item.

O texto do documento apresentado está adequadamente desenvolvido, com apresentação e detalhamento do assunto que motivou a comunicação, de forma clara, direta e concisa, e com conclusão que reitera a solicitação feita.

( ) Certo

( ) Errado

COMENTÁRIOS

O documento em apreço é um tipo de requerimento que foi diagramado no Padrão Ofício. Atende a todos os requisitos da comunicação oficial, a saber impessoalidade, uniformidade, clareza, concisão, uso do padrão culto de linguagem e formalidade. Nota-se o desenvolvimento (detalhamento) do assunto que foi colocado em destaque na comunicação, sua fundamentação e sua justificativa – elementos essenciais de um requerimento. Portanto, o texto está adequado aos princípios da comunicação oficial.

Gabarito: Certo

---

55. (CESPE – TJ CNJ/CNJ/Administrativa/2013) Assunto: Julgamento de Trechos quanto a Correção (Red. Oficial). No item a seguir, é apresentada proposta de trecho de correspondência oficial. Julgue-o quanto à correção gramatical e à adequação às normas de redação oficial.

Encaminhamos cópia do Processo n.º 20100.001100/2012-15 para que sejam adotadas as providências por parte dessa Coordenação, nos termos do despacho do Diretor-Geral.

( ) Certo

( ) Errado

COMENTÁRIOS

Trata-se de texto escrito em linguagem clara, concisa, isento de incorreções gramaticais e objetivo. Logo, é adequado à comunicação oficial. Todos os termos empregados com a inicial maiúscula estão corretos e servem para destacar as partes constantes do um processo.

Gabarito: Certo

---

56. (CESPE – TJ CNJ/CNJ/Administrativa/2013) Assunto: Julgamento de Trechos quanto a Correção (Red. Oficial). No item a seguir, são apresentadas propostas de trechos de correspondências oficiais. Julgue-o quanto à correção gramatical e à adequação às normas de redação oficial.

Tendo em vista a proximidade das esperadas festas de comemoração do aniversário de 50 anos da nossa instituição, tenho o prazer de informar que este setor terá seu horário de atendimento reduzido em função da necessidade dos preparativos da referida festa.

( ) Certo

( ) Errado

COMENTÁRIOS

O texto não foi escrito com impessoalidade, visto que seu elaborador utilizou a expressão "tenho o prazer de informar" – construção que demonstra uma avaliação subjetiva do autor.

Gabarito: Errado

---

57. (CESPE – TJ CNJ/CNJ/Administrativa/2013) Assunto: Julgamento de Trechos quanto a Correção (Red. Oficial). No item a seguir, são apresentadas propostas de trechos de correspondências oficiais. Julgue-o quanto à correção gramatical e à adequação às normas de redação oficial.

Solicito verificar a viabilidade de novo espaço para os ensaios do nosso Coro Sinfônico, os quais ocorrem segundas e quartas, das 19h às 22h. O espaço onde o Coro ensaia atualmente estará em reforma durante o primeiro semestre de 2013.

( ) Certo

( ) Errado

COMENTÁRIOS

Trata-se de texto escrito em linguagem clara, concisa, isento de incorreções gramaticais e objetivo. Logo, é adequado à comunicação oficial. A inicial maiúscula se refere ao substantivo próprio que nomeia o coro. Além disso, o acento grave foi corretamente aplicado na expressão "das 19h às 22h".

Gabarito: Certo

---

58. (CESPE – AJ CNJ/CNJ/Judiciária/2013) Assunto: Julgamento de Trechos quanto a Correção (Red. Oficial). No item seguinte, são apresentadas propostas de trechos de correspondências oficiais. Julgue-o quanto à correção gramatical e à adequação às normas de redação oficial.

Dadas a funcionalidade, a relevância e as características gerais do software de registro de ocorrências via Web, manifestamos o interesse desta instituição em implementá-lo.

( ) Certo

( ) Errado

COMENTÁRIOS

Trata-se de texto escrito em linguagem clara, concisa, isento de incorreções gramaticais e objetivo. Logo, é adequado à comunicação oficial. A concordância da primeira palavra foi realizada com base na presença de vários substantivos femininos pospostos na sentença. Ainda é possível mencionar que o verbo na primeira pessoa do plural em "manifestamos" não fere o princípio da impessoalidade, porque o autor da comunicação está representando o interesse público nesse caso.

Gabarito: Certo

---

59. (CESPE – AJ CNJ/CNJ/Judiciária/2013) Assunto: Julgamento de Trechos quanto a Correção (Red. Oficial). No item seguinte, são apresentadas propostas de trechos de correspondências oficiais. Julgue-o quanto à correção gramatical e à adequação às normas de redação oficial.

No que pertine aos problemas tratados na reunião hora em comento, informamos que as providências necessárias já foram tomadas.

( ) Certo

( ) Errado

COMENTÁRIOS

Há dois erros nessa sentença – o primeiro é a expressão "no que pertine", pois é condenável para a Gramática, trata-se de jargão jurídico de formulação incorreta, que não deve ser usado, portanto. O segundo erro é o emprego de "hora" em vez de "ora" a forma que indicaria o que fato se pretende veicular – a acepção adverbial de "nesse momento".

Gabarito: Errado

---

60. (CESPE – EPF/PF/2013) Assunto: Julgamento de Trechos quanto a Correção (Red. Oficial). Julgue o item a seguir, conforme a adequação da linguagem dos excertos a um texto de correspondência oficial, o qual, segundo o Manual de Redação da Presidência da República, deve caracterizar-se por impessoalidade, uso do padrão culto de linguagem, clareza, concisão, formalidade e uniformidade.

Informamos que, na reunião passada, onde discutiram-se questões relativas a revisão da remuneração de escrivães e outros assuntos de ordem financeira, a ata não foi assinada por todos os presentes.

Atenciosamente, José da Silva

( ) Certo

( ) Errado

COMENTÁRIOS

Há um erro de colocação pronominal na sentença. O pronome "se" deve ser colocado em posição proclítica (antes do verbo), pois há um pronome relativo (onde) na frase. A forma correta deveria ser "onde se discutiram".

Gabarito: Errado

---

61. (CESPE – EPF/PF/2013) Assunto: Julgamento de Trechos quanto a Correção (Red. Oficial) Julgue o item a seguir, conforme a adequação da linguagem dos excertos a um texto de correspondência oficial, o qual, segundo o Manual de Redação da Presidência da República, deve caracterizar-se por impessoalidade, uso do padrão culto de linguagem, clareza, concisão, formalidade e uniformidade.

Senhor Corregedor,

A ação rigorosa da Polícia Federal no sentido de extirpar os crimes de tráfico das comunidades menos favorecidas foi determinante para que a operação fosse considerada bem-sucedida até a presente fase. Faz-se necessário, agora, que se acompanhem regularmente as atividades dos cidadãos residentes nos locais envolvidos.

Visa-se, com isso, a não reincidência de crime nas etapas subsequentes do projeto e em período posterior ao seu término.

( ) Certo

( ) Errado

COMENTÁRIOS

De acordo com a banca examinadora, a questão está correta. Apesar disso, é importante considerar que falta um acento grave indicativo de crase na expressão "a não reincidência" (que também deveria ter um hífen, por ser um substantivo composto), pois o verbo "visar" – quando possuir o sentido de "ter como objetivo" – será um verbo transitivo indireto, com complemento introduzido pela preposição "a". Tem-se o acento grave com a contração da preposição com o artigo que antecede o substantivo feminino da expressão.

Gabarito: Certo (com ressalvas)

---

62. (CESPE – Ag Adm (TCE-RO)/TCE-RO/2013) Assunto: Julgamento de Trechos quanto a Correção (Red. Oficial). Julgue o item a seguir com base nas prescrições do Manual de Redação da Presidência da República para a elaboração de correspondências oficiais.

O trecho a seguir estaria gramaticalmente correto e adequado para constituir parte de um ofício:

Tenho a maior honra de encaminharmos ao TCE/RO, por meio desta mensagem, os demonstrativos gerenciais da aplicação mensal e acumulada das receitas resultantes de impostos e transferências constitucionais em ações e serviços públicos de saúde referente ao mês de maio do exercício corrente.

( ) Certo

( ) Errado

COMENTÁRIOS

O primeiro erro da sentença é empregar a expressão "tenho a honra de" – a qual é inadequada para a comunicação oficial. Há um erro de uniformidade de escrita: veja que o primeiro verbo está conjugado na primeira pessoa do singular no presente do indicativo (tenho) e que o segundo verbo está conjugado na primeira pessoa do plural no infinitivo pessoal.

Gabarito: Errado

63. (CESPE – Ag Adm (TCE-RO)/TCE-RO/2013) Assunto: Julgamento de Trechos quanto a Correção (Red. Oficial). Julgue o item a seguir com base nas prescrições do Manual de Redação da Presidência da República para a elaboração de correspondências oficiais.

O trecho a seguir apresenta-se gramaticalmente correto e adequado para constituir parte de um ofício:

Vimos informar que já expirou o prazo para publicação do Relatório de Gestão Fiscal do primeiro quadrimestre do exercício corrente, para municípios com mais de 50.000 habitantes. As administrações municipais têm dez dias para justificar o atraso na publicação.

( ) Certo

( ) Errado

COMENTÁRIOS

Não há erros estruturais nessa sentença. As formas verbais "vimos" e "têm" foram empregadas corretamente. Não há falha em relação ao princípio da impessoalidade, pois a forma verbal na primeira pessoa do plural sinaliza um plural de modéstia de um interlocutor que fala em nome da Administração Pública.

Gabarito: Certo

64. (CESPE – Ag Adm (TCE-RO)/TCE-RO/2013) Assunto: Julgamento de Trechos quanto a Correção (Red. Oficial). Julgue o item a seguir com base nas prescrições do Manual de Redação da Presidência da República para a elaboração de correspondências oficiais.

O trecho a seguir estaria correto e adequado para constituir parte de um memorando interno:

Segue cópia do Relatório Resumido da Execução Orçamentária do município XYZ referente ao segundo bimestre do exercício corrente.

( ) Certo

( ) Errado

COMENTÁRIOS

A sentença está correta e adequada para compor um texto oficial. O nome do relatório está com iniciais maiúsculas por se tratar de um substantivo próprio, ou seja, que nomeia singularmente o relatório em questão. Logo, o trecho está adequado.

Gabarito: Certo

65. (CESPE – Ag Pol (PC DF)/PC DF/2013) Assunto: Julgamento de Trechos quanto a Correção (Red. Oficial). Com fundamento no Manual de Redação da Presidência da República, julgue o item a seguir, referente à adequação da linguagem e do formato do texto às correspondências oficiais.

Se, para tratar de interesse de um filiado seu, o Sindicato dos Policiais Civis do DF tiver de se comunicar oficialmente com a chefia da Seção de Registros Funcionais (SRFUN) do Departamento de Gestão de Pessoas da PCDF, ele deverá encaminhar à SRFUN um memorando, em cujo cabeçalho deverão constar as seguintes informações:

Governo do Distrito Federal

Polícia Civil do Distrito Federal

Sindicato dos Policiais Civis do Distrito Federal

SEDE: Plano Piloto, SCLRN 716, Bloco F, Loja 59, Edifício do Policial Civil

CEP 70.770-536 – Brasília-DF

Telefone: (61) 3701-1300 – Email: secpre@sinpoldf.com.br

( ) Certo

( ) Errado

COMENTÁRIOS

Não há cabeçalho dessa natureza em um memorando. O documento que exige cabeçalho ou rodapé com essas informações é ofício.

Gabarito: Errado

66. (CESPE – AA (ICMBio)/ICMBio/2014) Assunto: Julgamento de Trechos quanto a Correção (Red. Oficial)

Em resposta aos recorrentes pedidos, tratando de solicitação de materiais para uso interno, informamos que a Sessão de Compras e Materiais disponibiliza formulários para preenchimento das demandas de cada setor, com as respectivas justificativas para compras de material para uso interno.

Cordialmente,

Maria Silva

Supervisora da Sessão de Compras e Materiais

Considerando esse texto e as normas do Manual de Redação da Presidência da República, julgue o item subsequente.

O texto assinado por Maria Silva segue os princípios da redação oficial, quais sejam: impessoalidade, clareza, uniformidade, concisão e uso de linguagem formal.

( ) Certo

( ) Errado

COMENTÁRIOS

O erro nesse excerto é de formatação, mais especificamente de uso do fecho da comunicação. Não se emprega o termo "cordialmente" na redação de correspondências oficiais. Os únicos dois fechos são "atenciosamente" e "respeitosamente".

Gabarito: Errado

---

67. (CESPE – OCE (TCE-RS)/TCE-RS/Classe A/Oficial Instrutivo/2013) Assunto: Julgamento de Trechos quanto a Correção (Red. Oficial). No item a seguir, é apresentado um fragmento de correspondência oficial. Julgue-o no que se refere à correção gramatical e à adequação da linguagem ao tipo de documento oficial identificado entre parênteses.

Durante os debates, o promotor XYZ tomou a palavra e, além de solicitar o apoio do TCE/RS para sensibilizar os tribunais de contas que ainda não aderiram ao termo que estabelece medidas conjuntas e integradas de combate à corrupção, solicitou também que o tema seja discutido em âmbito nacional, tanto pela Associação dos Membros de Tribunais de Contas quanto pelo Instituto Rui Barbosa. (ata)

( ) Certo

( ) Errado

COMENTÁRIOS

Com relação à correção gramatical, o trecho é plenamente adequado à comunicação oficial. A forma da comunicação é exatamente a de uma ata, pois apresenta um breve relato sobre uma sessão oficial.

Gabarito: Certo

---

68. (CESPE – OCE (TCE-RS)/TCE-RS/Classe A/Oficial Instrutivo/2013) Assunto: Julgamento de Trechos quanto a Correção (Red. Oficial). No item a seguir, é apresentado um fragmento de correspondência oficial. Julgue-o no que se refere à correção gramatical e à adequação da linguagem ao tipo de documento oficial identificado entre parênteses.

Estamos neste momento vindo informar à Vossa Excelência que o Pleno do Tribunal de Contas do Estado aprovou, três resoluções que orientam e normatizam as ações iniciais necessárias à implantação do processo eletrônico na instituição. A Resolução n.º 984 disciplina os procedimentos relacionados ao cadastro de pessoas vinculadas aos órgãos fiscalizados por meio do sistema de cadastro. (memorando)

( ) Certo

( ) Errado

COMENTÁRIOS

Há dois erros gramaticais nesse trecho. O primeiro é a forma de gerundismo em "estamos vindo a informar", quando a forma correta é "informamos". O segundo erro está em colocar um acento grave indicativo de crase antes do pronome de tratamento, pois esse tipo de pronome não admite que seja empregado tal acento.

Gabarito: Errado

---

69. (CESPE – OCE (TCE-RS)/TCE-RS/Classe A/Oficial Instrutivo/2013) Assunto: Julgamento de Trechos quanto a Correção (Red. Oficial). No item a seguir, é apresentado um fragmento de correspondência oficial. Julgue-o no que se refere à correção gramatical e à adequação da linguagem ao tipo de documento oficial identificado entre parênteses.

Como é do conhecimento de V. S.ª, a Escola Superior de Gestão e Controle Francisco Juruena, órgão de educação corporativa do Tribunal de Contas do Estado do Rio Grande do Sul, tem como finalidade a capacitação de agentes públicos que integram o corpo técnico do Tribunal e dos órgãos e entes jurisdicionados. (ofício)

( ) Certo

( ) Errado

COMENTÁRIOS

Trata-se de um fragmento do corpo de um ofício que tem como objetivo a transmissão de uma informação. Não apresenta qualquer tipo de incorreção gramatical nem de desvio de forma comunicativa.

Gabarito: Certo

---

70. (CESPE – OCE (TCE-RS)/TCE-RS/Classe A/Oficial Instrutivo/2013) Assunto: Julgamento de Trechos quanto a Correção (Red. Oficial). No item a seguir, é apresentado um fragmento de correspondência oficial. Julgue-o no que se refere à correção gramatical e à adequação da linguagem ao tipo de documento oficial identificado entre parênteses.

A direção da Escola Superior de Gestão e Controle Francisco Juruena vem convidar-lhe para participar do Encontro Regional de Controle e Orientação. O evento tem como objetivo propiciar debates sobre temas relevantes a administração pública, capacitando os gestores municipais. (convite)

( ) Certo

( ) Errado

COMENTÁRIOS

Há dois erros gramaticais no parágrafo em apreço. O primeiro é o pronome "lhe" empregado incorretamente, pois se trata de uma forma indireta, quando o correto seria empregar uma forma direta (um pronome "o" ou "a") – que resultaria em "convidá-lo" ou "convidá-la". O segundo erro é a ausência do acento grave indicativo de crase em "relevantes a administração pública", em razão da regência do adjetivo "relevantes" e da presença do artigo definido feminino antecedendo o termo "administração pública".

Gabarito: Errado

---

71. (CESPE – OCE (TCE-RS)/TCE-RS/Classe A/Oficial Instrutivo/2013) Assunto: Julgamento de Trechos quanto a Correção (Red. Oficial). No item a seguir, é apresentado um fragmento de correspondência oficial. Julgue-o no que se refere à correção gramatical e à adequação da linguagem ao tipo de documento oficial identificado entre parênteses.

Chegou-se à conclusão de que a função institucional da Escola Superior de Gestão e Controle Francisco Juruena efetiva-se mediante a articulação de esforços orientada para a geração, a difusão e o apoio à mobilização de conhecimento técnico e gerencial em matéria de Estado, administração pública e controle externo em todos os níveis e áreas, para o desenvolvimento institucional do Tribunal de Contas do Estado do Rio Grande do Sul e da administração pública. (relatório)

( ) Certo

( ) Errado

COMENTÁRIOS

Não há incorreções gramaticais de qualquer ordem no texto em apreço. Para se chegar à conclusão de que se trata de um relatório, basta perceber que o item apresentado é a parte conclusiva de uma comissão ou análise proposta a respeito da "Escola

Superior de Gestão e Controle Francisco Juruena". Um relato é um pouco menos rigoroso do que uma ata, que possui estruturação muito rígida.

Gabarito: Certo

---

72. (CESPE – AJ TRT17/TRT 17/Administrativa/"Sem Especialidade"/2013) Assunto: Julgamento de Trechos quanto a Correção (Red. Oficial). Em conformidade com o disposto no Manual de Redação da Presidência da República, julgue o item subsequente.

O seguinte trecho de documento oficial atende aos requisitos de impessoalidade e de uso do padrão culto da linguagem: Em sua comunicação, Vossa Excelência ressalva a necessidade de que fossem levadas em consideração as características socioeconômicas regionais.

( ) Certo

( ) Errado

COMENTÁRIOS

O trecho está adequado aos requisitos da redação oficial: não há incorreções gramaticais, e não há resquícios de pessoalidade no trato da mensagem.

Gabarito: Certo

---

73. (CESPE – TA (ANTT)/ANTT/2013) Assunto: Julgamento de Trechos quanto a Correção (Red. Oficial). Julgue o item a seguir à luz do Manual de Redação da Presidência da República.

O trecho a seguir estaria correto e adequado para compor um ofício:

Viemos esclarecer que os estudos realizados comprovam que o perfil do sistema produtivo nacional sugerem que os traçados mais urgentes para as ferrovias são aqueles que passam por polos de produção no interior do país e seguem para os principais portos.

( ) Certo

( ) Errado

COMENTÁRIOS

Há um erro de concordância na sentença em apreço: o sujeito do verbo "sugerir" é a expressão "o perfil do sistema produtivo nacional" (note que o núcleo do sujeito está no singular). Desse modo, o verbo deve ser empregado no singular, e não no plural como está na sentença.

Gabarito: Errado

---

74. (CESPE - AA (ANTT)/ANTT/Administração/2013) Assunto: Julgamento de Trechos quanto a Correção (Red. Oficial). De acordo com o MRPR, a redação oficial deve caracterizar-se por impessoalidade, uso do padrão culto de linguagem, clareza, concisão, formalidade e uniformidade. Tendo como base esses requisitos, julgue o próximo item conforme a adequação do texto a um documento oficial.

Senhor Secretário,

Ratificamos mensagem anterior, acerca do transporte de carga, e lembramos que os procedimentos para transporte de materiais perigosos deve considerar e obedecer à legislação vigente no país, que estabelece normas a serem seguidas e punições a quem desrespeitá-las.

Atenciosamente,

Maria da Paz

Subsecretária de Assuntos Administrativos

( ) Certo

( ) Errado

COMENTÁRIOS

Há um erro relativo ao uso do padrão culto da linguagem nesse texto. Trata-se da concordância, no segmento "os procedimentos... DEVE CONSIDERAR". A forma correta é "os procedimentos DEVEM CONSIDERAR". Além disso, há um erro de formalidade, pois o fecho da comunicação foi empregado incorretamente, afinal a Subsecretária está enviando correspondência para o secretário (que está em cargo hierarquicamente superior), portanto, deveria empregar o fecho "Respeitosamente", não "Atenciosamente".

Gabarito: Errado

---

75. (CESPE - AA (ANTT)/ANTT/Administração/2013) Assunto: Julgamento de Trechos quanto a Correção (Red. Oficial). De acordo com o MRPR, a redação oficial deve caracterizar-se por impessoalidade, uso do padrão culto de linguagem, clareza, concisão, formalidade e uniformidade. Tendo como base esses requisitos, julgue o próximo item conforme a adequação do texto a um documento oficial.

Solicitamos a inclusão do funcionário Joaquim Alves Braga e de seus dependentes na lista de beneficiários do plano de saúde. A documentação necessária para usufruto desse benefício encontra-se em anexo.

( ) Certo

( ) Errado

COMENTÁRIOS

Não há erros de formatação no texto em apreço. Além disso, o texto é impessoal e transmite a ideia com clareza e concisão. O uso da primeira pessoa do plural é permitido, uma vez que o texto faz menção ao interesse da Administração Pública.

Gabarito: Certo

---

76. (CESPE – TA (ANS)/ANS/2013) Assunto: Julgamento de Trechos quanto a Correção (Red. Oficial). Em relação às exigências da redação de correspondências oficiais, julgue o item que se segue.

O trecho a seguir está adequado e correto para compor um memorando: Nos termos do "Programa de modernização e informatização da Agência Nacional de Saúde Suplementar", solicito a Vossa Senhoria a instalação de dois novos computadores no setor de protocolo para atender à demanda e melhorar a qualidade dos serviços prestados ao público.

( ) Certo

( ) Errado

COMENTÁRIOS

Quanto à correção gramatical, não há problemas com o trecho em apreço. Ao avaliar o princípio da impessoalidade no texto, também se verifica que houve adesão – como o MRPR preconiza – à correta maneira de se exprimir.

Gabarito: Certo

---

77. (CESPE – TA (ANS)/ANS/2013) Assunto: Julgamento de Trechos quanto a Correção (Red. Oficial). Em relação às exigências da redação de correspondências oficiais, julgue o item que se segue.

O trecho a seguir está adequado e correto para compor um ofício: Viemos informar que vamos estar enviando oportunamente os relatórios solicitados via email, com todas as informações referentes ao desenvolvimento das auditorias citadas.

( ) Certo

( ) Errado

COMENTÁRIOS

No segmento "vamos estar enviando", há um vício de linguagem (gerundismo) que não pode compor um documento oficial. Além disso, é preciso ressaltar que a forma preferível de grafia é "e-mail" e não "email".

Gabarito: Errado

---

78. (CESPE - Ana MPU/MPU/Apoio Técnico Administrativo/Atuarial/2015) Assunto: Julgamento de Trechos quanto a Correção (Red. Oficial). Julgue o seguinte item de acordo com as prescrições constantes no Manual de Redação da Presidência da República acerca das características formais e linguísticas das correspondências oficiais.

O trecho a seguir é adequado para figurar como o parágrafo inicial de um memorando que encaminhar documento cuja remessa tenha sido solicitada: Encaminho, para conhecimento, cópia do Memorando n.º 12/2015, do Setor de Informática, a respeito do plano de reorganização interna desse setor.

( ) Certo

( ) Errado

COMENTÁRIOS

De acordo com o MRPR, todos os documentos cuja diagramação remonte ao Padrão Ofício e forem de encaminhamento e que possuam solicitação de remessa devem conter menção ao expediente de solicitação. A forma apresentada é a introdução de texto de encaminhamento sem solicitação de remessa. O padrão a ser seguido (com solicitação de remessa) é o seguinte:

> *Em resposta ao Aviso nº XX, de DATA DO DOCUMENTO, encaminho, anexa, cópia do Ofício nº XX, de DATA DO DOCUMENTO, do Departamento Geral de Administração, que trata da requisição do servidor Fulano de Tal."*

Gabarito: Errado

79. (CESPE – AJ TJDFT/TJDFT/Judiciária/"Sem Especialidade"/2013) Assunto: Pronomes de Tratamento (Redação oficial)

Brasília – DF, 24 de outubro de 2012.

Assunto: retificação do Relatório Justiça em Números no sítio do Conselho Nacional de Justiça

Senhor Presidente,

Como é do conhecimento de Vossa Excelência, o Departamento de Pesquisas Judiciárias do Conselho Nacional de Justiça oferece aos tribunais a oportunidade de retificarem os respectivos dados após publicação dos relatórios do Sistema Justiça em Números. Em abril de 2012, o TJDFT promoveu, na base de dados desse sistema, a correção de seus indicadores relativos aos anos de 2009, 2010 e 2011.

Entretanto, no Relatório Justiça em Números 2010, publicado no sítio desse Conselho, não se considerou as correções efetuadas pelo TJDFT nos seus mencionados indicadores, o que implicou na apresentação, nesse referido relatório, de informações equivocadas a respeito desta Corte de Justiça.

Como o resultado apresentado não reflete a realidade da Justiça do Distrito Federal e dos Territórios, solicita-se a Vossa Excelência a republicação do Relatório Justiça em Números ou, caso não seja possível, a publicação de erratas com os dados corretos referentes ao TJDFT.

Respeitosamente,

Desembargador Fulano

Presidente do Tribunal de Justiça do Distrito Federal e dos Territórios

Considerando as disposições do Manual de Redação da Presidência da República (MRPR), julgue o seguinte item, relativo ao documento oficial acima, reproduzido, com adaptações, do sítio www.tjdft.jus.br.

De acordo com as disposições do MRPR, seria correto substituir a oração "Como é do conhecimento de Vossa Excelência" tanto por Como Vossa Excelência foi informada quanto por Como Vossa Excelência foi informado.

( ) Certo

( ) Errado

COMENTÁRIOS

Deve-se observar a concordância nominal do elemento em questão – o particípio do verbo "informar" (informado). De acordo com o MRPR, deve-se fazer a concordância dos termos nominais de acordo com o gênero da pessoa destinatária, não do pronome de tratamento. Como se trata de um desembargador, a forma correta seria apenas "Como Vossa Excelência foi informado".

Gabarito: Errado

---

80. (CESPE - TJ TRT10/TRT 10/Administrativa/2013) Assunto: Pronomes de Tratamento (Redação oficial). No que se refere a aspectos gerais das correspondências oficiais, julgue o item que se segue segundo o Manual de Redação da Presidência da República (MRPR).

Além da polidez com que o assunto deve ser tratado em uma comunicação oficial, o emprego adequado dos pronomes de tratamento é determinante para conferir formalidade ao texto.

( ) Certo

( ) Errado

COMENTÁRIOS

A seção 1.3 do MRPR apresenta a seguinte orientação:

> *As comunicações oficiais devem ser sempre formais, isto é, obedecem a certas regras de forma: além das já mencionadas exigências de impessoalidade e uso do padrão culto de linguagem, é imperativo, ainda, certa formalidade de tratamento. Não se trata somente da eterna dúvida quanto ao correto emprego deste ou daquele pronome de tratamento para uma autoridade de certo nível (v. a esse respeito 2.1.3. Emprego dos Pronomes de Tratamento); mais do que isso, a formalidade diz respeito à polidez, à civilidade no próprio enfoque dado ao assunto do qual cuida a comunicação.*

Disso se entende que boa parte do princípio da formalidade comunicativa está associada ao emprego correto dos pronomes de tratamento.

Gabarito: Certo

---

81. (CESPE - Ana MPU/MPU/Apoio Jurídico/Direito/2013) Assunto: Pronomes de Tratamento (Redação oficial). Acerca das características gerais dos diversos tipos de comunicação oficial, julgue o item a seguir.

Em comunicações oficiais dirigidas a ministros de tribunais superiores, deve-se empregar o pronome de tratamento **Vossa Excelência**.

( ) Certo

( ) Errado

COMENTÁRIOS

De acordo com a seção 2.1.3 "c" do MRPR, deve-se empregar o pronome de tratamento **Vossa Excelência** para as seguintes autoridades do Poder Judiciário: Ministros dos Tribunais Superiores;Membros de Tribunais; Juízes e Auditores da Justiça Militar.

Gabarito: Certo

---

82. (CESPE – Escr (PC BA)/PC BA/2013) Assunto: Pronomes de Tratamento (Redação oficial). Julgue o item subsequente, com base no que estabelece o Manual de Redação da Presidência da República.

Por estar de acordo com as regras de concordância do padrão culto da linguagem, a frase **Vossa Excelência indicareis a vossa nova secretária** seria adequada para compor a redação de documento oficial.

( ) Certo

( ) Errado

COMENTÁRIOS

A concordância verbal bem como as relações pronominais efetivadas com pronomes de tratamento deve retomar a noção de terceira pessoa, não de segunda pessoa. A forma correta para a frase seria: Vossa Excelência indicará a sua nova secretária.

Gabarito: Errado

---

83. (CESPE – EPF/PF/2013) Assunto: Pronomes de Tratamento (Redação oficial). Com relação à função e à linguagem das correspondências oficiais, julgue o item seguinte.

Formas de tratamento como **Vossa Excelência** e **Vossa Senhoria**, ainda que sejam empregadas sempre na segunda pessoa do plural e no feminino, exigem flexão verbal de terceira pessoa; além disso, o pronome possessivo que faz referência ao pronome de tratamento também deve ser o de terceira pessoa, e o adjetivo que remete ao pronome de tratamento deve concordar em gênero e número com a pessoa — e não com o pronome — a que se refere.

( ) Certo

( ) Errado

COMENTÁRIOS

A seção 2.1.2. (Concordância com os Pronomes de Tratamento) do MRPR disciplina esse mandamento da seguinte maneira:

> *Os pronomes de tratamento (ou de segunda pessoa indireta) apresentam certas peculiaridades quanto à concordância verbal, nominal e pronominal. Embora se refiram à segunda pessoa gramatical (à pessoa com quem se fala, ou a quem se dirige a comunicação), levam a concordância para a terceira pessoa. É que o verbo concorda com o substantivo que integra a locução como seu núcleo sintático: "Vossa Senhoria nomeará o substituto"; "Vossa Excelência conhece o assunto".*
>
> *Da mesma forma, os pronomes possessivos referidos a pronomes de tratamento são sempre os da terceira pessoa: "Vossa Senhoria nomeará seu substituto" (e não "Vossa... vosso...").*
>
> *Já quanto aos adjetivos referidos a esses pronomes, o gênero gramatical deve coincidir com o sexo da pessoa a que se refere, e não com o substantivo que compõe a locução. Assim, se nosso interlocutor for homem, o correto é "Vossa Excelência está atarefado", "Vossa Senhoria deve estar satisfeito"; se for mulher, "Vossa Excelência está atarefada", "Vossa Senhoria deve estar satisfeita".*

Gabarito: Certo

---

84. (CESPE – EPF/PF/2013) Assunto: Pronomes de Tratamento (Redação oficial). Com relação à função e à linguagem das correspondências oficiais, julgue o item seguinte.

A formalidade de tratamento empregada para se dirigir ao destinatário de uma comunicação oficial varia de acordo com a relação existente entre quem a expede e quem a recebe. Isso equivale a dizer que a hierarquia presente entre os interlocutores é determinante para a escolha adequada dos pronomes de tratamento adotados no texto.

( ) Certo

( ) Errado

COMENTÁRIOS

A hierarquia é critério para a escolha do fecho de uma comunicação. O pronome de tratamento deve ser escolhido em função do cargo em que o destinatário se encontra. Além disso, cabe ressaltar que não há uma mudança de formalidade, afinal o princípio da uniformidade garante uma isonomia de formalidade.

Gabarito: Errado

85. (CESPE – ATA MIN/MIN/2013) Assunto: Pronomes de Tratamento (Redação oficial). No que se refere a aspectos gerais das correspondências oficiais, julgue o item com base no *Manual de Redação da Presidência da República*.

Em comunicações oficiais dirigidas ao ministro da Integração Nacional, devem-se empregar o pronome de tratamento "Vossa Excelência" e o vocativo "Excelentíssimo Senhor Ministro".

( ) Certo

( ) Errado

COMENTÁRIOS

O pronome de tratamento está correto (Vossa Excelência), entretanto, o vocativo a ser empregado deve ser "Senhor Ministro". Apenas os chefes dos poderes podem receber o vocativo "Excelentíssimo Senhor".

Gabarito: Errado

86. (CESPE – AnaTA MJ/MJ/2013) Assunto: Pronomes de Tratamento (Redação oficial). Com base no *Manual de Redação da Presidência da República* (MRPR), julgue o item seguinte, acerca do tipo de linguagem e das características das comunicações oficiais.

Com relação à concordância gramatical dos pronomes de tratamento, o MRPR recomenda que seja feita com o sexo da pessoa a que se refere. Nesse sentido, está adequada a concordância na sentença: "Sua Excelência, o ministro da Justiça, foi convidado para participar de um evento sobre segurança pública".

( ) Certo

( ) Errado

COMENTÁRIOS

A forma nominal do verbo (convidado) está adequada ao gênero do destinatário. Trata-se de um princípio adotado pelo MRPR. A concordância deve ser feita com o gênero da pessoa, não da palavra.

Gabarito: Certo

87. (CESPE – AA (IBAMA)/IBAMA/2013) Assunto: Pronomes de Tratamento (Redação oficial)

Em resposta ao documento enviado por essa prefeitura, informamos a **Vossa Senhoria** que o IBAMA disponibiliza um minicurso gratuito que aborda como temas as queimadas, os incêndios florestais, as mudanças climáticas e os riscos globais, cuja carga horária varia de acordo com as disponibilidades, interesses e adaptações regionais e (ou) locais, podendo ser ministrado a grandes grupos em grandes auditórios. Solicita-se, apenas, que a instituição promotora providencie o local, a divulgação e a emissão de certificados.

Colocamo-nos à disposição para quaisquer esclarecimentos.

Atenciosamente,

Beltrano

Considerando que o documento acima tenha sido elaborado em resposta a documento anterior, elaborado pelo prefeito do município XYZ, julgue o item seguinte, de acordo com as normas do Manual de Redação da Presidência da República.

O pronome "Vossa Senhoria" foi empregado de maneira inadequada, uma vez que, para prefeitos municipais, deve-se utilizar o tratamento Vossa Excelência.

( ) Certo

( ) Errado

COMENTÁRIOS

Prefeitos municipais são autoridades da Administração Pública (do Poder Executivo) que devem receber o tratamento Vossa Excelência. Além deles, os demais (do Poder Executivo) são:

- Presidente da República;
- Vice-Presidente da República;
- Ministros de Estado;
- Governadores e Vice-Governadores de Estado e do Distrito Federal;
- Oficiais-Generais das Forças Armadas;
- Embaixadores;
- Secretários-Executivos de Ministérios e demais ocupantes de cargos de natureza especial;
- Secretários de Estado dos Governos Estaduais;
- Prefeitos Municipais.

Gabarito: Certo

88. (CESPE – Tec (BACEN)/BACEN/Área 1 – Suporte Técnico-Administrativo/2013) Assunto: Pronomes de Tratamento (Redação oficial). Julgue o item, que versam sobre correspondência oficial.

No seguinte trecho de documento dirigido a ministro de Estado, está correto o emprego do pronome de tratamento.

Encaminho a Sua Excelência esta carta aberta em cumprimento do estabelecido no Decreto n.º 3.088/1999, que instituiu o regime de metas para a inflação no Brasil. Como é do conhecimento de Sua Excelência, o parágrafo único do artigo 4.º do referido decreto reza que, em caso de descumprimento da meta de inflação estabelecida pelo Conselho Monetário Nacional (...)

( ) Certo

( ) Errado

COMENTÁRIOS

O emprego do pronome está equivocado. Quando se fala diretamente com a autoridade, a forma correta de emprego é Vossa Excelência. Emprega-se a forma Sua Excelência quando a autoridade é apenas mencionada no teor do documento, ou seja, quando não é ela o interlocutor da comunicação.

Gabarito: Errado

89. (CESPE – APF (DEPEN)/DEPEN/2013) Assunto: Pronomes de Tratamento (Redação oficial). Com base no *Manual de Redação da Presidência da República*, julgue o próximo item.

A forma de tratamento Digníssimo deve ser utilizada apenas para parlamentares, como deputados federais, estaduais, distritais e senadores.

( ) Certo

( ) Errado

COMENTÁRIOS

De acordo com o MRPR, não se emprega a forma "Digníssimo" em documentos oficiais, pois "a dignidade é pressuposto para que se ocupe qualquer cargo público, sendo desnecessária sua repetida evocação".

Gabarito: Errado

90. (CESPE – Ana Info (TCE-RO)/TCE-RO/2013) Assunto: Pronomes de Tratamento (Redação oficial). A respeito da redação de expedientes oficiais, julgue o item a seguir.

Em um expediente oficial destinado a um conselheiro do Tribunal de Contas do Estado de Rondônia (TCE/RO), deve-se empregar a forma "Vossa Excelência" e, no endereçamento, a forma "Ao Senhor".

( ) Certo

( ) Errado

COMENTÁRIOS

Como se trata de autoridade cujo pronome de tratamento é Vossa Excelência, a forma correta de redigir o endereçamento é utilizar a expressão "A Sua Excelência".

Gabarito: Errado

91. (CESPE – AJ (STF)/STF/Administrativa/2013) Assunto: Pronomes de Tratamento (Redação oficial). Acerca das correspondências oficiais, julgue o item seguinte.

De modo a atender aos princípios da formalidade e da impessoalidade, os adjetivos referentes a pronomes de tratamento devem ser flexionados no masculino.

( ) Certo

( ) Errado

COMENTÁRIOS

Todos os adjetivos referentes a pronomes de tratamento devem concordar com o gênero do referente da comunicação, não necessariamente no masculino.

Gabarito: Errado

92. (CESPE – AnaTA SUFRAMA/SUFRAMA/Geral/2014) Assunto: Pronomes de Tratamento (Redação oficial). Com base nos preceitos do *Manual de Redação da Presidência da República*, julgue o item a seguir.

Nos expedientes oficiais destinados ao governador do estado do Amazonas, devem ser utilizados o pronome de tratamento **Vossa Excelência** e o fecho **Respeitosamente**, independentemente do nível hierárquico do emissor do documento.

( ) Certo

( ) Errado

COMENTÁRIOS

Quanto à utilização do pronome, o procedimento está correto; entretanto, com relação ao emprego do fecho, há um problema de adequação. Deve-se empregar o fecho **Respeitosamente** apenas para expedientes direcionados ao Presidente da República e para autoridades de hierarquia superior à do remetente.

Gabarito: Errado

---

93. (CESPE – Ag Adm (SUFRAMA)/SUFRAMA/2014) Assunto: Pronomes de Tratamento (Redação oficial)

Mem. 1/CGAPI

Em 30 de janeiro de 2014.

Ao Senhor Coordenador-geral de Projetos Industriais da SUFRAMA

Assunto: Sugestão de novas reuniões com a Delegacia da Receita Federal do Brasil

Comunico que o encontro com os auditores da Delegacia da Receita Federal do Brasil, ocorrido em 27/1/2014, em Manaus, cumpriu o objetivo de demonstrar os principais passos adotados pela SUFRAMA, para a importação de insumos.

Como é do conhecimento de Vossa Senhoria, eventos como esse estreitam as relações entre os dois órgãos e visam, também, à melhoria do atendimento no serviço público, com benefício direto ao contribuinte. Assim, sugiro que novas reuniões com esse órgão sejam marcadas, a fim de se fortalecer o controle de entrada de insumos importados, o que garantirá também maior eficiência no atendimento ao público.

Respeitosamente,

Sicrano

Técnico da Coordenação-Geral de Acompanhamento de Projetos

Industriais da SUFRAMA

Com base no documento hipotético apresentado acima e nos preceitos do Manual de Redação da Presidência da República, julgue o item subsequente.

Caso quisesse conferir mais formalidade e polidez ao documento, o técnico deveria ter utilizado os tratamentos Doutor, Ilustríssimo ou Digníssimo, para se dirigir ao coordenador-geral.

( ) Certo

( ) Errado

COMENTÁRIOS

De acordo com o MRPR, não se deve empregar as formas *Ilustríssimo* ou *Digníssimo* em correspondências oficiais. Além disso, a forma *Doutor* só pode ser empregada para quem tiver tal título acadêmico, pois não se trata de uma forma de tratamento.

Gabarito: Errado

---

94. (CESPE – AnaTA MDIC/MDIC/2014) Assunto: Pronomes de Tratamento (Redação oficial) Levando em consideração as normas constantes do *Manual de Redação da Presidência da República*, julgue o seguinte item.

Em "Vossa Excelência deve estar satisfeita com os resultados das negociações", o adjetivo estará corretamente empregado se dirigido a ministro de Estado do sexo masculino, pois o termo "satisfeita" deve concordar com a locução pronominal de tratamento "Vossa Excelência".

( ) Certo

( ) Errado

COMENTÁRIOS

Segundo mandamento do MRPR, a concordância deve ser realizada com o gênero do referente do pronome. No caso em questão, como se trata de um homem, deve ser feita a concordância com o masculino.

Gabarito: Errado

---

95. (CESPE – TA (ICMBio)/ICMBio/2014) Assunto: Pronomes de Tratamento (Redação oficial)

Excelentíssimo Senhor Presidente do Senado Federal,

Comunico a Vossa Excelência o envio das Mensagens SM número 106, de 2013, nas quais informo a promulgação dos Decretos Legislativos n.º 27 e 29, 2012, relativos à exploração de petróleo no litoral brasileiro.

Brasília, 28 de março de 2013.

Considerando o documento apresentado acima, julgue o item a seguir, com base no *Manual de Redação da Presidência da República*.

Por ser o receptor do texto o presidente do Senado Federal, o termo "Vossa Excelência" foi adequadamente empregado.

( ) Certo

( ) Errado

COMENTÁRIOS

O termo "Vossa Excelência" deve ser empregado para autoridades do serviço público, dentre elas, para o presidente do Senado Federal.

Gabarito: Certo

---

96. (CESPE – AJ TRT17/TRT 17/Administrativa/"Sem Especialidade"/2013) Assunto: Pronomes de Tratamento (Redação oficial). Em conformidade com o disposto no *Manual de Redação da Presidência da República*, julgue o item subsequente.

No seguinte fragmento de documento oficial, o pronome de tratamento dirigido a secretário de governo está adequadamente empregado: Reverendíssimo Senhor Secretário.

( ) Certo

( ) Errado

COMENTÁRIOS

De acordo com o MRPR, o termo "Reverendíssimo" é um vocativo empregado para Cardeais.

Gabarito: Errado

---

97. (CESPE – AJ TRT17/TRT 17/Apoio Especializado/Tecnologia da Informação/2013) Assunto: Pronomes de Tratamento (Redação oficial). Com base nas orientações do *Manual de Redação da Presidência da República*, julgue o item subsequente.

No seguinte trecho de ofício encaminhado a deputado federal, o emprego do pronome de tratamento está adequado à autoridade a que se destina a comunicação, e a redação, de acordo com o padrão culto da língua: Em sua comunicação, Vossa Excelência ressalta a necessidade de que sejam levadas em consideração, na aprovação do projeto, as características sociais e econômicas da região.

( ) Certo

( ) Errado

COMENTÁRIOS

O pronome "Vossa Excelência" está corretamente aplicado, pois se trata de um deputado federal. Além disso, a comunicação se apresenta clara, concisa e impessoal. Não há desvios quanto à forma ou quanto à correção gramatical.

Gabarito: Certo

---

98. (CESPE – AA (ANCINE)/ANCINE/I/2013) Assunto: Pronomes de Tratamento (Redação oficial). Com base nas orientações constantes no *Manual de Redação da Presidência da República*, julgue o item a seguir.

Em comunicações oficiais dirigidas a bacharéis em direito, deve-se utilizar, como forma de tratamento, a palavra "Doutor".

( ) Certo

( ) Errado

COMENTÁRIOS

De acordo com os procedimentos de redação oficial, o emprego de "Doutor" não é uma imposição em qualquer situação de comunicação oficial. Apesar de ser comum entre os bacharéis em direito, não há qualquer tipo de exigência. O emprego pode ser realizado apenas quando o destinatário possuir o título de doutor.

Gabarito: Errado

---

99. (CESPE – ERACA (ANCINE)/ANCINE/I/2013) Assunto: Pronomes de Tratamento (Redação oficial). Conforme as orientações do Manual de Redação da Presidência da República, julgue o item que se segue.

Em uma comunicação direcionada a senador, é obrigatório o emprego do termo **Digníssimo** como parte da forma de tratamento utilizada no documento.

( ) Certo

( ) Errado

COMENTÁRIOS

Não se emprega o termo "Digníssimo" em comunicações oficiais. O pronome para um senador é "Vossa Excelência" e o vocativo é "Senhor Senador".

Gabarito: Errado

100. (CESPE – TA (ANS)/ANS/2013) Assunto: Pronomes de Tratamento (Redação oficial). Em relação às exigências da redação de correspondências oficiais, julgue o item que se segue.

A forma de tratamento **Magnífico** destina-se a autoridades do Poder Legislativo, principalmente ao presidente da Câmara dos Deputados e ao do Senado Federal.

( ) Certo

( ) Errado

COMENTÁRIOS

A forma de tratamento **Magnífico** (um vocativo, na verdade) é destinada apenas para reitores de universidade.

Gabarito: Errado

101. (CESPE – TA (ANS)/ANS/2013) Assunto: Pronomes de Tratamento (Redação oficial). Em relação às exigências da redação de correspondências oficiais, julgue o item que se segue.

Os ministros de Estado recebem o tratamento de Vossa **Excelência**, e o vocativo empregado em comunicações a eles dirigidas deve ser **Excelentíssimo Senhor Ministro**.

( ) Certo

( ) Errado

COMENTÁRIOS

O vocativo empregado para ministros de Estado é Senhor Ministro. Não se confunda com a forma Excelentíssimo Senhor, que só pode ser empregada para chefes dos poderes.

Gabarito: Errado

102. (CESPE – APF/PF/2014) Assunto: Pronomes de Tratamento (Redação oficial). Com referência à adequação da linguagem ao tipo de documento e à adequação do formato do texto ao gênero, julgue o seguinte item.

A forma de tratamento "Vossa Excelência" é adequada para se dirigir a um secretário de segurança pública estadual.

( ) Certo

( ) Errado

COMENTÁRIOS

Como se trata de um cargo do Poder Executivo de natureza especial, o pronome de tratamento foi empregado corretamente.

Gabarito: Certo

---

103. (CESPE – AA (ANTAQ)/ANTAQ/Ciências Contábeis/2014) Assunto: Pronomes de Tratamento (Redação oficial). Considerando aspectos estruturais e linguísticos das correspondências oficiais, julgue o item que se segue, de acordo com o *Manual de Redação da Presidência da República.*

O tratamento **Digníssimo** deve ser empregado para todas as autoridades do poder público, uma vez que a dignidade é tida como qualidade inerente aos ocupantes de cargos públicos.

( ) Certo

( ) Errado

COMENTÁRIOS

De acordo com o MRPR, não se deve empregar o tratamento "Digníssimo" para autoridades de Administração Pública, visto que a dignidade é tida como qualidade inerente aos ocupantes de cargos públicos.

Gabarito: Errado

---

104. (CESPE – AJ TRE GO/TRE GO/Administrativa/2015) Assunto: Pronomes de Tratamento (Redação oficial)

Xxx. 1032/SeTec

Goiânia, 15 de janeiro de 2015.

Ao Senhor Chefe do Setor de Documentação

Assunto: Oficinas de apresentação do novo sistema operacional

1. Como é sabido, recentemente adquirimos um novo sistema operacional. Como se trata de um sistema muito diferente do anterior, informo a Vossa Senhoria que o Setor de Tecnologia (SeTec) oferecerá, entre os dias 26 e 30 de janeiro deste ano, uma série de oficinas práticas para apresentação desse novo sistema aos funcionários.

2. Por essa razão, solicito que, no período acima indicado, Vossa Senhoria libere todos os funcionários do seu setor duas horas antes do fim do expediente para que eles possam frequentar as oficinas.

3. Devo mencionar, por fim, que a participação dos funcionários nas oficinas é obrigatória, pois o novo sistema já entrará em funcionamento no dia 20 de julho do corrente ano. Nessa data, todos já deverão conhecê-lo e saber como operá-lo.

Atenciosamente,

(espaço para assinatura)

[nome do signatário]

Chefe do Setor de Tecnologia

Com base no disposto no Manual de Redação da Presidência da República, julgue o item que se segue, a respeito da correspondência oficial hipotética Xxx. 1032/SeTec, anteriormente apresentada, na qual o remetente e o destinatário são funcionários de igual nível hierárquico de um mesmo órgão da administração pública.

Dada a presença, no texto, do pronome de tratamento "Vossa Senhoria", estaria adequada a substituição, no segundo parágrafo da correspondência em apreço, da forma verbal "libere" por libereis e do trecho "todos os funcionários do seu setor" por todos os funcionários do vosso setor.

( ) Certo

( ) Errado

COMENTÁRIOS

A conjugação do verbo deve estar na terceira pessoa, não é permitida a conjugação na segunda pessoa em comunicações oficiais. Além disso, o pronome de tratamento empregado deve ser "seu" em "todos os funcionários do seu setor" e não "vosso" – visto que a uniformidade deve ser mantida.

Gabarito: Errado

---

105. (CESPE – AAmb (IBAMA)/IBAMA/Tema 1/Licenciamento Ambiental/2013)
Assunto: Vocativos (Redação oficial)

Serviço Público Federal

Instituto Brasileiro do Meio Ambiente e dos Recursos Naturais Renováveis

SCEN – Setor de Clubes Esportivos Norte, trecho 02, Ed. Sede do Ibama, bloco I

Caixa Postal n.º 09566 – CEP 70818-900 – Brasília-DF – Tel.: 61 3316-1212

Email: cgaa@ibama.gov.br

_n.º 313/2012/CGAA

Brasília, 6 de janeiro de 2013.

A Sua Excelência o Senhor

Fulano de Tal

Chefe do Serviço de Proteção ao Patrimônio e ao Ambiente

Rua D, n.º 123,

34.100-100 – Goiânia – GO

Assunto: Solicitação de serviço

Senhor Chefe,

1. O Instituto Brasileiro do Meio Ambiente e dos Recursos Naturais Renováveis, por meio de sua Coordenação-Geral de Ações Ambientais, vem, respeitosamente, à presença de Vossa Senhoria solicitar cessão do espaço físico, bem como autorização para realização do X Congresso Brasileiro de Biodiversidade do Cerrado, nesta capital, no Espaço Aberto do Parque das Nascentes, no dia 12 de dezembro do corrente ano.

2. O evento destina-se à discussão das diretrizes do Programa de Meio Ambiente para o Cerrado brasileiro, que conta com a participação efetiva da sociedade civil organizada, sobretudo de ONGs e entidades de proteção ambiental, bem como das secretarias estaduais e municipais no entorno do bioma cerrado brasileiro, convidadas a oferecer sua contribuição para o evento.

Certos do deferimento do nosso pedido, aguardamos a autorização.

Respeitosamente,

Beltrano de Tal

Coordenação-Geral de Ações Ambientais

Em relação ao exemplo de correspondência oficial acima apresentado, julgue o item.

O vocativo, "Senhor Chefe", e o pronome de tratamento "Vossa Senhoria" estão corretamente empregados no exemplo de correspondência oficial apresentado.

( ) Certo

( ) Errado

COMENTÁRIOS

Como não se trata de autoridade administrativa arrolada na lista de autoridades que devem receber a forma pronominal "Vossa Excelência", as formas em apreço estão adequadas para a comunicação oficial.

Gabarito: Certo.

106. (CESPE – TJ TJDFT/TJDFT/2013) Assunto: Vocativos (Redação oficial). Com base no *Manual de Redação da Presidência da República*, julgue o item a seguir, relativo ao formato e à linguagem de correspondências oficiais.

Em documentos oficiais destinados aos desembargadores do TJDFT, devem ser empregados o pronome de tratamento **Vossa Excelência** e o vocativo **Senhor Desembargador**, à exceção dos encaminhados ao presidente do tribunal, nos quais deve ser empregado o vocativo **Excelentíssimo Senhor Presidente**.

( ) Certo

( ) Errado

COMENTÁRIOS

A forma "Excelentíssimo Senhor Presidente" só pode ser empregada – de acordo com o MRPR – para o Presidente da República, para o Presidente do Congresso Nacional e para o Presidente do Supremo Tribunal Federal.

Gabarito: Errado

107. (CESPE – AJ TRT10/TRT 10/Administrativa/"Sem Especialidade"/2013) Assunto: Vocativos (Redação oficial). Com relação a aspectos gerais das correspondências oficiais, julgue o item a seguir segundo o *Manual de Redação da Presidência da República.*

Em comunicações dirigidas a chefes de poder, o vocativo adequado é "Excelentíssimo Senhor", seguido do nome do cargo correspondente.

( ) Certo

( ) Errado

COMENTÁRIOS

Esse é ensinamento do disposto 2.1.3 do MRPR, na especificação sobre o emprego dos pronomes de tratamento e dos respectivos vocativos. Os chefes dos poderes devem receber o vocativo "Excelentíssimo Senhor", seguido do cargo correspondente.

Gabarito: Certo

108. (CESPE – Tec MPU/MPU/Apoio Técnico e Administrativo/Administração/2013) Assunto: Vocativos (Redação oficial). Acerca das características gerais dos diversos tipos de comunicação oficial, julgue o item seguinte.

Nas comunicações oficiais dirigidas a ministros de tribunais superiores, deve-se empregar o vocativo **Senhor Ministro**.

( ) Certo

( ) Errado

COMENTÁRIOS

O vocativo correspondente a ministros de tribunais superiores é a palavra "Senhor", seguida do cargo correspondente.

Gabarito: Certo

---

109. (CESPE – AnaTA MJ/MJ/2013) Assunto: Vocativos (Redação oficial). Com base no *Manual de Redação da Presidência da República* (MRPR), julgue o item seguinte, acerca do tipo de linguagem e das características das comunicações oficiais.

Somente as comunicações dirigidas aos chefes de poder receberão o vocativo "Excelentíssimo Senhor". As comunicações dirigidas às demais autoridades tratadas pelo pronome "Vossa Excelência" terão como vocativo "Senhor", seguido do respectivo cargo.

( ) Certo

( ) Errado

COMENTÁRIOS

Esse é um padrão de questão muito repetitivo na banca CESPE. Vale a pena memorizar esses ensinamentos: de acordo com o disposto 2.1.3, os chefes dos poderes receberão o vocativo "Excelentíssimo Senhor", ao passo que as demais autoridades serão tratadas pela forma "Senhor".

Gabarito: Certo

---

110. (CESPE – Ana (BACEN)/BACEN/Área 1 – Análise e Desenvolvimento de Sistemas/2013) Assunto: Vocativos (Redação oficial). Julgue o item que se segue de acordo com o *Manual de Redação da Presidência da República.*

Tendo em vista a correspondência oficial a ser dirigida a Chefes dos Poderes, serão empregadas as formas 'A Sua Excelência o Senhor' — endereçamento; parte externa do envelope, e 'Excelentíssimo Senhor', no texto, propriamente dito, como vocativo, no que se refere, especificamente, ao emprego de formas de tratamento indireto de pessoa.

( ) Certo

( ) Errado

COMENTÁRIOS

A primeira forma é o endereçamento, que deve fazer alusão ao pronome a ser empregado para o cargo correspondente; "Excelentíssimo Senhor" é a forma do vocativo adequado aos chefes dos poderes.

Gabarito: Certo

---

111. (CESPE – EAP (DEPEN)/DEPEN/Clínica Geral/2013) Assunto: Vocativos (Redação oficial). Com base no *Manual de Redação da Presidência da República*, julgue o item a seguir.

Em memorando expedido pelo chefe do setor de tecnologia para o diretor-geral do Departamento Penitenciário Nacional, deve-se empregar o vocativo "Senhor Diretor-Geral Fulano de Tal".

( ) Certo

( ) Errado

COMENTÁRIOS

Na formulação de qualquer vocativo, de acordo com o MRPR, não é necessário grafar o nome da autoridade em questão, apenas o cargo após o termo "Senhor" ou "Excelentíssimo Senhor".

Gabarito: Errado

---

112. (CESPE – EscPol (PC DF)/PC DF/2013) Assunto: Vocativos (Redação oficial). De acordo com as disposições do *Manual de Redação da Presidência da República*, julgue o item subsequente.

Os documentos oficiais dirigidos aos delegados da Polícia Civil do Distrito Federal (PCDF) devem conter o vocativo "Senhor Doutor Delegado da PCDF", bem como o pronome de tratamento "Vossa Excelência".

( ) Certo

( ) Errado

COMENTÁRIOS

Não há exigência alguma do emprego da forma "Doutor" em comunicações oficiais, de acordo com o MRPR. Emprega-se "Doutor" (e, não obrigatoriamente) a quem tiver esse título acadêmico.

Gabarito: Errado

---

113. (CESPE – TJ STF/STF/Administrativa/"Sem Especialidade"/2013) Assunto: Vocativos (Redação oficial). Acerca da redação de correspondências oficiais, julgue o item seguinte.

Em documentos destinados ao presidente do Supremo Tribunal Federal, o emprego do vocativo Excelentíssimo Senhor, seguido do cargo, atende a regra de formalidade nas comunicações oficiais.

( ) Certo

( ) Errado

COMENTÁRIOS

Como o vocativo "Excelentíssimo Senhor" deve ser empregado para os chefes dos poderes, o presidente do Supremo Tribunal Federal é uma das autoridades arroladas pelo MRPR para receber tal tratamento.

Gabarito: Certo

---

114. (CESPE – AnaTA MDIC/MDIC/2014) Assunto: Vocativos (Redação oficial). Levando em consideração as normas constantes do *Manual de Redação da Presidência da República*, julgue o seguinte item.

O texto das comunicações oficiais dirigidas a ministro de Estado deve ser precedido pelo vocativo "Senhor Ministro".

( ) Certo

( ) Errado

COMENTÁRIOS

Ministros de Estado, assim como outras autoridades do Poder Executivo, devem receber o vocativo "Senhor" acompanhado do respectivo cargo.

Gabarito: Certo

115. (CESPE – Cont (MTE)/MTE/2014) Assunto: Vocativos (Redação oficial). Com base nos preceitos do *Manual de Redação da Presidência da República*, julgue o item a seguir.

Em comunicações entre chefes de poder, empregam-se o vocativo **Excelentíssimo Senhor**, seguido do respectivo cargo, e o fecho **Atenciosamente**.

( ) Certo

( ) Errado

COMENTÁRIOS

O erro da questão reside na generalização do emprego do fecho comunicativo. Há um critério para o emprego do fecho: "atenciosamente" para cargos de hierarquia igual ou inferior à do remetente; "respeitosamente" para cargos de hierarquia superior à do remetente.

Gabarito: Errado

---

116. (CESPE – TBN (CEF)/CEF/Administrativa/2014) Assunto: Vocativos (Redação oficial). Com base nas normas constantes no *Manual de Redação da Presidência da República*, julgue o item que se segue.

Em comunicações oficiais endereçadas a senador da República, deve-se empregar o vocativo **Excelentíssimo Senhor Doutor**.

( ) Certo

( ) Errado

COMENTÁRIOS

O vocativo a ser empregado a um senador da República é "Senhor Senador", de acordo com o MRPR.

Gabarito: Errado

---

117. (CESPE – AA (ANTT)/ANTT/Administração/2013) Assunto: Vocativos (Redação oficial). No que se refere a aspectos gerais das correspondências oficiais, julgue o item que se segue de acordo com o *Manual de Redação da Presidência da República* (MRPR).

Em uma correspondência encaminhada ao ministro dos Transportes, o destinatário deve ser chamado pelo vocativo "Senhor Ministro" e, no envelope de endereçamento, deve ser referido pela forma de tratamento "A Sua Excelência o Senhor".

( ) Certo

( ) Errado

COMENTÁRIOS

Como se trata de ministro de Estado, a forma correta de empregar o pronome de tratamento (no endereçamento) é "A Sua Excelência o Senhor", e o vocativo que deve ser empregado é "Senhor Ministro" (na correspondência).

Gabarito: Certo

---

118. (CESPE – AA (ANCINE)/ANCINE/I/2013) Assunto: Vocativos (Redação oficial). Com base nas orientações constantes no *Manual de Redação da Presidência da República*, julgue o item a seguir.

Em um aviso dirigido a ministro de Estado, deve-se empregar, como vocativo, a expressão "Excelentíssimo Senhor Ministro".

( ) Certo

( ) Errado

COMENTÁRIOS

Avisos seguem exatamente as mesmas regras de formatação das demais correspondências oficiais diagramadas com o Padrão Ofício. O vocativo, determinado pelo MRPR, a ser empregado para um ministro é a forma "Senhor Ministro".

Gabarito: Errado

---

119. (CESPE – TA (ANATEL)/ANATEL/Administrativo/2014) Assunto: Vocativos (Redação oficial). Em relação às correspondências oficiais, julgue o seguinte item.

O vocativo **Prezado colega** é adequado para compor um memorando, modalidade de comunicação entre unidades administrativas de um mesmo órgão, mas não um ofício, que se destina à comunicação externa.

( ) Certo

( ) Errado

COMENTÁRIOS

"Prezado colega" não é uma forma de vocativo aceita pelo MRPR. Há, com efeito, apenas duas formas de vocativo: "Senhor" e "Excelentíssimo Senhor". Não há exceções para memorandos com relação ao emprego desses termos, independentemente de sua finalidade.

Gabarito: Errado

---

120. (CESPE - AAmb (IBAMA)/IBAMA/Tema 1/Licenciamento Ambiental/2013)
Assunto: Fechos

Serviço Público Federal

Instituto Brasileiro do Meio Ambiente e dos Recursos Naturais Renováveis

SCEN – Setor de Clubes Esportivos Norte, trecho 02, Ed. Sede do Ibama, bloco I

Caixa Postal n.º 09566 – CEP 70818-900 – Brasília-DF – Tel.: 61 3316-1212

Email: cgaa@ibama.gov.br

_n.º 313/2012/CGAA

Brasília, 6 de janeiro de 2013.

A Sua Excelência o Senhor

Fulano de Tal

Chefe do Serviço de Proteção ao Patrimônio e ao Ambiente

Rua D, n.º 123,

34.100-100 – Goiânia – GO

Assunto: **Solicitação de serviço**

Senhor Chefe,

1. O Instituto Brasileiro do Meio Ambiente e dos Recursos Naturais Renováveis, por meio de sua Coordenação-Geral de Ações Ambientais, vem, respeitosamente, à presença de Vossa Senhoria solicitar cessão do espaço físico, bem como autorização para realização do X Congresso Brasileiro de Biodiversidade do Cerrado, nesta capital, no Espaço Aberto do Parque das Nascentes, no dia 12 de dezembro do corrente ano.

2. O evento destina-se à discussão das diretrizes do Programa de Meio Ambiente para o Cerrado brasileiro, que conta com a participação efetiva da sociedade civil organizada, sobretudo de ONGs e entidades de proteção ambiental, bem como das secre-

tarias estaduais e municipais no entorno do bioma cerrado brasileiro, convidadas a oferecer sua contribuição para o evento.

Certos do deferimento do nosso pedido, aguardamos a autorização.

Respeitosamente,

Beltrano de Tal

Coordenação-Geral de Ações Ambientais

Em relação ao exemplo de correspondência oficial acima apresentado, julgue o item.

O fecho, "Respeitosamente", está corretamente empregado, visto que o documento em apareço é endereçado a autoridade de mesma hierarquia da do remetente.

( ) Certo

( ) Errado

COMENTÁRIOS

O vocativo que deve ser empregado a destinatário de mesma hierarquia do remetente é "Atenciosamente". Emprega-se "Respeitosamente" para destinatários de hierarquia superior à do remetente.

Gabarito: Errado

---

121. (CESPE – TJ CNJ/CNJ/Administrativa/2013) Assunto: Fechos. A respeito de correspondências oficiais, julgue o item seguinte.

A escolha do fecho a ser usado nas correspondências oficiais é determinada pela hierarquia que existe entre o destinatário e o remetente do documento.

( ) Certo

( ) Errado

COMENTÁRIOS

De acordo com a seção 2.2 do Manual de Redação da Presidência da República, deve-se empregar o fecho de acordo com a hierarquia existente entre destinatário e remetente do documento, cabendo a forma "Atenciosamente" para autoridades de hierarquia igual ou inferior à do remetente e "Respeitosamente" para autoridades de hierarquia superior à do remetente.

Gabarito: Certo

122. (CESPE – TJ TRT10/TRT 10/Administrativa/2013) Assunto: Fechos. No que se refere a aspectos gerais das correspondências oficiais, julgue o item que se segue segundo o *Manual de Redação da Presidência da República* (MRPR).

De acordo com o MRPR, os fechos "Atenciosamente" e "Respeitosamente" são restritos a comunicações oficiais emitidas pelos Poderes Executivo e Judiciário.

( ) Certo

( ) Errado

COMENTÁRIOS

De acordo com o MRPR, esses fechos mencionados são empregados a todas as comunicações de natureza oficial, independentemente da esfera administrativa relativa aos poderes da União: Executivo, Judiciário e Legislativo.

Gabarito: Errado

123. (CESPE – Deleg (PC BA)/PC BA/2013) Assunto: Fechos. Com base no *Manual de Redação da Presidência da República*, julgue o item que se segue.

Recomenda-se o emprego da expressão **Cordialmente** como fecho para correspondências oficiais entre autoridades de mesma hierarquia ou de hierarquia inferior.

( ) Certo

( ) Errado

COMENTÁRIOS

De acordo com MRPR, não há previsão de situação alguma que positive o emprego do termo "Cordialmente" para fechos de comunicações oficiais.

Gabarito: Errado

124. (CESPE – AA (IBAMA)/IBAMA/2013) Assunto: Fechos

No município XYZ, um dos fatores que contribuem para a ocorrência de queimadas e incêndios florestais é o desconhecimento dos critérios técnicos autorizados pelo IBAMA para a utilização do fogo de forma controlada em atividades de manejo agropastoril.

Nesse sentido, gostaríamos de saber se o IBAMA oferece algum curso que possa orientar a população desse município com relação ao correto uso das queimadas, bem como os valores que serão cobrados para a realização desse curso.

Atenciosamente,

Fulano de Tal

Prefeito do município XYZ

Com base no documento apresentado e nos conceitos de redação de correspondências oficiais, julgue o item a seguir.

Além do fecho utilizado no documento, o Manual de Redação da Presidência da República estabelece o emprego de mais dois fechos: Respeitosamente, para autoridades superiores, inclusive o Presidente da República; e Cordialmente, para particulares.

( ) Certo

( ) Errado

COMENTÁRIOS

Não se emprega o fecho "Cordialmente" em nenhuma situação comunicativa positivada pelo Manual de Redação da Presidência da República.

Gabarito: Errado

---

125. (CESPE – Ag Adm (SUFRAMA)/SUFRAMA/2014) Assunto: Fechos.

Mem. 1/CGAPI

Em 30 de janeiro de 2014.

Ao Senhor Coordenador-geral de Projetos Industriais da SUFRAMA

Assunto: Sugestão de novas reuniões com a Delegacia da Receita Federal do Brasil

Comunico que o encontro com os auditores da Delegacia da Receita Federal do Brasil, ocorrido em 27/1/2014, em Manaus, cumpriu o objetivo de demonstrar os principais passos adotados pela SUFRAMA, para a importação de insumos.

Como é do conhecimento de Vossa Senhoria, eventos como esse estreitam as relações entre os dois órgãos e visam, também, à melhoria do atendimento no serviço público, com benefício direto ao contribuinte. Assim, sugiro que novas reuniões com esse órgão sejam marcadas, a fim de se fortalecer o controle de entrada de insumos importados, o que garantirá também maior eficiência no atendimento ao público.

Respeitosamente,

Sicrano

Técnico da Coordenação-Geral de Acompanhamento de Projetos

Industriais da SUFRAMA

Com base no documento hipotético apresentado acima e nos preceitos do *Manual de Redação da Presidência da República*, julgue o item subsequente.

Quando enviar documento de mesma natureza ao técnico, o coordenador-geral deverá empregar o fecho **Atenciosamente**.

( ) Certo

( ) Errado

COMENTÁRIOS

Uma vez que o coordenador-geral está hierarquicamente acima do técnico, o fecho a ser empregado é "Atenciosamente".

Gabarito: Certo

---

126. (CESPE – TA (ICMBio)/ICMBio/2014) Assunto: Fechos

Excelentíssimo Senhor Presidente do Senado Federal,

Comunico a Vossa Excelência o envio das Mensagens SM número 106, de 2013, nas quais informo a promulgação dos Decretos Legislativos n.º 27 e 29, 2012, relativos à exploração de petróleo no litoral brasileiro.

Brasília, 28 de março de 2013.

Considerando o documento apresentado acima, julgue o item a seguir, com base no *Manual de Redação da Presidência da República*.

Caso o emissor do documento fosse um senador da República, um possível fecho adequado seria: Renovo meus protestos da mais alta estima e consideração.

( ) Certo

( ) Errado

COMENTÁRIOS

A sentença em apreço (Renovo meus protestos da mais alta estima e consideração) trata-se de jargão jurídico, que não deve ser empregado em comunicações oficiais. Apenas os fechos "Atenciosamente" e "Respeitosamente" podem ser empregados.

Gabarito: Errado

---

127. (CESPE – TBN (CEF)/CEF/Administrativa/2014) Assunto: Fechos. Com base nas normas constantes no *Manual de Redação da Presidência da República*, julgue o item que se segue.

Deve-se empregar o fecho **Atenciosamente** em comunicação oficial enviada a ministro de Estado pelo presidente da República.

( ) Certo

( ) Errado

COMENTÁRIOS

Uma vez que o Presidente da República se trata de autoridade hierarquicamente superior ao Ministro de Estado, o fecho correto a ser empregado é "Atenciosamente".

Gabarito: Certo

---

128. (CESPE – AnaTA (CADE)/CADE/2014) Assunto: Fechos

Convido Vossa Senhoria a participar de audiência pública sobre os impactos concorrenciais da importação de pré-forma de garrafas PET (uma peça em forma de tubo que é posteriormente inflada para chegar à embalagem final de PET), a se realizar em 10 de fevereiro, às 10h, no edifício-sede do CADE. O objetivo da audiência pública é discutir os aspectos técnicos dessa cadeia para auxiliar a análise deste Conselho.

O mercado de embalagens PET é afetado pelo Regime de Origem do MERCOSUL, que garante tratamento tarifário preferencial às mercadorias vindas dos países participantes do bloco. O setor também é influenciado pelo regime aduaneiro especial chamado de drawback, previsto no Decreto-Lei n.º 37. Esse instrumento prevê incentivos tributários para a importação de insumos de produtos a serem exportados pelo Brasil.

Respeitosamente,

(espaço para assinatura)

Fulano de Tal

Servidor do CADE

À luz do *Manual de Redação da Presidência da República* (MRPR), julgue o item a seguir, com base no documento apresentado acima, adaptado da Internet: <www.cade.gov.br>.

O fecho "Respeitosamente" indica que o destinatário do documento ocupa posição hierárquica superior à do remetente da comunicação oficial.

( ) Certo

( ) Errado

COMENTÁRIOS

De acordo com o MRPR, emprega-se o fecho "Respeitosamente" em documentos direcionados a autoridades de hierarquia superior à do remetente.

Gabarito: Certo

---

129. (CESPE – Ag Adm (PF)/PF/2014) Assunto: Fechos. Julgue o item subsequente, a respeito do padrão ofício em comunicações oficiais, conforme o Manual de Redação da Presidência da República.

O fecho Respeitosamente não é empregado no aviso; o fecho Atenciosamente é empregado tanto no aviso quanto no ofício.

( ) Certo

( ) Errado

COMENTÁRIOS

O aviso é um documento expedido exclusivamente por Ministros de Estado outros ministros ou para autoridades de mesma hierarquia, desse modo, não se emprega o fecho "Respeitosamente", visto que não há distinção de hierarquia entre os comunicantes. Nos demais documentos, é possível empregar as duas formas de fecho.

Gabarito: Certo

---

130. (CESPE – Adm (PF)/PF/2014) Assunto: Fechos

Senhor Ministro,

Convido Vossa Excelência a participar da sessão de encerramento do Fórum Nacional da Educação Básica, a se realizar em 18 de maio de 2014, às 20 horas, no auditório do Ministério da Educação, localizado na Esplanada dos Ministérios, nesta capital.

Considerando o fragmento de comunicação oficial acima, julgue o item a seguir, com base no *Manual de Redação da Presidência da República.*

Caso o remetente dessa comunicação seja um ministro de Estado, o fecho adequado será Atenciosamente.

( ) Certo

( ) Errado

COMENTÁRIOS

Como o destinatário da comunicação é um Ministro, tratar-se-ia de um Aviso (forma de comunicação entre ministros e autoridades de mesma hierarquia). Portanto, o fecho correto a ser aplicado seria "Atenciosamente".

Gabarito: Certo

---

131. (CESPE – AJ TRT17/TRT 17/Apoio Especializado/Tecnologia da Informação/2013) Assunto: Fechos. Com base nas orientações do *Manual de Redação da Presidência da República*, julgue o item subsequente.

É recomendável para compor a redação de um ofício destinado a autoridade superior o seguinte fecho: Reitero meus mais altos protestos de estima e consideração à sua digníssima pessoa.

( ) Certo

( ) Errado

COMENTÁRIOS

Jargões jurídicos dessa natureza não devem ser empregados em comunicações oficiais, primando pelo princípio da objetividade.

Gabarito: Errado

---

132. (CESPE – TA (ANTT)/ANTT/2013) Assunto: Fechos. Julgue o item a seguir à luz do *Manual de Redação da Presidência da República.*

Um fecho adequado para uma correspondência oficial entre um funcionário e seu chefe seria:

Renovo meus mais significativos protestos da mais alta estima e consideração.

( ) Certo

( ) Errado

COMENTÁRIOS

Eis mais um exemplo de como não empregar jargões jurídicos em comunicações oficiais. Em função do princípio da objetividade, esse tipo de sentença deve ser eliminado.

Gabarito: Errado

---

133. (CESPE – ERSTT (ANTT)/ANTT/Ciências Contábeis/2013) Assunto: Fechos. Com base no *Manual de Redação da Presidência da República*, julgue o item seguinte.

O expediente exposição de motivos aceita os fechos Respeitosamente e Atenciosamente.

( ) Certo

( ) Errado

COMENTÁRIOS

Emprega-se somente o fecho "Respeitosamente" ao expediente "exposição de motivos", porque se trata de comunicação expedida por Ministros ao Presidente ou ao Vice-presidente da República. O MRPR assevera que os documentos enviados ao Presidente devem receber o fecho "Respeitosamente".

Gabarito: Errado

---

134. (CESPE – AA (ANS)/ANS/2013) Assunto: Fechos. Com base no *Manual de Redação da Presidência da República*, julgue o item seguinte, referente a adequação da linguagem, formato e características da correspondência oficial.

Considere que a Diretoria Colegiada da ANS componha-se pelo diretor-presidente da ANS e pelo diretor interino da Diretoria de Gestão. Considere, ainda, que o diretor-presidente da ANS pretenda encaminhar uma comunicação oficial ao diretor interino da Diretoria de Gestão, para a exposição de diretrizes a serem adotadas pela ANS. Nessa situação, o diretor-presidente da ANS deverá elaborar um memorando com o seguinte fecho: Atenciosamente.

( ) Certo

( ) Errado

COMENTÁRIOS

Devido à distância hierárquica dos comunicantes, deve-se empregar o fecho "Atenciosamente".

Gabarito: Certo

135. (CESPE – TA (ANS)/ANS/2013) Assunto: Fechos. Em relação às exigências da redação de correspondências oficiais, julgue o item que se segue.

O **Manual de Redação da Presidência da República**, com o objetivo de simplificar e uniformizar o padrão dos fechos de comunicações oficiais, estabelece que, para autoridades superiores, seja utilizado o fecho **Respeitosamente**, e que, para autoridades de mesma hierarquia ou de hierarquia inferior, seja adotado o fecho **Atenciosamente**.

( ) Certo

( ) Errado

COMENTÁRIOS

Essa é a redação do subitem 2.2 (Fechos para Comunicações) constante do Manual de Redação de Correspondências Oficiais.

Gabarito: Certo

136. (CESPE – Ana MPU/MPU/Técnico Administrativo/Arquivologia/2013) Assunto: Fechos. Com base no Manual de Redação da Presidência da República (MRPR), julgue o item seguinte, acerca das características das comunicações oficiais e do tipo de linguagem empregado nessas comunicações.

Em comunicações expedidas pelo MPU ao presidente do STF, devem-se empregar, como fecho, a expressão Respeitosamente e, como vocativo, a expressão A Sua Excelência o Senhor Presidente do Supremo Tribunal Federal.

( ) Certo

( ) Errado

COMENTÁRIOS

Apesar de o fecho estar correto na questão, o vocativo que deve ser empregado ao presidente do STF, de acordo com o MRPR (seção 2.1.3), é "Excelentíssimo Senhor".

Gabarito: Errado

137. (CESPE – APF/PF/2014) Assunto: Fechos. Com referência à adequação da linguagem ao tipo de documento e à adequação do formato do texto ao gênero, julgue o seguinte item.

O fecho "Respeitosamente", por sua formalidade e impessoalidade, pode ser empregado em qualquer tipo de expediente, independentemente do seu subscritor e do seu destinatário.

( ) Certo

( ) Errado

COMENTÁRIOS

Há um critério para o emprego dos fechos: "Respeitosamente" deve ser empregado para fechar comunicações dirigidas a autoridades de hierarquia superior à do remetente para o Presidente da República. O erro da questão está na expressão "independentemente do seu subscritor e do seu destinatário".

Gabarito: Errado

---

138. (CESPE – TA (ANTAQ)/ANTAQ/2014) Assunto: Fechos. Com base no *Manual de Redação da Presidência da República*, julgue o item a seguir, acerca de aspectos gerais da redação oficial.

O fecho é um elemento da estrutura das comunicações oficiais que tem como funções básicas sinalizar o final da correspondência e saudar aquele a quem ela se destina.

( ) Certo

( ) Errado

COMENTÁRIOS

De acordo com a seção 2.2 do MRPR (Fechos de Comunicações):

> *O fecho das comunicações oficiais possui, além da finalidade óbvia de arrematar o texto, a de saudar o destinatário. Os modelos para fecho que vinham sendo utilizados foram regulados pela Portaria nº 1 do Ministério da Justiça, de 1937, que estabelecia quinze padrões.*

Gabarito: Certo

---

139. (CESPE – PT (CBM CE)/CBM CE/2014) Assunto: Fechos. Ainda, com base no *Manual de redação da Presidência da República*, julgue o próximo item, relativo ao padrão ofício.

O fecho **Respeitosamente** é adequado a avisos e inadequado a memorandos.

( ) Certo

( ) Errado

COMENTÁRIOS

Não se deve empregar o fecho "Respeitosamente" em avisos; entretanto, pode ser aplicado em memorandos, a depender da hierarquia existente entre destinatário e remetente.

Gabarito: Errado

---

140. (CESPE - TJ TRE GO/TRE GO/Administrativa/"Sem Especialidade"/2015)
Assunto: Fechos

Mem. 03/2015 – SePes

Goiânia, 21 de janeiro de 2015.

Ao Senhor Chefe do Setor de Estágios (SEst)

Assunto: Novos procedimentos para envio de frequência de estagiários

1. Para garantir mais agilidade em relação ao pagamento da bolsa-estágio, informo que, a partir do mês de abril deste ano, serão adotados novos procedimentos para o envio da frequência dos estagiários ao Setor de Pessoal (SePes).

2. A frequência mensal de cada estagiário deverá ser enviada para o endereço de email do SePes até o quinto dia útil de cada mês.

3. As informações do email devem ser complementadas com anexo contendo a planilha de frequência de estagiários, carimbada e assinada pelo chefe do SEst e pelos estagiários.

4. A observância desses procedimentos é essencial para evitar atrasos no pagamento da bolsa.

Atenciosamente,
(espaço para assinatura)

[nome do signatário]

Chefe do Setor de Pessoal

Com base no *Manual de Redação da Presidência da República*, julgue o item seguinte, relativo à correspondência oficial hipotética apresentada.

A substituição do fecho "Atenciosamente" por **Respeitosamente**, apesar de denotar impessoalidade, característica dos textos oficiais, seria inadequada no expediente oficial em questão.

( ) Certo

( ) Errado

COMENTÁRIOS

Como se trata de correspondência oficial entre dois comunicantes de mesma hierarquia, o correto é empregar a forma "Atenciosamente".

Gabarito: Certo

---

141. (CESPE – AJ CNJ/CNJ/Judiciária/2013) Assunto: Identificação do Signatário

Ofício GC/EAS n.º 265

Brasília, 15 de janeiro de 2013.

À Senhora

Fulana de Tal

Secretária de Gestão de Pessoas

Setor de Autarquias Sul

70000-000 — Brasília, DF

Assunto: **Certificados de especialização**

Senhora Secretária,

Em resposta ao Ofício n.º 005/2012/SGP, de 30/11/2012, encaminhamos os Certificados de Especialização em Direito Público, bem como a relação dos servidores dessa Instituição que se matricularam no referido curso, mas não o concluíram.

Atenciosamente,

José Sicrano

Gerente de Capacitação

Escola de Aperfeiçoamento de Servidores

Para que o ofício hipotético acima esteja de acordo com os padrões estabelecidos no Manual de Redação da Presidência da República, o nome do órgão em que trabalha a pessoa que subscreve o documento deve ser retirado do espaço destinado à identificação do signatário, permanecendo, nesse espaço, apenas o nome e o cargo de quem assina o expediente.

( ) Certo

( ) Errado

COMENTÁRIOS

A formatação correta da identificação do signatário consiste na colocação do nome e do cargo da autoridade que subscreve o documento, ou seja, não se deve empregar o local em que a pessoa trabalha.

Gabarito: Certo

---

142. (CESPE – TJ TJDFT/TJDFT/2013) Assunto: Identificação do Signatário. Acerca das correspondências oficiais, julgue o item seguinte.

Em regra, as comunicações assinadas pelo presidente da República dispensam a identificação do signatário, à exceção da mensagem, cuja redação deve seguir a recomendação do padrão ofício, segundo a qual, em todas as comunicações oficiais, devem constar o nome e o cargo da autoridade remetente abaixo do local de sua assinatura.

( ) Certo

( ) Errado

COMENTÁRIOS

De acordo com o MRPR, todas as comunicações assinadas pelo chefe do Poder Executivo dispensam a Identificação do Signatário, sem exceções.

Gabarito: Errado

---

143. (CESPE – Tec MPU/MPU/Apoio Técnico e Administrativo/Administração/2013) Assunto: Identificação do Signatário. Acerca das características gerais dos diversos tipos de comunicação oficial, julgue o item seguinte.

Comunicações oficiais emitidas pelo chefe do Poder Judiciário e pelo chefe do Poder Legislativo devem conter, ao final, no espaço reservado à identificação do signatário, o nome e o cargo da autoridade que as expede.

( ) Certo

( ) Errado

COMENTÁRIOS

O único chefe de poder cuja Identificação do Signatário é dispensada é o Presidente da República (o chefe do Poder Executivo).

Gabarito: Certo

144. (CESPE – AA (IBAMA)/IBAMA/2013) Assunto: Identificação do Signatário

Em resposta ao documento enviado por essa prefeitura, informamos a Vossa Senhoria que o IBAMA disponibiliza um minicurso gratuito que aborda como temas as queimadas, os incêndios florestais, as mudanças climáticas e os riscos globais, cuja carga horária varia de acordo com as disponibilidades, interesses e adaptações regionais e (ou) locais, podendo ser ministrado a grandes grupos em grandes auditórios. Solicita-se, apenas, que a instituição promotora providencie o local, a divulgação e a emissão de certificados.

Colocamo-nos à disposição para quaisquer esclarecimentos.

Atenciosamente,

Beltrano

Considerando que o documento acima tenha sido elaborado em resposta a documento anterior, elaborado pelo prefeito do município XYZ, julgue o item seguinte, de acordo com as normas do Manual de Redação da Presidência da República.

Para adequar a identificação do signatário às recomendações do Manual de Redação da Presidência da República, é suficiente acrescentar o cargo da autoridade que expediu o documento, bem como sua assinatura.

( ) Certo

( ) Errado

COMENTÁRIOS

É necessário, também, separar – com espaçamento – a Identificação do Signatário do fecho da comunicação. Além disso, a identificação do signatário (assim como a assinatura e o nome da autoridade) deve ficar centralizada no texto.

Gabarito: Errado

145. (CESPE – Ana (BACEN)/BACEN/Área 1 – Análise e Desenvolvimento de Sistemas/2013) Assunto: Identificação do Signatário. Julgue o item que se segue de acordo com o *Manual de Redação da Presidência da República.*

Em todos os expedientes oficiais, a autoridade signatária deve ser identificada por meio do nome, do cargo e da assinatura.

( ) Certo

( ) Errado

COMENTÁRIOS

Há uma exceção a essa regra – o Presidente da República, cuja identificação do Signatário é dispensada.

Gabarito: Errado.

---

146. (CESPE – Ag Adm (MDIC)/MDIC/2014) Assunto: Identificação do Signatário. De acordo com as disposições do *Manual de Redação da Presidência da República (MRPR)*, julgue o item seguinte.

As comunicações assinadas pelo ministro titular do MDIC devem trazer o nome e o cargo, abaixo do local de assinatura, conforme o modelo a seguir.

(espaço para assinatura)

NOME

Ministro de Estado do Desenvolvimento

Indústria e Comércio Exterior

( ) Certo

( ) Errado

COMENTÁRIOS

O modelo apresentado está adequado ao que exige o MRPR para a identificação do signatário: assinatura + nome + cargo da autoridade signatária.

Gabarito: Certo

---

147. (CESPE – TA (ICMBio)/ICMBio/2014) Assunto: Identificação do Signatário. Excelentíssimo Senhor Presidente do Senado Federal,

Comunico a Vossa Excelência o envio das Mensagens SM número 106, de 2013, nas quais informo a promulgação dos Decretos Legislativos n.º 27 e 29, 2012, relativos à exploração de petróleo no litoral brasileiro.

Brasília, 28 de março de 2013.

Considerando o documento apresentado acima, julgue o item a seguir, com base no *Manual de Redação da Presidência da República*.

Considerando-se que o emissor do documento acima seja o presidente da República, é correto afirmar que não há necessidade de identificação do signatário.

( ) Certo

( ) Errado

COMENTÁRIOS

A seção 2.3 do MRPR assim doutrina: " Excluídas as comunicações assinadas pelo Presidente da República, todas as demais comunicações oficiais devem trazer o nome e o cargo da autoridade que as expede, abaixo do local de sua assinatura."

Gabarito: Certo

---

148. (CESPE – TBN (CEF)/CEF/Administrativa/2014) Assunto: Identificação do Signatário. Com base nas normas constantes no *Manual de Redação da Presidência da República*, julgue o item que se segue.

Uma das formas de se garantir a impessoalidade dos textos oficiais consiste na supressão do nome próprio do signatário de uma comunicação, que deve ser identificado apenas por meio da menção ao cargo que ele ocupa.

( ) Certo

( ) Errado

COMENTÁRIOS

Garante-se a impessoalidade, evitando menções particulares durante a redação do documento. O nome da autoridade é quesito fundamental para validar a assinatura dos documentos oficiais.

Gabarito: Errado

---

149. (CESPE – AJ TRT17/TRT 17/Administrativa/"Sem Especialidade"/2013) Assunto: Identificação do Signatário. Em conformidade com o disposto no *Manual de Redação da Presidência da República*, julgue o item subsequente.

O uso de pronomes de tratamento, a forma dos fechos e a identificação do signatário são aspectos comuns entre as modalidades de comunicação oficial.

( ) Certo

( ) Errado

COMENTÁRIOS

Esses são aspectos comuns a quase todas as modalidades de comunicação oficial. A única exceção está relacionada às comunicações assinadas pelo chefe do Poder Executivo, que dispensam a Identificação do Signatário.

Gabarito: Errado

---

150. (CESPE – AJ TRT17/TRT 17/Apoio Especializado/Tecnologia da Informação/2013) Assunto: Identificação do Signatário. Com base nas orientações do *Manual de Redação da Presidência da República*, julgue o item subsequente.

Um ofício emitido por tribunal superior prescinde de assinatura, haja vista que o remetente é órgão de hierarquia superior.

( ) Certo

( ) Errado

COMENTÁRIOS

A assinatura é imprescindível para qualquer tipo de documento oficial, principalmente para um ofício, mesmo que assinado pelo Presidente da República.

Gabarito: Errado

---

151. (CESPE – Ana MPU/MPU/Técnico Administrativo/Arquivologia/2013) Assunto: Identificação do Signatário. Com base no Manual de Redação da Presidência da República (MRPR), julgue o item seguinte, acerca das características das comunicações oficiais e do tipo de linguagem empregado nessas comunicações.

As comunicações expedidas por ministros de Estado devem conter o nome e o cargo da autoridade que as expede, abaixo do local de sua assinatura.

( ) Certo

( ) Errado

COMENTÁRIOS

A Identificação do Signatário de um Ministro deve ser feita como qualquer outra, segundo o que ensina o MRPR: nome e o cargo da autoridade signatária, logo abaixo do local da assinatura.

Gabarito: Certo

152. (CESPE – APF/PF/2014) Assunto: Identificação do Signatário. Com referência à adequação da linguagem ao tipo de documento e à adequação do formato do texto ao gênero, julgue o seguinte item.

A identificação do signatário em expediente não remetido pelo presidente da República deve ser feita pelo nome e pelo cargo da autoridade expedidora do documento.

( ) Certo

( ) Errado

COMENTÁRIOS

Segundo o MRPR, faz-se a Identificação do Signatário empregando o nome da autoridade signatária mais o cargo por ela ocupado, logo abaixo do local da assinatura.

Gabarito: Certo

153. (CESPE – TJ TRE GO/TRE GO/Administrativa/"Sem Especialidade"/2015) Assunto: Identificação do Signatário

Mem. 03/2015 – SePes

Goiânia, 21 de janeiro de 2015.

Ao Senhor Chefe do Setor de Estágios (SEst)

Assunto: **Novos procedimentos para envio de frequência de estagiários**

1. Para garantir mais agilidade em relação ao pagamento da bolsa-estágio, informo que, a partir do mês de abril deste ano, serão adotados novos procedimentos para o envio da frequência dos estagiários ao Setor de Pessoal (SePes).

2. A frequência mensal de cada estagiário deverá ser enviada para o endereço de email do SePes até o quinto dia útil de cada mês.

3. As informações do email devem ser complementadas com anexo contendo a planilha de frequência de estagiários, carimbada e assinada pelo chefe do SEst e pelos estagiários.

4. A observância desses procedimentos é essencial para evitar atrasos no pagamento da bolsa.

Atenciosamente,

(espaço para assinatura)

[nome do signatário]

Chefe do Setor de Pessoal

Com base no *Manual de Redação da Presidência da República*, julgue o item seguinte, relativo à correspondência oficial hipotética apresentada.

No tipo de texto oficial ilustrado, a assinatura e a indicação do cargo da autoridade que o expede constituem informações obrigatórias para a identificação do signatário, ao passo que o nome dessa autoridade constitui informação opcional.

( ) Certo

( ) Errado

COMENTÁRIOS

O nome da autoridade faz parte da Identificação do Signatário, ou seja, não se trata de informação opcional.

Gabarito: Errado

---

154. (CESPE – AJ TJDFT/TJDFT/Judiciária/"Sem Especialidade"/2013) Assunto: Correspondências (Envelope)

Brasília – DF, 24 de outubro de 2012.

Assunto: **retificação do Relatório Justiça em Números no sítio do Conselho Nacional de Justiça**

Senhor Presidente,

Como é do conhecimento de Vossa Excelência, o Departamento de Pesquisas Judiciárias do Conselho Nacional de Justiça oferece aos tribunais a oportunidade de retificarem os respectivos dados após publicação dos relatórios do Sistema Justiça em Números. Em abril de 2012, o TJDFT promoveu, na base de dados desse sistema, a correção de seus indicadores relativos aos anos de 2009, 2010 e 2011.

Entretanto, no Relatório Justiça em Números 2010, publicado no sítio desse Conselho, não se considerou as correções efetuadas pelo TJDFT nos seus mencionados indicadores, o que implicou na apresentação, nesse referido relatório, de informações equivocadas a respeito desta Corte de Justiça.

Como o resultado apresentado não reflete a realidade da Justiça do Distrito Federal e dos Territórios, solicita-se a Vossa Excelência a republicação do Relatório Justiça em Números ou, caso não seja possível, a publicação de erratas com os dados corretos referentes ao TJDFT.

Respeitosamente,

Desembargador Fulano

Presidente do Tribunal de Justiça do Distrito Federal e dos Territórios

Considerando as disposições do *Manual de Redação da Presidência da República* (MRPR), julgue o seguinte item, relativo ao documento oficial acima, reproduzido, com adaptações, do sítio www.tjdft.jus.br.

Devido ao fato de a autoridade a que se destina o documento ser tratada por "Vossa Excelência", o endereçamento abaixo estaria adequado para figurar no envelope do expediente em questão.

A Sua Excelência o Senhor

Ministro Cicrano Corregedor Nacional de Justiça

Anexo I – Supremo Tribunal Federal, Praça dos Três Poderes

CEP 70.175-901 – Brasília. DF

( ) Certo

( ) Errado

COMENTÁRIOS

Há dois erros claros no endereçamento: o primeiro é a colocação do nome da autoridade entre a designação do cargo; o segundo consiste na inversão da especificação do endereço.

Gabarito: Errado

---

155. (CESPE – APF (DEPEN)/DEPEN/2013) Assunto: Correspondências (Envelope). Com base no *Manual de Redação da Presidência da República*, julgue o próximo item.

O endereçamento de um comunicado dirigido a um juiz de direito deve ser redigido, no envelope, da seguinte forma:

Ao Senhor

Fulano de Tal

Juiz de Direito da X.ª Vara Cível

Rua ABC, n.º 123

12345-000 – Brasília-DF

( ) Certo

( ) Errado

COMENTÁRIOS

Como se trata de documento expedido para autoridade tratada pelo pronome Vossa Excelência, deve-se empregar a forma "A Sua Excelência o Senhor" no início do endereçamento.

Gabarito: Errado

156. (CESPE - AFT/MTE/2013) Assunto: Padrão Ofício. Considerando as orientações constantes do *Manual de Redação da Presidência da República*, julgue o item subsequente.

O ofício e o aviso se diferenciam do memorando quanto a sua forma e finalidade.

( ) Certo

( ) Errado

COMENTÁRIOS

Ofício e aviso diferenciam-se fundamentalmente do memorando por sua finalidade, pois sua forma é semelhante – a estrutura do Padrão Ofício.

Gabarito: Errado

157. (CESPE - AAmb (IBAMA)/IBAMA/Tema 1/Licenciamento Ambiental/2013) Assunto: Partes e Diagramação (Padrão Ofício)

Serviço Público Federal

Instituto Brasileiro do Meio Ambiente e dos Recursos Naturais Renováveis

SCEN – Setor de Clubes Esportivos Norte, trecho 02, Ed. Sede do Ibama, bloco I

Caixa Postal n.º 09566 – CEP 70818-900 – Brasília-DF – Tel.: 61 3316-1212

Email: cgaa@ibama.gov.br

_n.º 313/2012/CGAA

Brasília, 6 de janeiro de 2013.

A Sua Excelência o Senhor

Fulano de Tal

Chefe do Serviço de Proteção ao Patrimônio e ao Ambiente

Rua D, n.º 123,

34.100-100 – Goiânia – GO

Assunto: **Solicitação de serviço**

Senhor Chefe,

1. O Instituto Brasileiro do Meio Ambiente e dos Recursos Naturais Renováveis, por meio de sua Coordenação-Geral de Ações Ambientais, vem, respeitosamente, à presença de Vossa Senhoria solicitar cessão do espaço físico, bem como autorização para

realização do X Congresso Brasileiro de Biodiversidade do Cerrado, nesta capital, no Espaço Aberto do Parque das Nascentes, no dia 12 de dezembro do corrente ano.

2. O evento destina-se à discussão das diretrizes do Programa de Meio Ambiente para o Cerrado brasileiro, que conta com a participação efetiva da sociedade civil organizada, sobretudo de ONGs e entidades de proteção ambiental, bem como das secretarias estaduais e municipais no entorno do bioma cerrado brasileiro, convidadas a oferecer sua contribuição para o evento.

Certos do deferimento do nosso pedido, aguardamos a autorização.

Respeitosamente,

Beltrano de Tal

Coordenação-Geral de Ações Ambientais

Em relação ao exemplo de correspondência oficial acima apresentado, julgue o item.

As informações do remetente constantes do cabeçalho do documento respeitam a normatização da redação oficial para o tipo de expediente em questão.

( ) Certo

( ) Errado

COMENTÁRIOS

O documento em apreço é um Ofício. Segundo o MRPR, o Ofício deve possuir – no cabeçalho ou no rodapé – as informações do remetente, a saber: órgão em que trabalha, endereço, telefone e endereço de correio eletrônico.

Gabarito: Certo

---

158. (CESPE – AJ CNJ/CNJ/Judiciária/2013) Assunto: Partes e Diagramação (Padrão Ofício)

Ofício GC/EAS n.º 265

Brasília, 15 de janeiro de 2013.

À Senhora

Fulana de Tal

Secretária de Gestão de Pessoas

Setor de Autarquias Sul

70000-000 — Brasília, DF

Assunto: **Certificados de especialização**

Senhora Secretária,

Em resposta ao Ofício n.º 005/2012/SGP, de 30/11/2012, encaminhamos os Certificados de Especialização em Direito Público, bem como a relação dos servidores dessa Instituição que se matricularam no referido curso, mas não o concluíram.

Atenciosamente,

José Sicrano

Gerente de Capacitação

Escola de Aperfeiçoamento de Servidores

Para que o ofício hipotético acima esteja de acordo com os padrões estabelecidos no Manual de Redação da Presidência da República, a identificação do tipo e do número do expediente deve ser alterada para: Ofício n.º 265/2013/GC-EAS.

( ) Certo

( ) Errado

COMENTÁRIOS

Segundo o MRPR, a ordem de identificação do documento deve ser TIPO + NÚMERO + ÓRGÃO EXPEDIDOR. No exemplo em apreço, a identificação está invertida.

Gabarito: Certo

---

159. (CESPE - AJ CNJ/CNJ/Administrativa/"Sem Especialidade"/2013) Assunto: Partes e Diagramação (Padrão Ofício)

Ofício GC/EAS n.º 265

Brasília, 15 de janeiro de 2013.

À Senhora

Fulana de Tal

Secretária de Gestão de Pessoas

Setor de Autarquias Sul

70000-000 — Brasília, DF

Assunto: **Certificados de especialização**

Senhora Secretária,

Em resposta ao Ofício n.º 005/2012/SGP, de 30/11/2012, encaminhamos os Certificados de Especialização em Direito Público, bem como a relação dos servidores dessa Instituição que se matricularam no referido curso, mas não o concluíram.

Atenciosamente,

José Sicrano

Gerente de Capacitação

Escola de Aperfeiçoamento de Servidores

Para que o ofício hipotético acima esteja de acordo com os padrões estabelecidos no *Manual de Redação da Presidência da República*, o parágrafo e o fecho devem ser numerados.

( ) Certo

( ) Errado

COMENTÁRIOS

Só pode ocorrer a numeração dos parágrafos. Não se numera o fecho de comunicação.

Gabarito: Errado

---

160. (CESPE – AJ TJDFT/TJDFT/Judiciária/"Sem Especialidade"/2013) Assunto: Partes e Diagramação (Padrão Ofício)

Brasília – DF, 24 de outubro de 2012.

Assunto: **retificação do Relatório Justiça em Números no sítio do Conselho Nacional de Justiça**

Senhor Presidente,

Como é do conhecimento de Vossa Excelência, o Departamento de Pesquisas Judiciárias do Conselho Nacional de Justiça oferece aos tribunais a oportunidade de retificarem os respectivos dados após publicação dos relatórios do Sistema **Justiça em Números**. Em abril de 2012, o TJDFT promoveu, na base de dados desse sistema, a correção de seus indicadores relativos aos anos de 2009, 2010 e 2011.

Entretanto, no Relatório **Justiça em Números** 2010, publicado no sítio desse Conselho, não se considerou as correções efetuadas pelo TJDFT nos seus mencionados indicadores, o que implicou na apresentação, nesse referido relatório, de informações equivocadas a respeito desta Corte de Justiça.

Como o resultado apresentado não reflete a realidade da Justiça do Distrito Federal e dos Territórios, solicita-se a Vossa Excelência a republicação do Relatório Justiça em Números ou, caso não seja possível, a publicação de erratas com os dados corretos referentes ao TJDFT.

Respeitosamente,

Desembargador Fulano

Presidente do Tribunal de Justiça do Distrito Federal e dos Territórios

Considerando as disposições do *Manual de Redação da Presidência da República* (MRPR), julgue o seguinte item, relativo ao documento oficial acima, reproduzido, com adaptações, do sítio www.tjdft.jus.br.

O documento oficial em tela não respeita algumas características do padrão ofício, como a enumeração dos parágrafos e a identificação do tipo e número do expediente, seguido da sigla do órgão expedidor.

( ) Certo

( ) Errado

COMENTÁRIOS

Para que o documento em apreço estivesse correto, seria necessário especificar – com alinhamento à esquerda – tipo, número e órgão expedidor do documento. Além disso, os parágrafos deveriam ser enumerados.

Gabarito: Certo

---

161. (CESPE – AnaTA MIN/MIN/2013) Assunto: Partes e Diagramação (Padrão Ofício). Considerando as normas e as características da redação oficial, julgue o item a seguir.

Os documentos do padrão ofício devem ser redigidos na fonte do tipo Times New Roman de corpo 12 no texto em geral, 11 nas citações e 10 nas notas de rodapé. Além disso, deve-se empregar espaçamento simples entre as linhas.

( ) Certo

( ) Errado

COMENTÁRIOS

De acordo com o MRPR, na seção 3.2 (Formato de diagramação), alínea "a" – deve ser utilizada fonte do tipo *Times New Roman* de corpo 12 no texto em geral, 11 nas citações, e 10 nas notas de rodapé nos documentos do Padrão Ofício.

Gabarito: Certo

---

162. (CESPE – Tec (BACEN)/BACEN/Área 1 – Suporte Técnico-Administrativo/2013) Assunto: Partes e Diagramação (Padrão Ofício). Julgue o item, que versam sobre correspondência oficial.

As informações do remetente de um ofício podem constar tanto no cabeçalho quanto no rodapé do documento.

( ) Certo

( ) Errado

COMENTÁRIOS

Contanto que estejam completas e adequadas, as informações do remetente do ofício podem constar no cabeçalho ou no rodapé.

Gabarito: Certo

---

163. (CESPE – Ana (BACEN)/BACEN/Área 1 – Análise e Desenvolvimento de Sistemas/2013) Assunto: Partes e Diagramação (Padrão Ofício). Julgue o item que se segue de acordo com o *Manual de Redação da Presidência da República.*

A formalidade, entre outros aspectos, vincula-se à uniformidade das comunicações, o que implica o estabelecimento de um padrão de redação oficial. Nesse caso, no que se refere a documentos de tramitação interna, vale o preceito de se registrar o teor do documento, no expediente do texto, em "Assunto", com a palavra escrita em fonte regular, em negrito, sem a necessidade, portanto, do desenvolvimento do texto em parágrafos.

( ) Certo

( ) Errado

COMENTÁRIOS

Mesmo que um documento seja de tramitação interna, ele deve ter seu assunto detalhado no corpo do texto, do contrário desrespeitará as regras de redação oficial.

Gabarito: Errado

164. (CESPE - APF (DEPEN)/DEPEN/2013) Assunto: Partes e Diagramação (Padrão Ofício). No item a seguir, é apresentada uma situação hipotética, seguida de uma assertiva que deve ser julgada com base nas disposições do *Manual de Redação da Presidência da República*.

Após ter redigido um memorando, já no momento da impressão, um servidor percebeu que as páginas do documento não haviam sido numeradas. Nessa situação, a fim de sanar o problema, o servidor deve proceder à numeração a partir da segunda página do documento, devendo a primeira ser mantida sem a numeração.

( ) Certo

( ) Errado

COMENTÁRIOS

De acordo com o MRPR, não há obrigação de a primeira página ser mantida em brando. Quando essa questão foi publicada, originalmente a banca examinadora optou pelo gabarito como certo. Após os recursos, em função dessa justificativa, a banca decidiu alterar o gabarito.

Gabarito: Errado

---

165. (CESPE - EAP (DEPEN)/DEPEN/Clínica Geral/2013) Assunto: Partes e Diagramação (Padrão Ofício). Com base no *Manual de Redação da Presidência da República*, julgue o item a seguir.

São partes essenciais do aviso, do ofício e do memorando, na seguinte ordem, o tipo e o número do expediente, o local e a data de sua expedição, o nome e o cargo da autoridade remetente, o corpo do texto, o fecho e, por fim, a assinatura da autoridade autora da comunicação oficial.

( ) Certo

( ) Errado

COMENTÁRIOS

Faltou mencionar - para aviso e ofício - o vocativo. Além disso, nome e cargo (no corpo do documento) são referentes ao destinatário, não ao remetente. Também é necessário empregar a identificação do signatário.

Gabarito: Errado

166. (CESPE – AJ (STF)/STF/Administrativa/2013) Assunto: Partes e Diagramação (Padrão Ofício)

Mem. 123/DJ

Em 10 de novembro de 2013.

Ao Sr. Chefe do Departamento de Materiais

Assunto: Solicitação de impressora

1. Consulto Vossa Senhoria a respeito da possibilidade de instalação de uma nova impressora neste departamento.

2. A solicitação deve-se ao fato de que, desde a oportuna nomeação de três novos servidores para este Departamento, no mês passado, a quantidade de impressoras em uso tornou-se insuficiente para atender a demanda, que, aliás, tem crescido nos últimos meses.

3. A título de acréscimo, devo mencionar que a instalação de mais uma impressora no departamento será positiva e bem-vinda, pois conferirá maior agilidade ao trabalho dos servidores.

Atenciosamente,

Fulano de Tal
Chefe do Departamento de Atendimento ao Público

Tendo como referência a comunicação hipotética acima, julgue o item a seguir à luz do *Manual de Redação da Presidência da República.*

Caso ocupe mais de uma página, o memorando poderá ser impresso no anverso e no verso do papel, utilizando-se a denominada margem espelho.

( ) Certo

( ) Errado

COMENTÁRIOS

De acordo com o MRPR, seção 3.2, alínea "d", d) os ofícios, memorandos e anexos destes poderão ser impressos em ambas as faces do papel. Neste caso, as margens esquerda e direta terão as distâncias invertidas nas páginas pares (*"margem espelho"*).

Gabarito: Certo.

167. (CESPE – AnaTA SUFRAMA/SUFRAMA/Geral/2014) Assunto: Partes e Diagramação (Padrão Ofício). Com base nos preceitos do *Manual de Redação da Presidência da República*, julgue o item a seguir.

O texto a seguir está adequado, quanto ao conteúdo, para compor, como introdução, um expediente do padrão ofício cuja finalidade seja apenas o encaminhamento de documentos: Encaminho, para análise e parecer, a anexa cópia do memorando n.º 1, de 30 de janeiro de 2014, da Coordenação Geral de Recursos Humanos, acerca da contratação de novos analistas técnico-administrativos para a SUFRAMA.

( ) Certo

( ) Errado

COMENTÁRIOS

De acordo com o MRPR, em introduções de documentos de mero encaminhamento, é necessário fazer menção ao expediente que solicitou a remessa de documentação encaminhada.

Gabarito: Certo

---

168. (CESPE – AA (ICMBio)/ICMBio/2014) Assunto: Partes e Diagramação (Padrão Ofício)

Em resposta aos recorrentes pedidos, tratando de solicitação de materiais para uso interno, informamos que a Sessão de Compras e Materiais disponibiliza formulários para preenchimento das demandas de cada setor, com as respectivas justificativas para compras de material para uso interno.

Cordialmente,

Maria Silva

Supervisora da Sessão de Compras e Materiais

Considerando esse texto e as normas do *Manual de Redação da Presidência da República*, julgue o item subsequente.

Caso fosse parte de um ofício, ou fosse um memorando, o texto acima deveria apresentar os seguintes elementos pré-textuais: a) tipo e número do expediente, seguido da sigla do órgão que o expede; b) local e data em que foi assinado, por extenso, com alinhamento à direita; c) assunto; e d) destinatário.

( ) Certo

( ) Errado

COMENTÁRIOS

Esses elementos mencionados são os elementos pré-textuais que devem constar de um ofício, de acordo com o Manual de Redação da Presidência da República.

Gabarito: Certo

169. (CESPE – AJ TRT17/TRT 17/Administrativa/"Sem Especialidade"/2013) Assunto: Partes e Diagramação (Padrão Ofício). Em conformidade com o disposto no *Manual de Redação da Presidência da República*, julgue o item subsequente.

Salvo se estiverem organizados em itens, os parágrafos de um memorando devem ser numerados.

( ) Certo

( ) Errado

COMENTÁRIOS

Caso estejam organizados em títulos e subtítulos também não devem ser numerados.

Gabarito: Errado

170. (CESPE – ERACA (ANCINE)/ANCINE/I/2013) Assunto: Partes e Diagramação (Padrão Ofício). Conforme as orientações do *Manual de Redação da Presidência da República*, julgue o item que se segue.

Em documentos do padrão ofício, o número da página deve constar a partir da segunda página.

( ) Certo

( ) Errado

COMENTÁRIOS

A numeração de páginas, em redação oficial, deve constar a partir da segunda página.

Gabarito: Certo

171. (CESPE – AA (ANATEL)/ANATEL/Administração/2014) Assunto: Partes e Diagramação (Padrão Ofício)

Ofício n.º 28/2014- IE

Brasília, 2 de março de 2014.

A Sua Excelência o senhor

[nome]

Coordenador de Estudos Econômicos Regionais

Ministério da Integração Social

Eixo Monumental Bloco E s/n

2.º andar, sala 214

70.160-900 – Brasília – DF

Assunto: Solicitação de documentação

Senhor Coordenador,

1. Em complementação à solicitação dos documentos sobre os estudos econômicos regionais feitos sob sua coordenação, nas publicações do ano de 2012, informamos que o material foi recebido e, na oportunidade, solicitamos os estudos registrados nas publicações desta Coordenação no ano de 2013.

2. Este novo pedido tem por objetivo completar o acervo universitário dos registros econômicos regionais elaborados por esta Coordenadoria, cuja leitura tem trazido qualidade às pesquisas de professores e alunos do curso de Economia.

Atenciosamente,

José da Silva

Com base no documento hipotético acima, julgue o item seguinte.

O documento apresentado não atende às recomendações do padrão ofício, visto que trata de assuntos distintos em um mesmo parágrafo.

( ) Certo

( ) Errado

COMENTÁRIOS

Note-se que no primeiro parágrafo há dois assuntos abordados. O primeiro é a informação a respeito do recebimento do material; o segundo se trata e uma solicitação dos estudos registrados em 2013.

Gabarito: Certo

---

172. (CESPE – AA (ANATEL)/ANATEL/Administração/2014) Assunto: Partes e Diagramação (Padrão Ofício)

Ofício n.º 28/2014- IE

Brasília, 2 de março de 2014.

A Sua Excelência o senhor

[nome]

Coordenador de Estudos Econômicos Regionais

Ministério da Integração Social

Eixo Monumental Bloco E s/n

2.º andar, sala 214

70.160-900 – Brasília – DF

Assunto: Solicitação de documentação

Senhor Coordenador,

1. Em complementação à solicitação dos documentos sobre os estudos econômicos regionais feitos sob sua coordenação, nas publicações do ano de 2012, informamos que o material foi recebido e, na oportunidade, solicitamos os estudos registrados nas publicações desta Coordenação no ano de 2013.

2. Este novo pedido tem por objetivo completar o acervo universitário dos registros econômicos regionais elaborados por esta Coordenadoria, cuja leitura tem trazido qualidade às pesquisas de professores e alunos do curso de Economia.

Atenciosamente,

José da Silva

Com base no documento hipotético acima, julgue o item seguinte.

Identifica-se, no ofício, erro de formatação em relação à numeração de parágrafos, que só devem ser enumerados caso haja mais de três parágrafos.

( ) Certo

( ) Errado

COMENTÁRIOS

A numeração de parágrafos deve ser feita quando houver mais de um parágrafo, desde que não haja divisão em títulos e subtítulos ou em itens.

Gabarito: Errado

---

173. (CESPE – AA (ANATEL)/ANATEL/Administração/2014) Assunto: Partes e Diagramação (Padrão Ofício)

Ofício n.º 28/2014- IE

Brasília, 2 de março de 2014.

A Sua Excelência o senhor

[nome]

Coordenador de Estudos Econômicos Regionais

Ministério da Integração Social

Eixo Monumental Bloco E s/n

2.º andar, sala 214

70.160-900 – Brasília – DF

Assunto: Solicitação de documentação

Senhor Coordenador,

1. Em complementação à solicitação dos documentos sobre os estudos econômicos regionais feitos sob sua coordenação, nas publicações do ano de 2012, informamos que o material foi recebido e, na oportunidade, solicitamos os estudos registrados nas publicações desta Coordenação no ano de 2013.

2. Este novo pedido tem por objetivo completar o acervo universitário dos registros econômicos regionais elaborados por esta Coordenadoria, cuja leitura tem trazido qualidade às pesquisas de professores e alunos do curso de Economia.

Atenciosamente,

José da Silva

Com base no documento hipotético acima, julgue o item seguinte.

Nesse ofício, deveriam constar do cabeçalho ou do rodapé informações acerca do remetente, tais como nome do órgão ou setor; endereço postal; telefone; e endereço de correio eletrônico.

( ) Certo

( ) Errado

COMENTÁRIOS

Na identificação do remetente, é necessário divulgar as informações do remetente, as quais devem constar do cabeçalho ou do rodapé.

Gabarito: Certo

---

174. (CESPE – APF/PF/2014) Assunto: Partes e Diagramação (Padrão Ofício). Com referência à adequação da linguagem ao tipo de documento e à adequação do formato do texto ao gênero, julgue o seguinte item.

Os expedientes que seguem o padrão ofício são documentos que compartilham as mesmas partes e a mesma diagramação, como, por exemplo, o aviso, o memorando e a mensagem.

( ) Certo

( ) Errado

COMENTÁRIOS

O memorando não exige um vocativo, tampouco a inclusão do nome da autoridade. Já o aviso exige a identificação do nome da autoridade junto com a designação do cargo da autoridade. Partindo dessa distinção inicial, é possível afirmar que os documentos não possuem exatamente as mesmas partes.

Gabarito: Errado

---

175. (CESPE – TA (ANTAQ)/ANTAQ/2014) Assunto: Partes e Diagramação (Padrão Ofício). Acerca do formato das correspondências oficiais, de sua função e da linguagem empregada nessas comunicações, julgue o item a seguir, de acordo com o *Manual de Redação da Presidência da República.*

O trecho a seguir é adequado para introduzir expediente que encaminha documentos solicitados anteriormente por meio de outro expediente:

Encaminho, anexa, cópia do Ofício n.º 123, de 12 de agosto de 2014, da Superintendência de Administração e Finanças, que trata da alocação dos servidores recém-admitidos.

( ) Certo

( ) Errado

COMENTÁRIOS

É preciso indicar a que propósito se realiza o encaminhamento da comunicação, de acordo com o que doutrina o MRPR.

Gabarito: Errado

---

176. (CESPE – TL (CAM DEP)/CAM DEP/Agente de Polícia Legislativa/2014) Assunto: Partes e Diagramação (Padrão Ofício). Com base nas regras de redação de correspondências oficiais, julgue o item que se segue.

Em ofícios ou memorandos, o local e a data do documento devem ser informados logo abaixo da indicação do nome e do endereço do destinatário.

( ) Certo

( ) Errado

COMENTÁRIOS

Em ofícios e memorandos, assim como em qualquer outro documento do padrão ofício, o local e a data devem ser indicados após a tipificação do documento, à direita da página, antes do nome e do endereço do destinatário.

Gabarito: Errado

---

177. (CESPE – AJ TRE GO/TRE GO/Administrativa/2015) Assunto: Partes e Diagramação (Padrão Ofício)

Xxx. 1032/SeTec

Goiânia, 15 de janeiro de 2015.

Ao Senhor Chefe do Setor de Documentação

Assunto: **Oficinas de apresentação do novo sistema operacional**

1. Como é sabido, recentemente adquirimos um novo sistema operacional. Como se trata de um sistema muito diferente do anterior, informo a Vossa Senhoria que o Setor de Tecnologia (SeTec) oferecerá, entre os dias 26 e 30 de janeiro deste ano, uma série de oficinas práticas para apresentação desse novo sistema aos funcionários.

2. Por essa razão, solicito que, no período acima indicado, Vossa Senhoria libere todos os funcionários do seu setor duas horas antes do fim do expediente para que eles possam frequentar as oficinas.

3. Devo mencionar, por fim, que a participação dos funcionários nas oficinas é obrigatória, pois o novo sistema já entrará em funcionamento no dia 20 de julho do corrente ano. Nessa data, todos já deverão conhecê-lo e saber como operá-lo.

Atenciosamente,

(espaço para assinatura)

[nome do signatário]

Chefe do Setor de Tecnologia

Com base no disposto no *Manual de Redação da Presidência da República*, julgue o item que se segue, a respeito da correspondência oficial hipotética Xxx. 1032/SeTec, anteriormente apresentada, na qual o remetente e o destinatário são funcionários de igual nível hierárquico de um mesmo órgão da administração pública.

A numeração dos três parágrafos que compõem o texto é opcional.

( ) Certo

( ) Errado

COMENTÁRIOS

Quando um documento possuir mais de um parágrafo, a numeração será obrigatória.

Gabarito: Errado

---

178. (CESPE – AudGov (CGE PI)/CGE PI/Geral/2015) Assunto: Partes e Diagramação (Padrão Ofício)

Mem. 15/2014-CGE/PI

Teresina, 10 de outubro de 2014.

Ao Sr. José Alves André

Assunto: **Reunião sobre Gestão de Convênios**

1. Informo que, no próximo dia 25, às 9 horas, na sala de treinamento, será promovida reunião em que se tratará dos convênios celebrados por este órgão.

2. Solicito o comparecimento dos servidores dessa unidade, munidos dos relatórios anuais a serem discutidos com o diretor financeiro e o coordenador do setor, de forma a sanar possíveis questionamentos e dúvidas.

3. Esclarecimentos adicionais podem ser obtidos pelo ramal 678.

Atenciosamente,

[espaço para a assinatura]

[Nome]

Controlador-Geral do Estado

Considerando as disposições do Manual de Redação da Presidência da República, julgue o item que se segue, a respeito da adequação, do formato e da linguagem da comunicação oficial hipotética Mem. 15/2014-CGE/PI.

No parágrafo introdutório, exige-se, além da apresentação do assunto que motivou a comunicação oficial, a inserção de formas indiretas como recurso de polidez —

"Cumpre-me informar que", por exemplo —, expressão essa que poderia substituir o trecho "Informo que".

( ) Certo

( ) Errado

COMENTÁRIOS

Expressões como "Cumpre-me informar que" e "Tenho a honra de informar que" são consideradas jargões do senso comum, razão por que devem ser evitadas.

Gabarito: Errado

179. (CESPE - AAmb (IBAMA)/IBAMA/Tema 1/Licenciamento Ambiental/2013)
Assunto: Aviso

Serviço Público Federal

Instituto Brasileiro do Meio Ambiente e dos Recursos Naturais Renováveis

SCEN – Setor de Clubes Esportivos Norte, trecho 02, Ed. Sede do Ibama, bloco I

Caixa Postal n.º 09566 – CEP 70818-900 – Brasília-DF – Tel.: 61 3316-1212

Email: cgaa@ibama.gov.br

_n.º 313/2012/CGAA

Brasília, 6 de janeiro de 2013.

A Sua Excelência o Senhor

Fulano de Tal

Chefe do Serviço de Proteção ao Patrimônio e ao Ambiente

Rua D, n.º 123,

34.100-100 – Goiânia – GO

Assunto: **Solicitação de serviço**

Senhor Chefe,

1. O Instituto Brasileiro do Meio Ambiente e dos Recursos Naturais Renováveis, por meio de sua Coordenação-Geral de Ações Ambientais, vem, respeitosamente, à presença de Vossa Senhoria solicitar cessão do espaço físico, bem como autorização para realização do X Congresso Brasileiro de Biodiversidade do Cerrado,

nesta capital, no Espaço Aberto do Parque das Nascentes, no dia 12 de dezembro do corrente ano.

2. O evento destina-se à discussão das diretrizes do Programa de Meio Ambiente para o Cerrado brasileiro, que conta com a participação efetiva da sociedade civil organizada, sobretudo de ONGs e entidades de proteção ambiental, bem como das secretarias estaduais e municipais no entorno do bioma cerrado brasileiro, convidadas a oferecer sua contribuição para o evento.

Certos do deferimento do nosso pedido, aguardamos a autorização.

Respeitosamente,

Beltrano de Tal

Coordenação-Geral de Ações Ambientais

Em relação ao exemplo de correspondência oficial acima apresentado, julgue o item.

O referido documento apresenta características de formatação, padronização e finalidade típicas de um aviso.

( ) Certo

( ) Errado

COMENTÁRIOS

A finalidade é o único elemento que é dissonante em relação ao ofício. Pelo conteúdo do documento, evidencia-se um tipo de requerimento escrito com base no Padrão Ofício.

Gabarito: Errado

---

180. (CESPE – TJ TJDFT/TJDFT/2013) Assunto: Aviso. Com base no *Manual de Redação da Presidência da República*, julgue o item a seguir, relativo ao formato e à linguagem de correspondências oficiais.

Na estrutura administrativa do TJDFT, o presidente do tribunal possui a prerrogativa de redigir aviso, documento do padrão ofício destinado a autoridades de mesma hierarquia.

( ) Certo

( ) Errado

COMENTÁRIOS

Apenas Ministros de Estado podem expedir aviso. Note-se também que o comando da questão traz a palavra "redigir". Redigir e expedir são termos distintos, sendo que não há necessidade de alguma especificidade para a redação do documento.

Gabarito: Errado

---

181. (CESPE – AnaTA MIN/MIN/2013) Assunto: Aviso. Com relação às características gerais dos diversos tipos de comunicação oficial, julgue o item subsecutivo.

O ministro da Integração Nacional, a fim de convidar ministro de outra pasta para participar de evento a ser realizado no ministério, deve expedir um aviso, em que deverá empregar o vocativo "Senhor Ministro" e o pronome de tratamento "Vossa Excelência".

( ) Certo

( ) Errado

COMENTÁRIOS

Como se trata de uma correspondência direcionada para ministro, deve-se empregar o vocativo "Senhor Ministro" e o pronome de tratamento correto é "Vossa Excelência".

Gabarito: Certo

---

182. (CESPE – AnaTA MJ/MJ/2013) Assunto: Aviso. Com base no *Manual de Redação da Presidência da República* (MRPR), julgue o item seguinte, acerca do tipo de linguagem e das características das comunicações oficiais.

Para tratar de assuntos oficiais internos aos órgãos da administração pública, os documentos oficiais mais adequados são o aviso e o memorando, os quais apresentam estrutura praticamente idêntica.

( ) Certo

( ) Errado

COMENTÁRIOS

Aviso e memorando são documentos de finalidade distinta e que possuem também algumas distinções em sua diagramação, a exemplo da ausência do vocativo no memorando.

Gabarito: Errado

183. (CESPE - EAP (DEPEN)/DEPEN/Clínica Geral/2013) Assunto: Aviso. Com base no *Manual de Redação da Presidência da República*, julgue o item a seguir.

O aviso, modalidade de comunicação utilizada para o tratamento de assuntos oficiais entre órgãos da administração pública, é expedido exclusivamente por ministro de Estado para autoridades de mesma hierarquia.

( ) Certo

( ) Errado

COMENTÁRIOS

Esse é o texto preciso da seção 3.3.1 do Manual de Redação da Presidência da República.

Gabarito: Certo

184. (CESPE - Ag Pol (PC DF)/PC DF/2013) Assunto: Aviso. Com fundamento no *Manual de Redação da Presidência da República*, julgue o item a seguir, referente à adequação da linguagem e do formato do texto às correspondências oficiais.

Caso a diretora da Academia de Polícia Civil do Distrito Federal, no uso de suas atribuições, necessite tratar de assuntos oficiais com o ministro de Estado da Defesa, deverá encaminhar-lhe um aviso, documento oficial usado para essa finalidade, em cujo vocativo deverá ser empregada a expressão "Senhor Ministro", seguida de vírgula.

( ) Certo

( ) Errado

COMENTÁRIOS

O documento a ser redigido é um ofício, pois um aviso só pode ser expedido por um Ministro de Estado.

Gabarito: Errado

185. (CESPE - TJ STF/STF/Administrativa/"Sem Especialidade"/2013) Assunto: Aviso. Acerca da redação de correspondências oficiais, julgue o item seguinte.

Para se comunicar com autoridade de mesma hierarquia, um ministro do Supremo Tribunal Federal deve redigir aviso, documento que segue o padrão ofício, com acréscimo de vocativo.

( ) Certo

( ) Errado

COMENTÁRIOS

Como se trata de comunicação entre chefes de poderes, o correto é utilizar a mensagem para tal finalidade.

Gabarito: Errado

---

186. (CESPE – AnaTA SUFRAMA/SUFRAMA/Geral/2014) Assunto:Aviso. Com base nos preceitos do *Manual de Redação da Presidência da República*, julgue o item a seguir.

Convite encaminhado ao superintendente da SUFRAMA para participar de evento relacionado ao desenvolvimento da região Norte deve ser feito por meio de aviso, expediente cuja finalidade é tratar de assuntos oficiais entre órgãos da administração pública.

( ) Certo

( ) Errado

COMENTÁRIOS

Esse convite deve ser feito por meio de um ofício, visto que o aviso só pode ser empregado para tratar de matéria administrativa concernente aos ministérios envolvidos na comunicação.

Gabarito: Errado

---

187. (CESPE – AA (ANTT)/ANTT/Administração/2013) Assunto: Aviso. No que se refere a aspectos gerais das correspondências oficiais, julgue o item que se segue de acordo com o *Manual de Redação da Presidência da República* (MRPR).

Embora sejam modalidades de comunicação oficial praticamente idênticas, ofício e aviso diferenciam-se pelo fato de que o aviso é expedido exclusivamente por ministros de Estado, para autoridades de mesma hierarquia, enquanto o ofício é expedido pelas demais autoridades. Ambos destinam-se ao tratamento de assuntos oficiais pelos órgãos da administração pública entre si e, no caso do ofício, também com particulares.

( ) Certo

( ) Errado

COMENTÁRIOS

No Manual de Redação da Presidência da República, há o seguinte ensinamento:

> *Aviso e ofício são modalidades de comunicação oficial praticamente idênticas. A única diferença entre eles é que o aviso é expedido exclusivamente por Ministros de Estado, para autoridades de mesma hierarquia, ao passo que o ofício é expedido para e pelas demais autoridades. Ambos têm como finalidade o tratamento de assuntos oficiais pelos órgãos da Administração Pública entre si e, no caso do ofício, também com particulares (Seção 3.3.1).*

Gabarito: Certo

---

188. (CESPE – AA (ANS)/ANS/2013) Assunto: Aviso. Com base no *Manual de Redação da Presidência da República*, julgue o item seguinte, referente a adequação da linguagem, formato e características da correspondência oficial.

Considere que o diretor de normas e habilitação das operadoras da ANS precise comunicar-se com o ministro de Estado da Saúde. Nessa situação, o diretor deverá utilizar o aviso como forma de correspondência oficial, dado o fato de o ministro ser autoridade de hierarquia superior e dada a vinculação da ANS ao Ministério da Saúde.

( ) Certo

( ) Errado

COMENTÁRIOS

O diretor da ANS não tem prerrogativa de autoridade para expedir aviso. No âmbito da redação oficial, apenas os ministros de Estado possuem tal poder.

Gabarito: Errado

---

189. (CESPE – TL (CAM DEP)/CAM DEP/Agente de Polícia Legislativa/2014) Assunto: Aviso. Com base nas regras de redação de correspondências oficiais, julgue o item que se segue.

Nos avisos, o fecho adequado é Atenciosamente, visto que tal documento é emitido por ministros para autoridade de mesma hierarquia.

( ) Certo

( ) Errado

COMENTÁRIOS

Não se pode empregar o fecho "Respeitosamente" em avisos, de acordo com o MRPR.

Gabarito: Certo

---

190. (CESPE – PT (CBM CE)/CBM CE/2014) Assunto: Aviso. Ainda, com base no *Manual de redação da Presidência da República*, julgue o próximo item, relativo ao padrão ofício.

Em razão de serem expedidos exclusivamente por ministros de Estado, os avisos dispensam a menção ao cargo do signatário.

( ) Certo

( ) Errado

COMENTÁRIOS

Os únicos documentos que dispensam identificação do signatário são os assinados pelo presidente da República.

Gabarito: Errado

---

191. (CESPE – ATA MIN/MIN/2013) Assunto: Ofício. No que se refere a aspectos gerais das correspondências oficiais, julgue o item com base no *Manual de Redação da Presidência da República.*

Por constituírem parte indispensável do ofício, a identificação e a assinatura do signatário devem constar em página isolada do expediente, o que lhes confere o devido destaque.

( ) Certo

( ) Errado

COMENTÁRIOS

Jamais se deve deixar a assinatura de algum expediente em página separada.

Gabarito: Errado

192. (CESPE – Ana MPU/MPU/Técnico Administrativo/Arquivologia/2013) Assunto: Memorando. Com base no Manual de Redação da Presidência da República (MRPR), julgue o item seguinte, acerca das características das comunicações oficiais e do tipo de linguagem empregado nessas comunicações.

Por sua celeridade, o memorando e o correio eletrônico são formas de comunicação oficial bastante utilizadas pelo Poder Judiciário para a comunicação entre os órgãos que o compõem.

( ) Certo

( ) Errado

COMENTÁRIOS

Essas formas de comunicação não são restritas ao Poder Judiciário, qualquer esfera da Administração Púbica pode fazer uso.

Gabarito: Errado

193. (CESPE – APF/PF/2012) Assunto: Telegrama, Fax e Correio Eletrônico. Com relação ao formato e à linguagem das comunicações oficiais, julgue o item que se segue com base no *Manual de Redação da Presidência da República.*

A estrutura do telegrama e da mensagem por correio eletrônico de caráter oficial é flexível.

( ) Certo

( ) Errado

COMENTÁRIOS

Quando se lê que a estrutura é "flexível" significa que o MRPR não definiu estruturas para sua diagramação. O mesmo acontece com o telegrama.

Gabarito: Certo

194. (CESPE – AnaTA MIN/MIN/2009) Assunto: Telegrama, Fax e Correio Eletrônico. Com base nas normas que regem a redação de comunicações oficiais no Poder Executivo, julgue o item subsequente.

O fax foi abolido do serviço público devido à perecibilidade da tinta da impressão: ela não se conserva pelo tempo necessário ao arquivamento dos documentos enviados por esse sistema.

( ) Certo

( ) Errado

COMENTÁRIOS

Aboliu-se o uso do fax na comunicação oficial pelo fato de ser tecnologia atualmente superada. O arquivamento de fax nunca é feito com a folha original, portanto a perecibilidade da tinta não seria impeditivo para seu uso.

Gabarito: Errado

---

195. (CESPE – ATA MIN/MIN/2009) Assunto: Telegrama, Fax e Correio Eletrônico. Julgue o item subsequente com base nas prescrições que regem a redação de documentos oficiais.

Por ser suscetível a falsificações, o correio eletrônico (e-mail) não tem valor documental nos órgãos do Poder Executivo, sendo usado apenas nas comunicações de caráter particular entre servidores.

( ) Certo

( ) Errado

COMENTÁRIOS

As comunicações enviadas por meio de correio eletrônico possuem valor documental desde que haja certificação digital que ateste a identidade do remetente.

Gabarito: Errado

---

196. (CESPE – AJ TRE ES/TRE ES/Administrativa/"Sem Especialidade"/2011) Assunto: Telegrama, Fax e Correio Eletrônico. Com referência à formatação de correspondências oficiais, julgue o próximo item.

Não há necessidade de se seguir uma estruturação rígida em mensagens enviadas por meio de correio eletrônico, diferentemente das outras formas de comunicação oficial.

( ) Certo

( ) Errado

COMENTÁRIOS

Pelo fato de não haver formatação especificada pelo MRPR, o correio eletrônico tem estruturação flexível.

Gabarito: Certo

---

197. (CESPE – Insp PC CE/PC CE/2012) Assunto: Telegrama, Fax e Correio Eletrônico. Acerca da redação de documentos oficiais, julgue o próximo item.

Nos documentos oficiais encaminhados por correio eletrônico, eficiente meio de comunicação, por seu baixo custo e celeridade, deve-se empregar o padrão culto da linguagem.

( ) Certo

( ) Errado

COMENTÁRIOS

Apesar de não haver uma estrutura rígida no correio eletrônico, deve-se primar pelo emprego do padrão culto de linguagem. As características mais notáveis do correio eletrônico são o baixo custo e a celeridade.

Gabarito: Certo

---

198. (CESPE – AL (CAM DEP)/CAM DEP/Arquiteto/2012) Assunto: Telegrama, Fax e Correio Eletrônico. Com relação ao formato e à função da linguagem das comunicações oficiais, julgue o item que se segue.

Como em qualquer outro expediente oficial, o texto de uma mensagem por correio eletrônico deve seguir a estruturação padrão de um texto oficial, que deve conter cabeçalho, invocação do destinatário, introdução, desenvolvimento, conclusão, fecho e identificação do signatário.

( ) Certo

( ) Errado

COMENTÁRIOS

Uma mensagem enviada por correio eletrônico não necessita de estrutura padrão de texto oficial.

Gabarito: Errado

199. (CESPE – TJ TRE RJ/TRE RJ/Apoio Especializado/Programação de Sistemas/2012) Assunto: Telegrama, Fax e Correio Eletrônico. Julgue o item seguinte, relativo ao formato e à linguagem de correspondências oficiais, de acordo com as normas do *Manual de Redação da Presidência da República*.

O telegrama segue um padrão rígido de formatação, é bastante utilizado na administração pública, especialmente em casos urgentes, e não pode ser substituído pelo correio eletrônico.

( ) Certo

( ) Errado

COMENTÁRIOS

O telegrama não possui formatação rígida estabelecida pelo MRPR. Além disso, o telegrama é usado apenas em casos urgentes, devido ao fato de ser um documento muito oneroso aos cofres públicos.

Gabarito: Errado

---

200. (CESPE – TJ TRE RJ/TRE RJ/Apoio Especializado/Programação de Sistemas/2012) Assunto: Telegrama, Fax e Correio Eletrônico. Julgue o item seguinte, relativo ao formato e à linguagem de correspondências oficiais, de acordo com as normas do *Manual de Redação da Presidência da República*.

O *email* ou correio eletrônico é considerado uma forma de comunicação oficial.

( ) Certo

( ) Errado

COMENTÁRIOS

O correio eletrônico é um documento oficial positivado pelo MRPR, na seção 8.

Gabarito: Certo

---

201. (CESPE – TA (ANATEL)/ANATEL/2012) Assunto: Telegrama, Fax e Correio Eletrônico. Com base no *Manual de Redação da Presidência da República*, julgue o item que se segue.

As correspondências feitas por email são válidas como correspondências oficiais, desde que a identidade do remetente seja atestada por meio de certificação digital.

( ) Certo

( ) Errado

COMENTÁRIOS

Assim doutrina o MRPR: nos termos da legislação em vigor, para que a mensagem de correio eletrônico tenha valor documental, i. é, para que possa ser aceito como documento original, é necessário existir certificação digital que ateste a identidade do remetente, na forma estabelecida em lei (seção 8.3).

Gabarito: Certo

---

202. (CESPE – TA (IBAMA)/IBAMA/2012) Assunto: Telegrama, Fax e Correio Eletrônico

O documento encaminhado apresenta um panorama da comercialização de agrotóxicos no país no ano de 2009. Acredita-se que, conforme o conhecimento acerca do assunto se amplie ao longo dos anos, com novas edições periódicas, mais confiáveis serão os indicadores de tendências de comercialização e suas implicações a médio e longo prazo. Isso tornará possível avaliar, com maior segurança, as demandas, o uso e os possíveis mecanismos de gerenciamento ambiental dos agrotóxicos e afins.

Internet: <www.ibama.gov.br> (com adaptações).

Com base no texto acima, julgue o item seguinte, de acordo com o que dispõe o Manual da Presidência da República acerca de correspondência oficial.

Suponha que o texto apresentado seja parte de mensagem encaminhada por correio eletrônico. Nessa situação, para que a mensagem tenha valor documental, basta que seu remetente acrescente ao texto detalhes que facilitem a sua identificação, tais como nome, número da matrícula funcional e departamento em que está lotado no órgão emissor da correspondência enviada.

( ) Certo

( ) Errado

COMENTÁRIOS

O valor documental de um documento enviado por correio eletrônico depende da certificação digital do remetente.

Gabarito: Errado

203. (CESPE – ATA MIN/MIN/2013) Assunto: Telegrama, Fax e Correio Eletrônico. No que se refere a aspectos gerais das correspondências oficiais, julgue o item com base no *Manual de Redação da Presidência da República.*

Juntamente com documentos enviados por fax, recomenda-se que se encaminhe folha de rosto em que constem os dados de identificação da mensagem a ser enviada.

( ) Certo

( ) Errado

COMENTÁRIOS

É o que recomenda o MRPR. Segue o modelo de folha de rosto a ser empregado:

[Órgão Expedidor]
[setor do órgão expedidor]
[endereço do órgão expedidor]

Destinatário:______________________________

Nº do fax de destino:__________________ Data:____/____/____

Remetente: ______________________________

Tel. p/ contato:____________ Fax/correio eletrônico:____________

Nº de páginas: esta +____________ Nº do documento:____________

Observações:______________________________

Gabarito: Certo

---

204. (CESPE – AnaTA MJ/MJ/2013) Assunto: Telegrama, Fax e Correio Eletrônico. Com base no *Manual de Redação da Presidência da República* (MRPR), julgue o item seguinte, acerca do tipo de linguagem e das características das comunicações oficiais.

Telegrama e correio eletrônico têm em comum a flexibilidade em sua forma estrutural, a celeridade da transmissão de informação e o baixo custo. Esses meios diferenciam-se, principalmente, pelo fato de que o correio eletrônico prescinde de certificação digital que ateste a identidade do remetente, conforme determina a lei.

( ) Certo

( ) Errado

COMENTÁRIOS

O ponto de encontro desses dois padrões documentais é relativo à sua flexibilidade estrutural. O erro da questão está em afirmar que o correio eletrônico prescinde de certificação digital. Esse elemento é imprescindível na comunicação oficial.

Gabarito: Errado

205. (CESPE – Tec (BACEN)/BACEN/Área 1 – Suporte Técnico-Administrativo/2013) Assunto: Telegrama, Fax e Correio Eletrônico. Julgue o item, que versam sobre correspondência oficial.

Suponha que a chefe do Departamento de Gestão de Pessoas do BACEN pretenda solicitar a liberação de um servidor do Departamento de Planejamento, Orçamento e Gestão para participar de curso de capacitação a ser oferecido pela instituição nos três primeiros dias do mês seguinte. Nessa situação, basta o encaminhamento de email informal ao referido departamento, com a utilização da conta eletrônica institucional, para formalizar a solicitação e aguardar a resposta, que pode ser feita, também, apenas informalmente, por correio eletrônico.

( ) Certo

( ) Errado

COMENTÁRIOS

O *email* não enviado não pode ser informal. Apesar de flexível, o documento deve seguir os princípios da redação oficial, a exemplo do uso do padrão culto de linguagem, o que impede a utilização de coloquialismos – algo comum em textos informais.

Gabarito: Errado

206. (CESPE – Ag Prot (TJ RR)/TJ RR/2012) Assunto: Telegrama, Fax e Correio Eletrônico. Julgue o item seguinte, relativo à redação de correspondências oficiais.

O caráter informal da comunicação por meio do correio eletrônico opõe-se a requisitos básicos da comunicação oficial como formalidade e padronização, razão por que esse meio não pode ser utilizado pelos órgãos da administração pública para transmissão de mensagens e documentos oficiais.

( ) Certo

( ) Errado

COMENTÁRIOS

O caráter do correio eletrônico não é informal, ocorre – apenas – que sua estrutura não é rígida.

Gabarito: Errado

---

207. (CESPE – Cont (MTE)/MTE/2014) Assunto: Telegrama, Fax e Correio Eletrônico. Com base nos preceitos do *Manual de Redação da Presidência da República*, julgue o item a seguir.

No âmbito da administração pública, arquiva-se, se necessário, a cópia xérox do fax, meio de comunicação utilizado para transmissão de mensagens urgentes e para o envio de documentos que não possam ser encaminhados por meio eletrônico.

( ) Certo

( ) Errado

COMENTÁRIOS

Em caso de necessidade de arquivamento de mensagem enviada por fax, é necessário que se proceda a uma cópia xérox do documento recebido, em razão de o papel do fax deteriorar-se rapidamente.

Gabarito: Certo

---

208. (CESPE – Ag Adm (MTE)/MTE/2014) Assunto: Telegrama, Fax e Correio Eletrônico. Machado, chefe de setor do MTE, encaminhou uma mensagem de correio eletrônico a Alencar, chefe de patrimônio do mesmo ministério, solicitando-lhe o envio, com urgência, de material de expediente para a sua seção, conforme lista anexa à mensagem. Machado não acrescentou ao e-mail certificação digital nem utilizou o recurso "confirmação de leitura", apesar de disponível.

Com base na situação hipotética acima e no que dispõe o *Manual de Redação da Presidência da República*, julgue o seguinte item.

Na mensagem eletrônica enviada, para facilitar a organização documental, Machado deveria ter dado informações detalhadas acerca do arquivo anexado, e tê-lo encaminhado preferencialmente no formato PDF.

( ) Certo

( ) Errado

COMENTÁRIOS

As informações acerca do documento enviado não devem ser detalhadas, apenas suficientes para identificar a natureza do documento. O arquivo anexado deve ser enviado no formato RichText, não em pdf.

Gabarito: Errado

---

209. (CESPE - Ag Adm (MTE)/MTE/2014) Assunto: Telegrama, Fax e Correio Eletrônico. Machado, chefe de setor do MTE, encaminhou uma mensagem de correio eletrônico a Alencar, chefe de patrimônio do mesmo ministério, solicitando-lhe o envio, com urgência, de material de expediente para a sua seção, conforme lista anexa à mensagem. Machado não acrescentou ao e-mail certificação digital nem utilizou o recurso "confirmação de leitura", apesar de disponível.

Com base na situação hipotética acima e no que dispõe o *Manual de Redação da Presidência da República*, julgue o seguinte item.

O e-mail encaminhado por Machado, além de estar inadequado quanto ao recurso "confirmação de leitura", não pode ser aceito como documento original.

( ) Certo

( ) Errado

COMENTÁRIOS

O documento necessita de certificação digital, para ser considerado como original. Além disso, o recurso "confirmação de leitura" deve ser empregado, caso disponível.

Gabarito: Certo

---

210. (CESPE - Ag Adm (MTE)/MTE/2014) Assunto: Telegrama, Fax e Correio Eletrônico. Machado, chefe de setor do MTE, encaminhou uma mensagem de correio eletrônico a Alencar, chefe de patrimônio do mesmo ministério, solicitando-lhe o envio, com urgência, de material de expediente para a sua seção, conforme lista anexa à mensagem. Machado não acrescentou ao *e-mail* certificação digital nem utilizou o recurso "confirmação de leitura", apesar de disponível.

Com base na situação hipotética acima e no que dispõe o *Manual de Redação da Presidência da República*, julgue o seguinte item.

O expediente oficial *e-mail* apresenta flexibilidade tanto na forma quanto na linguagem, o que tornaria adequada à situação em análise a seguinte mensagem: "Prezado Alencar, mande rápido, por favor, os materiais descritos na lista anexa. Cordialmente, Machado".

( ) Certo

( ) Errado

COMENTÁRIOS

Há dois elementos incorretos na proposta. O primeiro erro é o emprego do termo "prezado", abolido em comunicação oficial. O segundo erro é o emprego do fecho "cordialmente", também abolido em comunicação oficial.

Gabarito: Errado

---

211. (CESPE – AA (ICMBio)/ICMBio/2014) Assunto: Telegrama, Fax e Correio Eletrônico

Em resposta aos recorrentes pedidos, tratando de solicitação de materiais para uso interno, informamos que a Sessão de Compras e Materiais disponibiliza formulários para preenchimento das demandas de cada setor, com as respectivas justificativas para compras de material para uso interno.

Cordialmente,

Maria Silva

Supervisora da Sessão de Compras e Materiais

Considerando esse texto e as normas do *Manual de Redação da Presidência da República*, julgue o item subsequente.

Caso o texto de Maria Silva fosse enviado por meio de correio eletrônico, estaria correto constar da mensagem um pedido de confirmação de recebimento.

( ) Certo

( ) Errado

COMENTÁRIOS

De acordo com o MRPR, sempre que estiver disponível, é necessário requerer a confirmação de recebimento de mensagem por correio eletrônico.

Gabarito: Certo

212. (CESPE – Adm (PF)/PF/2014) Assunto: Telegrama, Fax e Correio Eletrônico. A respeito das correspondências oficiais, julgue o próximo item.

Tanto o memorando quanto o telegrama caracterizam-se pela celeridade.

( ) Certo

( ) Errado

COMENTÁRIOS

Os dois documentos são de tramitação rápida e são céleres. A única distinção repousa sobre o custo: o memorando é de baixo custo; ao passo que o telegrama é de custo elevado.

Gabarito: Certo

213. (CESPE – AJ TRT17/TRT 17/Administrativa/"Sem Especialidade"/2013) Assunto: Telegrama, Fax e Correio Eletrônico. Em conformidade com o disposto no *Manual de Redação da Presidência da República*, julgue o item subsequente.

Ainda que não haja definição de uma forma rígida para a estrutura das comunicações por email, devem-se observar a impessoalidade e o uso do padrão culto da linguagem nesse tipo de comunicação.

( ) Certo

( ) Errado

COMENTÁRIOS

A impessoalidade e o uso do padrão culto de linguagem são pilares da redação oficial, portanto todos os documentos devem estar ancorados nesses elementos.

Gabarito: Certo

214. (CESPE – AA (ANTAQ)/ANTAQ/Ciências Contábeis/2014) Assunto: Telegrama, Fax e Correio Eletrônico. Considerando aspectos estruturais e linguísticos das correspondências oficiais, julgue o item que se segue, de acordo com o *Manual de Redação da Presidência da República*.

Uma mensagem de correio eletrônico só tem valor documental se houver confirmação de recebimento ou de leitura da mensagem pelo destinatário e se existir certificação digital que ateste a identidade do remetente, na forma estabelecida em lei.

( ) Certo

( ) Errado

COMENTÁRIOS

A confirmação de recebimento nada tem a ver com o valor documental de um email. Isso se atesta por meio da certificação digital, a garantia de identidade do remetente.

Gabarito: Errado

---

215. (CESPE – Ana MPU/MPU/Apoio Técnico Administrativo/Atuarial/2015) Assunto: Telegrama, Fax e Correio Eletrônico. Julgue o seguinte item de acordo com as prescrições constantes no *Manual de Redação da Presidência da República* acerca das características formais e linguísticas das correspondências oficiais.

O telegrama é uma forma de comunicação oficial que, por ser dispendiosa e tecnologicamente ultrapassada, foi substituída integralmente por formas de comunicação mais modernas, econômicas e rápidas, como o fax e o correio eletrônico.

( ) Certo

( ) Errado

COMENTÁRIOS

Não é possível afirmar que o telegrama tenha sido substituído integralmente. Ainda há uma previsão de seu uso no MRPR. De acordo com o Manual, "por tratar-se de forma de comunicação dispendiosa aos cofres públicos e tecnologicamente superada, deve restringir-se o uso do telegrama apenas àquelas situações que não seja possível o uso de correio eletrônico ou fax e que a urgência justifique sua utilização e, também em razão de seu custo elevado, esta forma de comunicação deve pautar-se pela concisão".

Gabarito: Errado

---

216. (CESPE – AUFC/TCU/Apoio Técnico e Administrativo/Tecnologia da Informação/2010) Assunto: Parecer (redação oficial). Considerando que a redação de documentos oficiais deve caracterizar-se, segundo o *Manual de Redação da Presidência da República*, pela impessoalidade, uso do padrão culto da linguagem, clareza, concisão, formalidade e uniformidade, julgue o seguinte item, a respeito da elaboração de documentos.

O seguinte formato de final de documento está correto para documentos como pareceres, relatórios, laudos ou atestados.

Brasília, 31 de fevereiro de 2010.

Dino Soares da Silva

( ) Certo

( ) Errado

COMENTÁRIOS

Faltou realizar a identificação completa do signatário, que deveria ser completada com o acréscimo do cargo ocupado pelo signatário.

Gabarito: Errado

---

217. (CESPE – APF/PF/2000) Assunto: Parecer (redação oficial). O item abaixo identifica possíveis inícios ou fechos de textos de caráter oficial. Julgue se há correspondência correta entre a identificação do tipo de texto e o respectivo trecho dentro do quadro.

Fecho de parecer:

Rio de Janeiro, 8 de outubro de 2000.

José Fulano de Sousa
Procurador do Estado

( ) Certo

( ) Errado

COMENTÁRIOS

Na estrutura do parecer, o fecho deve ser feito com o local e a data da assinatura do documento somados ao nome e ao cargo da autoridade.

Gabarito: Certo

218. (CESPE – AnaTA MIN/MIN/2009) Assunto: Parecer (redação oficial). Com base nas normas que regem a redação de comunicações oficiais no Poder Executivo, julgue o item subsequente.

Um parecer que recomende providências a serem tomadas para sanar determinada falha na execução de determinada ação do órgão deve ter como fecho Após providências atendidas, será firmado o respectivo parecer.

( ) Certo

( ) Errado

COMENTÁRIOS

A frase em questão não compõe o fecho do parecer, mas sim a parte final do parágrafo de conclusão que o parecer deve apresentar.

Gabarito: Errado

219. (CESPE – TJ STJ/STJ/2012) Assunto: Parecer (redação oficial). O próximo item apresenta um fragmento de correspondência oficial — adaptado da Internet: <www.stj.gov.br> —, seguido de uma proposta de classificação (entre parênteses) desse fragmento quanto ao tipo de correspondência a que ele pertence. Julgue-o quanto à adequação da linguagem e do formato à classificação proposta.

Manifestamo-nos no sentido de que deve ser negado o pedido de Mara, candidata ao cargo de professora de inglês. Ela pretendia tomar posse apresentando documento diverso do exigido no edital do concurso em que foi aprovada. No caso, o edital exigia diploma de licenciatura plena em língua inglesa, que a candidata alegou não poder apresentar devido a greves ocorridas na instituição em que estudava. Aceitar outro documento no lugar do exigido pelo edital seria uma forma de privilegiar a candidata, ferindo o princípio da igualdade entre todos os concorrentes. (Parecer)

( ) Certo

( ) Errado

COMENTÁRIOS

Pelo teor do documento, evidencia-se a manifestação de uma opinião, seguida de um fundamento para tal ato. Isso é um parágrafo característico de um parecer.

Gabarito: Certo

220. (CESPE – AJ TRT5/TRT 5/Administrativa/2008) Assunto: Parecer (redação oficial).

Assinale-se, finalmente, que, na medida que os responsáveis forem identificados, há o dever de fazer sobre eles incidir as medidas legais e pertinentes.

Salvador, 12 de novembro de 2008.

Pedro Álvares Cabral

Pedro Álvares Cabral

Assessoria Jurídica

Considerando que o texto acima constitui o trecho final de um parecer, julgue o item subsequente.

O fecho do documento respeita a normatização da redação oficial, com local, data, assinatura, nome e cargo do signatário.

( ) Certo

( ) Errado

COMENTÁRIOS

O fecho do parecer é composto por local e data, seguidos da assinatura, do nome e do cargo do signatário, portanto, o exemplo está correto.

Gabarito: Certo

221. (CESPE – AUFC/TCU/Controle Externo/Auditoria Governamental/2007) Assunto: Atas (redação oficial). O 29 de julho de 2007 será lembrado como o dia em que os iraquianos usaram suas armas para comemorar. Após mais de quatro anos vivendo em meio ao caos sob a malsucedida ocupação norte-americana, eles tiveram finalmente um dia de alegria. Em todos os cantos do Iraque, a população festejou a histórica vitória de sua seleção na final da Copa da Ásia de futebol – com receita brasileira do técnico Jorvan Vieira, que comemorou como "do Brasil" a vitória por 1 a 0 sobre a Arábia Saudita, comandada por Hélio dos Anjos, outro brasileiro.

Correio Braziliense, 30/7/2007, p. 18 (com adaptações).

A respeito das ideias e das estruturas do texto acima e também considerando aspectos da geopolítica do mundo nos dias atuais, julgue.

Se a data constante do texto fosse usada para integrar uma ata, deveria ser assim escrita: O vinte e nove de julho de dois mil e sete.

( ) Certo

( ) Errado

COMENTÁRIOS

Eis o ensinamento do Manual de Redação da Câmara dos Deputados acerca do emprego de numerais (algarismos) em redação oficial:

> *f. Na indicação de escores de jogos, veredítos, contagem de votos e assemelhados:*
>
> *O Brasil venceu a Alemanha por 2 x 0 na final da Copa de 2000.*
>
> *O réu foi condenado por 5 a 2.*
>
> *O projeto foi aprovado por 300 votos a favor, 125 contra e 13 abstenções.*
>
> *g. Sempre que a referência for ao número em si (e não a quantitativos), como em numerações, códigos, etc. Incluem-se neste caso números de endereços, telefones, páginas, documentos, caixas postais, etc.:*
>
> *Foi sorteado o número 7.*
>
> *Av. Brasil, 1240, ap. 1402, C.P. 23683*
>
> *CEP: 70160-900;*
>
> *CPF: 123.456.789-00; Telefone: 318-5555*

Portanto, como no exemplo não se faz alusão à data de redação da ata, deve-se empregar sob forma de algarismos.

Gabarito: Errado

---

222. (CESPE – APF/PF/2000) Assunto: Atas (redação oficial). O item abaixo identifica possíveis inícios ou fechos de textos de caráter oficial. Julgue se há correspondência correta entre a identificação do tipo de texto e o respectivo trecho dentro do quadro.

Início de ata:

Aos oito dias do mês de outubro do ano de um mil novecentos e noventa e nove, com início às vinte horas, em primeira convocação, realizou-se, na sede da companhia, situada à rua Gonçalves Dias, 298, terceiro andar, São Paulo, capital, a terceira Assembléia Geral Ordinária da Companhia XYZ.

( ) Certo

( ) Errado

COMENTÁRIOS

O início de uma ata deve ser marcado pela grafia por extenso da data em que ocorreu a sessão em questão, seguida pela localização da sessão.

Gabarito: Certo

---

223. (CESPE – TA (ANATEL)/ANATEL/2004) Assunto: Atas (redação oficial)

(...) A seguir, os presentes declararam, unanimemente, seu apoio as novas medidas de contensão de despesas em cada seção e departamento da empresa, onde vão transcritos os votos em separado. Nada mais havendo a tratar, foi encerrada a assembleia, a qual redigi e lavrei o **presente documento, que vai assinado** por mim, na qualidade de secretário *ad hoc*, pelo presidente e pelos demais membros do conselho.

Julgue o item a seguir, a respeito do trecho acima, adaptado de um documento oficial, quanto à correção gramatical e à adequação ao gênero textual de redação oficial.

Considerando a formatação de documentos oficiais, o trecho transcrito corresponde ao final de uma ata, por isso seria correto substituir "o presente documento, que vai assinado" por a **presente ata, que vai assinada**.

( ) Certo

( ) Errado

COMENTÁRIOS

A substituição de uma expressão pela outra não acarreta erro para a estrutura, pois garante a mesma formalidade. A rigor, houve apenas a troca de um vocábulo no documento. Uma vez que se respeitou a concordância dos demais elementos, está tudo certo.

Gabarito: Certo

---

224. (CESPE – TJ STJ/STJ/2012) Assunto: Atas (redação oficial). O próximo item apresenta um fragmento de correspondência oficial — adaptado da Internet: <www.stj.gov.br> —, seguido de uma proposta de classificação (entre parênteses) desse fragmento quanto ao tipo de correspondência a que ele pertence. Julgue-o quanto à adequação da linguagem e do formato à classificação proposta.

Aos nove dias do mês de março de dois mil e doze, às quatorze horas, com a presença de todos os seus membros, reuniu-se o Pleno do Superior Tribunal de Justiça para apreciar a proposta de emenda constitucional que inclui como requisito para a admissão do recurso especial a obrigação de demonstrar a relevância da questão federal discutida. O mecanismo é semelhante ao da repercussão geral, que, desde 2007, reduziu em 76% o número de processos que chegam ao Supremo Tribunal Federal. O objetivo é evitar o congestionamento de processos no Tribunal. O presidente da comissão, ministro Fulano de Tal, tomando a palavra, afirmou que a medida irá trazer mais qualidade na prestação jurisdicional. (Ata)

( ) Certo

( ) Errado

COMENTÁRIOS

Identifica-se que é uma ata pela abertura do documento (com a redação da data por extenso seguida da identificação do local). Além disso, identifica-se o início do registro dos eventos de uma sessão realizada com o objetivo de avaliar a proposição de algo. Essas são características das atas.

Gabarito: Certo

---

225. (CESPE – AJ STJ/STJ/Apoio Especializado/Biblioteconomia/2012) Assunto: Atas (redação oficial)

Um novo ministro do Superior Tribunal de Justiça (STJ) será empossado no tribunal. Para a cerimônia de posse, que ocorrerá em 18/6/2012, às 19 horas, em sessão solene nas dependências do tribunal, serão convidados, entre outros, o presidente do Supremo Tribunal Federal (STF) e o prefeito municipal de Campinas, cidade natal do referido ministro. Ao final da solenidade, deverá ser lavrada a ata da sessão.

Considerando os diversos tipos de correspondência oficial que será demandada em face da situação hipotética acima apresentada, julgue o item a seguir.

Estará correto iniciar a ata da sessão da seguinte forma: Aos dezoito dias do mês de junho do ano de dois mil e doze, às dezenove horas, na Capital da República Federativa do Brasil, na Sala de Sessões Plenárias do Superior Tribunal de Justiça, reuniram-se, em sessão solene, os membros da Corte, sob a presidência do Excelentíssimo Senhor Ministro Fulano de Tal, para empossar no cargo de Ministro do Superior Tribunal de Justiça o Excelentíssimo Senhor Doutor Beltrano de Tal.

( ) Certo

( ) Errado

COMENTÁRIOS

A questão está correta porque – no início da ata – devem constar a data e o local onde ocorreu a sessão relatada na ata. Isso deve ser seguido da descrição dos membros da sessão (presidente e secretário dos trabalhos) e, após isso, deve haver a introdução da ordem do dia.

Gabarito: Certo

---

226. (CESPE – TA (ANAC)/ANAC/Área 1/2009) Assunto: Atas (redação oficial)

O Banco Iniciador de Melhoramentos acaba de iniciar um melhoramento que vem mudar essencialmente a composição das atas das assembleias gerais de acionistas.

(...)

Tal é o melhoramento a que aludo. A ata que aquela associação publicou esta semana é um modelo novo, de extraordinário efeito. Nada falta do que se disse, e pela boca de quem disse, à maneira dos debates congressionais. — "Peço a palavra pela ordem." — "Está encerrada a discussão e vai-se proceder à votação. Os senhores que aprovam queiram ficar sentados." Tudo assim, qual se passou, se ouviu, se replicou e se acabou.

(...)

Machado de Assis. In: A Semana I. Editora Globo, 1997 (com adaptações).

Tendo como referência o texto acima e as disposições acerca de redação oficial, julgue o item subsequente.

Para ser considerada válida, uma ata referente a reunião de órgão da administração pública deve veicular integralmente os fatos transcorridos na sessão a que se refere, sob pena de descumprimento do princípio da publicidade.

( ) Certo

( ) Errado

COMENTÁRIOS

Os fatos a serem divulgados devem ser resumidamente descritos. A transcrição integral comprometeria o princípio da concisão do documento.

Gabarito: Errado

227. (CESPE – TA (ANAC)/ANAC/Área 1/2009) Assunto: Atas (redação oficial)

O Banco Iniciador de Melhoramentos acaba de iniciar um melhoramento que vem mudar essencialmente a composição das atas das assembleias gerais de acionistas.

(...)

Tal é o melhoramento a que aludo. A ata que aquela associação publicou esta semana é um modelo novo, de extraordinário efeito. Nada falta do que se disse, e pela boca de quem disse, à maneira dos debates congressionais. — "Peço a palavra pela ordem." — "Está encerrada a discussão e vai-se proceder à votação. Os senhores que aprovam queiram ficar sentados." Tudo assim, qual se passou, se ouviu, se replicou e se acabou.

(...)

Machado de Assis. In: A Semana I. Editora Globo, 1997 (com adaptações).

Tendo como referência o texto acima e as disposições acerca de redação oficial, julgue o item subsequente.

Na redação de atas de reuniões em instituições públicas, deve-se evitar o modelo das narrações literárias.

( ) Certo

( ) Errado

COMENTÁRIOS

Em narrações literárias, o objetivo pode ser descrever pormenorizadamente todas as ações relatadas. Em uma ata, a descrição deve primar essencialmente pela síntese dos documentos.

Gabarito: Certo

228. (CESPE – TA (ANAC)/ANAC/Área 1/2009) Assunto: Atas (redação oficial)

O Banco Iniciador de Melhoramentos acaba de iniciar um melhoramento que vem mudar essencialmente a composição das atas das assembleias gerais de acionistas.

(...)

Tal é o melhoramento a que aludo. A ata que aquela associação publicou esta semana é um modelo novo, de extraordinário efeito. Nada falta do que se disse, e pela boca de quem disse, à maneira dos debates congressionais. — "Peço a palavra pela ordem." — "Está encerrada a discussão e vai-se proceder à votação. Os senhores que aprovam queiram ficar sentados." Tudo assim, qual se passou, se ouviu, se replicou e se acabou.

(...)

Machado de Assis. In: A Semana I. Editora Globo, 1997 (com adaptações).

Tendo como referência o texto acima e as disposições acerca de redação oficial, julgue o item subsequente.

As atas devem conter o resumo sucinto da pauta discutida e das deliberações tomadas na reunião a que se refere.

( ) Certo

( ) Errado

COMENTÁRIOS

O objetivo da ata é apresentar o resumo das discussões e das deliberações realizadas em uma sessão ou em uma reunião.

Gabarito: Certo

---

229. (CESPE – TA (ANAC)/ANAC/Área 1/2009) Assunto: Atas (redação oficial)

O Banco Iniciador de Melhoramentos acaba de iniciar um melhoramento que vem mudar essencialmente a composição das atas das assembleias gerais de acionistas.

(...)

Tal é o melhoramento a que aludo. A ata que aquela associação publicou esta semana é um modelo novo, de extraordinário efeito. Nada falta do que se disse, e pela boca de quem disse, à maneira dos debates congressionais. — "Peço a palavra pela ordem." — "Está encerrada a discussão e vai-se proceder à votação. Os senhores que aprovam queiram ficar sentados." Tudo assim, qual se passou, se ouviu, se replicou e se acabou.

(...)

Machado de Assis. In: A Semana I. Editora Globo, 1997 (com adaptações).

Tendo como referência o texto acima e as disposições acerca de redação oficial, julgue o item subsequente.

Para se gerir bem o tempo, é lícito que, nas atas de reuniões em entidades da administração pública, sejam ignoradas as formalidades legais.

( ) Certo

( ) Errado

COMENTÁRIOS

Um dos princípios da redação oficial é a formalidade, portanto, não se pode ignorá-la na redação de qualquer expediente.

Gabarito: Errado

---

230. (CESPE – TA (ANAC)/ANAC/Área 1/2009) Assunto: Atas (redação oficial)

O Banco Iniciador de Melhoramentos acaba de iniciar um melhoramento que vem mudar essencialmente a composição das atas das assembleias gerais de acionistas.

(...)

Tal é o melhoramento a que aludo. A ata que aquela associação publicou esta semana é um modelo novo, de extraordinário efeito. Nada falta do que se disse, e pela boca de quem disse, à maneira dos debates congressionais. — "Peço a palavra pela ordem." — "Está encerrada a discussão e vai-se proceder à votação. Os senhores que aprovam queiram ficar sentados." Tudo assim, qual se passou, se ouviu, se replicou e se acabou.

(...)

Machado de Assis. In: A Semana I. Editora Globo, 1997 (com adaptações).

Tendo como referência o texto acima e as disposições acerca de redação oficial, julgue o item subsequente.

Para descrever a fala de cada um dos presentes a uma reunião, recomenda-se que, na ata, sejam registradas, na forma de discurso direto, as expressões na primeira pessoa, tal como "Peço a palavra pela ordem", dado o direito à liberdade de expressão, assegurado pela CF.

( ) Certo

( ) Errado

COMENTÁRIOS

Como se trata de um breve relato acerca de deliberações, caso seja extremamente necessário registrar o que determinado membro disse; o registro deve ser feito em discurso indireto, jamais em discurso direto.

Gabarito: Errado

231. (CESPE – Ana (INSS)/INSS/Arquitetura/2008) Assunto: Requerimento (redação oficial). A respeito da redação de correspondências oficiais, julgue o próximo item.

Caso uma servidora pública aposentada pretenda ingressar com requerimento de revisão do processo de sua aposentadoria no departamento de recursos humanos do órgão em que trabalhou e, por estar impossibilitada de fazê-lo pessoalmente, queira nomear pessoa de sua confiança para representá-la, junto àquele departamento, nos atos que se façam necessários à referida solicitação, a servidora deverá redigir uma declaração, nomeando a pessoa escolhida, para que esta possa representá-la nos citados atos.

( ) Certo

( ) Errado

COMENTÁRIOS

O documento que deve ser redigido para que haja a outorga de representatividade é uma procuração, não uma declaração.

Gabarito: Errado

232. (CESPE – Ag Adm (PF)/PF/2004) Assunto: Requerimento (redação oficial). Com referência à redação de expedientes, julgue a associação entre documento, finalidade e fecho proposta no item seguinte.

Documento: requerimento

Finalidade: solicitação, de particular a autoridade, de algo a que o autor julga ter direito

Fecho: Nestes termos, pede deferimento.

( ) Certo

( ) Errado

COMENTÁRIOS

O requerimento é um tipo de pedido. Documento por meio do qual um particular pode interpelar uma autoridade a respeito de algo a que julga ter direito. Uma das fórmulas para o fecho correto é "Nestes termos, pede deferimento".

Gabarito: Certo

233. (CESPE – APF/PF/2000) Assunto: Requerimento (redação oficial). O item abaixo identifica possíveis inícios ou fechos de textos de caráter oficial. Julgue se há correspondência correta entre a identificação do tipo de texto e o respectivo trecho dentro do quadro.

Início de requerimento:

> Brasília, 8 de outubro de 2000.
>
> Senhor Diretor,
>
> Venho, por meio desta, requerer minha inscrição no concurso de redações sobre os 500 anos do Descobrimento do Brasil.

( ) Certo

( ) Errado

COMENTÁRIOS

Na introdução de um requerimento, o remetente deve inserir sua qualificação (nome, dados pessoais) e, após feito isso, deve empregar o verbo "requerer" da seguinte maneira "Eu, FULANO DE TAL (dados pessoais), requer..."

Gabarito: Errado

---

234. (CESPE – ATA MIN/MIN/2009) Assunto: Requerimento (redação oficial). Julgue o item subsequente com base nas prescrições que regem a redação de documentos oficiais.

Para requerimentos, padronizou-se o seguinte fecho: Nesses termos, pede deferimento.

( ) Certo

( ) Errado

COMENTÁRIOS

Apesar de não estar positivado no MRPR, este é o padrão para o fechos dos requerimentos.

Gabarito: Certo

235. (CESPE – AJ (STF)/STF/Administrativa/2008) Assunto: Relatório (Redação Oficial). Julgue o item abaixo, relativo a redação de correspondência oficial.

Respeita as normas de redação de documento oficial o seguinte exemplo para a parte final de um relatório:

> 3. A fim de que sejam evitados novos fatos dessa natureza, sugerimos uma divulgação mais bem consubstanciada nos dispositivos legais que norteiam o funcionamento do referido Departamento que desde o advento de sua criação vem melhorando a olhos vistos no atendimento aos seus objetivos.
>
> Respeitosamente
>
> Brasília, 3.º de abril de 2008

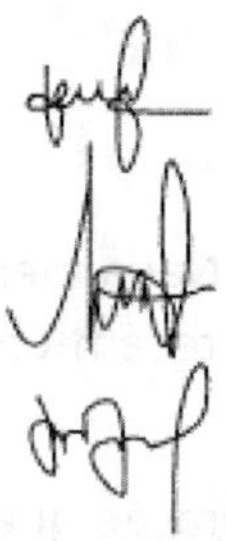

( ) Certo

( ) Errado

COMENTÁRIOS

Há dois graves erros no exemplo de relatório mencionado. O primeiro é relacionado ao princípio da impessoalidade comunicativa: o remetente emite uma impressão pessoal na redação do parágrafo ao falar sobre a melhora do serviço no setor. O segundo é relacionado à correção gramatical, pois o elemento "desde o advento de sua criação" deveria estar isolado por vírgulas na sentença.

Gabarito: Errado

---

236. (CESPE – Tec (INSS)/INSS/2008) Assunto: Relatório (Redação Oficial). Analise a situação hipotética descrita no item a seguir e, de acordo com as regras de redação oficial, julgue a assertiva apresentada.

Ao participar de uma reunião da CEP, Sônia foi encarregada de redigir documento em que registrou os nomes do presidente da reunião, dos funcionários presentes, dos que foram convocados, mas que estavam ausentes, bem como as discussões, propostas, votações e deliberações ocorridas nesse encontro, tomando o devido cuidado para não rasurar nem emendar esse registro. Terminada a reunião, Sônia datou e assinou o documento, solicitando aos presentes que também o assinassem.

Nessa situação, conclui-se que o documento redigido por Sônia é um relatório.

( ) Certo

( ) Errado

COMENTÁRIOS

Sônia redigiu uma ata, na verdade. Esses elementos constantes do documento são comuns a uma ata.

Gabarito: Errado

---

237. (CESPE – EPF/PF/2004) Assunto: Relatório (Redação Oficial)

Os jovens brasileiros têm fé em seu potencial de mudar o mundo. Nada menos que 58% acreditam, e muito, nesse ideal – é o que mostra uma pesquisa recém-concluída com 3.500 pessoas de 15 a 24 anos de idade, em 198 cidades.

O que se pode afirmar com certeza é que se está diante de uma geração que trocou a utopia pelo pragmatismo. Os jovens não são mais arrebatados por grandes questões de ordem, na linha capitalismo versus comunismo ou rebeldia versus caretice. De olho no futuro, estão mais interessados naquilo que pode afetar sua felicidade de forma concreta. Não à toa, acham que educação é muito importante. E preocupam-se com os fatores que podem ameaçar seus sonhos: a violência, da qual são as maiores vítimas, e o desemprego, capaz de minar a conquista da autonomia.

O fantasma que mais assusta é mesmo a violência. O problema atinge principalmente os garotos. Embora as camadas de menor poder aquisitivo sejam mais afetadas pelos efeitos da violência, é claro que os jovens das classes A e B também não estão livres dessa ameaça. Na ânsia de dar um basta à situação, a maioria deles defende medidas como a redução da idade penal para menos de 18 anos e a proibição da venda de armas.

VEJA Especial Jovens, jun./2004, pp.13-4 (com adaptações).

Julgue o item que se segue, a respeito do texto acima.

No primeiro parágrafo, o emprego das expressões "Nada menos que" e "e muito" é adequado ao texto jornalístico, mas não o seria caso esse parágrafo compusesse um texto de comunicação oficial, como um relatório, por exemplo.

( ) Certo

( ) Errado

COMENTÁRIOS

Essas expressões são de natureza mais coloquial, pois são frequentes na fala das pessoas. A redação oficial exclui esses elementos que se assemelham mais à fala do que à escrita.

Gabarito: Certo

---

238. (CESPE – AUD (TCE-ES)/TCE-ES/2012) Assunto: Relatório (Redação Oficial). No item seguinte, é apresentado fragmento de texto de redação oficial que deve ser julgado com base nos princípios da comunicação oficial (impessoalidade, clareza, uniformidade, concisão e uso da linguagem formal) e conforme orientações do Manual de Redação da Presidência da República.

Por oportuno, informo que a documentação ora encaminhada ainda requer complementação, situação que enseja a este Tribunal, por meio de sua auditoria interna, permanecer promovendo gestões em suas áreas técnicas no intuito de buscar mais informações e documentações acerca da execução do referido contrato.

( ) Certo

( ) Errado

COMENTÁRIOS

Como a análise exigida é de natureza gramatical, conclui-se que o item está correto, e que não há inadequações com relação aos princípios da redação oficial.

Gabarito: Certo

---

239. (CESPE – Esc BB/BB/2008) Assunto: Relatório (Redação Oficial)

Texto para o item

O número de mulheres no mercado de trabalho mundial é o maior da História, tendo alcançado, em 2007, a marca de 1,2 bilhão, segundo relatório da Organização Internacional do Trabalho (OIT). Em dez anos, houve um incremento de 200 milhões na ocupação feminina. Ainda assim, as mulheres representaram um contingente distante do universo de 1,8 bilhão de homens empregados.

Em 2007, 36,1% delas trabalhavam no campo, ante 46,3% em serviços. Entre os homens, a proporção é de 34% para 40,4%. O universo de desempregadas subiu de 70,2 milhões para 81,6 milhões, entre 1997 e 2007 — quando a taxa de desemprego feminino atingiu 6,4%, ante 5,7% da de desemprego masculino. Há, no mundo, pelo menos 70 mulheres economicamente ativas para 100 homens.

O relatório destaca que a proporção de assalariadas subiu de 41,8% para 46,4% nos últimos dez anos. Ao mesmo tempo, houve queda no emprego vulnerável (sem proteção social e direitos trabalhistas), de 56,1% para 51,7%. Apesar disso, o universo de mulheres nessas condições continua superando o dos homens.

O Globo, 7/3/2007, p. 31 (com adaptações).

Julgue o próximo item, relativo ao texto apresentado.

Na redação de documento oficial, como um relatório ou ata, por exemplo, o parágrafo final do texto respeitaria o registro formal da língua se assim fosse escrito: O relatório destaca a proporção de assalariadas terem subido de quarenta e um vírgula oito porcento para quarenta e seis ponto quatro porcento.

( ) Certo

( ) Errado

COMENTÁRIOS

Há dois erros claros na redação do documento. O primeiro é a concordância do verbo "ter" (deveria estar no singular, a fim de concordar com o substantivo "proporção"). O segundo é a grafia de "porcento" em vez de "por cento".

Gabarito: Errado

---

240. (CESPE – Esc BB/BB/2008) Assunto: Relatório (Redação Oficial). Texto para o item

Ainda que os bancos continuem ganhando muito dinheiro com a dívida pública, os resultados espetaculares devem-se, sobretudo, ao forte avanço das operações de crédito no país: 27% no último ano. Some-se a isso o faturamento com as tarifas e chega-se aos resultados do ano passado, com os quais as instituições financeiras do país se elevaram à condição de instituições mais rentáveis do planeta. Essa fase de ouro salta aos olhos no momento em que os maiores bancos europeus e norte-americanos sangram com perdas milionárias, resultado de apostas equivocadas no mercado hipotecário. Hoje são raras as instituições norte-americanas com taxas de rentabilidade similares às brasileiras. Isso quer dizer que os bancos brasileiros são mais competentes e eficientes que seus pares dos Estados Unidos da América (EUA)? Não há uma resposta simples a essa indagação. Os norte-americanos ainda possuem o sistema financeiro mais avançado e dinâmico do mundo. Mas os anos de euforia econômica e juros baixos os levaram a buscar investimentos exageradamente arriscados. Aqui, o crédito chegou apenas às pessoas com bom histórico financeiro, o que não ocorreu nos EUA. Resta agora saber se a economia brasileira conseguirá manter o atual ritmo de expansão em meio à desaceleração dos países ricos.

Veja, 20/2/2008, p. 88 (com adaptações).

Julgue o item, relativo às ideias e a aspectos gramaticais do texto.

O final de um relatório sobre o tema do texto respeitaria a norma culta e as normas de redação de documentos oficiais se fosse assim redigido:

Ante do exposto, recomenda-se as instituições financeiras esforços conjuntos no sentido de manter a rentabilidade de seus clientes.

Brasília, 30 de abril de 2008

Respeitosamente,

Maria Silva Pedro Pereira João Souza

Conselheiros

( ) Certo

( ) Errado

COMENTÁRIOS

Há dois erros de natureza gramatical nesse fecho de comunicação. O primeiro é de concordância: o verbo deveria estar no plural “recomendam-se”, a fim de concordar com o sujeito “esforços conjuntos”. O segundo erro é a falta do acento grave indicativo de crase em “as instituições financeiras”, pois se trata do objeto indireto do verbo que se encontra na voz passiva sintética.

Gabarito: Errado

241. (CESPE – TJ STJ/STJ/2012) Assunto: Relatório (Redação Oficial). O próximo item apresenta um fragmento de correspondência oficial — adaptado da Internet: <www.stj.gov.br> —, seguido de uma proposta de classificação (entre parênteses) desse fragmento quanto ao tipo de correspondência a que ele pertence. Julgue-o quanto à adequação da linguagem e do formato à classificação proposta.

O Programa de Responsabilidade Socioambiental do Superior Tribunal de Justiça realizou dia 5 do corrente mês, na sala de conferências do tribunal, sua primeira reunião em 2012. Duas representantes do programa conversaram acerca de 30 minutos com um grupo de 18 servidores do tribunal para disseminar as ações de preservação do meio ambiente. A presidente da comissão do programa, Fulana de Tal, confia no poder multiplicador das ações. Durante o encontro, outra integrante da comissão do programa resmungou sobre a resistência que, em geral, o ser humano tem para promover mudanças no cotidiano em favor de um mundo mais sustentável. (Relatório)

( ) Certo

( ) Errado

COMENTÁRIOS

Há um erro claro na questão, o qual é proveniente do emprego incorreto de vocabulário no texto. A palavra "resmungou" não faz parte do vocabulário que deve se empregado em uma redação oficial.

Gabarito: Errado

---

242. (CESPE – AJ (TRE PI)/TRE PI/Administrativa/2016) Assunto: Atributos da Redação Oficial (impessoalidade, forma, concisão e clareza)

Texto

A democracia não se resume em votar e ser votado; para o seu estabelecimento, as eleições são uma condição necessária, mas não suficiente. A democracia é mais do que a garantia de participação na escolha do governo: exige o alcance de um cenário em que a atuação do governo eleito proporcione um retorno, identificado pelo oferecimento de uma sociedade em que as pessoas compartilhem não apenas as prerrogativas políticas, mas também os demais direitos fundamentais. O regime democrático é um sistema de expectativas, simultaneamente caracterizado pelo aspecto eleitoral e pela busca de um amplo desenvolvimento social.

Não se subestima, com isso, o processo eleitoral, pelo contrário; embora também se almeje a democracia econômica (com uma universal e verdadeira satisfação das necessidades básicas) e a democracia social (com a implementação de mecanismos democráticos de tomada de decisão em todos os espaços coletivos), o certo é que a democracia política é condição indispensável para a materialização das demais. Isso porque, nos Estados regidos pelo princípio da soberania popular, o domínio político não é um pressuposto gratuitamente aceito. Em vez disso, exige uma justificação, a que comumente se denomina legitimação.

Em um regime democrático, mais do que se perguntar "quem é que manda", é importante questionar "por que é que se obedece". As leis e políticas públicas, para que tenham eficácia, devem ser aceitas e assimiladas pela população. Isso só é possível quando seus destinatários as tomam por legítimas. Só se acata o comando de quem tem poder para mandar. Essa legitimação é oferecida pelo método eleitoral: procedimento pelo qual os membros de uma comunidade escolhem os representantes que, em seu nome, exercerão um governo consentido.

***Frederico Franco Alvim. O papel da ética no processo eleitoral. In: Revista Eletrônica EJE**, jun.-jul./2015. **Internet:** <www.justicaeleitoral.jus.br> (com adaptações).*

Assinale a opção correta acerca de aspectos gerais da redação oficial.

a) A uniformidade dos expedientes oficiais é garantida pelo fato de esse tipo de texto voltar-se unicamente à comunicação de assuntos relativos às atribuições dos órgãos públicos.

b) A clareza de uma comunicação oficial, produto de uma revisão cuidadosa de todo o texto redigido, se sobrepõe aos demais aspectos envolvidos nas comunicações oficiais.

c) A formalidade das comunicações oficiais deriva do uso de estilo de linguagem baseado na norma-padrão da língua.

d) A impessoalidade da redação oficial se manifesta na impossibilidade de emprego da primeira pessoa gramatical e pressupõe total ausência de tratamento personalista aos assuntos do texto.

e) A concisão de um texto oficial relaciona-se à sua capacidade de transmitir o máximo de informações empregando o mínimo de palavras.

COMENTÁRIOS

a) A uniformidade não se relaciona com a finalidade da comunicação, mas sim com a estrutura empregada. Isso quer dizer que uniformidade é preceito relativo à formalidade da comunicação oficial.

b) Não existe sobreposição entre as características da redação oficial. Todos os princípios estão interligados sem preponderância de um sobre o outro.

c) A formalidade não deriva do uso da forma-padrão da linguagem, mas sim da necessidade de padronização dos documentos oficiais.

d) A impessoalidade não se caracteriza pela ausência do emprego da primeira pessoa (o que é totalmente possível em comunicações oficiais). A impessoalidade parte da ideia de que não é possível o registro de **impressões pessoais** em um documento oficial.

e) O princípio da concisão também é entendido como o princípio da economia linguística, ou seja, evitar texto excessivo e informações desnecessárias à comunicação oficial.

Gabarito: E

---

243. (CESPE – TJ (TRE PI)/TRE PI/Administrativa/2016) Assunto: Atributos da Redação Oficial (impessoalidade, forma, concisão e clareza)

De acordo com o **Manual de Redação da Presidência da República** (MRPR), na redação de expedientes oficiais, é necessário

a) evitar qualquer uso de linguagem técnica.

b) empregar um padrão próprio de linguagem, denominado padrão oficial.

c) empregar uma forma específica da linguagem administrativa, burocrática.

d) observar as recomendações do padrão culto da língua portuguesa.

e) obedecer a certa tradição no emprego das formas sintáticas, optando-se pelo rebuscamento.

COMENTÁRIOS

a) Pode-se empregar linguagem teórica em comunicação oficial, desde que seja necessário na comunicação.

b) Não existe um padrão denominado padrão **oficial**. O correto é padrão **culto** de linguagem. No MRPR, há uma previsão a respeito de não se falar em padrão oficial de linguagem.

c) Segundo o MRPR, não se deve empregar linguagem burocrática em documentos oficiais.

d) O padrão culto de linguagem é o que deve ser empregado nas comunicações oficiais.

e) Em documentos oficiais, prima-se pela clareza. Portanto, o rebuscamento de linguagem não é um estilo a ser empregado.

Gabarito: D

244. (CESPE – TJ (TRE PI)/TRE PI/Administrativa/2016) Assunto: Atributos da Redação Oficial (impessoalidade, forma, concisão e clareza)

Entre outras, as ações que conferem clareza a um texto oficial incluem o

a) revisão detalhada do texto pronto.

b) seleção de um estilo de linguagem mais próximo do coloquial.

c) uso de todos os padrões de ordem de palavras na oração permitidos pela língua.

d) emprego de terminologia específica de determinadas áreas do saber.

e) eliminação de passagens do texto com redução das informações apresentadas e de espaço.

COMENTÁRIOS

a) A revisão é indispensável ao texto oficial, pois nela é possível identificar elementos ambíguos ou que comprometeriam a compreensão. Desse modo, é um procedimento inerente ao princípio da clareza comunicativa.

b) Não se deve empregar linguagem coloquial (próxima à fala) em comunicações oficiais.

c) O único padrão a ser empregado em comunicações oficiais é o padrão culto de linguagem.

d) A terminologia específica (linguagem técnica) só deve ser empregada em situações de necessidade, a exemplo de um parecer.

e) A eliminação de passagens do texto deve obedecer ao princípio da comunicação eficiente, ou seja, não é possível eliminar qualquer passagem do texto, apenas aquilo que não seja essencial à comunicação.

Gabarito: A

245. (CESPE – Esp (FUNPRESP)/FUNPRESP/Jurídica/2016) Assunto: Atributos da Redação Oficial (impessoalidade, forma, concisão e clareza)

Mem. 546/2016 – ConEx – FUNPRESP

Em 5 de janeiro de 2016.

À Senhora Diretora de Administração

Assunto: relatório de atividades

Sirvo-me da presente para encaminhar a Portaria n. 002/FUNPRESP – Exe/Presi, de 4/1/2016, através da qual Vossa Senhoria é designada para gestão do Contrato n. 001/2016.

Sem mais para o momento, subscrevo-me.

Atenciosamente,

João José
Secretário do Gabinete

A partir da comunicação hipotética apresentada, — Mem. 546/2016 - ConEx - FUNPRESP —, julgue o item a seguir com base no disposto no MRPR.

Para garantir a concisão, o segundo parágrafo do texto deveria ser excluído, ao passo que o primeiro parágrafo poderia ser reescrito da seguinte forma: Encaminho a Portaria n. 002/FUNPRESP - Exe/Presi, de 4/1/2016, por meio da qual Vossa Senhoria é designada para gestão do Contrato n. 001/2016.

( ) Certo

( ) Errado

COMENTÁRIOS

Nota-se a incorreção relativa à concisão devido ao uso de expressões cristalizadas (jargão burocrático) na comunicação. A expressão "Sirvo-me da presente" e a expressão "Sem mais para o momento, subscrevo-me" nada acrescentam à comunicação. Desse modo, devem ser eliminadas.

Gabarito: Certo

---

246. (CESPE - TJ (TRE PE)/TRE PE/Apoio Especializado/Operação de Computadores/2016) Assunto: Atributos da Redação Oficial (impessoalidade, forma, concisão e clareza)

No que se refere às características fundamentais da redação oficial, assinale a opção correta.

a) A clareza do texto oficial depende da prática do redator e de revisão especializada e atenta, não estando relacionada a aspectos do texto em si ou da linguagem nele empregada.

b) A impessoalidade dos textos oficiais deriva do princípio da impessoalidade, um dos princípios fundamentais da administração pública.

c) A formalidade caracteriza-se pela proposta de um padrão de apresentação dos textos oficiais, que é alcançado por meio da clareza datilográfica, do uso de papéis uniformes para o texto definitivo e da correta diagramação desse texto.

d) O cuidado com a linguagem materializa-se na obediência às regras de um padrão oficial de linguagem.

e) A concisão é uma característica dos textos oficiais que se concretiza por meio da economia de pensamento.

COMENTÁRIOS

a) A clareza está intimamente ligada à linguagem empregada. Linguagem rebuscada, por exemplo, é sinônimo de texto de difícil entendimento.

b) Essa é a previsão do art. 37 da CF brasileira. Não se pode empregar o texto oficial para qualquer finalidade particular.

c) Essa justificativa é relacionada à uniformidade, não à formalidade. A formalidade se relaciona com o emprego de pronomes de tratamento, identificação do signatário e uso dos vocativos.

d) De acordo com o MRPR, não há que se falar em padrão oficial de linguagem, mas sim padrão culto de linguagem.

e) Não se trata de economia de pensamento, mas de vocábulos. Concisão é economia linguística.

Gabarito: B

---

247. (CESPE – Aux Leg (PC PE)/PC PE/2016) Assunto: Atributos da Redação Oficial (impessoalidade, forma, concisão e clareza)

Conforme o Manual de Redação da Presidência da República (MRPR), os expedientes oficiais que seguem o padrão ofício

a) respeitarão o quesito clareza, se, em seu texto, forem evitadas palavras inúteis, eliminadas as redundâncias e suprimidos trechos que nada acrescentem ao entendimento do assunto abordado.

b) devem ser redigidos de forma concisa, para que o leitor consiga, de imediato, apreender o conteúdo do texto.

c) admitem o emprego de jargão técnico em situações específicas, devendo ser evitado seu uso indiscriminado.

d) devem obedecer às regras de forma estabelecidas pelo manual, que se restringem ao emprego adequado das formas e das expressões de tratamento e ao uso da norma padrão da língua.

e) abordam assuntos relativos à administração pública e também questões pessoais referentes aos interlocutores, quando tomados como representantes do poder público.

COMENTÁRIOS

a) Essa não é a justificativa de clareza, mas sim a de concisão, por isso esta incorreta a alternativa.

b) Aqui a justifica é a da clareza, não da concisão. A banca fez uma brincadeira de inversão de conceitos.

c) Os expedientes oficiais poderão possuir linguagem técnica apenas em situações de extrema necessidade. Item correto.

d) Há diversas outras regras além dessas, como a diagramação do documento.

e) Não é possível abordar questões pessoais em documentos oficiais.

Gabarito: C

---

248. (CESPE – Aud CE (TCE-PA)/TCE-PA/Procuradoria/2016) Assunto: Atributos da Redação Oficial (impessoalidade, forma, concisão e clareza)

Com base no disposto no MRPR, julgue o item a seguir, que versam sobre correspondências oficiais.

A redação de documentos oficiais visa à comunicação entre órgãos da administração pública; por essa razão, nesse tipo de documento, deve-se primar pela impessoalidade e pela uniformidade, entre outros aspectos.

( ) Certo

( ) Errado

COMENTÁRIOS

Considerando os princípios da Redação Oficial (impessoalidade, formalidade, uniformidade, concisão, clareza e uso do padrão culto de linguagem), entende-se que se trata de item correto.

Gabarito: Certo

---

249. (CESPE – Aud CE (TCE-PA)/TCE-PA/Procuradoria/2016) Assunto: Atributos da Redação Oficial (impessoalidade, forma, concisão e clareza)

Com base no disposto no MRPR, julgue o item a seguir, que versam sobre correspondências oficiais.

De acordo com MRPR, o órgão emissor do documento oficial deve adotar o padrão estrutural mais adequado em suas comunicações, conforme suas especificidades.

( ) Certo

( ) Errado

COMENTÁRIOS

O órgão emissor de documento deve adotar o padrão especificado pelo MRPR para o documento a ser expedido, não o que julgar mais adequado às suas comunicações. Por essa razão, existem os padrões especificados previamente.

Gabarito: Errado

---

250. (CESPE – Aud CE (TCE-PA)/TCE-PA/Procuradoria/2016) Assunto: Atributos da Redação Oficial (impessoalidade, forma, concisão e clareza)

Com base no disposto no MRPR, julgue o item a seguir, que versam sobre correspondências oficiais.

Nas comunicações oficiais, deve-se evitar o jargão burocrático, com vistas a garantir a clareza, a padronização e a impessoalidade dos documentos oficiais.

( ) Certo

( ) Errado

COMENTÁRIOS

De acordo com o MRPR, não se pode empregar jargão burocrático em correspondências oficiais. Sua ausência ajuda a garantir um texto claro, padronizado e impessoal.

Gabarito: Certo

---

251. (CESPE – Aux Tec CE (TCE-PA)/TCE-PA/Administrativa/2016) Assunto: Atributos da Redação Oficial (impessoalidade, forma, concisão e clareza)

Mem. 123/2016-DCF

Em 22 de março de 2016.

Ao Sr. Diretor de Infraestrutura

Assunto: instalação de pontos de rede

Atenciosamente,

[nome do signatário]
[cargo do signatário]

Tendo como referência o documento hipotético apresentado, julgue o próximo item com base no disposto no **Manual de Redação da Presidência da República** (MRPR).

Para garantir a adequação da linguagem no que se refere a aspectos como a impessoalidade, devem-se evitar as expressões utilizadas no terceiro parágrafo do texto.

( ) Certo

( ) Errado

COMENTÁRIOS

A expressão "antecipo meus agradecimentos e renovo protesto de elevada consideração" indica juízo de valor pessoal, ou seja, registra impressões pessoais na comunicação. Isso fere o princípio da impessoalidade comunicativa.

Gabarito: Certo

---

252. (CESPE – Aux Tec CE (TCE-PA)/TCE-PA/Informática/2016) Assunto: Atributos da Redação Oficial (impessoalidade, forma, concisão e clareza)

Mem. 123/2016-DCF

Em 22 de março de 2016.

Ao Sr. Diretor de Infraestrutura

Assunto: instalação de pontos de rede

1 Solicito a Vossa Senhoria verificar a viabilidade de instalar quatro pontos de rede na sala desta Diretoria.

2 A instalação desses pontos é necessária para dar prosseguimento às atividades desenvolvidas neste setor.

3 Certo de contar com as providências e com a atenção especial de Vossa Senhoria, antecipo meus agradecimentos e renovo protesto de elevada consideração.

Atenciosamente,

[nome do signatário]
[cargo do signatário]

Acerca dos aspectos da redação oficial definidos no MRPR, julgue o item a seguir.

O tratamento impessoal nas comunicações oficiais decorre, principalmente, do fato de o comunicador ser o serviço público.

( ) Certo

( ) Errado

COMENTÁRIOS

Deve-se primar pela impessoalidade devido ao fato de que é a Administração Pública quem comunica. Nesse sentido, o serviço público não pode ser personificado – deve ser impessoal.

Gabarito: Certo

---

253. (CESPE – Aux Tec CE (TCE-PA)/TCE-PA/Informática/2016) Assunto: Atributos da Redação Oficial (impessoalidade, forma, concisão e clareza)

Mem. 123/2016-DCF

Em 22 de março de 2016.

Ao Sr. Diretor de Infraestrutura

Assunto: instalação de pontos de rede

1 Solicito a Vossa Senhoria verificar a viabilidade de instalar quatro pontos de rede na sala desta Diretoria.

2 A instalação desses pontos é necessária para dar prosseguimento às atividades desenvolvidas neste setor.

3 Certo de contar com as providências e com a atenção especial de Vossa Senhoria, antecipo meus agradecimentos e renovo protesto de elevada consideração.

Atenciosamente,

[nome do signatário]
[cargo do signatário]

Acerca dos aspectos da redação oficial definidos no MRPR, julgue o item a seguir.

Na redação de documentos oficiais, deve-se empregar uma linguagem que se aproxime da língua falada, visando-se ao máximo a clareza do texto e a compreensão da comunicação pelos cidadãos.

( ) Certo

( ) Errado

COMENTÁRIOS

Língua falada é um sinônimo de coloquialismo, o que deve ser evitado a todo custo na comunicação oficial. O emprego do padrão culto de linguagem possibilita o entendimento da mensagem oficial.

Gabarito: Errado

---

254. (CESPE - TA (ANVISA)/ANVISA/2016) Assunto: Atributos da Redação Oficial (impessoalidade, forma, concisão e clareza)

Solicitamos a liberação para a exportação dos seguintes produtos biológicos humanos para análise no exterior: substâncias para diagnósticos e substâncias infecciosas.

Considerando que o trecho de texto apresentado anteriormente seja parte de um documento oficial hipotético (Xx/2016) enviado à ANVISA pela empresa particular, também hipotética, Biodiagnósticos Ltda. (BDL), julgue o item a seguir à luz do disposto no **Manual de Redação da Presidência da República** (MRPR) sobre a redação oficial.

Sabendo-se que redação oficial é a maneira pela qual o poder público redige atos normativos e comunicações e que o MRPR dispõe sobre o padrão de documentos adotado por órgãos do Poder Executivo, é correto inferir que a BDL pode adotar padrão próprio para suas comunicações com a ANVISA.

( ) Certo

( ) Errado

COMENTÁRIOS

A questão é um pouco capciosa e exige muita reflexão por parte do candidato. A BDL é uma empresa privada, ou seja, não possui necessidade de estruturação específica de sua comunicação de acordo com o MRPR, pois esse manual versa apenas sobre documentos oficiais.

Gabarito: Certo

---

255. (CESPE – AJ (TRE PI)/TRE PI/Administrativa/2016) Assunto: Julgamento de Trechos quanto a Correção (Red. Oficial)

A redação oficial deve caracterizar-se pela impessoalidade, uso do padrão culto de linguagem, clareza, concisão, formalidade e uniformidade.

Manual de Redação da Presidência da República.

Assinale a opção em que o trecho de texto atende aos requisitos mencionados no fragmento acima.

a) Solicitamos a Vossa Senhoria que seja concedido, excepcionalmente, uma prorrogação para os estágios dos alunos da área de administração que prestam serviços neste setor. O pedido se justifica em virtude de termos poucos funcionários no momento e, por conta da época do ano, estarmos com uma carga de trabalho além do limite. Informamos, ainda, que tal tipo de solicitação já é prevista na cláusula três do convênio celebrado entre este órgão e a universidade de origem dos alunos. Sem mais para o momento.

b) Informo todas as unidades que em virtude de implantação de novo sistema de armazenamento de dados e informações estaremos desativando, a partir de 8 horas da manhã, do dia 15 de dezembro, a rede intranet. Caso a implantação do novo sistema corra tudo bem, a previsão é a de que esse serviço volte a funcionar às 14 horas do mesmo dia. Contamos com a colaboração de todos. Grato.

c) Conforme ficou decidido na última reunião do conselho de 27 de outubro deste ano, informo que a Secretaria de Memória e Comunicação acabou o texto, cujo original submete à apreciação. Reiteramos que o texto, caso seja aprovado, vai integrar o prefácio do livro comemorativo dos 80 anos de fundação desta Casa. Como a edição encontra-se em fase avançada, gostaríamos de pedir a todos que leiam-no atentamente com vistas a detectar falhas, inadequações e inconsistências. Encontrando-as, por favor, avisem-nos urgentemente para que possamos resolver a tempo.

d) Comunicamos a todos os colegas que, a partir de semana que vem, a Secretaria de Apoio Externo (SAE) não funcionará mais na sala 15 do segundo andar. Essa mudança trata-se de uma primeira consequência da política de realocação dos espaços físicos. A SAE funcionará na sala 27 do bloco térreo. Pedimos a gentileza de todos no sentido de se divulgar essa nova sala para que se evitem transtornos.

e) Em atenção ao Memorando n.º 33, de 15 de dezembro de 2015, encaminho, em anexo, cópias de três documentos, a saber: ficha funcional dos servidores lotados nesta seção, folha de ponto dos referidos servidores e ficha de avaliação desses servidores pelo público externo. Acreditamos que esses documentos já contêm todas as informações solicitadas por Vossa Senhoria. Caso sejam necessários mais documentos ou mais esclarecimentos, coloco-me à disposição para sanar eventuais dúvidas quanto a esse assunto.

COMENTÁRIOS

a) Veja os erros cometidos: que seja *concedido*, excepcionalmente, *uma prorrogação* (erro de concordância, a forma do particípio deveria estar no feminino, pois o sujeito está determinado). Há um problema relativo à concisão do período, pois está muito longo e repetitivo. Por fim, a expressão "Sem mais para o momento" é um jargão burocrático e deve ser eliminada.

b) A expressão "em virtude de implantação de novo sistema de armazenamento de dados e informações" deveria estar entre vírgulas, pois se trata de adjunto adverbial de corpo extenso intercalado na sentença. A expressão "estaremos ativando" deveria ser trocada por "desativaremos". A expressão "Grato" não pode ser empregada como fecho de cominicação.

c) A palavra "Casa" não deveria ser empregada com inicial maiúscula; a forma "que leiam-no" está incorreta, pois a conjunção "que" deveria atrair para perto de si o pronome, em um caso de próclise.

d) O trecho compromete a concisão do texto, pois é prolixo: ressalta repetidamente as mesmas ideias. Além de quebrar a impessoalidade da sentença, por empregar a expressão "pedimos a gentileza".

e) Não há erros de qualquer natureza na redação desse trecho.

Gabarito: E

---

256. (CESPE - Ana (FUNPRESP)/FUNPRESP/Administrativa/2016) Assunto: Julgamento de Trechos quanto a Correção (Red. Oficial)

Senhores Dirigentes de Recursos Humanos,

Encaminho, anexos, os procedimentos operacionais para a inclusão de parcela remuneratória percebida em razão do local de trabalho e do exercício de cargo ou função de confiança para servidor participante do plano de benefícios da FUNPRESP.

Esclareço que, até o desenvolvimento da funcionalidade específica no sistema, a inclusão das parcelas mencionadas somente será realizada pela unidade pagadora do servidor, e deverá ser utilizado o mesmo campo de desconto de PSS.

Atenciosamente,

Ana Maria
Coordenadora-Geral

No que se refere ao trecho de documento anteriormente apresentado, julgue os itens subsequentes com base no que dispõe o **Manual de Redação da Presidência da República** (MRPR).

O documento está adequado no que se refere aos critérios de concisão e de uso do padrão culto da língua portuguesa previstos no MRPR.

( ) Certo

( ) Errado

COMENTÁRIOS

Como não há erros gramaticias no texto e como não há prolixidade (o texto é direto e objetivo), entende-se que o documento está adequado aos critérios de concisão e uso do padrão culto da linguagem.

Gabarito: Certo

---

257. (CESPE – Aud CE (TCE-PA)/TCE-PA/Educacional/2016) Assunto: Julgamento de Trechos quanto a Correção (Red. Oficial)

Mem. 23/2013–TC

Brasília, 15 de março de 2016.

Assunto: Aquisição de novos computadores.

Cumpre-me informar que, nos termos do plano de estratégia estabelecido na reunião do colegiado de fevereiro deste ano, solicitamos a Vossa Senhoria a tomada de orçamentos para a aquisição de novos equipamentos de informática para o Departamento de Recursos Humanos.

As especificações dos computadores deverão ser obtidas junto ao departamento de informática, e os orçamentos deverão ser apresentados na próxima reunião.

Abraços,

Senhor João da Silva

A partir do memorando hipotético apresentado, julgue o item que se segue com base nas normas do **Manual de Redação da Presidência da República** (MRPR).

Nos dois parágrafos que compõem o corpo do documento, empregou-se o padrão culto da língua portuguesa.

( ) Certo

( ) Errado

COMENTÁRIOS

Não há qualquer tipo de incorreção gramatical na sentença. Isso garante o padrão culto da língua portuguesa.

Gabarito: Certo

258. (CESPE - Esp (FUNPRESP)/FUNPRESP/Jurídica/2016) Assunto: Pronomes de Tratamento (Redação oficial)

Mem. 546/2016 – ConEx – FUNPRESP

Em 5 de janeiro de 2016.

À Senhora Diretora de Administração

Assunto: relatório de atividades

Sirvo-me da presente para encaminhar a Portaria n. 002/FUNPRESP – Exe/Presi, de 4/1/2016, através da qual Vossa Senhoria é designada para gestão do Contrato n. 001/2016.

Sem mais para o momento, subscrevo-me.

Atenciosamente,

João José
Secretário do Gabinete

A partir da comunicação hipotética apresentada, — Mem. 546/2016 - ConEx - FUNPRESP —, julgue o item a seguir com base no disposto no MRPR.

Se o destinatário da correspondência em tela fosse um homem, o vocábulo designada deveria ser substituído por designado, já que, no emprego dos adjetivos, deve-se considerar o gênero da pessoa com quem se fala.

( ) Certo

( ) Errado

COMENTÁRIOS

Os pronomes de tratamento não são elementos indicativos de concordância. A forma correta consiste na adequação dos adjetivos e das formas de particípio ao gênero da pessoa a quem se destina a comunicação. Se for para um *homem* – Vossa Senhoria foi *designado*; se for para uma *mulher* – Vossa Senhoria foi *designada*.

Gabarito: Certo

259. (CESPE - Esp (FUNPRESP)/FUNPRESP/Jurídica/2016) Assunto: Pronomes de Tratamento (Redação oficial)

xxx n. 524/2016/RH – FUNPRESP

Brasília, 7 de janeiro de 2016.

A Sua Excelência a Senhora

Maria da Silva

Coordenadora de Cerimonial

[endereço completo]

Assunto: **utilização de auditório**

Senhora Coordenadora,

1. Solicito a Vossa Excelência autorização para a utilização do auditório localizado no edifício sede dessa instituição, conforme especificado a seguir.

2. A FUNPRESP pretende promover um seminário direcionado aos novos servidores, com intuito de explicar-lhes as vantagens e os benefícios da adesão ao plano de previdência complementar.

3. O evento está previsto para acontecer no dia 23 de fevereiro, das 9 h às 12 h, com público estimado de 200 pessoas.

Atenciosamente,

Ana Maria
Coordenadora-Geral

Tendo como referência o documento hipotético xxx n. 524/2016/RH – FUNPRESP, julgue o próximo item com base no que dispõe o MRPR.

O pronome de tratamento adequado ao expediente oficial em apreço seria Vossa Senhoria, uma vez que o cargo de Coordenadora de Cerimonial não está no rol de autoridades tratadas por Excelência.

( ) Certo

( ) Errado

COMENTÁRIOS

Como não se trata de cargo oficial designado no MRPR, não se deve empregar a forma Vossa Excelência, mas sim Vossa Senhoria.

Gabarito: Certo

---

260. (CESPE – AFCE (TCE-SC)/TCE-SC/Controle Externo/Administração/2016)
Assunto: Pronomes de Tratamento (Redação oficial)

[...]

9. Por fim, apesar de a Coordenadoria de Controle de Recursos Antecipados ter expedido o documento, os técnicos responsáveis farão a fiscalização *in loco*.

10. Vossa Excelência será informada acerca do andamento do processo.

Atenciosamente,
[assinatura]
[identificação do signatário]

Considerando o fragmento de texto apresentado, que contém os parágrafos finais e o fecho de um expediente em padrão ofício, julgue o seguinte item, de acordo com o **Manual de Redação da Presidência da República** (MRPR).

No último parágrafo da comunicação apresentada, o termo *informada* foi empregado no feminino para concordar com o pronome de tratamento Vossa Excelência.

( ) Certo

( ) Errado

COMENTÁRIOS

O termo "informada" foi empregado no feminino para concordar com o gênero da autoridade a quem se dirige a comunicação, pois não há que concordar com o pronome de tratamento.

Gabarito: Errado

---

261. (CESPE – Aud CE (TCE-PA)/TCE-PA/Procuradoria/2016) Assunto: Pronomes de Tratamento (Redação oficial)

XXX n.º 524/2016/MA

Brasília, 15 de março de 2016.

A Sua Excelência o Senhor Deputado
[Nome]
Câmara dos Deputados
70.000-000 – Brasília – DF

Assunto: Reforma agrária

Senhor Deputado,

Em complemento aos documentos enviados ao seu gabinete na semana passada, informo-lhe que todas as medidas cabíveis foram tomadas. Vossa Senhoria poderá levar os projetos de lei para votação no Plenário da Câmara dos Deputados, de acordo com os prazos regimentais.

Atenciosamente,

XXXXXXX
Senhor João da Silva
Chefe do Departamento Fundiário do Ministério da Agricultura

A respeito da correspondência oficial hipotética apresentada, julgue o item a seguir com base no que dispõe o **Manual de Redação da Presidência da República** (MRPR).

A correção gramatical do texto seria prejudicada caso a forma verbal poderá fosse substituída por poderás.

( ) Certo

( ) Errado

COMENTÁRIOS

O verbo deve ser conjugado na 3ª pessoa do singular quando empregado em relação a pronomes de tratamento.

Gabarito: Certo

---

262. (CESPE – Aud CE (TCE-PA)/TCE-PA/Procuradoria/2016) Assunto: Pronomes de Tratamento (Redação oficial)

XXX n.º 524/2016/MA

Brasília, 15 de março de 2016.

A Sua Excelência o Senhor Deputado
[Nome]
Câmara dos Deputados
70.000-000 – Brasília – DF

Assunto: Reforma agrária

Senhor Deputado,

Em complemento aos documentos enviados ao seu gabinete na semana passada, informo-lhe que todas as medidas cabíveis foram tomadas. Vossa Senhoria poderá levar os projetos de lei para votação no Plenário da Câmara dos Deputados, de acordo com os prazos regimentais.

Atenciosamente,

XXXXXXX
Senhor João da Silva
Chefe do Departamento Fundiário do Ministério da Agricultura

A respeito da correspondência oficial hipotética apresentada, julgue o item a seguir com base no que dispõe o **Manual de Redação da Presidência da República** (MRPR).

Para garantir a adequação do documento às normas constantes no MRPR quanto ao uso de pronomes de tratamento, o termo Vossa Senhoria, empregado no corpo do texto, tem de ser substituído por Vossa Excelência.

( ) Certo

( ) Errado

COMENTÁRIOS

Como se trata de documento diridigo a Deputado, o pronome correto é Vossa Excelência.

Gabarito: Certo

---

263. (CESPE – TA (ANVISA)/ANVISA/2016) Assunto: Pronomes de Tratamento (Redação oficial)

Solicitamos a liberação para a exportação dos seguintes produtos biológicos humanos para análise no exterior: substâncias para diagnósticos e substâncias infecciosas.

Considerando que o trecho de texto apresentado anteriormente seja parte de um documento oficial hipotético (Xx/2016) enviado à ANVISA pela empresa particular, também hipotética, Biodiagnósticos Ltda. (BDL), julgue o item a seguir à luz do disposto no **Manual de Redação da Presidência da República** (MRPR) sobre a redação oficial.

O seguinte parágrafo de conclusão para o documento a ser enviado à BDL não atenderá às recomendações constantes no MRPR quanto à concordância do pronome possessivo.

5. Colocamo-nos à vossa disposição para o esclarecimento de eventuais dúvidas.

( ) Certo

( ) Errado

COMENTÁRIOS

A forma "vossa" foi incorretamente empregada, uma vez que a relação pronominal correta seria a da terceira pessoa "sua".

Gabarito: Certo

264. (CESPE – Ana (FUNPRESP)/FUNPRESP/Administrativa/2016) Assunto: Vocativos (Redação oficial)

Senhores Dirigentes de Recursos Humanos,

Encaminho, anexos, os procedimentos operacionais para a inclusão de parcela remuneratória percebida em razão do local de trabalho e do exercício de cargo ou função de confiança para servidor participante do plano de benefícios da FUNPRESP.

Esclareço que, até o desenvolvimento da funcionalidade específica no sistema, a inclusão das parcelas mencionadas somente será realizada pela unidade pagadora do servidor, e deverá ser utilizado o mesmo campo de desconto de PSS.

Atenciosamente,

Ana Maria
Coordenadora-Geral

No que se refere ao trecho de documento anteriormente apresentado, julgue os itens subsequentes com base no que dispõe o **Manual de Redação da Presidência da República** (MRPR).

Caso o referido documento seja enviado por *email*, o vocativo poderá ser adequadamente substituído por Ilustríssimos Senhores.

( ) Certo

( ) Errado

COMENTÁRIOS

A forma de tratamento "ilustríssimo" não deve ser empregada em documentos oficiais.

Gabarito: Errado

265. (CESPE – Ag Pol (PC PE)/PC PE/2016) Assunto: Vocativos (Redação oficial)

Considerando as disposições do MRPR, assinale a opção que apresenta o vocativo adequado para ser empregado em um expediente cujo destinatário seja um delegado de polícia civil.

a) Magnífico Delegado,

b) Digníssimo Delegado,

c) Senhor Delegado,

d) Excelentíssimo Senhor Delegado,

e) Ilustríssimo Senhor Delegado,

COMENTÁRIOS

a) Magnífico é vocativo para reitor.

b) Não se emprega a forma *Digníssimo* em redação oficial.

c) A forma correta para o vocativo empregado a um Delegado é *Senhor Delegado*.

d) Excelentíssimo Senhor é forma de vocativo para os chefes dos poderes.

e) Não se emprega a forma *Ilustríssimo* em redação oficial.

Gabarito: C

---

266. (CESPE – Med Leg (PC PE)/PC PE/2016) Assunto: Vocativos (Redação oficial)

Texto CG1A2AAA

SECRETARIA DE SEGURANÇA PÚBLICA
DELEGACIA-GERAL DE POLÍCIA CIVIL
GABINETE DO DELEGADO-GERAL

XXXX n.º 165/2016–GDG

Cidade X, 20 de abril de 2016.

À Ilustríssima Senhora
Senadora XXXXXX

Assunto: Encaminhamento de documento – Ofício n.º 167/XXXX

XXXXXXXX

Em resposta ao Ofício n.º 167/XXXX, encaminho a Sua Excelência o Ofício n.º 281/2016–IML e seus anexos, oriundos do nosso Instituto de Medicina Legal, que apresentam o número de mulheres submetidas a exame de corpo de delito neste estado.

Delegado-Geral de Polícia Civil do Estado XXX

Com base no que dispõe o MRPR, assinale a opção que apresenta o vocativo adequado à comunicação oficial apresentada no texto CG1A2AAA.

a) Digníssima Senhora Senadora,

b) Ilustre Senhora,

c) Senhora Senadora,

d) Vossa Excelência a Senadora,

e) Excelentíssima Senhora,

COMENTÁRIOS

a) Não se emprega a forma *Digníssimo* em texto oficial.

b) *Ilustre* não é forma de tratamento para a redação oficial.

c) Senhora Senadora é a forma correta de emprego para o tratamento dessa autoridade.

d) Vossa Excelência é pronome, não vocativo.

e) A forma Excelentíssimo Senhor só pode ser empregada para chefes de poder.

Gabarito: C

---

267. (CESPE – Aud CE (TCE-PA)/TCE-PA/Procuradoria/2016) Assunto: Vocativos (Redação oficial)

XXX n.º 524/2016/MA

Brasília, 15 de março de 2016.

A Sua Excelência o Senhor Deputado
[Nome]
Câmara dos Deputados
70.000-000 – Brasília – DF

Assunto: Reforma agrária

Senhor Deputado,

Em complemento aos documentos enviados ao seu gabinete na semana passada, informo-lhe que todas as medidas cabíveis foram tomadas. Vossa Senhoria poderá levar os projetos de lei para votação no Plenário da Câmara dos Deputados, de acordo com os prazos regimentais.

Atenciosamente,

XXXXXXX
Senhor João da Silva
Chefe do Departamento Fundiário do Ministério da Agricultura

A respeito da correspondência oficial hipotética apresentada, julgue o item a seguir com base no que dispõe o **Manual de Redação da Presidência da República** (MRPR).

O vocativo foi inadequadamente empregado no texto, devendo ser substituído por Excelentíssimo Senhor.

( ) Certo

( ) Errado

COMENTÁRIOS

Deputados devem ser evocados pela forma *Senhor Deputado.*

Gabarito: Errado

---

268. (CESPE – TA (ANVISA)/ANVISA/2016) Assunto: Vocativos (Redação oficial)

Solicitamos a liberação para a exportação dos seguintes produtos biológicos humanos para análise no exterior: substâncias para diagnósticos e substâncias infecciosas.

Considerando que o trecho de texto apresentado anteriormente seja parte de um documento oficial hipotético (Xx/2016) enviado à ANVISA pela empresa particular, também hipotética, Biodiagnósticos Ltda. (BDL), julgue o item a seguir à luz do disposto no **Manual de Redação da Presidência da República** (MRPR) sobre a redação oficial.

Situação hipotética: O responsável pelo atendimento da demanda da BDL deve reportar-se ao diretor-presidente da ANVISA, em documento interno, para dirimir dúvidas antes de responder definitivamente à solicitação da empresa. **Assertiva**: Nessa situação, deve ser empregado, nesse documento interno, o vocativo Excelentíssimo Senhor Diretor-presidente, uma vez que tal comunicação dirige-se ao ocupante do cargo de maior hierarquia na agência.

( ) Certo

( ) Errado

COMENTÁRIOS

Como o cargo a que se refere a comunicação não é o de um chefe de poder, o vocativo correto é a forma Senhor Diretor.

Gabarito: Errado

---

269. (CESPE – TJ (TRE PI)/TRE PI/Administrativa/2016) Assunto: Fechos

Acerca das características formais e linguísticas dos fechos empregados nas comunicações oficiais, assinale a opção correta conforme o MRPR.

a) Formalmente, não se deve inserir vírgula após fechos de comunicações oficiais.

b) O fecho é o último elemento da estrutura formal de um expediente oficial, daí uma de suas finalidades ser marcar o fim de um texto.

c) O fecho constitui expressão com a qual o destinatário se saúda.

d) O MRPR disciplina o uso dos fechos para todas as autoridades, inclusive as estrangeiras que se encontrem em território nacional.

e) O emprego adequado do fecho da comunicação depende da observação das relações hierárquicas entre os interlocutores.

COMENTÁRIOS

a) Após o fecho, é necessário inserir uma vírgula.

b) O último elemento de uma comunicação é a identificação do signatário.

c) O fecho é uma saudação do remetente ao destinatário.

d) Para as autoridades estrangeiras, os fechos são indicados no Manual de Redação do Ministrérios das Relações Exteriores.

e) A diferença hierárquica é base para a escolha do fecho adequado de uma comunicação.

Gabarito: E

---

270. (CESPE – Esp (FUNPRESP)/FUNPRESP/Jurídica/2016) Assunto: Fechos

xxx n. 524/2016/RH – FUNPRESP

Brasília, 7 de janeiro de 2016.

A Sua Excelência a Senhora

Maria da Silva

Coordenadora de Cerimonial

[endereço completo]

Assunto: **utilização de auditório**

Senhora Coordenadora,

1. Solicito a Vossa Excelência autorização para a utilização do auditório localizado no edifício sede dessa instituição, conforme especificado a seguir.

2. A FUNPRESP pretende promover um seminário direcionado aos novos servidores, com intuito de explicar-lhes as vantagens e os benefícios da adesão ao plano de previdência complementar.

3. O evento está previsto para acontecer no dia 23 de fevereiro, das 9 h às 12 h, com público estimado de 200 pessoas.

Atenciosamente,

Ana Maria
Coordenadora-Geral

Tendo como referência o documento hipotético xxx n. 524/2016/RH – FUNPRESP, julgue o próximo item com base no que dispõe o MRPR.

O emprego do fecho Atenciosamente sugere que o documento em questão será enviado para autoridade de hierarquia igual ou inferior à do signatário.

( ) Certo

( ) Errado

COMENTÁRIOS

O fecho "Atenciosamente" deve empregado para autoridade de mesma hierarquia ou de hierarquia inferior à do remetente da comunicação. Por isso, essa sugestão mencionada está correta.

Gabarito: Certo

---

271. (CESPE – AFCE (TCE-SC)/TCE-SC/Controle Externo/Administração/2016)
Assunto: Fechos

[...]

9. Por fim, apesar de a Coordenadoria de Controle de Recursos Antecipados ter expedido o documento, os técnicos responsáveis farão a fiscalização *in loco*.

10. Vossa Excelência será informada acerca do andamento do processo.

Atenciosamente,
[assinatura]
[identificação do signatário]

Considerando o fragmento de texto apresentado, que contém os parágrafos finais e o fecho de um expediente em padrão ofício, julgue o seguinte item, de acordo com o **Manual de Redação da Presidência da República** (MRPR).

Dado o emprego do fecho Atenciosamente, infere-se que o destinatário da comunicação em análise ocupa cargo de nível hierárquico igual ou inferior ao do signatário.

( ) Certo

( ) Errado

COMENTÁRIOS

Uma vez que se trata do termo "Atenciosamente", é possível depreender (inferir ou concluir) que se trata de cargo igual ou inferior ao do signatário (quem assina) da comunicação.

Gabarito: Certo

---

272. (CESPE – Ag Pol (PC PE)/PC PE/2016) Assunto: Fechos

Considerando que, conforme o MRPR, a finalidade do fecho de comunicações oficiais é arrematar o texto e saudar o destinatário, assinale a opção que contém o fecho a ser empregado corretamente em correspondência oficial a ser subscrita por um delegado de polícia civil e remetida para o secretário de Defesa Social do Estado de Pernambuco.

a) Gentilmente,

b) Respeitosamente,

c) Cordialmente,

d) Sinceramente,

e) Atenciosamente,

COMENTÁRIOS

a) Não se emprega o fecho "Gentilmente".

b) Como o delegado possui cargo inferior ao do secretário de Defesa Social, é preciso empregar o fecho "Respeitosamente".

c) Não se emprega o fecho "Cordialmente" em redação oficial.

d) "Sinceramente" não é fecho de documento oficial.

e) "Atenciosamente" deve ser empregado para destinatários com cargo de mesma hierarquia ou hierarquia inferior à do remetente.

Gabarito: B

---

273. (CESPE – Aud CE (TCE-PA)/TCE-PA/Educacional/2016) Assunto: Fechos

Mem. 23/2013–TC

Brasília, 15 de março de 2016.

Assunto: Aquisição de novos computadores.

Cumpre-me informar que, nos termos do plano de estratégia estabelecido na reunião do colegiado de fevereiro deste ano, solicitamos a Vossa Senhoria a tomada de orçamentos para a aquisição de novos equipamentos de informática para o Departamento de Recursos Humanos.

As especificações dos computadores deverão ser obtidas junto ao departamento de informática, e os orçamentos deverão ser apresentados na próxima reunião.

Abraços,

Senhor João da Silva

A partir do memorando hipotético apresentado, julgue o item que se segue com base nas normas do **Manual de Redação da Presidência da República** (MRPR).

O emprego de Abraços como fecho do documento apresentado contraria as determinações do MRPR quanto às características da redação oficial, especialmente no que se refere à formalidade e à impessoalidade.

( ) Certo

( ) Errado

COMENTÁRIOS

Há apenas dois fechos que podem ser empregados na comunicação oficial, a saber: atenciosamente e respeitosamente, com sua escolha condicionada pela hierarquia existente entre os comunicantes.

Gabarito: Certo

---

274. (CESPE – Aud CE (TCE-PA)/TCE-PA/Procuradoria/2016) Assunto: Fechos

XXX n.º 524/2016/MA

Brasília, 15 de março de 2016.

A Sua Excelência o Senhor Deputado
[Nome]
Câmara dos Deputados
70.000-000 – Brasília – DF

Assunto: Reforma agrária

Senhor Deputado,

Em complemento aos documentos enviados ao seu gabinete na semana passada, informo-lhe que todas as medidas cabíveis foram tomadas. Vossa Senhoria poderá levar os projetos de lei para votação no Plenário da Câmara dos Deputados, de acordo com os prazos regimentais.

Atenciosamente,

XXXXXXX
Senhor João da Silva
Chefe do Departamento Fundiário do Ministério da Agricultura

A respeito da correspondência oficial hipotética apresentada, julgue o item a seguir com base no que dispõe o **Manual de Redação da Presidência da República** (MRPR).

O fecho do documento foi empregado em conformidade com o que dispõe o MRPR.

( ) Certo

( ) Errado

COMENTÁRIOS

Não existe explicação muito lógica para essa questão, a não ser que o Chefe do Departamento vinculado ao Ministério da Agricultura tenha cargo superior ou igual ao Deputado, para endossar o fato de que o fecho "Atenciosamente" foi corretamente empregado.

Gabarito: Certo

---

275. (CESPE – Aux Tec CE (TCE-PA)/TCE-PA/Administrativa/2016) Assunto: Fechos

Mem. 123/2016-DCF

Em 22 de março de 2016.

Ao Sr. Diretor de Infraestrutura

Assunto: instalação de pontos de rede

1 Solicito a Vossa Senhoria verificar a viabilidade de instalar quatro pontos de rede na sala desta Diretoria.

2 A instalação desses pontos é necessária para dar prosseguimento às atividades desenvolvidas neste setor.

3 Certo de contar com as providências e com a atenção especial de Vossa Senhoria, antecipo meus agradecimentos e renovo protesto de elevada consideração.

Atenciosamente,

[nome do signatário]
[cargo do signatário]

Tendo como referência o documento hipotético apresentado, julgue o próximo item com base no disposto no **Manual de Redação da Presidência da República** (MRPR).

Conclui-se, devido ao emprego de Atenciosamente, que o destinatário do documento ocupa cargo hierarquicamente superior ao do signatário.

( ) Certo

( ) Errado

COMENTÁRIOS

Essa conclusão não é autorizada, uma vez que o fecho em questão deve ser empregado para autoridades de hierarquia igual ou inferior à do remetente.

Gabarito: Errado

---

276. (CESPE – TA (ANVISA)/ANVISA/2016) Assunto: Fechos

Solicitamos a liberação para a exportação dos seguintes produtos biológicos humanos para análise no exterior: substâncias para diagnósticos e substâncias infecciosas.

Considerando que o trecho de texto apresentado anteriormente seja parte de um documento oficial hipotético (Xx/2016) enviado à ANVISA pela empresa particular, também hipotética, Biodiagnósticos Ltda. (BDL), julgue o item a seguir à luz do disposto no **Manual de Redação da Presidência da República** (MRPR) sobre a redação oficial.

No fecho do documento que for utilizado pela ANVISA para responder ao expediente da BDL, deve-se empregar o termo Respeitosamente.

( ) Certo

( ) Errado

COMENTÁRIOS

Como não existe hierarquia entre a ANVISA e a empresa em questão, recomenda-se o emprego da forma "Atenciosamente".

Gabarito: Errado

---

277. (CESPE – AFCE (TCE-SC)/TCE-SC/Controle Externo/Administração/2016) Assunto: Identificação do Signatário

Ofício n.º 0064/2016 – TCE/SC

Florianópolis, 25 de janeiro de 2016.

XXXXXX
Assembleia Legislativa do Estado de Santa Catarina
Palácio Barriga Verde — R. Dr. Jorge Luz Fontes, 310 — Centro
88020-900 — Florianópolis — SC

Assunto: Encaminhamento de documento — Ofício n.º 242/2016-GP

XXXXXXX,

Em resposta ao Ofício n.º 242/2016-GP, encaminho, anexa, cópia do Parecer n.º 01/2016 da DCE — TCE/SC acerca das inspeções realizadas em hospitais da rede pública estadual, no ano de 2015.

Respeitosamente,
[Assinatura]
[identificação do signatário]

Tendo como referência a comunicação hipotética apresentada, julgue o item a seguir à luz das normas do MRPR.

Na identificação do signatário da referida comunicação, devem constar, abaixo do local da assinatura, o nome e o cargo da autoridade que expede a mensagem.

( ) Certo

( ) Errado

Gabarito: Certo

---

278. (CESPE - Aud CE (TCE-PA)/TCE-PA/Educacional/2016) Assunto: Identificação do Signatário

Mem. 23/2013–TC

Brasília, 15 de março de 2016.
Assunto: Aquisição de novos computadores.

Cumpre-me informar que, nos termos do plano de estratégia estabelecido na reunião do colegiado de fevereiro deste ano, solicitamos a Vossa Senhoria a tomada de orçamentos para a aquisição de novos equipamentos de informática para o Departamento de Recursos Humanos.

As especificações dos computadores deverão ser obtidas junto ao departamento de informática, e os orçamentos deverão ser apresentados na próxima reunião.

Abraços,

Senhor João da Silva

A partir do memorando hipotético apresentado, julgue o item que se segue com base nas normas do **Manual de Redação da Presidência da República** (MRPR).

A identificação do signatário do documento apresentado foi feita de acordo com o disposto no MRPR, pois a menção ao cargo é desnecessária em comunicações como o memorando.

( ) Certo

( ) Errado

COMENTÁRIOS

Na identificação do signatário, devem constar o nome e o cargo do indivíduo que assina a comunicação.

Gabarito: Errado

---

279. (CESPE – TA (ANVISA)/ANVISA/2016) Assunto: Identificação do Signatário

Solicitamos a liberação para a exportação dos seguintes produtos biológicos humanos para análise no exterior: substâncias para diagnósticos e substâncias infecciosas.

Considerando que o trecho de texto apresentado anteriormente seja parte de um documento oficial hipotético (Xx/2016) enviado à ANVISA pela empresa particular, também hipotética, Biodiagnósticos Ltda. (BDL), julgue o item a seguir à luz do disposto no **Manual de Redação da Presidência da República** (MRPR) sobre a redação oficial.

Ao final do documento a ser enviado em resposta à BDL, deverão constar a assinatura, o nome e o cargo do emissor do documento.

( ) Certo

( ) Errado

COMENTÁRIOS

A assinatura antecede a identificação do signatário, que se caracteriza pela colocação do nome e do cargo do emissor do expediente.

Gabarito: Certo

---

280. (CESPE – TJ (TRE PI)/TRE PI/Administrativa/2016) Assunto: Partes e Diagramação (Padrão Ofício)

O chefe do setor de compras de um órgão público recebeu, em 3/12/2015, o Memorando n.º 21, em que eram solicitadas cópias dos documentos referentes às compras efetuadas por esse setor no primeiro semestre do ano.

Levando em consideração essa situação hipotética e as disposições do MRPR acerca da linguagem dos textos oficiais, assinale a opção que apresenta uma maneira correta, clara e coesa de se introduzir o texto do memorando de resposta a ser elaborado pelo funcionário responsável pelo referido setor.

a) Em observância à solicitação encaminhada a este setor, encaminho em anexo todos os extratos de compras efetuadas por este setor no primeiro semestre do corrente ano. Em tempo: o documento que solicitou a remessa dos documentos foi o Memorando n.º 21, de 3/12/2015.

b) Atendendo ao pedido feito, anexa-se a esta mensagem todos os extratos de compras feitos por este setor no período de janeiro a junho do presente ano.

c) Em resposta ao Memorando n.º 21, de 3/12/2015, encaminho anexas todas as cópias relativas aos documentos de compras efetuadas por este setor no primeiro semestre do referido ano.

d) Em atenção ao documento enviado a este setor, envio, em anexo, cópias dos documentos solicitados. Vide anexos para maiores detalhes.

e) Informo que, anexo a este documento que ora se envia todas as cópias dos documentos de compras efetuadas no primeiro semestre deste ano solicitadas seguem para apreciação.

COMENTÁRIOS

a) Deve-se fazer a menção ao expediente solicitante na introdução do texto do documento.

b) Há um erro de concordância na sentença. A forma correta seria "anexam-se". Além disso, o texto está repetitivo, sem concisão.

c) Essa forma é a correta, de acordo com o Manual de Redação da Presidência da República. A fórmula de resposta deve conter o expediente solicitante da comunicação.

d) O trecho de texto está prolixo (repetitivo), pois repete a mesma informação desnecessariamente.

e) Além dos grosseiros erros de pontuação e coesão, o trecho está prolixo, portanto incompatível com a redação oficial.

Gabarito: C

---

281. (CESPE – Ana (FUNPRESP)/FUNPRESP/Administrativa/2016) Assunto: Partes e Diagramação (Padrão Ofício)

Senhores Dirigentes de Recursos Humanos,

Encaminho, anexos, os procedimentos operacionais para a inclusão de parcela remuneratória percebida em razão do local de trabalho e do exercício de cargo ou função de confiança para servidor participante do plano de benefícios da FUNPRESP.

Esclareço que, até o desenvolvimento da funcionalidade específica no sistema, a inclusão das parcelas mencionadas somente será realizada pela unidade pagadora do servidor, e deverá ser utilizado o mesmo campo de desconto de PSS.

Atenciosamente,

Ana Maria
Coordenadora-Geral

No que se refere ao trecho de documento anteriormente apresentado, julgue os itens subsequentes com base no que dispõe o **Manual de Redação da Presidência da República** (MRPR).

Por se tratar de encaminhamento, é dispensável a numeração dos parágrafos do documento.

( ) Certo

( ) Errado

COMENTÁRIOS

Todo texto do Padrão Ofício com mais de um parágrafo deve ser numerado.

Gabarito: Errado

---

282. (CESPE – TJ (TRE PE)/TRE PE/Apoio Especializado/Operação de Computadores/2016) Assunto**:** Partes e Diagramação (Padrão Ofício)

Levando em consideração as características formais e linguísticas do padrão ofício, assinale a opção correta.

a) O endereço do destinatário é um item imprescindível em documentos do padrão ofício.

b) Os campos destinados às margens laterais esquerda e direita de documentos que se orientem pelo padrão ofício devem ter 1,5 cm de largura, no mínimo.

c) A numeração dos parágrafos que compuserem o texto de um expediente que siga o padrão ofício é obrigatória em todos os casos e serve para organizar a informação.

d) O aviso, o memorando e o ofício, exemplos de comunicações oficiais que se constroem consoante o padrão ofício, distinguem-se pela finalidade comunicativa.

e) Gráficos, ilustrações e notas de rodapé são itens estranhos ao padrão ofício.

COMENTÁRIOS

a) O endereço do destinatário só será empregado no endereçamento de ofícios. Não se emprega em memorandos, avisos ou exposições de motivos.

b) A margem direita é de 3,0 cm; ao passo que a esquerda é de 1,5 cm, no mínimo.

c) Não se deve enumerar texto dividido em tópico e subtópico ou em título e subtítulo.

d) A formatação desses documentos é semelhante. A distinção se dá, de fato, pela finalidade.

e) Não são itens estranhos ao padrão ofício. Podem ser usados sempre que necessário.

Gabarito: D

---

283. (CESPE – AFCE (TCE-SC)/TCE-SC/Controle Externo/Administração/2016)
Assunto: Partes e Diagramação (Padrão Ofício)

Ofício n.º 0064/2016 – TCE/SC

Florianópolis, 25 de janeiro de 2016.

XXXXXX
Assembleia Legislativa do Estado de Santa Catarina
Palácio Barriga Verde — R. Dr. Jorge Luz Fontes, 310 — Centro
88020-900 — Florianópolis — SC

Assunto: Encaminhamento de documento — Ofício n.º 242/2016-GP

XXXXXXX,

Em resposta ao Ofício n.º 242/2016-GP, encaminho, anexa, cópia do Parecer n.º 01/2016 da DCE — TCE/SC acerca das inspeções realizadas em hospitais da rede pública estadual, no ano de 2015.

Respeitosamente,
[Assinatura]
[identificação do signatário]

Tendo como referência a comunicação hipotética apresentada, julgue o item a seguir à luz das normas do MRPR.

No documento apresentado, foram atendidas as normas do padrão ofício estabelecidas pelo MRPR relativas à posição da data e do local.

( ) Certo

( ) Errado

COMENTÁRIOS

Local e data devem ser empregados com alinhamento à direita nos documentos do padrão ofício.

Gabarito: Certo

---

284. (CESPE - AFCE (TCE-SC)/TCE-SC/Controle Externo/Administração/2016)
Assunto: Partes e Diagramação (Padrão Ofício)

Ofício n.º 0064/2016 – TCE/SC

Florianópolis, 25 de janeiro de 2016.

XXXXXX
Assembleia Legislativa do Estado de Santa Catarina
Palácio Barriga Verde — R. Dr. Jorge Luz Fontes, 310 — Centro
88020-900 — Florianópolis — SC

Assunto: Encaminhamento de documento — Ofício n.º 242/2016-GP

XXXXXXX,

Em resposta ao Ofício n.º 242/2016-GP, encaminho, anexa, cópia do Parecer n.º 01/2016 da DCE — TCE/SC acerca das inspeções realizadas em hospitais da rede pública estadual, no ano de 2015.

Respeitosamente,
[Assinatura]
[identificação do signatário]

Tendo como referência a comunicação hipotética apresentada, julgue o item a seguir à luz das normas do MRPR.

O expediente em análise não está adequado quanto à finalidade e à estrutura do padrão do ofício, visto que não contém parágrafos de desenvolvimento devidamente numerados nem comentários do signatário da comunicação a respeito do documento encaminhado.

( ) Certo

( ) Errado

COMENTÁRIOS

Como se trata de expediente de encaminhamento, não é necessário conter parágrafos de desenvolvimento. Além disso, quando o documento possuir apenas um parágrafo não precisa ser numerado.

Gabarito: Errado

285. (CESPE – Med Leg (PC PE)/PC PE/2016) Assunto: Partes e Diagramação (Padrão Ofício)

Texto CG1A2AAA

SECRETARIA DE SEGURANÇA PÚBLICA
DELEGACIA-GERAL DE POLÍCIA CIVIL
GABINETE DO DELEGADO-GERAL

XXXX n.º 165/2016–GDG

Cidade X, 20 de abril de 2016.

À Ilustríssima Senhora
Senadora XXXXXX

Assunto: Encaminhamento de documento – Ofício n.º 167/XXXX

XXXXXXXX

Em resposta ao Ofício n.º 167/XXXX, encaminho a Sua Excelência o Ofício n.º 281/2016–IML e seus anexos, oriundos do nosso Instituto de Medicina Legal, que apresentam o número de mulheres submetidas a exame de corpo de delito neste estado.

Delegado-Geral de Polícia Civil do Estado XXX

Conforme as normas estabelecidas pelo MRPR, no expediente apresentado no texto CG1A2AAA, deveria constar, obrigatoriamente,

a) a sigla relativa ao estado logo após Cidade X, na identificação do local de assinatura do expediente.
b) o endereço do sítio virtual do Senado Federal no rodapé do documento.
c) um parágrafo de desenvolvimento devidamente numerado.
d) o endereço para o qual a comunicação será remetida, abaixo da identificação da destinatária.
e) o nome do signatário seguido de sua assinatura logo após o termo Delegado-Geral de Polícia Civil do Estado XXX.

COMENTÁRIOS

a) A sigla do estado não é necessária para a comunicação.
b) Como não é um senador o expedidor do documento, tal identificação é dispensável.

c) Em ofícios de encaminhamento, não é necessário incluir parágrafo de desenvolvimento.

d) Em ofícios, na seção dos destinatários, é necessário incluir o endereço da autoridade a quem se dirige a comunicação.

e) A assinatura deve vir antes do nome, que deve vir antes do cargo do signatário.

Gabarito: D

---

286. (CESPE – Aud CE (TCE-PA)/TCE-PA/Educacional/2016) Assunto: Partes e Diagramação (Padrão Ofício)

Mem. 23/2013–TC

Brasília, 15 de março de 2016.

Assunto: Aquisição de novos computadores.

Cumpre-me informar que, nos termos do plano de estratégia estabelecido na reunião do colegiado de fevereiro deste ano, solicitamos a Vossa Senhoria a tomada de orçamentos para a aquisição de novos equipamentos de informática para o Departamento de Recursos Humanos.

As especificações dos computadores deverão ser obtidas junto ao departamento de informática, e os orçamentos deverão ser apresentados na próxima reunião.

Abraços,

Senhor João da Silva

A partir do memorando hipotético apresentado, julgue o item que se segue com base nas normas do **Manual de Redação da Presidência da República** (MRPR).

O alinhamento e o formato da data e do assunto da comunicação oficial apresentada atendem às normas do MRPR.

( ) Certo

( ) Errado

COMENTÁRIOS

O alinhamento do assunto é à esquerda. Além disso, não se necessitada do local na identificação do memorando.

Gabarito: Errado

287. (CESPE – Aud CE (TCE-PA)/TCE-PA/Educacional/2016) Assunto: Partes e Diagramação (Padrão Ofício)

Mem. 23/2013–TC

Brasília, 15 de março de 2016.
Assunto: Aquisição de novos computadores.

Cumpre-me informar que, nos termos do plano de estratégia estabelecido na reunião do colegiado de fevereiro deste ano, solicitamos a Vossa Senhoria a tomada de orçamentos para a aquisição de novos equipamentos de informática para o Departamento de Recursos Humanos.

As especificações dos computadores deverão ser obtidas junto ao departamento de informática, e os orçamentos deverão ser apresentados na próxima reunião.

Abraços,

Senhor João da Silva

A partir do memorando hipotético apresentado, julgue o item que se segue com base nas normas do **Manual de Redação da Presidência da República** (MRPR).

O texto ficaria mais conciso, atendendo-se às normas constantes no MRPR quanto às características da redação oficial, caso se substituísse o trecho Cumpre-me informar que por **Informo que**.

( ) Certo

( ) Errado

COMENTÁRIOS

A questão está correta, pois a expressão "Cumpre-me informar" se aproxima dos jargões comunicativos. Nesse caso, se houver a substituição por "Informo que", o documento ficará mais conciso.

Gabarito: Certo

288. (CESPE – Aux Tec CE (TCE-PA)/TCE-PA/Administrativa/2016) Assunto: Partes e Diagramação (Padrão Ofício)

Mem. 123/2016-DCF

Em 22 de março de 2016.

Ao Sr. Diretor de Infraestrutura

Assunto: instalação de pontos de rede

1 Solicito a Vossa Senhoria verificar a viabilidade de instalar quatro pontos de rede na sala desta Diretoria.

2 A instalação desses pontos é necessária para dar prosseguimento às atividades desenvolvidas neste setor.

3 Certo de contar com as providências e com a atenção especial de Vossa Senhoria, antecipo meus agradecimentos e renovo protesto de elevada consideração.

Atenciosamente,

[nome do signatário]
[cargo do signatário]

Tendo como referência o documento hipotético apresentado, julgue o próximo item com base no disposto no **Manual de Redação da Presidência da República** (MRPR).

Para garantir a adequação do documento ao que dispõe o MRPR, deveria ser suprimida a numeração dos parágrafos do texto.

( ) Certo

( ) Errado

COMENTÁRIOS

Os parágrafos de um texto do padrão ofício devem ser enumerados, caso haja mais de um na composição do documento.

Gabarito: Errado

---

289. (CESPE – TA (ANVISA)/ANVISA/2016) Assunto: Partes e Diagramação (Padrão Ofício)

Solicitamos a liberação para a exportação dos seguintes produtos biológicos humanos para análise no exterior: substâncias para diagnósticos e substâncias infecciosas.

Considerando que o trecho de texto apresentado anteriormente seja parte de um documento oficial hipotético (Xx/2016) enviado à ANVISA pela empresa particular, também hipotética, Biodiagnósticos Ltda. (BDL), julgue o item a seguir à luz do disposto no **Manual de Redação da Presidência da República** (MRPR) sobre a redação oficial.

O seguinte trecho seria adequado, quanto a concisão, clareza e correção, para constar em documento de resposta à solicitação feita pela empresa BDL.

Segue anexo o documento de liberação da exportação dos produtos mencionados no documento Xx/2016 enviado a esta Agência.

( ) Certo

( ) Errado

COMENTÁRIOS

O documento está conciso e claro, sem erros gramaticais ou prolixidade textual.

Gabarito: Certo

---

290. (CESPE - TA (ANVISA)/ANVISA/2016) Assunto: Partes e Diagramação (Padrão Ofício)

Solicitamos a liberação para a exportação dos seguintes produtos biológicos humanos para análise no exterior: substâncias para diagnósticos e substâncias infecciosas.

Considerando que o trecho de texto apresentado anteriormente seja parte de um documento oficial hipotético (Xx/2016) enviado à ANVISA pela empresa particular, também hipotética, Biodiagnósticos Ltda. (BDL), julgue o item a seguir à luz do disposto no **Manual de Redação da Presidência da República** (MRPR) sobre a redação oficial.

O local e a data de emissão do documento de resposta à solicitação da BDL deverão ser alinhados à esquerda, podendo ter o seguinte formato: BsB, 30/10/2016.

( ) Certo

( ) Errado

COMENTÁRIOS

Não se faz abreviação de endereçamento em documentos oficiais.

Gabarito: Errado

---

291. (CESPE – Aud CE (TCE-PA)/TCE-PA/Procuradoria/2016) Assunto: Aviso

XXX n.º 524/2016/MA

Brasília, 15 de março de 2016.

A Sua Excelência o Senhor Deputado
[Nome]
Câmara dos Deputados
70.000-000 – Brasília – DF

Assunto: Reforma agrária

Senhor Deputado,

Em complemento aos documentos enviados ao seu gabinete na semana passada, informo-lhe que todas as medidas cabíveis foram tomadas. Vossa Senhoria poderá levar os projetos de lei para votação no Plenário da Câmara dos Deputados, de acordo com os prazos regimentais.

Atenciosamente,

XXXXXXX
Senhor João da Silva
Chefe do Departamento Fundiário do Ministério da Agricultura

A respeito da correspondência oficial hipotética apresentada, julgue o item a seguir com base no que dispõe o **Manual de Redação da Presidência da República** (MRPR).

Infere-se das informações presentes no texto que a comunicação oficial apresentada é um aviso.

( ) Certo

( ) Errado

COMENTÁRIOS

No aviso, não se emprega o endereço do destinatário no corpo da comunicação, além disso, o destinatário é um deputado, não um ministro ou uma autoridade de cargo equiparado.

Gabarito: Errado

---

292. (CESPE – Ana (INSS)/INSS/2016) Assunto: Ofício

Com base no disposto no **Manual de Redação da Presidência da República**, julgue o item seguinte.

Os trechos a seguir apresentados estão adequados para compor um ofício a ser enviado pelo INSS a um particular.

Brasília, 2 de fevereiro de 2016.

Ao Digníssimo Senhor
Pedro Albuquerque
SQS 1016, bloco Z, ap. 001
70.000-900 – Brasília – DF

Assunto: Concessão de aposentadoria
(...)

Respeitosamente,

Maria da Silva

( ) Certo

( ) Errado

COMENTÁRIOS

Não se emprega a forma "Digníssimo" em documentos oficiais. Além disso, o fecho deveria ser "Atenciosamente", não "Respeitosamente".

Gabarito: Errado

---

293. (CESPE - AFCE (TCE-SC)/TCE-SC/Controle Externo/Direito/2016) Assunto: Ofício

Ofício n.º 0064/2016 – TCE/SC

Florianópolis, 25 de janeiro de 2016.

XXXXXX

Assembleia Legislativa do Estado de Santa Catarina

Palácio Barriga Verde — R. Dr. Jorge Luz Fontes, 310 — Centro

88020-900 — Florianópolis — SC

Assunto: Encaminhamento de documento — Ofício n.º 242/2016-GP

XXXXXXX,

Em resposta ao Ofício n.º 242/2016-GP, encaminho, anexa, cópia do Parecer n.º 01/2016 da DCE — TCE/SC acerca das inspeções realizadas em hospitais da rede pública estadual, no ano de 2015.

Respeitosamente,
[Assinatura]
[identificação do signatário]

Considerando o fragmento de texto apresentado, que contém os parágrafos finais e o fecho de um expediente em padrão ofício, julgue o seguinte item, de acordo com o **Manual de Redação da Presidência da República** (MRPR).

O expediente em apreço consiste em uma forma de comunicação eminentemente interna.

( ) Certo

( ) Errado

COMENTÁRIOS

O ofício é uma forma de comunicação eminentemente externa.

Gabarito: Errado

294. (CESPE – Ag Pol (PC PE)/PC PE/2016) Assunto: Ofício

De acordo com o **Manual de Redação da Presidência da República** (MRPR), o aviso e o ofício são

a) modalidades de comunicação entre unidades administrativas de um mesmo órgão.

b) instrumentos de comunicação oficial entre os chefes dos poderes públicos.

c) documentos que compartilham a mesma diagramação, uma vez que seguem o padrão ofício.

d) expedientes utilizados para o tratamento de assuntos oficiais entre órgãos da administração pública e particulares.

e) correspondências usualmente remetidas por particulares a órgãos do serviço público.

COMENTÁRIOS

a) Comunicação entre unidades do mesmo órgão é o memorando.

b) O instrumento de comunicação entre os chefes dos poderes é a mensagem.

c) Aviso e ofício possuem diagramação semelhante. Creio ser cabível um recurso sobre essa questão, pois há pequenas distinções entre a diagramação dos dois documentos mencionados.

d) O aviso não pode ser enviado para particulares, apenas o ofício.

e) Um particular não pode expedir aviso.

Gabarito: C

295. (CESPE – Med Leg (PC PE)/PC PE/2016) Assunto: Ofício

Texto CG1A2AAA

SECRETARIA DE SEGURANÇA PÚBLICA
DELEGACIA-GERAL DE POLÍCIA CIVIL
GABINETE DO DELEGADO-GERAL

XXXX n.º 165/2016–GDG

Cidade X, 20 de abril de 2016.

À Ilustríssima Senhora
Senadora XXXXXX

Assunto: Encaminhamento de documento – Ofício n.º 167/XXXX

XXXXXXXX

Em resposta ao Ofício n.º 167/XXXX, encaminho a Sua Excelência o Ofício n.º 281/2016–IML e seus anexos, oriundos do nosso Instituto de Medicina Legal, que apresentam o número de mulheres submetidas a exame de corpo de delito neste estado.

Delegado-Geral de Polícia Civil do Estado XXX

Infere-se das informações presentes no documento apresentado no texto CG1A2AAA que esse documento é

a) uma exposição de motivos.

b) um ofício.

c) um aviso.

d) um memorando.

e) uma mensagem.

COMENTÁRIOS

a) Uma exposição de motivos deve ser assinada por um ministro.

b) O documento trata-se de um ofício de encaminhamento, haja vista o parágrafo de introdução da comunicação.

c) Um aviso não pode servir como texto de encaminhamento.

d) Caso fosse um memorando, não haveria espaço para indicação do local no início do documento.

e) Uma mensagem não segue a diagramação do padrão ofício.

Gabarito: B

---

296. (CESPE – Aud CE (TCE-PA)/TCE-PA/Procuradoria/2016) Assunto: Ofício

Em relação às finalidades dos textos oficiais, julgue o item seguinte.

O ofício é o documento adequado para o tratamento de assuntos oficiais pelos órgãos da administração pública entre si e também com particulares.

( ) Certo

( ) Errado

COMENTÁRIOS

Nessa questão, está descrita a definição da finalidade de um ofício, de acordo com o Manual de Redação da Presidência da República.

Gabarito: Certo

---

297. (CESPE – TA (ANVISA)/ANVISA/2016) Assunto: Ofício

Solicitamos a liberação para a exportação dos seguintes produtos biológicos humanos para análise no exterior: substâncias para diagnósticos e substâncias infecciosas.

Considerando que o trecho de texto apresentado anteriormente seja parte de um documento oficial hipotético (Xx/2016) enviado à ANVISA pela empresa particular, também hipotética, Biodiagnósticos Ltda. (BDL), julgue o item a seguir à luz do disposto no **Manual de Redação da Presidência da República** (MRPR) sobre a redação oficial.

Informações como o nome do órgão ou setor expedidor e o endereço postal devem constar no cabeçalho ou no rodapé do documento de resposta ao documento da BDL, sendo insuficiente sua menção apenas no envelope de endereçamento.

( ) Certo

( ) Errado

COMENTÁRIOS

Como se trata de um ofício, é necessário constar as informações do remetente no cabeçalho do documento ou no rodapé.

Gabarito: Certo

---

298. (CESPE – TA (ANVISA)/ANVISA/2016) Assunto: Ofício

Solicitamos a liberação para a exportação dos seguintes produtos biológicos humanos para análise no exterior: substâncias para diagnósticos e substâncias infecciosas.

Considerando que o trecho de texto apresentado anteriormente seja parte de um documento oficial hipotético (Xx/2016) enviado à ANVISA pela empresa particular, também hipotética, Biodiagnósticos Ltda. (BDL), julgue o item a seguir à luz do disposto no **Manual de Redação da Presidência da República** (MRPR) sobre a redação oficial.

Situação hipotética: A BDL enviou seu documento à autoridade incompetente para apreciar a solicitação nele constante e, por isso, a pessoa que o recebeu deve encaminhá-lo ao setor competente para as devidas providências. **Assertiva:** Nessa situação, o encaminhamento deverá ser feito por meio de ofício de encaminhamento entre os setores da ANVISA.

( ) Certo

( ) Errado

COMENTÁRIOS

Como se trata de encaminhamento de documentação entre setores, o correto é empregar um memorando, não um ofício.

Gabarito: Errado

---

299. (CESPE - Esp (FUNPRESP)/FUNPRESP/Jurídica/2016) Assunto: Memorando

Mem. 546/2016 – ConEx – FUNPRESP

Em 5 de janeiro de 2016.

À Senhora Diretora de Administração

Assunto: relatório de atividades

Sirvo-me da presente para encaminhar a Portaria n. 002/FUNPRESP – Exe/Presi, de 4/1/2016, através da qual Vossa Senhoria é designada para gestão do Contrato n. 001/2016.

Sem mais para o momento, subscrevo-me.

Atenciosamente,

João José
Secretário do Gabinete

A partir da comunicação hipotética apresentada, — Mem. 546/2016 – ConEx – FUNPRESP —, julgue o item a seguir com base no disposto no MRPR.

Tanto o tipo de expediente quanto a posição da numeração e da data do documento contrariam os requisitos do padrão ofício estabelecidos no MRPR.

( ) Certo

( ) Errado

COMENTÁRIOS

O tipo de expediente é um memorando (que deve ser empregado em comunicações internas) e está adequado aos preceitos do padrão ofício. Além disso é preciso rememorar que não se necessita da aposição do local na escrita do memorando, por se tratar de documentação de circulação interna.

Gabarito: Errado

---

300. (CESPE – Esp (FUNPRESP)/FUNPRESP/Jurídica/2016) Assunto: Memorando

Mem. 546/2016 – ConEx – FUNPRESP

Em 5 de janeiro de 2016.

À Senhora Diretora de Administração

Assunto: relatório de atividades

Sirvo-me da presente para encaminhar a Portaria n. 002/FUNPRESP – Exe/Presi, de 4/1/2016, através da qual Vossa Senhoria é designada para gestão do Contrato n. 001/2016.

Sem mais para o momento, subscrevo-me.

Atenciosamente,

João José
Secretário do Gabinete

A partir da comunicação hipotética apresentada, — Mem. 546/2016 - ConEx – FUNPRESP —, julgue o item a seguir com base no disposto no MRPR.

Na identificação do destinatário do referido documento, devem constar, além do nome, o cargo e o endereço da pessoa a quem a mensagem se dirige.

( ) Certo

( ) Errado

COMENTÁRIOS

Na identificação do destinatário de um documento, deve aparecer somente o cargo quando se tratar de um memorando. Apenas a critério de exceção seria possível colocar um destinatário híbrido com o cargo e o nome da autoridade. Nessa situação, a exigência é a de que haja mais de uma pessoa ocupando o mesmo cargo.

Gabarito: Errado

---

301. (CESPE – Tec (INSS)/INSS/2016) Assunto: Memorando

Com base no disposto no **Manual de Redação da Presidência da República**, julgue o próximo item.

O trecho seguinte é adequado para compor a parte inicial de um memorando.

Brasília, 2 de fevereiro de 2016.

À Senhora
Ana Silva
INSS
CEP 70070-946 – Brasília/DF

Assunto: Curso de aperfeiçoamento em atendimento ao público

( ) Certo

( ) Errado

COMENTÁRIOS

Destinatário está incorreto do ponto de vista da formalização da documentação oficial, pois não é necessário utilizar essa padronização, basta fazer a menção ao cargo do destinatário.

Gabarito: Errado

---

302. (CESPE – Ana (INSS)/INSS/2016) Assunto: Memorando

Com base no disposto no **Manual de Redação da Presidência da República**, julgue o item seguinte.

O trecho a seguir apresenta as seguintes características: concisão, clareza, objetividade e formalidade, sendo adequado para constituir parte de um memorando a ser enviado a autoridade com hierarquia igual ou inferior à do signatário.

Em resposta ao Mem. 001, informamos que a última reunião de alinhamento do Plano de Ação ocorreu no auditório da sede da DATAPREV, no dia 10 de março de 2016, com a presença do diretor de Gestão de Pessoas, do diretor de Saúde do Trabalhador e do auditor-geral.

Atenciosamente,

( ) Certo

( ) Errado

COMENTÁRIOS

Trata-se de um expediente de resposta a expediente anterior, sua formatação está correta, isenta de erros e com o fecho adequado.

Gabarito: Certo

303. (CESPE – Aux Leg (PC PE)/PC PE/2016) Assunto: Memorando

A respeito da finalidade e das características de um memorando, assinale a opção correta.

a) Por ser uma forma de comunicação eminentemente interna, o memorando tem caráter estritamente administrativo, não podendo ser utilizado para outros fins.

b) Para compor memorando expedido pelo diretor do serviço de medicina legal a um dos chefes de repartição desse serviço, estariam adequados o fecho e a identificação do signatário a seguir:

Atenciosamente,

(espaço para assinatura)
Nome
Diretor do Serviço de Medicina Legal

c) O memorando deve ser utilizado apenas nas situações em que não seja possível o uso de correio eletrônico.

d) Em memorando destinado ao secretário de defesa social do estado de Pernambuco, este deve ser evocado da seguinte forma:

A Sua Excelência o Senhor
Nome da pessoa a quem o expediente se destina
Secretário de Defesa Social do Estado de Pernambuco

e) Entre os elementos pré-textuais de um memorando deve constar o cabeçalho, com o nome do órgão, o endereço postal e o endereço de correio eletrônico do destinatário.

COMENTÁRIOS

a) A finalidade do memorando é genérica, independentemente do fato de ser um documento interno.

b) Como se trata de envio de comunicação de autoridade de hierarquia superior para autoridade de hierarquia inferior, o fecho está correto, bem como a identificação do signatário.

c) Não há restrição de utilização para o memorando em comparação com o correio eletrônico.

d) Não se emprega o pronome de tratamento no destinatário do memorando, apenas o cargo da autoridade.

e) Cabeçalho é item necessário ao ofício, não deve ser empregado no memorando.

Gabarito: B

304. (CESPE – Aud CE (TCE-PA)/TCE-PA/Educacional/2016) Assunto: Memorando

Mem. 23/2013–TC

Brasília, 15 de março de 2016.

Assunto: Aquisição de novos computadores.

Cumpre-me informar que, nos termos do plano de estratégia estabelecido na reunião do colegiado de fevereiro deste ano, solicitamos a Vossa Senhoria a tomada de orçamentos para a aquisição de novos equipamentos de informática para o Departamento de Recursos Humanos.

As especificações dos computadores deverão ser obtidas junto ao departamento de informática, e os orçamentos deverão ser apresentados na próxima reunião.

Abraços,

Senhor João da Silva

A partir do memorando hipotético apresentado, julgue o item que se segue com base nas normas do **Manual de Redação da Presidência da República** (MRPR).

Infere-se que o emissor e o destinatário do memorando apresentado ocupam cargo de mesma hierarquia, uma vez que essa modalidade de comunicação oficial é utilizada para estabelecer a comunicação entre unidades administrativas hierarquicamente idênticas, de órgãos distintos.

( ) Certo

( ) Errado

COMENTÁRIOS

Em primeiro lugar, os comunicadores poderiam ser de hierarquia semelhante, pois não há impedimento para o emprego do memorando. Além disso, esse documento deve ser empregado entre unidades administrativas do mesmo órgão, não de órgãos distintos.

Gabarito: Errado

305. (CESPE – Aud CE (TCE-PA)/TCE-PA/Procuradoria/2016) Assunto: Memorando

Com base no disposto no MRPR, julgue o item a seguir, que versam sobre correspondências oficiais.

O MRPR adota o memorando como padrão para a redação dos documentos oficiais.

( ) Certo

( ) Errado

COMENTÁRIOS

O padrão adotado é o ofício, não memorando.

Gabarito: Errado

---

306. (CESPE – Aux Tec CE (TCE-PA)/TCE-PA/Administrativa/2016) Assunto: Memorando

Mem. 123/2016-DCF

Em 22 de março de 2016.

Ao Sr. Diretor de Infraestrutura

Assunto: instalação de pontos de rede

1 Solicito a Vossa Senhoria verificar a viabilidade de instalar quatro pontos de rede na sala desta Diretoria.

2 A instalação desses pontos é necessária para dar prosseguimento às atividades desenvolvidas neste setor.

3 Certo de contar com as providências e com a atenção especial de Vossa Senhoria, antecipo meus agradecimentos e renovo protesto de elevada consideração.

Atenciosamente,

[nome do signatário]
[cargo do signatário]

Tendo como referência o documento hipotético apresentado, julgue o próximo item com base no disposto no **Manual de Redação da Presidência da República** (MRPR).

A identificação do destinatário, do assunto e do signatário está de acordo com o padrão ofício estabelecido no MRPR.

( ) Certo

( ) Errado

COMENTÁRIOS

O destinatário foi evocado pelo cargo (correto); o assunto indica o resumo do teor do documento (correto) e está correta a identificação do signatário.

Gabarito: Certo

307. (CESPE – TA (ANVISA)/ANVISA/2016) Assunto: Memorando

Solicitamos a liberação para a exportação dos seguintes produtos biológicos humanos para análise no exterior: substâncias para diagnósticos e substâncias infecciosas.

Considerando que o trecho de texto apresentado anteriormente seja parte de um documento oficial hipotético (Xx/2016) enviado à ANVISA pela empresa particular, também hipotética, Biodiagnósticos Ltda. (BDL), julgue o item a seguir à luz do disposto no **Manual de Redação da Presidência da República** (MRPR) sobre a redação oficial.

O documento enviado pela BDL é um memorando.

( ) Certo

( ) Errado

COMENTÁRIOS

Como se trata de documento enviado de uma empresa a um órgão da administração pública, o documento em apreço é um ofício de solicitação.

Gabarito: Errado

308. (CESPE – AJ (TRE PI)/TRE PI/Administrativa/2016) Assunto: Exposição de Motivos

Em relação à conceituação, à finalidade e aos aspectos estruturais e linguísticos das correspondências oficiais, assinale a opção correta.

a) O memorando é um expediente oficial de circulação interna ou externa.

b) Como não existe padrão definido para a estrutura das mensagens enviadas por meio de correio eletrônico, não há orientações acerca da linguagem a ser empregada nessas comunicações.

c) Informar o destinatário sobre determinado assunto, propor alguma medida e submeter projeto de ato normativo à consideração desse destinatário são alguns dos propósitos comunicativos da mensagem.

d) A exposição de motivos varia estruturalmente conforme sua finalidade comunicativa.

e) A situação comunicativa mediada pelo ofício é restrita aos ministros de Estado, estejam eles no papel de remetente ou de destinatário.

COMENTÁRIOS

a) O memorando não é de circulação externa.

b) A linguagem do correio eletrônico deve seguir o preceito do uso do padrão culto.

c) Esses são os propósitos comunicativos da exposição de motivos, não da mensagem.

d) Se for uma exposição informativa, possui apenas os elementos do padrão ofício; se for uma exposição propositória, deve conter o formulário apensado com as justificativas necessárias.

e) Essa é uma característica do aviso, não do ofício.

Gabarito: D

---

309. (CESPE – Aud CE (TCE-PA)/TCE-PA/Procuradoria/2016) Assunto: Exposição de Motivos

Em relação às finalidades dos textos oficiais, julgue o item seguinte.

A exposição de motivos é o expediente dirigido ao presidente ou ao vice-presidente da República, geralmente emitido por um ministro de Estado.

( ) Certo

( ) Errado

COMENTÁRIOS

Essa é a precisa definição do MRPR sobre a exposição de motivos. É o que se lê no título 4 do Manual de Redação da Presidência da República.

Gabarito: Certo

---

310. (CESPE – Ana (FUNPRESP)/FUNPRESP/Administrativa/2016) Assunto: Mensagem

Senhores Dirigentes de Recursos Humanos,

Encaminho, anexos, os procedimentos operacionais para a inclusão de parcela remuneratória percebida em razão do local de trabalho e do exercício de cargo ou função de confiança para servidor participante do plano de benefícios da FUNPRESP.

Esclareço que, até o desenvolvimento da funcionalidade específica no sistema, a inclusão das parcelas mencionadas somente será realizada pela unidade pagadora do servidor, e deverá ser utilizado o mesmo campo de desconto de PSS.

Atenciosamente,

Ana Maria
Coordenadora-Geral

No que se refere ao trecho de documento anteriormente apresentado, julgue os itens subsequentes com base no que dispõe o **Manual de Redação da Presidência da República** (MRPR).

O texto apresentado poderia ser adequadamente encaminhado como mensagem.

( ) Certo

( ) Errado

COMENTÁRIOS

Uma mensagem não possui fecho. Além disso, o assunto tratado é concernente aos chefes dos poderes.

Gabarito: Errado

---

311. (CESPE – TJ (TRE PE)/TRE PE/Apoio Especializado/Operação de Computadores/2016) Assunto: Mensagem

Considerando os interlocutores envolvidos em atos comunicativos mediados por textos oficiais, assinale a opção correta.

a) O aviso é a comunicação oficial que parte de um ministro de Estado e que se destina a autoridades de mesma hierarquia ou de hierarquia inferior.

b) O memorando medeia a comunicação entre unidades administrativas de um mesmo órgão pertencentes ao mesmo nível hierárquico ou a diferentes níveis hierárquicos.

c) O ofício tem como destinatário autoridade de mesma hierarquia que a autoridade remetente.

d) A exposição de motivos denominada interministerial é aquela que se dirige a mais de um ministro.

e) A mensagem é o expediente oficial de que se serve o presidente da República para comunicar-se com os ministros de Estado.

COMENTÁRIOS

a) O aviso é documentação que parte de ministro de Estado e tem como interlocutores autoridades de mesma hierarquia.

b) Como se trata de documentação interna, o memorando pode mediar assunto entre unidades de hierarquias distintas dentro do MESMO órgão.

c) Não há distinção hierárquica que sirva de critério para expedição ou recebimento de ofício.

d) Será dita *interministerial* quando houver dois ou mais ministros como signatários da comunicação.

e) A comunicação na mensagem é entre os chefes dos poderes, não entre o presidente e os ministros.

Gabarito: B

---

312. (CESPE – Aud CE (TCE-PA)/TCE-PA/Procuradoria/2016) Assunto: Mensagem

Em relação às finalidades dos textos oficiais, julgue o item seguinte.

A mensagem é um expediente de natureza informativa usado por todas as repartições públicas para comunicar-se com os cidadãos.

( ) Certo

( ) Errado

COMENTÁRIOS

Mensagem é documento restrito à comunicação entre os chefes dos poderes.

Gabarito: Errado

---

313. (CESPE – AJ (TRE PI)/TRE PI/Administrativa/2016) Assunto: Tópicos Variados do MRPR

No que se refere aos aspectos formais e linguísticos das correspondências oficiais definidos no **Manual de Redação da Presidência da República**, assinale a opção correta.

a) Nos textos de redação oficial, é proibido o emprego de linguagem técnica, de neologismos e de estrangeirismos.

b) Expedientes que tenham o presidente da República como emissor, embora não apresentem a identificação do signatário, trazem a sua assinatura.

c) A palavra **Respeitosamente** é adequada para figurar como fecho de uma comunicação oficial se o emissor e o receptor dessa comunicação forem autoridades de mesmo nível hierárquico.

d) No ofício, informações do remetente, tais como nome do órgão ou setor a que ele pertence, endereço postal, além de telefone e endereço de correio eletrônico, são facultativas, devendo, se presentes, constar do cabeçalho do documento.

e) Na identificação do destinatário do memorando, constam o nome e o cargo da pessoa a quem é dirigida a comunicação, diferentemente do recomendado pelo padrão ofício.

COMENTÁRIOS

a) Os três elementos podem ser empregados, desde que moderadamente.

b) Todos os documentos oficiais devem possui a identificação do signatário, menos os assinados pelo presidente da República.

c) Nesse caso, a forma correta seria "Atenciosamente".

d) Essas informações são obrigatórias, não facultativas para um ofício.

e) Na identificação do destinatário do memorando, deve-se empregar apenas o cargo da autoridade.

Gabarito: B

---

314. (CESPE – TJ (TRE PE)/TRE PE/Apoio Especializado/Operação de Computadores/2016) Assunto: Tópicos Variados do MRPR

Assinale a opção correta de acordo com as características formais e linguísticas dos documentos oficiais.

a) O envelope que traga comunicação oficial endereçada a um senador da República deverá ser preenchido conforme o modelo abaixo.

A Vossa Excelência o Senhor

Senador (nome do Senador)

Senado Federal

70165-900 Brasília – DF

b) O fecho adequado para figurar em uma comunicação oficial que parta de uma autoridade superior para uma autoridade inferior é Respeitosamente.

c) Em uma comunicação que tenha como destinatário o governador de um estado da Federação, o tratamento a ser-lhe dispensado deverá ser Vossa Excelência e o vocativo a ser empregado será Senhor Governador.

d) Em todas as comunicações oficiais, deve-se adotar, na identificação do signatário, o modelo abaixo.

Assinatura
Nome da autoridade que expede a comunicação oficial
Cargo da autoridade que expede a comunicação oficial

e) No exemplo Mem. 72/2015 – Setor de Compras, constam a identificação do tipo e número do expediente bem como informação referente ao órgão para o qual esse expediente se destina, qual seja, o Setor de Compras.

COMENTÁRIOS

a) O pronome foi empregado incorretamente. Deveria ser A Sua Excelência, uma vez que se trata do endereçamento da comunicação.

b) O fecho, nesse caso, deve ser "Atenciosamente", uma vez que parte do superior para o inferior.

c) O pronome dispensado para o Governador é Vossa Excelência, e o vocativo a ser empregado é Senhor Governador.

d) No caso de comunicações expedidas pelo presidente da República, não é coloca a identificação signatário.

e) O item "Setor de Compras" não indica o órgão a que se destina, mas sim o órgão que expede a documentação.

Gabarito: C

---

315. (CESPE – Ag Pol (PC PE)/PC PE/2016) Assunto: Tópicos Variados do MRPR

Ao Senhor
Antônio Santos
Avenida Beira Mar, n.º 5000
50.000-000 — Recife. PE

Considerando as informações apresentadas, assinale a opção correta.

a) As informações em apreço poderiam adequadamente compor o endereçamento designado no envelope de uma comunicação cujo destinatário fosse o governador do estado de Pernambuco, por exemplo.

b) As informações apresentadas poderiam constar de um aviso, uma vez que, nesse tipo de expediente, é necessário incluir, na identificação do destinatário, o endereço para onde a correspondência será remetida.

c) Caso essas informações constassem de um envelope de comunicação a ser enviada pela Secretaria de Defesa Social do Estado de Pernambuco para pessoa não pertencente ao órgão, a menção ao cargo do destinatário no envelope seria obrigatória.

d) Caso Antônio Santos fosse ministro da Defesa, o trecho Ao Senhor deveria ser substituído por **A Vossa Excelência**.

e) Tais informações são adequadas para compor o cabeçalho de um ofício.

COMENTÁRIOS

a) O endereçamento deveria conter a forma "A Sua Excelência" para introduzir o documento.

b) Não se inclui endereço do destinatário em avisos, apenas nos ofícios.

c) Não é possível saber se o destinatário seria detentor de algum cargo, o que inviabiliza a resposta.

d) A forma correta seria "A Sua Excelência", pois se trata de endereçamento.

e) O cabeçalho de um ofício é composto por informações do remetente, não do destinatário.

Gabarito: Anulada

---

316. (CESPE – Med Leg (PC PE)/PC PE/2016) Assunto: Tópicos Variados do MRPR

Texto CG1A2AAA

SECRETARIA DE SEGURANÇA PÚBLICA
DELEGACIA-GERAL DE POLÍCIA CIVIL
GABINETE DO DELEGADO-GERAL

XXXX n.º 165/2016–GDG

Cidade X, 20 de abril de 2016.

À Ilustríssima Senhora
Senadora XXXXXX

Assunto: Encaminhamento de documento – Ofício n.º 167/XXXX

XXXXXXXX

Em resposta ao Ofício n.º 167/XXXX, encaminho a Sua Excelência o Ofício n.º 281/2016–IML e seus anexos, oriundos do nosso Instituto de Medicina Legal, que apresentam o número de mulheres submetidas a exame de corpo de delito neste estado.

Delegado-Geral de Polícia Civil do Estado XXX

Para que o documento apresentado no texto CG1A2AAA atenda às normas estabelecidas no **Manual de Redação da Presidência da República** (MRPR) para a redação de comunicações oficiais, é necessário, entre outras alterações,

a) inserir o termo Cordialmente como fecho da comunicação, imediatamente antes da indicação do signatário do documento.

b) alinhar à esquerda a indicação do local e da data de emissão do expediente.

c) inserir o termo Senhor imediatamente antes da indicação do cargo do signatário — Delegado-Geral de Polícia Civil do Estado XXX.

d) substituir Ilustríssima por Vossa Excelência no campo em que constam as informações relativas à destinatária.

e) substituir Sua Excelência por Vossa Excelência no corpo do texto.

COMENTÁRIOS

a) Não se emprega o fecho "Cordialmente" em redação oficial.

b) O alinhamento de Local e Data é à direita.

c) Não é necessário inserir essa forma de tratamento na identificação do signatário, basta o cargo.

d) A forma correta seria "A Sua Excelência", sem o acento grave, aliás.

e) Como se trata de tratamento direto com a autoridade na composição do texto, a forma correta é "Vossa Excelência".

Gabarito: E

Redação Oficial – Questões de bancas variadas

01. (FGV – AL (SEN)/SEN/Apoio Técnico ao Processo Legislativo/Processo Legislativo/2008) Assunto: Partes e Diagramação (Padrão Ofício). *A questão refere-se ao Manual de Redação da Presidência da República e ao Manual de Elaboração de Textos do Senado Federal.*

Com base no Manual de Redação da Presidência da República, analise as afirmativas a seguir:

I. Tanto do aviso quanto do ofício devem constar do cabeçalho e do rodapé do ofício as seguintes informações do remetente: nome do órgão ou setor, endereço postal e telefone e endereço de correio eletrônico.

II. Seguindo o padrão ofício, não deve haver abuso no uso de negrito, itálico, sublinhado, letras maiúsculas, sombreado, sombra, relevo, bordas ou qualquer outra forma de formatação que afete a elegância e a sobriedade do documento.

III. Para facilitar a localização, os nomes dos arquivos devem ser formados da seguinte maneira: tipo do documento + número do documento + palavras-chave do conteúdo.

Assinale:

a) se apenas as afirmativas II e III estiverem corretas.

b) se apenas as afirmativas I e III estiverem corretas.

c) se apenas as afirmativas I e II estiverem corretas.

d) se todas as afirmativas estiverem corretas.

e) se nenhuma afirmativa estiver correta.

COMENTÁRIOS

I. dados como telefone e endereço de correio eletrônico não são necessários para aviso, apenas para ofício.

II. todos os destaques devem ser usados com cautela e com parcimônia, sem exageros que comprometam a estética do documento.

III. essa padronização é uma exigência do padrão ofício de diagramação dos documentos.

Gabarito: A

---

02. (FGV - AL (SEN)/SEN/Apoio Técnico e Administrativo/Administração/2008) Assunto: Partes e Diagramação (Padrão Ofício) *A questão refere-se ao Manual de Redação da Presidência da República e ao Manual de Elaboração de Textos do Senado Federal.*

A respeito do Padrão Ofício, conforme ensina o Manual de Redação da Presidência da República, analise as afirmativas a seguir.

I. Todos os tipos de documentos do Padrão Ofício devem ser impressos em papel ofício.

II. Para facilitar a localização, os nomes dos arquivos devem ser formados da seguinte maneira: tipo do documento + número do documento + palavras-chave do conteúdo.

III. Deve ser utilizada fonte do tipo Times New Roman de corpo 12 no texto em geral, 11 nas citações, e 10 nas notas de rodapé.

Assinale:

a) se todas as afirmativas estiverem corretas.

b) se somente as afirmativas I e III estiverem corretas.

c) se somente as afirmativas I e II estiverem corretas.

d) se somente as afirmativas II e III estiverem corretas.

e) se nenhuma afirmativa estiver correta.

COMENTÁRIOS

I. segundo o MRPR, os documentos oficiais devem ser impressos em papel A4.

II. essa é uma exigência do MRPR para os documentos do Padrão Ofício.

III. de acordo com o MRPR, na seção 3.2 (Forma e diagramação), essas são as especificações para a diagramação de documentos oficiais.

Gabarito: D

(CETRO – OfTransp (TJ RS)/TJ RS/Classe F/2012) Assunto: Partes e Diagramação (Padrão Ofício). Para se escrever um documento no padrão ofício, é necessário utilizar fonte do tipo "Times New Roman". Desse modo, assinale a alternativa que apresenta o trecho formatado com essa fonte.

a)

> A eficácia do sistema GPS foi confirmada pela lei de obrigatoriedade de rastreadores GPS, sendo equipamento de série de veículos novos a partir de 2009. Embora a finalidade seja diferente, rastreador via GPS é um item de segurança, para localização do veículo a distância (no caso de roubo ou simples localização), enquanto o navegador GPS é um equipamento para auxílio à navegação ao condutor do veículo.

b)

> A eficácia do sistema GPS foi confirmada pela lei de obrigatoriedade de rastreadores GPS, sendo equipamento de série de veículos novos a partir de 2009. Embora a finalidade seja diferente, rastreador via GPS é um item de segurança, para localização do veículo a distância (no caso de roubo ou simples localização), enquanto o navegador GPS é um equipamento para auxílio à navegação ao condutor do veículo.

c)

> A eficácia do sistema GPS foi confirmada pela lei de obrigatoriedade de rastreadores GPS, sendo equipamento de série de veículos novos a partir de 2009. Embora a finalidade seja diferente, rastreador via GPS é um item de segurança, para localização do veículo a distância (no caso de roubo ou simples localização), enquanto o navegador GPS é um equipamento para auxílio à navegação ao condutor do veículo.

d)

> A eficácia do sistema GPS foi confirmada pela lei de obrigatoriedade de rastreadores GPS, sendo equipamento de série de veículos novos a partir de 2009. Embora a finalidade seja diferente, rastreador via GPS é um item de segurança, para localização do veículo a distância (no caso de roubo ou simples localização), enquanto o navegador GPS é um equipamento para auxílio à navegação ao condutor do veículo.

e)

A eficácia do sistema GPS foi confirmada pela lei de obrigatoriedade de rastreadores GPS, sendo equipamento de série de veículos novos a partir de 2009. Embora a finalidade seja diferente, rastreador via GPS é um item de segurança, para localização do veículo a distância (no caso de roubo ou simples localização), enquanto o navegador GPS é um equipamento para auxílio à navegação ao condutor do veículo.

COMENTÁRIOS

a) essa é uma fonte caligráfica.

b) essa fonte é uma derivada da Arial.

c) essa é a fonte Times New Roman.

d) essa fonte é a Calibri.

e) essa é a fonte ComicSans MS.

Gabarito: C

---

03. (CESGRANRIO – TecRed (TCE-RO)/TCE-RO/2007) Assunto: Partes e Diagramação (Padrão Ofício). Analise as afirmações abaixo, sobre comunicações oficiais.

I. Memorandos e avisos têm finalidades diferentes; por conseguinte, seguem padrões de formatação bastante diferenciados.

II. No parágrafo de abertura, deve-se usar uma introdução formulaica, como "Cumpre-me informar que".

III. Além do nome e do cargo da pessoa a quem se destina a comunicação, nos ofícios deve constar também o endereço.

IV. Se não se tratar de encaminhamento, os parágrafos do texto devem ser enumerados, salvo nos casos em que eles sejam organizados em itens ou títulos e subtítulos.

Estão corretas, somente, as afirmações:

a) I e II

b) II e IV

c) III e IV

d) I, II e III

e) II, III e IV

COMENTÁRIOS

I. a formatação é semelhante, pois seguem o Padrão Ofício – com algumas ressalvas.

II. qualquer tipo de introdução fomulaica cristalizada e de jargão burocrático deve ser evitada.

III. no destinatário da comunicação, deve-se empregar o endereço da autoridade destinatária do documento, de acordo com o MRPR.

IV. no caso de um encaminhamento, o texto possuirá apenas um parágrafo. Nos demais casos, se houver mais de um parágrafo no texto, eles deverão ser enumerados – a menos que se trate de texto dividido em itens ou títulos e subtítulos (Alínea "e" da seção 3.1 do MRPR).

Gabarito: C

---

04. (CESGRANRIO – TecRed (TCE-RO)/TCE-RO/2007) Assunto: Partes e Diagramação (Padrão Ofício). As formas de apresentação de documentos de Padrão Ofício devem obedecer às normas a seguir, **EXCETO** uma.

Assinale-a.

a) Deve-se usar a fonte Times New Roman de corpo 12, no texto geral.

b) É obrigatório constar, a partir da segunda página, o número da página.

c) Os ofícios, memorandos e anexos destes poderão ser impressos em ambas as faces do papel.

d) O campo destinado à margem lateral esquerda terá, no mínimo, 2,0 cm de largura.

e) A impressão dos textos deve ser feita na cor preta em papel branco.

COMENTÁRIOS

a) de acordo com MRPR, usa-se fonte Times New Roman de corpo 12 no texto geral, 11 em citações e 10 em notas de rodapé.

b) segundo a formatação do MRPR, é preciso constar – a partir da segunda página – a numeração de páginas nos documentos oficiais.

c) podem ser impressos em ambas as faces, desde que seja empregado o recurso de "margens espelho".

d) o tamanho mínimo é de 3,0 cm de largura.

e) como padrão, deve-se imprimir em papel branco com tinta preta.

f) Gabarito: D

---

05. (CETRO – Ag Admin (Campinas)/Pref Campinas/2012) Assunto: Partes e Diagramação (Padrão Ofício). Sobre as partes do documento no padrão ofício, analise as assertivas abaixo.

I. Destinatário: o nome e o cargo da pessoa a quem é dirigida a comunicação. No caso do ofício, deve ser incluído também o endereço.

II. Deve conter a assinatura do autor da comunicação e identificação do signatário.

III. Deve conter local e data em que foi assinado, por extenso, com alinhamento à esquerda.

É correto o que se afirma em

a) I e II, apenas.

b) II e III, apenas.

c) I e III, apenas.

d) I, II e III.

COMENTÁRIOS

I. na estrutura de diagramação dos documentos oficiais, deve-se indicar o destinatário pelo nome e pelo cargo ocupado – à exceção do memorando, que indica apenas o cargo da autoridade. No caso do ofício, deve-se empregar também o endereço.

II. essa assertiva não está totalmente correta, embora a banca assim a tenha considerado. Um documento diagramado no Padrão Ofício deve conter a assinatura e a identificação do signatário, a menos que seja um documento assinado pelo Chefe do Poder Executivo, pois dispensa a identificação do signatário.

III. o alinhamento do local e da data deve ser à direita, não à esquerda.

Gabarito: A

---

06. (CESGRANRIO – Ana Amb (INEA)/INEA/Secretário Executivo/2008) Assunto: Partes e Diagramação (Padrão Ofício). A respeito de correspondência oficial, pode-se afirmar que:

I. há três tipos de expedientes que se diferenciam pela finalidade, mais do que pela forma: o ofício, o memorando e o aviso;

II. o texto deve apresentar, sem alteração, a seguinte estrutura: um parágrafo de abertura, que apresenta o assunto a ser tratado; um segundo parágrafo, em que o assunto é detalhado, e um último parágrafo para despedidas e saudações;

III. os parágrafos do texto de todas as correspondências devem ser obrigatoriamente numerados.

É(São) correta(s) **APENAS** a(s) afirmação(ões)

a) I

b) II

c) III

d) I e II

e) II e III

COMENTÁRIOS

a) na estrutura de diagramação dos documentos oficiais, deve-se indicar o destinatário pelo nome e pelo cargo ocupado – à exceção do memorando, que indica apenas o cargo da autoridade. No caso do ofício, deve-se empregar também o endereço.

b) essa assertiva não está totalmente correta, embora a banca assim a tenha considerado. Um documento diagramado no Padrão Ofício deve conter a assinatura e a identificação do signatário, a menos que seja um documento assinado pelo Chefe do Poder Executivo, pois dispensa a identificação do signatário.

c) o alinhamento do local e da data deve ser à direita, não à esquerda.

d) a forma de diagramação do aviso, do ofício e do memorando é semelhante; entretanto, a finalidade dos três documentos é distinta.

e) o texto de um documento oficial é dividido em três partes: introdução (apresentação do assunto), desenvolvimento (detalhamento do assunto) e conclusão (reiteração do posicionamento adotado). Isso quando não for um texto de mero encaminhamento; quando for, o necessário é empregar apenas o primeiro parágrafo.

f) serão numerados apenas se tiverem mais de um parágrafo e se esses parágrafos não estiverem divididos em itens ou subtítulos.

Gabarito: A

---

07. (CESGRANRIO – Ana Amb (INEA)/INEA/Secretário Executivo/2008) Assunto: Partes e Diagramação (Padrão Ofício). Dentre as indicações a seguir, qual está em DESACORDO com a diagramação característica de um documento do padrão ofício?

a) A fonte utilizada deve ser a *Times New Roman.*

b) A margem lateral direita deverá ter 1,5 cm.

c) A distância de cada parágrafo, em relação à margem esquerda, deve ser de 2,5 cm.

d) A margem lateral esquerda terá, no mínimo, 3,0 cm de largura.

e) O número da página é obrigatório desde a primeira página.

COMENTÁRIOS

a) de acordo com o MRPR, emprega-se em documentos oficiais a fonte Times New Roman.

b) a medida da margem lateral direita, para o padrão de diagramação da maioria dos documentos oficiais é 1,5 cm.

c) segundo o MRPR, essa é a distância padrão para a tabulação do parágrafo.

d) a distância mínima para a margem lateral esquerda é de 3,0 cm de largura.

e) a numeração de página é obrigatória apenas se houver mais de uma página e deve ser feita se houver mais de uma página no documento.

Gabarito: E

---

08. (CESGRANRIO – Ana Amb (INEA)/INEA/Secretário Executivo/2008) Assunto: Partes e Diagramação (Padrão Ofício). Sobre padronização dos documentos oficiais, pode-se afirmar que:

I. a impressão do texto, que deve ser em papel A-4, pode ser feita em qualquer cor de fonte, independente da cor do papel;

II. deve ser utilizado, preferencialmente, o formato RichText nos documentos de texto;

III. o nome dos arquivos deve ser formatado da seguinte maneira: palavras-chave + nº do documento.

É(São) correta(s) a(s) afirmativa(s)

a) I, apenas.

b) II, apenas.

c) III, apenas.

d) I e III, apenas.

e) I, II e III.

COMENTÁRIOS

I. o papel para os documentos oficiais deve ser A4, mas a cor da impressão sempre deve ser preta.

II. caso haja algum anexo em formato de texto, ele deve ser enviado em *RichText*, nas mensagens de correio eletrônico.

III. segundo a alínea "o" da seção 3.2 (Forma e diagramação) do MRPR, para facilitar a localização, os nomes dos arquivos devem ser formados da seguinte maneira:

tipo do documento + número do documento + palavras-chaves do conteúdo

Gabarito: B

---

09. (CESGRANRIO – Ana Amb (INEA)/INEA/Secretário Executivo/2008) Assunto: Partes e Diagramação (Padrão Ofício)

[Nome do órgão público]

[Endereço, telefones e *e-mail*]

Ofício nº XY Local e data

Destinatário: [Nome e cargo]

Assunto: [Especificação]

Senhor Diretor,

Texto

Um abraço de:

[nome]

[cargo]

Na estruturação do documento do tipo ofício apresentado acima, que aspecto precisa ser modificado?

a) A abertura, porque faltou um adjetivo mais afetivo, como "prezado".

b) A colocação de data, porque é suficiente o número do ofício.

c) O campo "destinatário", porque não há necessidade de especificação.

d) O campo "assunto", porque não há necessidade de explicitá-lo.

e) O fecho, porque está muito pessoal e não segue a padronização.

COMENTÁRIOS

a) o vocativo "prezado" não se emprega em redação oficial.

b) é preciso que haja a especificação da data de assinatura de um documento.

c) sempre deve haver a especificação do destinatário da comunicação.

d) obrigatoriamente, deve-se empregar o assunto da comunicação oficial.

e) há apenas dois fechos que podem ser empregados: atenciosamente e respeitosamente.

Gabarito: E

---

10. (IADES – AssAdm (MPE GO)/MPE GO/2013) Assunto: Partes e Diagramação (Padrão Ofício). Considerando o que há de comum quanto à forma entre os três tipos de expedientes – ofício, memorando e aviso –, assinale a alternativa correta.

a) É indispensável a presença do "assunto" para esses documentos.

b) Faz parte da estrutura desses documentos parágrafos de introdução e desenvolvimento.

c) Deve haver em todos esses documentos o destinatário, o fecho e a assinatura do autor da comunicação.

d) Os parágrafos do texto devem ser sempre numerados.

e) É obrigatória a todos os expedientes a redação da conclusão no texto do documento.

COMENTÁRIOS

a) o assunto é parte fundamental dos documentos do Padrão Ofício.

b) isso não ocorre necessariamente. Alguns documentos do Padrão Ofício (quando são de mero encaminhamento) necessitam apenas de introdução.

c) deve haver todos esses elementos em todos os documentos do Padrão Ofício.

d) só devem ser numerados se houver mais de um parágrafo e se não estiverem divididos em itens ou em títulos e subtítulos.

e) em expedientes de mero encaminhamento, não é necessário redigir a conclusão.

Gabarito: Anulada

---

11. (IADES – SecAssist (MPE GO)/MPE GO/2013) Assunto: Partes e Diagramação (Padrão Ofício). A respeito do que há de comum quanto à forma entre os três tipos de expedientes – ofício, memorando e aviso –, assinale a alternativa correta.

a) É dispensável a presença do "assunto" para esses documentos.

b) Devem estar contidos em todos esses documentos o destinatário, o fecho e a assinatura do autor da comunicação.

c) Os parágrafos do texto devem ser sempre numerados.

d) Com relação ao destinatário, é obrigatória a menção ao cargo, mas proibida a inclusão do nome e endereço, para caracterização da objetividade dos três expedientes.

e) São obrigatórios a todos esses expedientes a introdução e o parágrafo de abertura do documento, partes distintas da estrutura textual.

COMENTÁRIOS

a) o assunto deve ser inserido em todos esses documentos.

b) deve haver todos esses elementos em todos os documentos do Padrão Ofício.

c) só devem ser numerados se houver mais de um parágrafo e se não estiverem divididos em itens ou em títulos e subtítulos.

d) na formatação de documentos do Padrão Ofício (em Avisos e Ofícios) é necessário especificar o endereço da autoridade.

e) a introdução é, na verdade, o parágrafo de abertura; logo os dois elementos não são partes distintas do mesmo documento.

Gabarito: B

---

12. (CESGRANRIO – Tec (FINEP)/FINEP/Apoio Administrativo/2011) Assunto: Partes e Diagramação (Padrão Ofício). Estão corretas as seguintes normas de diagramação dos documentos do padrão ofício, **EXCETO**:

a) Deve ser utilizada fonte do tipo *Times New Roman* de corpo 12 no texto em geral.

b) As citações e notas de rodapé deverão vir igualmente em fonte *Times New Roman* de corpo 12.

c) Para símbolos não existentes na fonte *Times New Roman*, poder-se-ão utilizar as fontes *Symbol* e *Wingdings*.

d) É obrigatório constar, a partir da segunda página, o número da página.

e) Os ofícios, memorandos e anexos destes poderão ser impressos em ambas as faces do papel.

COMENTÁRIOS

a) o texto em geral deve ser de corpo 12 na fonte do tipo *Times New Roman* (seção 3.2 do MRPR).

b) citações devem vir em corpo 11, e notas de rodapé devem vir em corpo 10.

c) essas são as únicas fontes possíveis de aplicar, caso não seja possível usar a Times New Roman.

d) caso haja mais de uma página, deve constar no documento – a partir da segunda página – a numeração de páginas (Seção 3.2 do MRPR).

e) de acordo com a alínea "d" da seção 3.2 do MRPR, essa informação é válida.

Gabarito: B

---

13. (CESGRANRIO – Tec (FINEP)/FINEP/Apoio Administrativo/2011) Assunto: Partes e Diagramação (Padrão Ofício). Ao ser feito o encaminhamento de um documento oficial, é opcional a(o)

a) introdução feita por quem está encaminhando.

b) referência ao número do documento que está sendo encaminhado.

c) data do documento original.

d) identificação do remetente do documento original.

e) acréscimo de comentários finais da pessoa que encaminha o documento.

COMENTÁRIOS

a) a introdução é sempre feita por quem encaminha o documento.

b) deve-se sempre fazer referência ao expediente que solicitou a remessa do documento.

c) na especificação do documento, é necessário fazer menção à data do documento original.

d) de acordo com o MRPR, a introdução do documento de encaminhamento "deve iniciar com referência ao expediente que solicitou o encaminhamento. Se a remessa do documento não tiver sido solicitada, deve iniciar com a informação do motivo da comunicação, que é *encaminhar*, indicando a seguir os dados completos do documento encaminhado (tipo, data, origem ou signatário, e assunto de que trata), e a razão pela qual está sendo encaminhado".

e) os comentários finais são facultativos em documentos de mero encaminhamento.

Gabarito: E

14. (VUNESP – TSA (PROCON SP)/PROCON SP/2013) Assunto: Partes e Diagramação (Padrão Ofício). De acordo com o Manual de Redação da Presidência da República, os documentos do padrão ofício devem ser digitados utilizando-se a fonte

a) *Times New Roman.*

b) *Arial.*

c) *Verdana.*

d) *Courier New.*

e) *Calibri.*

COMENTÁRIOS

a) essa é a fonte exigida para o corpo do texto, segundo o MRPR.

b) essa fonte não deve ser empregada em redação oficial.

c) essa fonte não deve ser empregada em redação oficial.

d) essa fonte não deve ser empregada em redação oficial.

e) essa fonte não deve ser empregada em redação oficial.

Gabarito: A

15. (CONSULPLAN – Ana (COFEN)/COFEN/Comunicação Social II/2011) Assunto: Partes e Diagramação (Padrão Ofício). Analise as afirmativas correlatas:

I. "Há três tipos de correspondências oficiais – ofício, aviso e memorando – que se distinguem mais pela finalidade do que pela forma."

II. "Nas correspondências oficiais – ofício, aviso e memorando – não podem faltar, entre outras, as seguintes informações: data, local, tipo e número do expediente, assunto etc."

Assinale a alternativa correta:

a) Ambas as afirmativas estão incorretas.

b) Apenas a afirmativa **I** está correta.

c) As duas afirmativas estão parcialmente corretas.

d) Apenas a afirmativa **II** está correta.

e) Ambas as afirmativas estão corretas.

COMENTÁRIOS

I. a forma das três comunicações é semelhante, pois segue (para os três expedientes) o Padrão Ofício de diagramação.

II. como se trata de comunicações que seguem o Padrão Ofício, os elementos como data, local, tipo e número do expediente e assunto são imprescindíveis.

Gabarito: E

---

16. (CONSULPLAN – PSA (CFN)/CFN/Assistente Administrativo/2011) Assunto: Partes e Diagramação (Padrão Ofício). Com relação ao expediente do padrão ofício, é correto afirmar que se deve:

a) Tratar todas as ideias em um único parágrafo.

b) Colocar a numeração dos parágrafos de acordo com a alínea paragrafal.

c) Numerar os parágrafos, seguindo a margem direita do texto.

d) Redigir todo o texto em apenas dois parágrafos.

e) Numerar todos os parágrafos à exceção do primeiro e do último.

COMENTÁRIOS

a) cada ideia deve ser desenvolvida em um parágrafo particular.

b) a numeração deve seguir a sequência dos parágrafos pelo recuo da tabulação apenas (o que tornou essa questão nula foi a menção à alínea.

c) a numeração deve ser feita à esquerda dos parágrafos.

d) não há um limite de parágrafos para desenvolver o texto.

e) todos os parágrafos do texto devem ser numerados.

Gabarito: Anulada

---

17. (FGV – InspPol (PC RJ)/PC RJ/2008) Assunto: Partes e Diagramação (Padrão Ofício). Com base no Manual de Redação da Presidência da República, analise as afirmativas a seguir:

I. Há somente dois fechos diferentes para todas as modalidades de comunicação oficial: "atenciosamente" e "respeitosamente".

II. Nas comunicações oficiais fica proibido o uso de negrito, itálico, sublinhado, letras maiúsculas, sombreado, sombra, relevo, bordas ou qualquer outra forma de formatação que afete a elegância e a sobriedade do documento.

III. Para facilitar a localização, os nomes dos arquivos devem ser formados da seguinte maneira: tipo do documento + número do documento + palavras-chaves do conteúdo.

Assinale:

a) se somente as afirmativas I e II estiverem corretas.

b) se somente as afirmativas II e III estiverem corretas.

c) se somente as afirmativas I e III estiverem corretas.

d) se todas as afirmativas estiverem corretas.

e) se nenhuma afirmativa estiver correta.

COMENTÁRIOS

I. todas as modalidades de comunicação positivadas no MRPR recebem apenas dois fechos "atenciosamente" (hierarquia igual ou inferior à do remetente) e "respeitosamente" (hierarquia superior à do remetente).

II. os destaques da seguinte natureza: *negrito, itálico, sublinhado, letras maiúsculas* podem ser empregados em comunicação oficial, desde que não em demasia ou em desacordo com as regras propostas no MRPR.

III. a alínea "o" da seção 3.2 doutrina que "para facilitar a localização, os nomes dos arquivos devem ser formados da seguinte maneira: tipo do documento + número do documento + palavras-chaves do conteúdo.

Gabarito: C

---

18. (FUNCAB – Ad Adm (SESACRE)/SESACRE/2014) Assunto: Partes e Diagramação (Padrão Ofício). O tipo e o número do expediente, seguidos da sigla do órgão que o expede devem estar contidos:

a) em memorandos, em ofícios e em avisos.

b) somente em cartas.

c) somente em ofícios.

d) somente em memorandos.

e) somente em avisos.

COMENTÁRIOS

a) essa identificação do documento (tipo, número e órgão) deve vir em todos os documentos do Padrão Ofício, o que engloba aviso, ofício e memorando (além da exposição de motivos).

b) essa identificação do documento (tipo, número e órgão) deve vir em todos os documentos do Padrão Ofício, o que engloba aviso, ofício e memorando (além da exposição de motivos).

c) essa identificação do documento (tipo, número e órgão) deve vir em todos os documentos do Padrão Ofício, o que engloba aviso, ofício e memorando (além da exposição de motivos).

d) essa identificação do documento (tipo, número e órgão) deve vir em todos os documentos do Padrão Ofício, o que engloba aviso, ofício e memorando (além da exposição de motivos).

e) essa identificação do documento (tipo, número e órgão) deve vir em todos os documentos do Padrão Ofício, o que engloba aviso, ofício e memorando (além da exposição de motivos).

Gabarito: E

---

19. (FGV – ADP (DPE RO)/DPE RO/Analista em Redação/2015) Assunto: Partes e Diagramação (Padrão Ofício). **NÃO** consta do padrão ofício de redação oficial, segundo o Manual de Redação da Presidência da República:

a) tipo e número do expediente, seguidos da sigla do órgão que o expede;

b) identificação numérica do cargo e função do emissor do documento;

c) local e data do documento;

d) resumo do conteúdo da mensagem;

e) nome e cargo da pessoa a quem é dirigida a comunicação.

COMENTÁRIOS

a) esses itens são obrigatórios na diagramação de documentos do Padrão Ofício.

b) não é necessária a identificação numérica do cargo e da função do emissor do documento.

c) local e data são obrigatórios e devem vir alinhados à direita do documento.

d) o resumo do conteúdo da mensagem é o item "assunto", que deve aparecer antes de o texto ser iniciado.

e) trata-se do destinatário, elemento fundamental para a estruturação do documento.

Gabarito: B

---

20. (CETRO – TA (ANVISA)/ANVISA/2010) Assunto: Aviso. Leia as afirmações abaixo.

I. A diferença entre o aviso e o ofício é que o primeiro é expedido exclusivamente por Ministros de Estado, para autoridades de mesma hierarquia, ao passo que o segundo é expedido para e pelas demais autoridades.

II. A diferença entre o aviso e o ofício é que este é expedido exclusivamente por Ministros de Estado, para autoridades de mesma hierarquia, ao passo que aquele é expedido para e pelas demais autoridades.

III. Aviso e ofício têm como finalidade o tratamento de assuntos oficiais pelos órgãos da Administração Pública entre si.

IV. O aviso também permite o tratamento de assuntos oficiais pelos órgãos da Administração Pública com particulares.

É correto o que se afirma em

a) I e III, apenas.

b) I e IV, apenas.

c) II e III, apenas.

d) II e IV, apenas.

e) III e IV, apenas.

COMENTÁRIOS

I. afirmação correta, de acordo com a seção 3.3.1 do MRPR. Essa é precisamente a definição que o Manual apresenta.

II. a sentença está incorreta, em razão do mau emprego do pronome demonstrativo. A palavra "este" está retomando "ofício"; a palavra "aquele" está retomando "aviso"; ou seja, houve uma inversão dos conceitos nessa assertiva.

III. a finalidade comunicativa desses documentos é sempre o tratamento de assuntos de natureza oficial.

IV. o destinatário do aviso é sempre um Ministro ou uma autoridade de hierarquia comparada à de Ministro.

Gabarito: A

21. (FUNCAB - Ad Adm (SESACRE)/SESACRE/2014) Assunto: Aviso. Aviso e ofício são modalidades de comunicação oficial praticamente idênticas. A diferença entre eles é que:

a) ambos são expedidos por qualquer servidor público para autoridades de mesma hierarquia; mas ofício é expedido também para comunicações com particulares.

b) ambos são expedidos por qualquer servidor público para autoridades de mesma hierarquia; mas aviso é expedido também para comunicações com particulares.

c) aviso é expedido exclusivamente por Ministros de Estados para autoridades de mesma hierarquia; ofício é expedido pelas e para as demais autoridades.

d) ambos têm como finalidade o tratamento de assuntos oficiais pelos órgãos da Administração Pública entre si, mas aviso pode ser expedido para particulares.

e) ofício é expedido exclusivamente por Ministros de Estados, para autoridades de mesma hierarquia; aviso é expedido pelas e para as demais autoridades.

COMENTÁRIOS

a) o erro da questão está em afirmar que ambos os documentos podem ser expedidos por qualquer servidor. O aviso pode ser expedido exclusivamente por Ministros de Estado.

b) o erro da questão está em afirmar que ambos os documentos podem ser expedidos por qualquer servidor. O aviso pode ser expedido exclusivamente por Ministros de Estado. Além disso, o aviso não pode ser enviado para particulares.

c) essa é a definição da prerrogativa de expedição dos documentos, de acordo com a seção 3.3.1 do MRPR.

d) o aviso não é expedido para particulares.

e) a alternativa trouxe uma inversão dos conceitos. O aviso é expedido por Ministros de Estados, ao passo que o ofício é expedido pelas demais autoridades.

Gabarito: C

22. (FGV - CO (SEN)/SEN/Consultoria e Assessoramento em Orçamentos/Assessoramento em Orçamentos/2008) Assunto: Ofício. *A questão refere-se ao Manual de Redação da Presidência da República e ao Manual de Elaboração de Textos do Senado Federal.*

Com base no Manual de Redação da Presidência da República, analise os itens a seguir:

I. Quanto a sua forma, aviso e ofício seguem o modelo do padrão ofício, com acréscimo do vocativo, que invoca o destinatário, seguido de vírgula.

II. Devem constar do cabeçalho ou do rodapé do ofício as seguintes informações do remetente: nome do órgão ou setor; endereço postal; telefone e endereço de correio eletrônico.

III. Aviso e ofício são modalidades de comunicação oficial praticamente idênticas. A única diferença entre eles é que o aviso é expedido exclusivamente por Ministros de Estado, para autoridades de mesma hierarquia, ao passo que o ofício é expedido para e pelas demais autoridades. Ambos têm como finalidade o tratamento de assuntos oficiais pelos órgãos da Administração Pública entre si e, no caso do ofício, também com particulares.

Assinale:

a) se somente os itens II e III estiverem corretos.

b) se somente os itens I e III estiverem corretos.

c) se nenhum item estiver correto.

d) se somente os itens I e II estiverem corretos.

e) se todos os itens estiverem corretos.

COMENTÁRIOS

I. um dos itens distintivos entre aviso, ofício e memorando é que os dois primeiros recebem o vocativo.

II. afirmação correta, de acordo com a seção 3.3.2 do Manual de Redação da Presidência da República.

III. essa assertiva traz especificamente o texto da seção 3.3.1 (Definição e finalidade) relativa a aviso e ofício, portanto, item correto.

Gabarito: E

---

23. (ESAF – ATA MF/MF/2012) Assunto: Ofício. Desconsiderando as medidas exatas a serem obedecidas, assinale o trecho inicial de um ofício que respeita as normas de redação de comunicados oficiais.

a)

Ofício n. 12345/MF Brasília, 23 de setembro de 2012   Ilustríssimo Senhor governador Pedro dos Anjos.

b)

Ofício n. 12345/MF
Brasília, 23 de setembro de 2012
Senhor Governador,

c)

Brasília, 23 de setembro de 2012
Ofício n. 12345/MF
Digníssimo Senhor Governador,
Dr. Pedro dos Anjos,

d)

Ofício n. 12345/MF
Brasília, 23 de setembro de 2012
Excelentíssimo Senhor Governador Pedro dos Anjos,

e)

Brasília, 23 de setembro de 2012
Ofício n. 12345/MF
Senhor Pedro dos Anjos, Mui digníssimo Governador do Estado.

COMENTÁRIOS

a) local e data devem aparecer com alinhamento à direita. O vocativo para um governador não pode ser "Ilustríssimo".

b) todos os itens estão na distribuição correta. Tipo, número e órgão expedidor alinhados à esquerda; local e data alinhados à direita; vocativo empregado corretamente.

c) houve a inversão da ordem dos elementos iniciais. Em primeiro lugar, deve vir a especificação do documento; em segundo lugar, deve vir a especificação de local e data. Além disso, não se emprega o termo "Digníssimo" em documentos oficiais.

d) tipificação do documento deve ser alinhada à esquerda; local e data devem ser alinhados à direita. Outro erro claro é o emprego de Excelentíssimo Senhor para um governador. O vocativo correto é "Senhor Governador".

e) deve-se proceder à inversão da ordem dos elementos de tipificação e localização. Além disso, não se emprega a forma "Mui digníssimo" em documentos oficiais.

Gabarito: B

---

24. (CETRO – TRVS (ANVISA)/ANVISA/Área 1/2013) Assunto: Ofício. De acordo com as regras de redação das comunicações oficiais, assinale a alternativa **incorreta**.

a) O aviso é expedido exclusivamente por Ministros de Estado para autoridades de mesma hierarquia.

b) Aviso e ofício têm, como finalidade, o tratamento de assuntos oficiais pelos órgãos da Administração Pública entre si.

c) O ofício, além de tratar de assuntos oficiais pelos órgãos da Administração Pública entre si, também trata com particulares.

d) Aviso e ofício são modalidades de comunicação oficial praticamente idênticas.

e) O destinatário das comunicações do Serviço Público é somente o conjunto dos cidadãos, ou seja, o público.

COMENTÁRIOS

a) correto, de acordo com a seção 3.3.1 do Manual de Redação da Presidência da República.

b) os assuntos são entre os órgãos da Administração Pública e, no caso do ofício, pode haver o tratamento de assuntos entre a Administração Pública e Particulares.

c) é possível também que a Administração Pública use um ofício para tratar de assuntos com os particulares. Na verdade, trata-se da única modalidade de comunicação que pode se prestar a esse fim.

d) são praticamente idênticas, de acordo com o MRPR. Há, com efeito, duas distinções: o ofício recebe informações sobre o remetente no cabeçalho ou no rodapé, e o aviso pode ser expedido exclusivamente por Ministros de Estado.

e) item errado, porque o destinatário primeiro das comunicações é a própria Administração Pública; em segundo caso apenas, o conjunto dos cidadãos.

Gabarito: E

---

25. (ESAF – ATA MF/MF/2014) Assunto: Ofício. Um ofício fictício está fragmentado nas cinco opões abaixo. Desconsiderando a fonte do tipo e espaçamentos em geral, assinale a opção que respeita a normatização do padrão de documentos oficiais.

a)

> TIMBRE de IDENTIFICAÇÃO
> do ÓRGÃO EMISSOR
>
> Ofício No. 123/2014/DDPSR/CE
>
> Fortaleza, 4 de março de 2014

b)

> Excelentíssimo senhor presidente da câmara de vereadores de Fortaleza,
>
> Dr. Beltrano da Silva Sicrano.

c)

> Assunto: informações sobre colaboradores
>
> Digníssimo Senhor Sicrano,

d)

> 1. Em resposta às informações solicitadas no Ofício 333/ CV/ GECE/2014, de 10 de fevereiro de 2014, cumpre-nos a honra de encaminhar, em anexo, a Instrução Normativa 44, da Procuradoria da República, que passou a nortear a aquisição de passagens aéreas para colaboradores de todo e qualquer órgão público.
>
> 2. Informamos, outrossim, que os gestores responsáveis estarão sujeitos as auditorias e penalidades decorrentes, caso de descumprimento de algum dos itens elencados.

e)

> 3. Chamamos especial atenção para a data que a referida I.N. entrou em vigor: 31 de janeiro de 2014.
>
> 4. Sem mais para o momento, colocamo-nos ao seu dispor, com renovados protestos de estima e consideração.
>
> Atenciosamente,
>
> 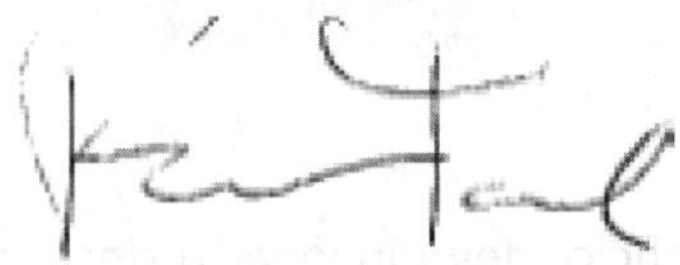
>
> Fulano de Tal
>
> Diretor de Normas

COMENTÁRIOS

a) essa opção respeita a normatização, pois possui os dados do remetente no cabeçalho do documento. Além disso, a tipificação e a localização com a devida data estão nos lugares corretos.

b) não se emprega o vocativo "Excelentíssimo Senhor" para presidente da câmara de vereadores.

c) não se emprega o termo "Digníssimo" em comunicações oficiais.

d) não se emprega qualquer tipo de expressão de natureza particular em comunicações oficiais. Portanto, o segmento "compre-nos a honra" está inadequado à redação oficial.

e) o parágrafo de encerramento que aparece no item (sem mais para o momento...) é prolixo e está inadequado em relação ao princípio da concisão comunicativa.

Gabarito: A

---

26. (IADES – TJ (PGDF)/PGDF/Apoio Administrativo/2011) Assunto: Ofício. A forma dos atos administrativos obedece a normas regedoras das comunicações escritas das repartições públicas. A redação é padronizada. Assinale a alternativa incorreta a respeito do ato administrativo Ofício.

a) O vocativo, que invoca o destinatário, deve ser seguido de vírgula.

b) Quando o texto contiver mais de uma ideia sobre o assunto, elas devem ser tratadas cada uma em um parágrafo.

c) As comunicações dirigidas a autoridades estrangeiras que atendem a rito e tradição próprios são feitas de acordo com as determinações do país de origem a quem a comunicação é destinada.

d) Se tiver duas ou mais páginas podem-se usar todas elas em frente e verso, desde que se faça as alterações específicas na diagramação a partir da segunda página.

e) O parágrafo do fecho não pode ser numerado. Ele possui a finalidade de marcar o final do texto e de saudar o destinatário.

COMENTÁRIOS

a) o vocativo, presente no ofício, deve invocar o destinatário da comunicação e ser sucedido de vírgula.

b) de acordo com o MRPR, cada ideia distinta deve ser tratada em um parágrafo distinto.

c) a determinação para o envio de comunicação a autoridades estrangeiras é determinada (na redação oficial brasileira) é dada pelo Manual de Redação do Ministério das Relações Exteriores.

d) as alterações em questão são relativas à configuração das margens da página, o que se chama "margem espelho". Desse modo, é possível usar o verso e o anverso de todas as páginas.

e) as numerações são apenas para parágrafos do texto, os demais elementos não recebem enumeração.

Gabarito: C

---

27. (CESGRANRIO – Tec (PETRO)/PETROBRAS/Administração e Controle Júnior/2012) Assunto: Ofício. As características de um ofício são as relacionadas a seguir, **EXCETO**

a) especificar o assunto.

b) indicar o local e a data à direita.

c) trazer o número do documento à esquerda.

d) dirigir-se ao destinatário por vocativo, seguido de vírgula.

e) apresentar afastamento de 4,0 cm para início do parágrafo.

COMENTÁRIOS

a) deve aparecer o assunto antes do vocativo.

b) faz parte da estrutura do ofício, conforme se recomenda no MRPR.

c) isso faz parte da tipificação do documento, que deve ser seguida do órgão expedidor do documento.

d) o vocativo deve invocar o destinatário da comunicação e ser seguido de vírgula.

e) o afastamento para tabulação de início de parágrafo é de 2,5 cm.

Gabarito: E

---

28. (CONSULPLAN – Ana (COFEN)/COFEN/Comunicação Social II/2011) Assunto: Ofício. Que instrumento de comunicação oficial tem por finalidade o tratamento de assuntos oficiais pelos organismos da Administração Pública, do terceiro setor e particulares que, além do padrão ofício, seguido por grande parte das comunicações oficiais, invoca o destinatário, seguido de vírgula e no cabeçalho ou no rodapé possui configurados o nome do órgão ou setor, endereço postal, telefone e endereço de correio eletrônico?

a) Ofício.

b) Aviso.

c) Memorando.

d) Relatório.

e) Declaração.

COMENTÁRIOS

a) a especificação do comando da questão é relacionada ao ofício.

b) o aviso é expedido exclusivamente por Ministros de Estado para autoridades de mesma hierarquia ou hierarquia semelhante. Não há cabeçalho nem rodapé com informações sobre o remetente.

c) o memorando é um expediente interno, usado para tratar de comunicação de assuntos simples. Sua estrutura não necessita de vocativo e não possui informações do remetente do cabeçalho e no rodapé.

d) ensina o Manual de Redação da Câmara dos Deputados que relatório *é o relato expositivo, detalhado ou não, do funcionamento de uma instituição, do exercício de atividades ou acerca do desenvolvimento de serviços específicos num determinado período.*

e) o Manual de Redação da Câmara dos Deputados doutrina que declaração é *o documento em que se informa, sob responsabilidade, algo sobre pessoa ou acontecimento.*

Gabarito: A

29. (CONSULPLAN – Tec (COFEN)/COFEN/Administrativo/2011) Assunto: Ofício. Tipo de correspondência muito utilizada nos órgãos públicos. Originalmente, é uma correspondência oficial, podendo ser usada também por empresas, clubes e associações e, ainda, atualmente, como correspondência protocolar entre as entidades públicas ou particulares:

a) Ata.

b) Telegrama.

c) Carta.

d) Memorando.

e) Ofício.

COMENTÁRIOS

a) trata-se do registro de decisões, discussões ou debates, provenientes de reuniões, sessões e conselhos.

b) trata-se de correspondência pouco usada (devido a seu custo), que visa transmitir informações essenciais de maneira rápida, quando não se tem acesso aos recursos da tecnologia atual.

c) trata-se de uma correspondência que não é necessariamente oficial, empregada para o trato de qualquer assunto entre quaisquer comunicantes.

d) o memorando é um expediente interno, usado para tratar de comunicação de assuntos simples. Sua estrutura não necessita de vocativo e não possui informações do remetente do cabeçalho e no rodapé.

e) o comando da questão é a definição de um ofício.

Gabarito: E

30. (VUNESP – Tec (PRODEST)/PRODEST/Organizacional/Administrativa/2014) Assunto: Ofício. Considerando-se as qualidades da linguagem de correspondências oficiais, em um ofício dirigido a um Ministro de Estado, a introdução deve começar com a seguinte formulação:

a) Tenho a honra de humildemente me reportar...

b) Cumpre-me informar que...

c) Com respeito, venho informar Sua Excelência de que...

d) Submeto à apreciação de Vossa Excelência...

e) Informo a Vossa Senhoria que...

COMENTÁRIOS

a) essa expressão não deve ser usada por se tratar de jargão de senso comum.

b) outro jargão de comunicação antiquada.

c) não é preciso mencionar que se vem "com respeito" no início de uma comunicação.

d) essa expressão está impessoal, concisa, coesa e correta. Portanto, pode ser empregada.

e) o erro está no emprego do pronome de tratamento, o qual deveria ser "Vossa Excelência".

Gabarito: D

---

31. (CESGRANRIO – Ag Adm (TCE-RO)/TCE-RO/2007) Assunto: Memorando. Analise a parte inicial de um memorando enviado pelo Departamento Administrativo para o Departamento de Recursos Humanos.

Memo DA Porto Velho, 2 de abril de 2007

Ao Sr. Diretor do Departamento de Recursos Humanos

Assunto: Férias coletivas

Que problema é observado na parte inicial desse memorando?

a) O nome do destinatário deve ser incluído.

b) O número do memorando deve ser indicado.

c) A data deve vir por extenso.

d) A palavra "memorando" não deve ser abreviada.

e) A data deve constar no final do memorando e não no início.

COMENTÁRIOS

a) o vocativo do memorando é composto pelo cargo da autoridade somente, a menos que haja mais de uma pessoa ocupando o mesmo cargo.

b) na tipificação do documento, é necessário indicar o seu número, a fim de facilitar a identificação.

c) a data só deve vir por extenso quando se tratar de ata.

d) convencionou-se abreviar o tipo do documento em sua tipificação inicial.

e) a data deve aparecer com alinhamento à direita, logo após a tipificação do documento.

Gabarito: B

32. (CETRO - TA (ANA)/ANA/2012) Assunto: Memorando. Modalidade oficial de comunicação entre unidades administrativas de um mesmo órgão, que podem estar hierarquicamente em mesmo nível ou em nível diferente. Trata-se, portanto, de uma forma de comunicação eminentemente interna cuja principal característica é a agilidade. A descrição se refere ao(à)

a) aviso.

b) memorando.

c) ofício.

d) carta.

e) *e-mail.*

COMENTÁRIOS

a) o aviso só será feito entre autoridades de mesmo nível hierárquico, a saber Ministros de Estado.

b) o memorando é uma comunicação interna entre unidades administrativas de um mesmo órgão, marcada pela agilidade e por poder ser empregada entre autoridades de hierarquias distintas.

c) o ofício é eminentemente externo.

d) a carta não é necessariamente uma modalidade de comunicação oficial, a menos que seja uma carta-circular.

e) o e-mail não possui uma finalidade específica, segundo o MRPR, logo, não é possível afirmar que seja um tipo de comunicação eminentemente interna.

Gabarito: B

33. (CETRO - Ag Admin (Campinas)/Pref Campinas/2012) Assunto: Memorando. Sobre o memorando, marque V para verdadeiro ou F para falso e, em seguida, assinale a alternativa que apresenta a sequência correta.

( ) É a modalidade de comunicação entre unidades administrativas de um mesmo órgão, que podem estar hierarquicamente em mesmo nível ou em níveis diferentes.

( ) Trata-se de uma forma de comunicação eminentemente interna.

( ) Pode ter caráter meramente administrativo, ou ser empregado para a exposição de projetos, ideias, diretrizes etc. a serem adotados por determinado setor do serviço público.

a) V/ F/ V

b) F/ F/ F

c) F/ V/ V

d) V/ V/ V

COMENTÁRIOS

I. como se trata de comunicação interna de determinado órgão, a comunicação é realizada entre diferentes unidades administrativas (em mesma hierarquia ou em hierarquias distintas).

II. de acordo com o MRPR, o memorando é expediente eminentemente interno.

III. essas são as finalidades primeiras do memorando, de acordo com o MRPR.

Gabarito: D

---

34. (CESGRANRIO – Tec (FINEP)/FINEP/Apoio Administrativo/2011) Assunto: Memorando. O formato de um memorando deve ter a seguinte característica de acordo com as normas oficiais vigentes:

a) o afastamento do texto deve ser de 2,5 cm.

b) o campo **assunto** é obrigatório.

c) o texto deve ser posicionado a 7 cm da margem superior da página.

d) a data, opcional, deve ser colocada do lado esquerdo da página.

e) a entrada do parágrafo deve ser de 4 cm.

COMENTÁRIOS

a) o afastamento entre linhas é simples.

b) como se trata de estrutura do Padrão Ofício, o assunto é obrigatório.

c) não há essa obrigatoriedade para o memorando. O texto deve ser posicionado logo após o assunto.

d) a data jamais será opcional e, além disso, deve ser alocada à direita da página.

e) a entrada do parágrafo é de 2,5 cm.

Gabarito: B

35. (CONSULPLAN – Ad Adm (Sertaneja)/Pref Sertaneja/2010) Assunto: Memorando. De modo geral, o memorando deve buscar a celeridade da comunicação. Sua tramitação precisa ser simples, e os despachos que a ele se seguem devem ser dados no próprio documento ou, em caso de falta de espaço, em folha de continuação. É caracterizado como instrumento de comunicação entre servidores/empregados, unidades ou setores de:

a) Uma mesma instituição.

b) Instituições diferentes.

c) Lojas comerciais.

d) Instituições de Ensino.

e) Fábricas.

COMENTÁRIOS

a) como é comunicação interna, é usado entre unidades da mesma instituição.

b) para esse fim, seria usado o ofício.

c) lojas comerciais não se valem de comunicação oficial.

d) memorando não é restrito a Instituições de Ensino.

e) fábricas são de natureza particular, logo, dispensam a necessidade de formatação oficial na comunicação.

Gabarito: A

36. (FGV – AssTec (CODEBA)/CODEBA/Administrativo/2010) Assunto: Memorando. Quanto ao memorando, assinale a afirmativa **INCORRETA**.

a) O memorando é a modalidade de comunicação entre unidades administrativas de um mesmo órgão, que podem estar hierarquicamente em mesmo nível ou em níveis diferentes. Trata-se, portanto, de uma forma de comunicação eminentemente interna.

b) Pode ter caráter meramente administrativo, ou ser empregado para a exposição de projetos, ideias, diretrizes, etc. a serem adotados por determinado setor do serviço público.

c) Sua característica principal é a agilidade. A tramitação do memorando em qualquer órgão deve pautar-se pela rapidez e pela simplicidade de procedimentos burocráticos. Para evitar desnecessário aumento do número de comunicações, os despachos ao memorando devem ser dados no próprio documento e, no caso de falta de espaço, em folha de continuação.

d) O despacho no próprio documento permite formar uma espécie de processo simplificado, assegurando maior transparência à tomada de decisões e permitindo que se historie o andamento da matéria tratada no memorando.

e) Quanto à sua forma, o memorando segue o modelo do padrão ofício, com a diferença de que o seu destinatário deve ser mencionado pelo nome, sem menção ao cargo que ocupa.

COMENTÁRIOS

a) trata-se da definição de memorando, segundo o MRPR.

b) essa especificação de sua finalidade encontra-se no MRPR, na seção 3.4.1.

c) de acordo com o MRPR, seção 3.4.1, " sua característica principal é a agilidade. A tramitação do memorando em qualquer órgão deve pautar-se pela rapidez e pela simplicidade de procedimentos burocráticos. Para evitar desnecessário aumento do número de comunicações, os despachos ao memorando devem ser dados no próprio documento e, no caso de falta de espaço, em folha de continuação. Esse procedimento permite formar uma espécie de processo simplificado, assegurando maior transparência à tomada de decisões, e permitindo que se historie o andamento da matéria tratada no memorando."

d) trata-se do final da seção de definição de memorando, a qual aparece no MRPR.

e) o destinatário do memorando deve ser mencionado pelo cargo que ocupa e não pelo nome.

Gabarito: E

---

37. (FGV – AL (SEN)/SEN/Apoio Técnico e Administrativo/Tradução e Interpretação/2008) Assunto: Exposição de Motivos. *A questão refere-se ao Manual de Redação da Presidência da República e ao Manual de Elaboração de Textos do Senado Federal.*

Com base no que rege o Manual de Redação da Presidência da República acerca da exposição de motivos, analise as afirmativas a seguir:

I. Formalmente, a exposição de motivos tem a apresentação do padrão ofício.

II. A exposição de motivos, de acordo com sua finalidade, apresenta duas formas básicas de estrutura: uma para aquela que tenha caráter exclusivamente informativo e outra para a que proponha alguma medida ou submeta projeto de ato normativo.

III. No caso da exposição de motivos que simplesmente leva algum assunto ao conhecimento do Presidente da República, sua estrutura segue o modelo do padrão ofício, acompanhado da indicação de que medida adotar.

Assinale:

a) se apenas as afirmativas **I** e **III** estiverem corretas.

b) se nenhuma afirmativa estiver correta.

c) se todas as afirmativas estiverem corretas.

d) se apenas as afirmativas **I** e **II** estiverem corretas.

e) se apenas as afirmativas **II** e **III** estiverem corretas.

COMENTÁRIOS

I. item correto, de acordo com a seção 4.2 do MRPR, que versa sobre a Exposição de Motivos.

II. a de caráter informativo apresenta apenas as informações em um documento no Padrão Ofício. No caso de uma exposição de motivos de natureza propositória, além da informação a respeito do documento, deve haver um formulário apensado seguindo as exigências do MRPR.

III. uma vez que não se trata de documentação em que se propõe algo, não é necessário indicar a adoção de alguma medida.

Gabarito: D

---

38. (CETRO – TA (ANVISA)/ANVISA/2010) Assunto: Exposição de Motivos. Em relação à exposição de motivos, é correto afirmar que

a) nos casos em que o ato proposto for questão de pessoal (nomeação, promoção, ascensão, transferência, readaptação, reversão, aproveitamento, reintegração, recondução, remoção, exoneração, demissão, dispensa, disponibilidade, aposentadoria), é necessário o encaminhamento do formulário de anexo à exposição de motivos.

b) a síntese do parecer do órgão de assessoramento jurídico dispensa o encaminhamento do parecer completo.

c) o tamanho dos campos do anexo à exposição de motivos jamais pode ser alterado de acordo com a extensão dos comentários a serem ali incluídos, o que exige do redator objetividade e concisão.

d) é a principal modalidade de comunicação dirigida ao Presidente da República pelos Ministros.

e) é obrigatório o encaminhamento de cópia ao Congresso Nacional e ao Poder Judiciário, bem como a publicação no Diário Oficial da União.

COMENTÁRIOS

a) de acordo com a alínea "c" do item 8 sobre a Exposição de Motivos, "nos casos em que o ato proposto for questão de pessoal (nomeação, promoção, ascensão, transferência, readaptação, reversão, aproveitamento, reintegração, recondução, remoção, exoneração, demissão, dispensa, disponibilidade, aposentadoria), **não** é necessário o encaminhamento do formulário de *anexo à exposição de motivos*."

b) de acordo com o MRPR " a síntese do parecer do órgão de assessoramento jurídico **não** dispensa o encaminhamento do parecer completo".

c) de acordo com o MRPR "o tamanho dos campos do *anexo à exposição de* motivos pode ser alterado de acordo com a maior ou menor extensão dos comentários a serem ali incluídos".

d) a exposição de motivos é o tipo padrão de comunicação dirigido ao Presidente da República ou ao Vice-Presidente pelos Ministros.

e) segundo o MRPR, "Ao elaborar uma exposição de motivos, tenha presente que a atenção aos requisitos básicos da redação oficial (clareza, concisão, impessoalidade, formalidade, padronização e uso do padrão culto de linguagem) deve ser redobrada. A exposição de motivos é a principal modalidade de comunicação dirigida ao Presidente da República pelos Ministros. Além disso, **pode, em certos casos, ser encaminhada cópia ao Congresso Nacional ou ao Poder Judiciário ou, ainda, ser publicada no *Diário Oficial da União*, no todo ou em parte**."

Gabarito: D

---

39. (FGV – AL (SEN)/SEN/Comunicação Social, Eventos e Contatos/Analista de Produção Executiva/2008) Assunto: Mensagem. A questão refere-se ao Manual de Redação da Presidência da República e ao Manual de Elaboração de Textos do Senado Federal.

É o instrumento de comunicação oficial entre os Chefes dos Poderes Públicos, notadamente as comunicações enviadas pelo Chefe do Poder Executivo ao Poder Legislativo para informar sobre fato da Administração Pública; expor o plano de governo por ocasião da abertura de sessão legislativa; submeter ao Congresso Nacional matérias que dependem de deliberação de suas Casas; apresentar veto; enfim, fazer e agradecer comunicações de tudo quanto seja de interesse dos poderes públicos e da Nação.

Segundo o *Manual de Redação da Presidência da República*, a definição acima se refere a:

a) aviso.

b) ofício.

c) mensagem.

d) memorando.

e) exposição de motivos.

COMENTÁRIOS

a) aviso é comunicação entre Ministros de Estado e autoridades de mesma hierarquia.

b) ofício é comunicação genérica e eminentemente externa na comunicação oficial.

c) a mensagem é comunicação empregada entre os chefes dos poderes.

d) memorando é comunicação eminentemente interna entre unidades administrativas de um mesmo órgão.

e) exposição de motivos é comunicação entre Ministros de Estado e o Presidente ou o Vice-Presidente da República.

Gabarito: C

---

40. (FUNRIO – Ag Adm (MJ)/MJ/2009) Assunto: Mensagem. As mensagens que submetem ao Senado Federal a indicação de pessoas para ocuparem determinados cargos (magistrados dos Tribunais Superiores, Ministros do TCU, Presidentes e Diretores do Banco Central, Procurador-Geral da República, Chefes de Missão Diplomática etc.) têm em vista que a Constituição, no seu art. 52, incisos III e IV, atribui àquela Casa do Congresso Nacional competência privativa para aprovar a indicação. Essas mensagens devem estar acompanhadas

a) do curriculum vitae do indicado, devidamente assinado.

b) do histórico escolar do indicado, reconhecido em cartório.

c) da biografia profissional do indicado, organizada por autoridade.

d) do parecer de representante do governo, comprobatório da habilitação.

e) de exposição em vídeo com um resumo da carreira do indicado.

COMENTÁRIOS

a) item correto, de acordo com a alínea "c" da seção 5.1 do MRPR.

b) item não necessário.

c) item não necessário.

d) item não necessário.

e) item não necessário.

Gabarito: A

---

41. (CESGRANRIO – Ag Adm (TCE-RO)/TCE-RO/2007) Assunto: Telegrama, Fax e Correio Eletrônico. Uma das formas atuais de transmissão de documentos é o correio eletrônico, mas a mensagem somente terá valor documental se:

a) tiver certificação digital que ateste a identidade do remetente.

b) estiver com o campo de assunto preenchido.

c) for enviada com cópia para outros órgãos ou departamentos.

d) for enviada em horário comercial.

e) não implicar a resposta do remetente.

COMENTÁRIOS

a) a comprovação da identidade do remetente deve ser feita pela certificação digital, o que garante o valor documental do correio eletrônico.

b) o assunto não atesta a identidade do remetente.

c) enviar cópia para outros órgãos não atesta a identidade do remetente.

d) o horário de envio não atesta a identidade do remetente.

e) a implicação de resposta não atesta a identidade do remetente.

Gabarito: A

---

42. (FUNDEP – Ag SP (Uberada)/Pref Uberaba/Agente Administrativo/2016) Assunto: Atributos da Redação Oficial (impessoalidade, forma, concisão e clareza)

Com referência à redação oficial, assinale a alternativa **INCORRETA.**

a) A redação oficial é a maneira pela qual o Poder Público redige atos normativos e comunicações.

b) A redação oficial deve caracterizar-se pela impessoalidade, uso do padrão culto de linguagem, clareza, concisão, formalidade e uniformidade.

c) A publicidade e a impessoalidade, princípios fundamentais de toda administração pública, devem igualmente nortear a elaboração dos atos e comunicações oficiais.

d) A publicidade implica, pois, necessariamente, transparência e inteligibilidade.

COMENTÁRIOS

a) Essa alternativa contém a definição de redação oficial, constante no MRPR. Questão correta.

b) Esses são os princípios da redação oficial. Questão correta.

c) Esse é o respaldo legal das comunicações oficiais, com base no art. 37 da CF brasileira.

d) De acordo com o Manual de Redação da Presidência da República, *a publicidade implica, pois, necessariamente, clareza e concisão.* Na realidade, nota-se relativa falta de criatividade da banca examinadora nessa questão, pois apenas pegou uma frase do MRPR e trocou duas palavras. A ideia é que a publicidade da comunicação exija clareza comunicativa e concisão.

Gabarito: D

---

43. (VUNESP – Of Leg (CM Guarat.)/CM Guaratinguetá/2016) Assunto: Atributos da Redação Oficial (impessoalidade, forma, concisão e clareza)

A necessidade de empregar determinado nível de linguagem em correspondências oficiais decorre, de um lado, do próprio caráter público dessas correspondências; de outro, de sua finalidade. Sobre a linguagem utilizada nas comunicações que partem dos órgãos públicos, é correto afirmar que se deve

a) aproximar o texto da língua falada, já que esta reflete de forma imediata qualquer alteração de costumes.

b) fazer uso de expressões de circulação restrita, como a gíria e os regionalismos vocabulares, conforme o público-alvo a que se destina.

c) fazer uso de jargões e termos técnicos, conforme o assunto e o destinatário da mensagem enviada.

d) empregar o padrão culto da língua, já que este está acima das diferenças lexicais, morfológicas ou sintáticas regionais e dos modismos vocabulares.

e) empregar o padrão culto da língua e a linguagem rebuscada, com a presença de figuras de linguagem próprias da língua literária.

COMENTÁRIOS

a) Jamais deve o texto ser próximo à língua falada, pois isso é coloquialidade.

b) A comunicação oficial é caracterizada por sua publicidade, ou seja, todos os indivíduos devem poder compreendê-la, ou seja, não é possível usar qualquer expressão restrinja a compreensão, como regionalismos, gírias ou expressões restritas.

c) De acordo com o MRPR, não se pode empregar jargão em comunicações oficiais. A menos que a banca use a expressão "jargão técnico", o que já foi tomado como verdadeiro em algumas provas de concurso.

d) O padrão culto é o único que pode ser empregado, por sua neutralidade comunicativa.

e) Não se deve empregar o rebuscamento de linguagem, uma vez que se trata de item desnecessário na composição de redação oficial.

Gabarito: D

---

44. (VUNESP – TecL (CM Pradópolis)/CM Pradópolis/2016) Assunto: Atributos da Redação Oficial (impessoalidade, forma, concisão e clareza)

De acordo com o *Manual de Redação da Presidência da República*, Redação Oficial é a maneira pela qual o Poder Público redige atos normativos e comunicações. Baseada, fundamentalmente, nos princípios estabelecidos no Artigo 37 da Constituição Brasileira, a correspondência oficial deve caracterizar-se pela

a) brevidade, uso do padrão atual de linguagem, fluidez, consistência, exatidão e sensibilidade.

b) impessoalidade, uso do padrão culto de linguagem, clareza, concisão, formalidade e uniformidade.

c) simplicidade, uso do padrão de correção de linguagem, coerência, precisão e objetividade.

d) seriedade, uso do padrão universal de linguagem, discrição, correção, atualização e qualidade.

e) informalidade, uso do padrão nacional de linguagem, conteúdo, forma e viabilidade.

COMENTÁRIOS

a) O MRPR não menciona esses preceitos arrolados. Dentre todos, o pior é sensibilidade, pois indica subjetividade da comunicação.

b) Esses são os princípios da Redação Oficial, de acordo com o MRPR. Eles estão descritos da primeira parte do manual.

c) Simplicidade e precisão não são princípios de comunicação oficial.

d) Apenas pelo fato de a banca ter colocado "padrão universal" o candidato já poderia desconfiar de um tremendo erro na questão. Não há princípios corretos nessa assertiva.

e) Todos os princípios estão incorretos nessa alternativa.

Gabarito: B

---

45. (UFMT – Aux A (PREVICÁCERES)/PREVICÁCERES/2016) Assunto: Atributos da Redação Oficial (impessoalidade, forma, concisão e clareza)

Leia a notícia para responder à questão.

Doações para Mariana são repassadas para vítimas de chuva em Sabará

Hoje em Dia
19/01/2016 12:47 – Atualizado em 19/01/2016 12:47
Flávio Tavares/Hoje em Dia/Arquivo

Tempestade do fim de semana provocou deslizamento e deixou desabrigados em Sabará

Aproximadamente quatro toneladas de doações enviadas para as vítimas da tragédia ocorrida em Mariana, na região Central de Minas, foram repassadas para as famílias afetadas pela forte chuva que atingiu Sabará, na Região Metropolitana de Belo Horizonte. [...]

Sabará foi a primeira cidade mineira a decretar, em 2016, situação de emergência em decorrência da chuva. A Defesa Civil da cidade informou que 300 moradores do município chegaram a ficar desabrigados por causa da tempestade registrada no fim de semana.

Por causa da tragédia, na segunda-feira o coordenador do órgão enviou ofício ao prefeito Duarte Júnior, de Mariana, solicitando ajuda. "As doações para Mariana foram de extrema importância, pois confortaram famílias que perderam tudo. Agora, já que a solidariedade veio em grande número para Mariana, chegou a nossa vez de retribuir e ajudar a quem precisa", declarou o chefe do Executivo de Mariana.

(Disponível em http://www.hojeemdia.com.br/. Acesso em: 27/01/2016.)

É abordado na notícia que, em virtude da tragédia em Sabará, o coordenador do órgão (Defesa Civil) enviou ofício ao prefeito do município de Mariana solicitando ajuda. Sobre essa modalidade de comunicação, conforme redação de documentos oficiais, assinale a afirmativa **INCORRETA.**

a) Comunicação oficial que se restringe a questões que dizem respeito ao interesse público, marcado pela ausência de qualquer tom particular ou pessoal.

b) Modo de comunicação que exige impessoalidade, uso do padrão culto de linguagem, e é imperativa a informalidade de tratamento de modo a assegurar polidez, civilidade no próprio enfoque dado ao assunto do qual cuida a comunicação.

c) Nessa modalidade de comunicação, o jargão burocrático, como todo jargão, deve ser evitado, pois terá sua compreensão limitada.

d) Comunicação que deve ser concisa, ou seja, marcada pelo corte de palavras inúteis, redundâncias, passagens que nada acrescentem ao que já foi dito.

COMENTÁRIOS

a) No ofício, assim como em qualquer outra comunicação oficial, não se admitem marcas de pessoalidade. Além disso, a definição está correta: o ofício trata de assuntos relativos ao serviço público.

b) O erro está na expressão "informalidade de tratamento". É formalidade de tratamento.

c) Não se admite jargão burocrático em comunicação oficial.

d) A concisão é um dos princípios da comunicação oficial, logo o ofício deve ser conciso.

Gabarito: B

---

46. (CESGRANRIO – Tec (UNIRIO)/UNIRIO/Secretariado/2016) Assunto: Atributos da Redação Oficial (impessoalidade, forma, concisão e clareza)

A redação oficial tem como finalidade básica comunicar com impessoalidade e máxima clareza. Para tanto, impõe certos parâmetros ao uso que se faz da língua.

Assim, a forma oficial de redigir exige o(a)

a) emprego marcante de expressões e clichês do jargão burocrático.

b) uso de um modelo específico de linguagem administrativa.

c) construção de frases que apresentam inversões sintáticas.

d) observação de determinadas características presentes na linguagem literária.

e) obediência às normas do padrão culto, em que se observam as regras da gramática.

COMENTÁRIOS

a) Não é possível empregar clichês ou jargão burocrático em documento oficial.

b) Não se pode falar em linguagem administrativa em documentos oficiais.

c) As inversões sintáticas devem ser evitadas, em razão de comprometerem a clareza.

d) A linguagem literária não se relaciona com a linguagem da redação oficial.

e) A correção gramatical, acima de tudo, responde pelo que se entende como padrão culto.

Gabarito: E

---

47. (CESGRANRIO – Tec (UNIRIO)/UNIRIO/Secretariado/2016) Assunto: Atributos da Redação Oficial (impessoalidade, forma, concisão e clareza)

Não se concebe que um ato normativo de qualquer natureza seja redigido de forma obscura, que dificulte ou impossibilite sua compreensão.

BRASIL. ***Manual de Redação da Presidência da República,*** *2002, p. 11.*

Um texto legal desse tipo tem, como característica, a

a) formalidade

b) uniformidade

c) complexidade

d) inteligibilidade

e) transparência de sentido

COMENTÁRIOS

a) Um texto obscuro não pode obedecer ao princípio da formalidade.

b) Um texto uniforme segue os padrões comunicativos, logo não pode ser obscuro.

c) Um texto complexo seria o perfeito exemplo de um texto obscuro.

d) Se o texto é inteligível (compreensível), não é obscuro.

e) Um texto transparente é claro, ou seja, não pode ser obscuro.

Gabarito: C

---

48. (Instituto AOCP – Ana Leg (CM RB)/CM RB/Redação e Revisão/2016)
Assunto: Atributos da Redação Oficial (impessoalidade, forma, concisão e clareza)

Conforme o Manual de Redação da Presidência da República (2002), a redação oficial é a maneira pela qual o Poder Público redige atos normativos e comunicações.

Assinale a alternativa que NÃO apresenta uma característica fundamental da redação oficial.

a) Impessoalidade.

b) Uso do padrão culto da linguagem.

c) Clareza.

d) Concisão.

e) Informalidade.

COMENTÁRIOS

a) A impessoalidade é o primeiro princípio da correspondência oficial.

b) O uso do padrão culto de linguagem é o sexto princípio da redação oficial.

c) A clareza é o quarto princípio da redação oficial.

d) A concisão é o quinto princípio da correspondência oficial.

e) A informalidade não é um princípio da redação oficial.

Gabarito: E

---

49. (Instituto AOCP – Ana Leg (CM RB)/CM RB/Redação e Revisão/2016)
Assunto: Atributos da Redação Oficial (impessoalidade, forma, concisão e clareza)

A finalidade da língua é comunicar, quer pela fala, quer pela escrita. Para que haja comunicação, são necessários: a) alguém que comunique, b) algo a ser comunicado, e c) alguém que receba essa comunicação.

No caso da redação oficial, assinale a alternativa correta a esse respeito.

a) Quem comunica pode ser, em casos extremos, o Serviço Público (este ou aquele Ministério, Secretaria, Departamento, Divisão, Serviço, Seção).

b) Como se trata de Serviço Público, a comunicação pode ser feita em nome do Chefe de determinada Seção.

c) A comunicação não pode ser dirigida a um cidadão, mesmo que seja concebido como *público*, mas somente a outro órgão público.

d) Como destinatário dessa comunicação, dos três Poderes da União, somente o Executivo poderá receber redação oficial.

e) O que se comunica é sempre algum assunto relativo às atribuições do órgão que comunica, não cabendo, portanto, qualquer tom particular.

COMENTÁRIOS

a) Esses são os comunicadores na maioria dos casos, não em casos extremos.

b) Nenhuma comunicação é feita em nome de pessoa, mas sempre em nome do serviço público.

c) Um ofício é um tipo de documento que pode ser dirigido a um particular, ou seja, a um cidadão.

d) Todos os poderes podem fazer uso da redação oficial.

e) A comunicação sempre se volta ao conteúdo relativo ao serviço público, logo não há espaço para tom particular em comunicações oficiais.

Gabarito: E

---

50. (Instituto AOCP – Ana Leg (CM RB)/CM RB/Redação e Revisão/2016)
Assunto: Atributos da Redação Oficial (impessoalidade, forma, concisão e clareza)

Em relação à linguagem dos Atos e Comunicações Oficiais, assinale a alternativa correta.

a) As comunicações que partem dos órgãos públicos federais devem ser compreendidas apenas por cidadãos brasileiros que estão ligados a esses órgãos.

b) As comunicações que partem dos órgãos públicos podem ser compreendidas apenas por cidadãos com ensino superior.

c) O uso da linguagem deve ser restrito a determinados grupos, pois um texto marcado por expressões de circulação restrita, como os regionalismos vocabulares ou o jargão técnico, facilita a compreensão.

d) Os atos oficiais ou estabelecem regras para a conduta dos cidadãos, ou regulam o funcionamento dos órgãos públicos, o que só é alcançado se em sua elaboração for empregada a linguagem coloquial da língua.

e) A obrigatoriedade do uso do padrão culto na redação oficial decorre do fato de que ele está acima de qualquer das diferenças linguísticas: lexicais, morfológicas ou sintáticas, regionais, permitindo que se atinja a pretendida compreensão por todos os cidadãos.

COMENTÁRIOS

a) A compreensão de comunicações oficiais deve ser global, não apenas por quem pertence a determinado setor.

b) Não deve haver restrição de compreensão a respeito de nível escolar. A linguagem deve ser tal que o entendimento seja facilitado.

c) O emprego desses elementos dificulta a compreensão, pois o interlocutor pode não conhecer o sentido das expressões empregadas.

d) Não se pode empregar linguagem coloquiam em textos oficiais.

e) O emprego do padrão culto serve para garantir a clara interpretação das mensagens, justamente por ser a forma a que não se associam as variantes. Item correto.

Gabarito: E

---

51. (FGV - GP (CODEBA)/CODEBA/2016) Assunto: Ortografia e Gramática (redação Oficial)

Segundo o Manual de Redação da Presidência da República, *a redação oficial deve caracterizar-se pela impessoalidade, pelo uso do padrão culto de linguagem, pela clareza, concisão, formalidade e uniformidade.*

Assinale a opção que apresenta a frase que está integralmente redigida em linguagem correta e formal.

a) "A felicidade é um hóspede discreto do qual só nos damos conta de que ele existe quando está de partida".

b) "A felicidade é uma bola atrás da qual corremos enquanto rola e a chutamos logo que pára".

c) "A felicidade que preciso não é fazer o que a gente quer e sim em querer o que a gente faz".

d) "A imaginação muitas vezes nos conduz a mundos que nunca fomos, mas sem ela não iremos a lugar algum".

e) "Um idealista é alguém que, ao perceber que uma rosa cheira melhor que um repolho, conclui que ela dará melhor".

COMENTÁRIOS

a) A sentença está com redação deficiente, em razão de falta de clareza. Note o emprego equivocado da forma "do qual só nos damos conta de que ele existe". Trata-se de uma expressão repetitiva e incoerente.

b) A sentença possui um erro de acentuação gráfica: não se emprega mais o acento diferencial no verbo "parar", ou seja, a forma seria "para".

c) A frase possui dois erros de regência: o primeiro é a ausência da preposição "de" em "felicidade DE que preciso"; o segundo e o emprego da preposição "em" de maneira desnecessária.

d) Falta uma preposição antes do pronome relativo "que", em razão da regência do verbo "ir". A frase correta seria "mundos a que nunca fomos".

e) Apesar de ser uma frase figurada (o que não é aceito em RCO), não há erros gramaticais na sentença. O emprego da forma "do" em "melhor do que" não é obrigatório.

Gabarito: E

---

52. (FGV – GP (CODEBA)/CODEBA/2016) Assunto: Ortografia e Gramática (redação Oficial)

O *Manual de Redação da Presidência da República* lista uma série de vocábulos que devem ser escritos com "e" e não com "i".

Assinale a opção que apresenta um ***erro*** ortográfico.

a) granjear / falsear.

b) frear / delapidar.

c) antecipar / despender.

d) hastear / prevenir.

e) rarear / sanear.

COMENTÁRIOS

a) Os vocábulos *granjear* e *falsear* estão corretos.

b) O vocábulo *frear* está correto. A forma mais empregada é *dilapidar.* A banca considerou que *delapidar* seria incorreta, o que se desmente em uma simples consulta ao dicionário.

c) Os vocábulos *antecipar* e *despender* estão corretamente grafados.

d) Os vocábulos *hastear* e *prevenir* estão grafados corretamente.

e) Os termos *rarear* e *sanear* estão corretamente grafados

Gabarito: Anulada

---

53. (CESGRANRIO – Tec (UNIRIO)/UNIRIO/Secretariado/2016) Assunto: Julgamento de Trechos quanto a Correção (Red. Oficial)

As comunicações oficiais devem, sempre, ser redigidas de forma estritamente impessoal por terem como destinatários o próprio Serviço Público ou o conjunto dos cidadãos.

Em qual das seguintes frases manifesta-se essa característica?

a) Não permitirei impactos negativos dessa obra sobre o meio ambiente.

b) Solicita-se abertura de crédito extraordinário, especial ou suplementar.

c) Penso estar a despesa decorrente da medida prevista na lei orçamentária.

d) Certamente o valor a ser despendido estará disponível em moeda corrente.

e) Seria muito bom se houvesse outras possibilidades de resolução do problema.

COMENTÁRIOS

a) A banca considerou que a primeira pessoa do singular trouxe uma ideia de impressão pessoal. Isso está errado do ponto de vista do MRPR. Não se trata de um pensamento unânime a respeito de impessoalidade, pois algumas bancas (a exemplo do CESPE) identificam que um simples verbo na primeira pessoa não indica quebra de impessoalidade.

b) Trecho impessoal e adequado ao Manual de Redação da Presidência da República.

c) O termo "penso" indica que a sentença apresenta uma impressão pessoal.

d) Segundo a banca examinadora, o elemento modalizador "certamente" também indica uma impressão pessoal.

e) A expressão "seria muito bom" indica uma impressão pessoal, logo não pode ser usada.

Gabarito: B

54. (VUNESP – Of Leg (CM Guarat.)/CM Guaratinguetá/2016) Assunto: Pronomes de Tratamento (Redação oficial)

Em correspondências oficiais, o pronome de tratamento adequado para se referir ao Prefeito Municipal e ao Presidente da Câmara Legislativa Municipal é

a) Vossa Senhoria, para as duas autoridades.

b) Vossa Excelência, para as duas autoridades.

c) Vossa Senhoria e Vossa Excelência, respectivamente.

d) Vossa Excelência e Vossa Senhoria, respectivamente.

e) Excelentíssimo Senhor e Senhor, respectivamente.

COMENTÁRIOS

a) A forma Vossa Senhoria deve ser empregada para particulares a autoridades não arroladas pelo MRPR.

b) As duas autoridades devem ser tratadas por Vossa Excelência.

c) O prefeito deveria ser tratado por Vossa Excelência.

d) O presidente da Câmara Legislativa Municipal deveria ser tratado por Vossa Excelência.

Gabarito: B

55. (CESGRANRIO – TRPDACGN (ANP)/ANP/Geral/2016) Assunto: Pronomes de Tratamento (Redação oficial)

O pronome de tratamento está empregado de acordo com a norma-padrão em:

a) Vossa Excelência, que é assim tratado por ser presidente desta empresa, deveria proporcionar cursos de aperfeiçoamento aos seus funcionários interessados no mercado digital.

b) As medidas para a prevenção de doenças cardíacas foram acatadas por Sua Excelência, o Ministro da Saúde, com muita propriedade.

c) Senhor Bispo, solicitamos que Vossa Senhoria apresente os dados relativos ao encontro internacional da juventude, realizado no Brasil em 2014.

d) Os funcionários da Universidade não aceitaram a posição de Sua Eminência, o Reitor, sobre o período destinado às férias escolares.

e) Sua Excelência Reverendíssima, o padre, pediu que os coordenadores das atividades da paróquia comparecessem pontualmente à reunião.

COMENTÁRIOS

a) Ao que parece, nessa sentença o tratamento não deveria ser direto – como se alguém estivesse fazendo alusão à autoridade em questão, isso quer dizer que a forma deveria ser Sua Excelência.

b) Como se trata de referência indireta à autoridade, deve-se empregar a forma Sua Excelência.

c) O pronome para fazer referência a um bispo é Vossa Excelência Reverendíssima.

d) A referência pronominal para aludir a um reitor é Sua Magnificência.

e) Os padres devem ser mencionados pela forma Vossa Reverência.

Gabarito: B

---

56. (UFMT – Aux A (PREVICÁCERES)/PREVICÁCERES/2016) Assunto: Pronomes de Tratamento (Redação oficial)

Leia a notícia para responder à questão.

Doações para Mariana são repassadas para vítimas de chuva em Sabará

Hoje em Dia
19/01/2016 12:47 – Atualizado em 19/01/2016 12:47
Flávio Tavares/Hoje em Dia/Arquivo

Tempestade do fim de semana provocou deslizamento e deixou desabrigados em Sabará

Aproximadamente quatro toneladas de doações enviadas para as vítimas da tragédia ocorrida em Mariana, na região Central de Minas, foram repassadas para as famílias afetadas pela forte chuva que atingiu Sabará, na Região Metropolitana de Belo Horizonte. [...]

Sabará foi a primeira cidade mineira a decretar, em 2016, situação de emergência em decorrência da chuva. A Defesa Civil da cidade informou que 300 moradores do município chegaram a ficar desabrigados por causa da tempestade registrada no fim de semana.

Por causa da tragédia, na segunda-feira o coordenador do órgão enviou ofício ao prefeito Duarte Júnior, de Mariana, solicitando ajuda. "As doações para Mariana foram de extrema importância, pois confortaram famílias que perderam tudo. Agora, já que a solidariedade veio em grande número para Mariana, chegou a nossa vez de retribuir e ajudar a quem precisa", declarou o chefe do Executivo de Mariana.

(Disponível em http://www.hojeemdia.com.br/. Acesso em: 27/01/2016.)

Na redação de documentos oficiais, qual pronome de tratamento deve ser empregado em comunicações endereçadas ao Prefeito?

a) Vossa Senhoria

b) Vossa Eminência

c) Vossa Excelência

d) Vossa Reverendíssima

COMENTÁRIOS

a) Vossa Senhoria deve ser empregado principalmente para particulares e para cargos menores.

b) Vossa Eminência deve ser empregado para Cardeais.

c) Vossa Excelência deve ser empregado para as autoridades do serviço público, tais como os prefeitos.

d) Vossa Reverendíssima deve ser empregado para Monsenhores, Cônegos e superiores religiosos.

Gabarito: C

---

57. (VUNESP – Ass Adm (UFABC)/UFABC/2016) Assunto: Pronomes de Tratamento (Redação oficial)

Nos aspectos gerais da redação oficial, a forma de tratamento adequada contribui para que as comunicações sejam efetivas e direcionadas de forma correta aos endereçados. Utiliza-se na redação de documentos "Vossa Excelência" para autoridades do

Poder Executivo, do Poder Legislativo e do Poder Judiciário na esfera federal. São consideradas autoridades legislativas e que utilizarão esse vocativo o(s)

a) Ministros dos Tribunais Superiores.

b) Membros de Tribunais.

c) Prefeitos Municipais.

d) Presidente da República.

e) Ministro do Tribunal de Contas da União.

COMENTÁRIOS

A questão pode ter sido anulada por diversas razões: primeiramente, pelo fato de o comando da questão estar mal redigido, pois fala sobre a autoridade que UTILIZARÁ o vocativo. Não é a autoridade que utilizará, mas sim receberá a referência. Outro problema da questão é que a forma "Vossa Excelência" é um pronome de tratamento, não um vocativo (os vocativos são Senhor + Cargo ou Excelentíssimo Senhor + Cargo). Aproveitemos o erro da questão para aprendermos quais autoridades do legislativo receberiam o tratamento por essa forma pronominal:

- Deputados Federais e Senadores;
- Ministro do Tribunal de Contas da União;
- Deputados Estaduais e Distritais;
- Conselheiros dos Tribunais de Contas Estaduais;
- Presidentes das Câmaras Legislativas Municipais.

Gabarito: Anulada

---

58. (CESGRANRIO – Tec (UNIRIO)/UNIRIO/Secretariado/2016) Assunto: Pronomes de Tratamento (Redação oficial)

Empregam-se, hoje, os pronomes de tratamento como forma de nos dirigirmos às autoridades civis, militares e eclesiásticas.

Sabendo-se que esses pronomes apresentam certas peculiaridades quanto à concordância verbal, nominal e pronominal, do ponto de vista da linguagem culta formal, o seu emprego está correto em

a) Vossa Santidade estará presente à cerimônia.

b) Vossa Excelência precisará recompor vossa equipe.

c) Vossa Eminência destituistes seus antigos assessores.

d) Vossa Senhoria indicareis os trâmites a serem seguidos.

e) Vossa Magnificência, Reitor Pedro Salles, será nomeada para o cargo.

COMENTÁRIOS

a) O verbo está conjugado na 3ª pessoa, de acordo com a prescrição do MRPR.

b) As formas pronominais empregadas em associação a um pronome de tratamento devem ser da 3ª pessoa (portanto, sua equipe).

c) O verbo deveria estar conjugado na terceira pessoa do singular. O correto seria "destituiu".

d) O verbo deveria estar conjugado na terceira pessoa do singular. O correto seria "indicará".

e) Trata-se de um homem, logo a forma correta seria "será nomeado para o cargo", para concordar com o gênero do comunicador.

Gabarito: A

---

59. (Instituto AOCP – Ana Leg (CM RB)/CM RB/Redação e Revisão/2016)
Assunto: Pronomes de Tratamento (Redação oficial)

A respeito da concordância verbal com os pronomes de tratamento ou do uso dos pronomes possessivos nas redações oficiais, assinale a alternativa correta.

a) "Vossa Senhoria devem estar satisfeitas".

b) "Vossa Excelência conheces o assunto".

c) "Vossa Excelência conheceis o assunto".

d) "Vossa Senhoria nomeará o substituto".

e) "Vossa Senhoria nomeará vosso substituto"

COMENTÁRIOS

a) Frase com erro de concordância verbal (o correto seria "deve estar satisfeita").

b) O verbo deveria estar na 3ª pessoa do singular.

c) O verbo está na segunda pessoa do plural, incorreto, portanto (deveria ser a 3ª do singular.)

d) Essa sentença está corretamente composta.

e) A forma do pronome possessivo deveria estar adequada à 3ª pessoa (seu substituto).

Gabarito: D

60. (Instituto AOCP - Ana Leg (CM RB)/CM RB/Redação e Revisão/2016) Assunto: Pronomes de Tratamento (Redação oficial)

Quanto ao uso do pronome de Tratamento "Vossa Excelência", ele é empregado para a seguinte autoridade:

a) Prefeito Municipal.

b) Reitor de Universidade.

c) Papa.

d) Cardeais.

e) Oficiais até Coronel.

COMENTÁRIOS

a) O pronome Vossa Excelência pode ser empregado para prefeitos municipais, de acordo com o MRPR.

b) O pronome empregado usualmente para Reitores de Universidade é Vossa Magnificência, muito embora haja uma previsão para o emprego do pronome Vossa Excelência também para reitores.

c) O pronome empregado para papas deve ser Vossa Santidade.

d) O pronome empregado para cardeais deve ser Vossa Eminência.

e) Para oficiais militares até Coronel, deve-se empregar a forma Vossa Senhoria.

Gabarito: A

61. (FUNRIO - Of Leg (CM Tanguá)/CM Tanguá/2016) Assunto: Pronomes de Tratamento (Redação oficial)

Em correspondência oficial, para dirigir-se ao presidente da Câmara, utiliza-se o seguinte pronome de tratamento:

a) Vossa Alteza

b) Vossa Santidade

c) Vossa Excelência

d) Vossa Magnificência

COMENTÁRIOS

a) Vossa Alteza é empregado para príncipes.

b) Vossa Santidade é empregado para papas.

c) Vossa Excelência é a forma correta a se empregar para o presidente da câmara.

d) Vossa Magnificência é o pronome que se emprega para reitores.

Gabarito: C

---

62. (Instituto AOCP – Ag Leg (CM RB)/CM RB/"Sem Área"/2016) Assunto: Vocativos (Redação oficial)

Qual é o vocativo a ser empregado em comunicações oficiais dirigidas ao prefeito?

a) Excelentíssimo Senhor Prefeito.

b) Digníssimo Senhor Prefeito.

c) Ilustríssimo Senhor Prefeito.

d) Prezado Senhor Prefeito.

e) Senhor Prefeito.

COMENTÁRIOS

a) Excelentíssimo Senhor deve ser empregdo para chefes dos poderes.

b) Não se emprega a forma *Digníssimo* em comunicação oficial.

c) Não se deve empregar a forma *Ilustríssimo* em redação oficial.

d) A forma *Prezado* costuma ser empregada em comunicação particular.

e) O vocativo correto para prefeitos é Senhor Prefeito.

Gabarito: E

---

63. (IDECAN – Aux (CM Mat Lemes)/CM Mat Leme/Administrativo/2016) Assunto: Vocativos (Redação oficial)

Que vocativo, obedecendo a secular tradição da norma culta, deve ser empregado em comunicações dirigidas ao Presidente do Supremo Tribunal Federal?

a) Digníssimo Senhor.

b) Eminentíssimo Senhor.

c) Excelentíssimo Senhor.

d) Vossa Senhoria Reverendíssima.

COMENTÁRIOS

a) Não se emprega esse vocativo em redação oficial.

b) *Eminentíssimo Senhor* é forma de vocativo para cardeais.

c) *Excelentíssimo Senhor* é a forma para chefes dos poderes. Como o presidente do Supremo Tribunal Federal é um chefe de poder, essa é a forma correta.

d) *Vossa Senhoria Reverendíssima* deve ser empregado para Cônegos, Monsenhores e superiores religiosos.

Gabarito: C

---

64. (FUNRIO – Tec (CM NI)/CM Nova Iguaçu/Legislativo/2016) Assunto: Vocativos (Redação oficial)

Nas comunicações dirigidas, utilizamos o vocativo *Excelentíssimo Senhor* para o cargo de

a) Senador.

b) Ministro.

c) Governador.

d) Presidente do Congresso Nacional.

COMENTÁRIOS

a) A forma correta é Senhor Senador.

b) A forma correta é Senhor Ministro.

c) A forma correta é Senhor Governador.

d) A forma correta é Excelentíssimo Senhor Presidente do Congresso Nacional.

Gabarito: D

---

65. (IBFC – Tec Sup Esp (MGS)/MGS/Psicologia/2016) Assunto: Fechos

Texto

Uma Vela para Dario

(Dalton Trevisan)

Dario vinha apressado, guarda-chuva no braço esquerdo e, assim que dobrou a esquina, diminui o passo até parar, encostando-se à parede de uma casa. Por ela escorregando, sentou-se na calçada, ainda úmida de chuva, e descansou na pedra o cachimbo.

Dois ou três passantes rodearam-no e indagaram se não se sentia bem, Dario abriu a boca, moveu os lábios, não se ouviu resposta. O senhor gordo, de branco, sugeriu que devia sofrer de ataque.

Ele reclina-se mais um pouco, estendido agora na calçada, e o cachimbo tinha apagado. O rapaz de bigode pediu aos outros que se afastassem e o deixassem respirar. Abre-lhe o paletó, o colarinho, a gravata e a cinta. Quando lhe tiram os sapatos, Dario rouqueja feio, bolhas de espuma surgiram no canto da boca.

Cada pessoa que chega ergue-se na ponta dos pés, não o pode ver. Os moradores da rua conversam de uma porta à outra, as crianças de pijama acodem à janela. O senhor gordo repete que Dario sentou-se na calçada, soprando a fumaça do cachimbo, encostava o guarda-chuva na parede. Mas não se vê guarda-chuva ou cachimbo ao seu lado.

A velhinha de cabeça grisalha grita que ele está morrendo. Um grupo o arrasta para o táxi da esquina. Já no carro a metade do corpo, protesta o motorista: quem pagaria a corrida? Concordam chamar a ambulância Dario conduzido de volta e recostado à parede – não tem os sapatos nem o alfinete de pérola da gravata.

Alguém informa da farmácia na outra rua. Não carregam Dario além de esquina; a farmácia é no fim do quarteirão e, além do mais, muito peso. É largado na porta de uma peixaria. Enxame de moscas lhe cobre o rosto, sem que faça um gesto para espantá-las.

Ocupado o café próximo pelas pessoas que apreciam o incidente e, agora, comendo e bebendo, gozam as delícias da noite. Dario em sossego e torto no degrau da peixaria, sem o relógio de pulso.

Um terceiro sugere lhe examinem os papéis, retirados – com vários objetos – e seus bolsos e alinhados sobre a camisa branca. Ficam sabendo do nome, idade; sinal de nascença. O endereço na carteira é de outra cidade.

Registra-se correria de uns duzentos curiosos que, a essa hora, ocupam toda a rua e as calçadas: era a polícia. O carro negro investe a multidão. Várias pessoa tropeçam no corpo de Dario, pisoteado dezessete vezes.

O guarda aproxima-se do cadáver, não pode identificá-lo – os bolsos vazios. Resta na mão esquerda a aliança de ouro, que ele próprio quando vivo – só destacava molhando no sabonete. A policia decide chamar o rabecão.

A última boca repete – Ele morreu, ele morreu. A gente começa a ser dispersar. Dario levou duas horas para morrer, ninguém acreditava estivesse no fim, Agora, aos que alcançam vê-lo, todo o ar de um defunto.

Um senhor piedoso dobre o paletó de Dario para lhe apoiar a cabeça. Cruza as mãos no peito. Não consegue fechar olho nem boca, onde a espuma sumiu. Apenas um homem morto e a multidão se espalha, as mesas do café ficam vazias. Na janela alguns moradores com almofadas para descansar os cotovelos.

Um menino de cor de descalço veio com uma vela, que acende ao lado do cadáver. Parece morto há muitos anos, quase o retrato de um morto desbotado pela chuva.

Fecham-se uma a uma as janelas. Três horas depois, lá está Dario à espera do rabecão. A cabeça agora na pedra, sem o paletó. E o dedo sem aliança. O toco de vela apaga-se às primeiras gotas da chuva, que volta a cair.

Ao encerrar uma correspondência oficial, deve-se considerar o emprego:

a) de uma forma de cortesia como «fecho» e, usualmente, emprega-se a construção «Atenciosamente».

b) da indicação do nome do destinatário que é empregado como vocativo no encerramento.

c) da referência ao nome do remetente que deve vir, obrigatoriamente, marcada apenas pelas iniciais.

d) de um resumo conciso do conteúdo apresentado ao longo do documento para esclarecer o destinatário.

COMENTÁRIOS

a) Deve-se compreender que a banca examinadora em questão não possui tradição na elaboração de questões de redação oficial. Trata-se da única resposta cabível, apesar de errada. Não é uma questão de pensar como se emprega "usualmente", mas sim de pensar na hierarquia entre os comunicantes.

b) O destinatário é empregado como um dos elementos iniciais da comunicação.

c) Não se emprega abreviatura de iniciais na assinatura de um documento oficial.

d) O resumo do que se apresenta é o assunto, e deve vir antes do texto da comunicação.

Gabarito: A

---

66. (CESGRANRIO – Tec (UNIRIO)/UNIRIO/Secretariado/2016) Assunto: Fechos

Além da função básica de finalizar o texto, o fecho das comunicações oficiais, ao mesmo tempo, saúda seu destinatário. Hoje, são somente dois os modelos de fecho para todos os tipos de comunicação oficial: "Respeitosamente" e "Atenciosamente".

De acordo com o que prevê o Manual de Redação da Presidência da República, o fecho está devidamente empregado em:

a) "Respeitosamente", em ofício de Prefeito para Vereador

b) "Atenciosamente", em comunicado de Promotor para Juiz

c) "Respeitosamente", em requerimento de Reitor para Reitor

d) "Atenciosamente", em memorando de Senador para Deputado

e) "Respeitosamente", em Portaria do Presidente da República para o Ministro da Saúde

COMENTÁRIOS

a) O fecho correto seria "Atenciosamente", pois prefeito é hierarquicamente superior.

b) Como juiz está em posição superior à de promotor, o fecho correto é "Respeitosamente".

c) Quando se trata de mesma hierarquia, o fecho correto é "Atenciosamente".

d) Como o Senador representa autoridade de hierarquia superior à do Deputado, o vocativo correto é "Atenciosamente".

e) O Presidente da República não emprega o fecho "Atenciosamente" para qualquer outra autoridade da Administração Pública, nem para outros chefes de poder. Afirma-se isso com base no fato de que a comunicação entre os chefes dos poderes é a mensagem, a qual não possui fecho.

Gabarito: D

---

67. (Instituto AOCP – Tec Leg (CM Rio Sul)/CM Rio Sul/Área Legislativa/2016)
Assunto: Fechos

No encerramento das redações oficiais, é necessário que ocorra a cortesia dirigida a uma autoridade. A finalidade é a de saudar o destinatário e marcar o fim do texto. Sobre o encerramento das redações, assinale a alternativa correta.

a) É necessário encerrar a redação por meio dos advérbios: "delicadamente", para autoridades superiores, inclusive o Presidente da República, e "atenciosamente", para autoridades da mesma hierarquia ou hierarquia inferior.

b) É necessário encerrar a redação por meio dos advérbios: "cordialmente", para autoridades superiores, inclusive o Presidente da República, e "saudosamente", para autoridades da mesma hierarquia ou hierarquia inferior.

c) É necessário encerrar a redação por meio dos advérbios: "respeitosamente", para autoridades superiores, inclusive o Presidente da República, e "atenciosamente", para autoridades da mesma hierarquia ou hierarquia inferior.

d) É necessário encerrar a redação por meio dos advérbios: "dispositadamente", para autoridades superiores, inclusive o Presidente da República, e "atenciosamente", para autoridades da mesma hierarquia ou hierarquia inferior.

e) É necessário encerrar a redação por meio dos advérbios: "saudosamente", para autoridades superiores, inclusive o Presidente da República e "delicadamente", para autoridades da mesma hierarquia ou hierarquia inferior.

COMENTÁRIOS

a) Não se emprega a forma "delicadamente" em nenhum documento oficial.

b) Não se emprega a forma "cordialmente" em redação oficial.

c) Essa é a lição do MRPR, na seção sobre o emprego dos fechos de comunicação.

d) Não se emprega a forma "dispositadamente" para nenhum documento oficial.

e) Não se empregam as formas "saudosamente" ou "delicamente" em documentos oficiais.

Gabarito: C

---

68. (FUNRIO – Tec (CM NI)/CM Nova Iguaçu/Legislativo/2016) Assunto: Fechos

O fecho de comunicação destinado a autoridades de mesma hierarquia ou de hierarquia inferior é

a) atenciosamente.

b) saudações.

c) respeitosamente.

d) cordiais saudações.

COMENTÁRIOS

a) Correto, de acordo com o MRPR.

b) Apesar de essa forma não ser empregada em redação oficial, seria suficiente entender que o termo "saudações" não encerraria uma comunicação, mas iniciaria.

c) Respeitosamente deve ser empregado para encerrar comunicações para autoridades hierarquicamente superiores à do remetente.

d) Essa forma não pode ser empregada em redação oficial.

Gabarito: A

---

69. (CESGRANRIO – TA (ANP)/ANP/2016) Assunto: Partes e Diagramação (Padrão Ofício)

Segundo manuais como o Manual de Redação da Presidência da República, avisos, ofícios e memorandos expedidos pelo órgão público devem conter oito partes.

Constitui parte dispensável desses três tipos de expediente o(s) seguinte(s) dado(s):

a) tipo de expediente, complementado pela identificação de quem o expede.

b) local e data em que foi expedido.

c) identificação do signatário por intermédio de RG e CPF.

d) assunto, com a indicação do teor do documento.

e) nome do destinatário.

COMENTÁRIOS

a) A identificação do documento (tipo, número e órgão) é indispensável.

b) O local é dispensável apenas no memorando.

c) A identificação por RG e CPF é dispensável nos documentos oficiais.

d) O assunto é item indispensável do padrão ofício.

e) O nome do destinatário só é dispensável no memorando.

Gabarito: C

---

70. (VUNESP – Ass Adm (UFABC)/UFABC/2016) Assunto: Partes e Diagramação (Padrão Ofício)

Entre as atribuições do profissional assistente em administração, encontra-se a preparação de documentos que poderão ter tramitação interna ou externa. Nos órgãos públicos, especificamente, aviso, memorando e ofício são muito utilizados nas comunicações. Considerando algumas das partes desses documentos, é correto afirmar que eles devem ter

a) o local e a data, verticalmente a 2 cm do final do texto, e horizontalmente fazendo coincidir seu final com a margem direita.

b) vocativo, de acordo com o pronome de tratamento e o cargo do destinatário, horizontalmente, no início da margem esquerda.

c) tipo e número do expediente, seguido da sigla do órgão que o expede.

d) exposição dos motivos, desenvolvimento e conclusão.

e) a indicação do tipo de expediente e de seu número, horizontalmente, no início da margem esquerda.

COMENTÁRIOS

a) Essa recomendação apresentada é para o padrão de diagramação de um documento conhecido como **mensagem**.

b) O vocativo não é empregado em todos os documentos oficiais. A exemplo, cita-se co memorando, que não possui vocativo.

c) A identificação do documento (aposição de tipo, número e órgão expedidor) é item fundamental para as comunicações que seguem o padrão ofícios, tais como: aviso, ofício e memorando.

d) Se o expediente for de mero encaminhamento, apenas o primeiro parágrafo do texto será obrigatório (o de introdução).

e) Nessa indicação, faltou mencionar o órgão expedidor do documento em questão.

Gabarito: C

---

71. (ESAF – Cont (FUNAI)/FUNAI/2016) Assunto: Partes e Diagramação (Padrão Ofício)

Considere a situação em que um funcionário de uma equipe da Funai precise redigir um ofício para encaminhar ao titular da Coordenação Geral de Índios Isolados a solicitação dos índios de criação, nas proximidades de suas aldeias, de uma coordenação técnica local.

De acordo com as normas de redação de atos e comunicações oficiais, nesse expediente, deve(m) constar

a) tipo e número do expediente, seguidos da sigla do órgão que o expede.

b) vocativo, que, no caso, deve ser Excelentíssimo Chefe da Coordenação Geral de Índios Isolados.

c) introdução, de preferência, iniciada por termos que expressem cortesia, como, por exemplo: "Tenho a honra de encaminhar a Vossa Excelência".

d) justificativa do pedido encaminhado, sendo adequada, por exemplo, a seguinte redação: Conforme é de vosso conhecimento, esse povo indígena vem há muito reivindicando a tal criação, porque se encontra em situação de vulnerabilidade.

e) a identificação do emissor – nome e cargo que ocupa –, dispensada a assinatura, por se tratar de funcionário que não ocupa cargo de chefia.

COMENTÁRIOS

a) A identificação do documento é obrigatória em documentos oficiais.

b) A forma "Excelentíssimo" só pode ser empregada para chefes dos poderes em documentos oficiais.

c) Esse tipo de termo "de cortesia" é jargão burocrático, e deve ser evitado.

d) A forma "vosso" não pode ser empregada, pois a relação correta é com a terceira pessoa, portanto "seu".

e) Todo documento oficial deve ser assinado.

Gabarito: A

---

72. (Instituto AOCP – Tec Leg (CM Rio Sul)/CM Rio Sul/Área Legislativa/2016)
Assunto: Partes e Diagramação (Padrão Ofício)

O ofício e o memorando diferenciam-se antes pela finalidade do que pela forma. Com o objetivo de uniformizá-los, adotou-se uma diagramação única, chamada Padrão Ofício. O ofício é uma comunicação escrita de cunho formal e cerimoniosa enviada normalmente a funcionários ou autoridades públicas. O conteúdo do ofício é matéria administrativa, no entanto pode vincular também matéria de caráter social, oriunda do relacionamento da autoridade em virtude de seu cargo ou função. Para padronizar o padrão ofício, adotou-se uma série de regras em relação à diagramação. Sobre as partes do documento no Padrão Ofício, assinale a alternativa correta.

a) Para identificar o nome do documento, é necessário redigir o tipo do Padrão Ofício e o número do expediente, seguido da sigla do nome do redator ou secretário com alinhamento justificado seguido do ponto final.

b) No final do documento, deve-se apresentar a assinatura do autor da comunicação, seguido do número do CPF com alinhamento à direita.

c) O assunto do documento tem teor de justificativa e deve ser apresentado em itálico com alinhamento justificado e com ponto final.

d) O timbre deve aparecer no alto da folha e conter o carimbo do redator do documento, além do endereço para correspondência.

e) O documento deve conter o local e a data em que foi assinado, por extenso, com alinhamento à direita, ponto final e sem ou com o número zero antes do dia. Por exemplo: 02/02/16 ou 2/2/16.

COMENTÁRIOS

a) Não se deve empregar a sigla do nome do redator em nenhuma comunicação oficial.

b) Número de CPF não é critério de identificação de qualquer natureza no padrão ofício.

c) O assunto não exige destaque em itálico e não se trata de uma justificativa, mas sim de um resumo.

d) Timbre de documento não é obrigatório em documento oficial, a menos que se trate de uma apostila realizada em folha de continuação.

e) O memorando não necessita do local em sua redação. Além disso, a informação de que pode ser escrito com ou sem zero é incorreta.

Gabarito: Anulada

---

73. (Instituto AOCP – Ana Leg (CM RB)/CM RB/Redação e Revisão/2016)
Assunto: Partes e Diagramação (Padrão Ofício)

Existem três tipos de expedientes que se diferenciam pela finalidade: o *ofício*, o *aviso* e o *memorando*. Com o fito de uniformizá-los, pode-se adotar uma diagramação única, que siga o que chamamos de padrão *ofício*.

Considere o excerto apresentado e, com relação às partes do documento no Padrão Ofício, assinale a alternativa correta.

a) Dos três expedientes, apenas o ofício deve conter tipo e número do expediente, seguido da sigla do órgão que o expede.

b) Dos três expedientes, somente o ofício e o memorando devem conter tipo e número do expediente, seguido da sigla do órgão que o expede.

c) Todos eles devem apresentar local e data em que foi assinado, por extenso, alinhados à direita.

d) Somente o aviso deve apresentar local e data alinhados à esquerda.

e) Os três expedientes devem apresentar o destinatário: o nome e o cargo da pessoa a quem é dirigida a comunicação. No caso do memorando, deve ser incluído também o *endereço*.

COMENTÁRIOS

a) Os três devem conter tipo, número e a sigla do órgão expedidor.

b) A justificativa é repetitiva, mas todos os três documentos devem possuir a identificação no início do documento.

c) A necessidade de identificação está correta, bem como seu alinhamento.

d) Ofício e memorando também devem possuir a identificação.

e) O destinatário só pode incluir o endereço no ofício.

Gabarito: C

74. (Instituto AOCP – Ana Leg (CM RB)/CM RB/Redação e Revisão/2016) Assunto: Partes e Diagramação (Padrão Ofício)

Assinale a alternativa correta quanto ao que se afirma a respeito da diagramação do Padrão Ofício.

a) Deve ser utilizada fonte do tipo *Times New Roman* de corpo 11 no texto em geral, 10 nas citações e 09 nas notas de rodapé.

b) É obrigatório constar, a partir da segunda página, o número da página.

c) Os ofícios, memorandos e anexos destes não poderão ser impressos em ambas as faces do papel.

d) O início de cada parágrafo do texto deve ter 3,0 cm de distância da margem esquerda.

e) Deve ser utilizado espaçamento duplo entre as linhas e de 6 pontos após cada parágrafo.

COMENTÁRIOS

a) O tamanho da fonte (que deve ser *Times New Roman*) é 12, para o texto em geral, 11 para citações e 10 nas notas de rodapé.

b) No Padrão Ofício, é preciso empregar a numeração de páginas a partir da segunda página.

c) Contanto que seja empregado o recurso de "margens espelho", é possível fazer a impressão em ambas as faces do papel.

d) O início dos parágrafos (sua tabulação) deve ter 2,5 cm de distância da margem esquerda.

e) O espaçamento do padrão ofício é simples.

Gabarito: B

75. (IDECAN – Sec (CM Mat Lemes)/CM Mat Leme/2016) Assunto: Partes e Diagramação (Padrão Ofício)

De acordo com o Manual de Redação da Presidência da República (2002), quanto à forma de diagramação de documentos do Padrão Ofício, os mesmos devem obedecer a algumas formas de apresentação.

Dentre elas, assinale a seguir a única afirmativa correta.

a) O campo destinado à margem lateral direita terá 3,0 cm.

b) É opcional constar a partir da segunda página o número da página.

c) O início de cada parágrafo do texto deve ter 2,5 cm de distância da margem esquerda.

d) Deve ser utilizada fonte do tipo Arial de corpo 11 no texto em geral, 10 nas citações e 9 nas notas de rodapé.

COMENTÁRIOS

a) A margem direita é de 1,5 cm – no padrão ofício.

b) A numeração de páginas é obrigatória a partir da segunda.

c) A distância de 2,5 cm é a tabulação padrão para o texto do padrão ofício.

d) A fontem empregada deve ser *Times New Roman, com as dimensões 12, 11 e 10.*

Gabarito: C

---

76. (CESGRANRIO – Tec (UNIRIO)/UNIRIO/Secretariado/2016) Assunto: Aviso

Aviso e ofício são modalidades de comunicação oficial muito parecidas, mas não idênticas.

É característica somente do aviso

a) seguir o padrão de comunicação oficial.

b) exigir a presença de vocativo, invocando o destinatário.

c) trazer o nome e o cargo da autoridade que o expede.

d) ter como finalidade o tratamento de assuntos oficiais pelos órgãos da Administração Pública entre si.

e) apresentar o nome do órgão ou setor, o endereço postal, o telefone e o endereço de correio eletrônico do remetente no cabeçalho.

COMENTÁRIOS

a) Todos os documentos oficiais seguem o padrão de comunicação oficial.

b) O ofício também exige o vocativo, bem como a exposição de motivos.

c) Essa é uma característica dos documentos do padrão ofício, não do aviso necessariamente.

d) Essa não é uma característica exclusiva do aviso, todo documento oficial parte desse pressuposto.

e) Essa é a identificação do remetente, característica do ofício, não do aviso.

Gabarito: Anulada

77. (Instituto AOCP – Ag Leg (CM RB)/CM RB/"Sem Área"/2016) Assunto: Ofício

Qual é a modalidade de comunicação oficial que tem como finalidade o tratamento de assuntos oficiais pelos órgãos da administração pública com particulares?

a) Aviso.

b) Ofício.

c) Mensagem.

d) Memorando.

e) Exposição de motivos.

COMENTÁRIOS

a) Aviso é documento que trata de assuntos relativos às casas ministeriais.

b) Ofício é documento que trata de assuntos oficiais entre órgãos da administração pública ou entre a administração pública e os particulares.

c) Mensagem é o instrumento de comunicação usado entre os chefes dos poderes.

d) Memorando é o expediente emregado para o tratamento de assuntos entre as unidades administrativas de um mesmo órgão.

e) Exposição de motivos é documento expedido por ministro para o presidente ou para o vice-presidente da república, a fim de propor uma medida, indicar matéria à apreciação ou informar algo.

Gabarito: B

78. (Instituto AOCP – Ana Leg (CM RB)/CM RB/Redação e Revisão/2016) Assunto: Ofício

Assinale a alternativa correta para a definição de Ofício.

a) É um documento específico de solicitação e, através dele, a pessoa física ou jurídica requer algo a que tem direito (ou pressupõe tê-lo), concedido por lei, decreto, ato, decisão, etc.

b) É o instrumento por meio do qual a pessoa física ou jurídica outorga poderes a outra.

c) É um tipo de correspondência interna cujas características são amplas e variadas.

d) É uma correspondência externa usada principalmente pelos órgãos de governo e autarquias.

e) É uma correspondência tradicionalmente utilizada pela indústria e comércio.

COMENTÁRIOS

a) Essa é a definição de requerimento.

b) Essa é a definição de uma procuração.

c) Correspondência interna é memorando, mas não tem característica amplas e variadas.

d) Apesar de não haver essa determinação de que é empregado por órgãos de governo e autarquias, o ofício é uma correspondência de natureza externa.

e) Se fosse uma correspondência de natureza particular (indústria e comércio), não necessitaria de uma descrição formal no MRPR.

Gabarito: D

---

79. (CESGRANRIO – TRPDACGN (ANP)/ANP/Geral/2016) Assunto: Memorando

Considere o memorando hipotético apresentado a seguir.

> Mem. nº 34 Em 10 de março de 2015
>
> De: Departamento de Vendas
>
> Para: Departamento de Pessoal
>
> Assunto: Saída antecipada
>
> ....
>
> ....
>
> ....
>
> Atenciosamente,
>
> Rodrigo Machado
>
> Chefe do Depto. de Vendas

O texto que caracteriza um memorando e que, portanto, completa adequadamente o documento acima é:

a) Nós, do Departamento de Vendas da Fábrica de Aviões X, solicitamos ao Departamento de Pessoal da Empresa de Manutenção Y que elabore uma proposta de contrato de terceirização de serviços de limpeza, tendo em vista a necessidade de contratação imediata.

b) Atesto, para fins de comprovação junto à Sociedade Educacional Y, que, no dia 10 de março de 2015, o funcionário X ficou retido na empresa por um período superior à sua jornada diária de trabalho, devido a exigências do setor em que atua.

c) João X, brasileiro, casado, gerente de vendas, portador da Cédula de Identidade R.G. nº 000, residente na Rua 00, nº 000, Centro, Município do Rio de Janeiro, vem à presença de V.Exa. para expor e requerer seja concedida autorização para que se ausente da sede da empresa para realizar atividade profissional relevante.

d) Comunicamos ao Departamento de Pessoal que o funcionário X se ausentará da sede da empresa por duas horas, com o objetivo de entregar o mostruário dos novos produtos a um importante cliente, que se encontra no Aeroporto Tom Jobim.

e) Aos 10 (dez) dias do mês de março de 2015, os membros do Departamento de Vendas reuniram-se com o objetivo de deliberar sobre a contratação de empresa terceirizada para assumir as tarefas de limpeza e manutenção da sede da empresa, tendo em vista a saída antecipada dos funcionários responsáveis por esse setor.

COMENTÁRIOS

a) O texto faz menção a comunicação enviada de uma empresa a outra. Nesse caso, o documento deveria ser um ofício, não um memorando.

b) O início do texto deixa claro que se trata de um atestado.

c) A forma como inicia o presente texto revela tratar-se de um requerimento.

d) Como se trata de texto sobre assunto interno a um departamento, é possível ser aplicado em um memorando.

e) Esse trecho de texto é comum à escrita de uma ata.

Gabarito: D

---

80. (VUNESP – SecG (CM Pradópolis)/CM Pradópolis/2016) Assunto: Memorando

De acordo com o *Manual de Redação Oficial da Presidência da República*, quanto à sua forma, aviso e ofício seguem o modelo do padrão ofício.

Já o memorando é diferenciado pela inclusão da

a) sigla do departamento de origem do memorando.

b) ordem das cópias de destino do memorando.

c) numeração específica dessa modalidade de assunto.

d) referência ao assunto do memorando.

e) identificação do cargo ocupado pelo destinatário.

COMENTÁRIOS

a) Os três documentos possuem essa característica.

b) Isso não é característica do memorando.

c) A numeração é padrão para todos os documentos do padrão ofício.

d) Todos os documentos do padrão ofício devem identificar o assunto da comunicação.

e) Na indicação do destinatário, o memorando é diferenciado por necessitar da inclusão apenas do cargo do indivíduo que recebe a comunicação.

Gabarito: E

---

81. (VUNESP – TecL (CM Pradópolis)/CM Pradópolis/2016) Assunto: Memorando

Uma modalidade de comunicação que é muito utilizada entre unidades administrativas, que podem estar hierarquicamente em mesmo nível ou em níveis diferentes de um mesmo órgão, é o Memorando, considerado uma forma de comunicação eminentemente

a) interna.

b) privada.

c) pública.

d) formal.

e) ordinária.

COMENTÁRIOS

a) Memorando é expediente eminentemente interno.

b) O memorando pode ser usado privativamente ou publicamente, não há restrição.

c) O memorando por ser empregado em empresas privadas.

d) Essa alternativa poderia gerar anulação da questão, porque a estrutura do memorando é formal.

e) O memorando é uma comunicação comum, logo, ordinária. Mais uma alternativa que poderia gerar anulação da questão.

Gabarito: A

82. (FUNRIO – Tec (CM NI)/CM Nova Iguaçu/Legislativo/2016) Assunto: Memorando

O memorando é uma forma de comunicação eminentemente interna a determinado órgão do Governo e tem, como principal característica, a sua

a) onerosidade.

b) morosidade.

c) complexidade.

d) agilidade.

COMENTÁRIOS

a) Onerosidade significaria que o documento seria dispendioso (caro), o que não ocorre com o memorando.

b) Morosidade é sinônimo de lentidão, o oposto do que ocorre com o memorando.

c) O memorando é de fácil tramitação, portanto não é complexo.

d) Agilidade é uma das características do memorando.

Gabarito: D

83. (FUNDEP – Ag SP (Uberada)/Pref Uberaba/Agente Administrativo/2016) Assunto: Telegrama, Fax e Correio Eletrônico

Sobre comunicações oficiais, analise as seguintes definições, assinalando com **V** as **verdadeiras** e com **F** as **falsas.**

( ) Aviso é uma modalidade de comunicação oficial expedido para e pelas demais autoridades.

( ) Ofício é uma modalidade de comunicação oficial expedido exclusivamente por Ministros de Estado para autoridades de mesma hierarquia.

( ) Exposição de motivos é o expediente dirigido ao Presidente da República ou ao Vice-Presidente para informá-lo de determinado assunto, propor alguma medida e submeter à sua consideração projeto de ato normativo.

( ) O correio eletrônico, e-mail, por seu baixo custo e celeridade, transformou-se na principal forma de comunicação para transmissão de documentos.

Assinale a sequência **CORRETA.**

a) V V F F

b) V F V F

c) F F V V

d) F V F V

COMENTÁRIOS

Item 1: aviso só pode ser expedido por ministro de Estado para autoridade de mesma hierarquia.

Item 2: não há restrição de autoriade para a expedição de ofícios.

Item 3: Essa é a correta definição de uma exposição de motivos.

Item 4: De acordo com o MRPR, o e-mail tem se tornado a principal forma de comunicação, em razão de baixo custo e fácil tramitação (celeridade e simplicidade).

Gabarito: C

---

84. (IDECAN – Aux (CM Mat Lemes)/CM Mat Leme/Administrativo/2016)
Assunto: Telegrama, Fax e Correio Eletrônico

Nos termos da legislação em vigor, para que a mensagem de correio eletrônico usada nas comunicações oficiais tenha valor documental e para que possa ser aceita como documento original, o que é necessário existir para que se ateste a identidade do remetente, na forma estabelecida em lei?

a) Firma digitalizada.

b) Certificação digital.

c) Fotocópia impressa.

d) Identificação mecânica.

COMENTÁRIOS

a) A assinatura digitalizada não tem valor de comprovação de um e-mail.

b) Certificação digital é o quesito fundamental para que uma comunicação via e-mail seja considerada dotada de valor documental.

c) Fotocópia impressa é quesito para arquivamento de fax.

d) A identificação mecânica não valida o e-mail.

Gabarito: B

85. (IDECAN – Sec (CM Mat Lemes)/CM Mat Leme/2016) Assunto: Telegrama, Fax e Correio Eletrônico

"Por tratar-se de forma de comunicação dispendiosa aos cofres públicos e tecnologicamente superada, deve restringir-se o seu uso apenas àquelas situações que não seja possível o uso de correio eletrônico ou fax e que a urgência justifique sua utilização e, também, em razão de seu custo elevado, esta forma de comunicação deve pautar-se pela concisão."

A que tipo de comunicação oficial o enunciado se refere?

a) Circular.

b) Portaria.

c) Telegrama.

d) Mensagem institucional.

COMENTÁRIOS

a) Circular é um tipo de memorando afixado nas repartições.

b) Portaria é documento de natureza orientadora e instrucional.

c) Telegrama é documento dispendioso e de tecnologia superada, devendo ser usado em situações de elevada urgência.

d) Não há definição em redação oficial para o termo "mensagem institucional".

Gabarito: C

86. (VUNESP – Of Leg (CM Guarat.)/CM Guaratinguetá/2016) Assunto: Tópicos Variados do MRPR

A Ouvidoria da Câmara de Guaratinguetá é o órgão da Casa cuja principal função é ser ponte entre os munícipes e o Legislativo Municipal, no que diz respeito ao seu funcionamento administrativo. O sr. Ouvidor recebeu um correio eletrônico de um cidadão guaratinguetaense reclamando do funcionamento da última sessão ordinária da Casa naquele mês. O sr. Presidente da Câmara, após ciência dos fatos, decide responder ao cidadão e ao ouvidor, passando-lhe duas minutas e pede, corretamente, ao oficial legislativo que elabore

a) um memorando ao cidadão e uma carta ao ouvidor.

b) uma carta ao cidadão e um comunicado ao ouvidor.

c) uma nota ao cidadão e um aviso ao ouvidor.

d) um aviso ao cidadão e uma nota ao ouvidor.

e) um ofício ao cidadão e um memorando ao ouvidor.

COMENTÁRIOS

a) Memorando não é enviado para particular; carta não e carta não é documento oficial.

b) A administração pública não envia carta para particular; comunicado não é correspondência interna.

c) Nota é documento positivado pelo Manual de Redação do Ministério das Relações Exteriores, não se trata de documento de ouvidoria. Aviso é expedido apenas por ministro de Estado.

d) Aviso não pode ser enviado a particular. Nota não é correspondência interna.

e) Ofício é o documento a ser enviado para particulares e o memorando deve ser enviado para o ouvidor, pois se trata de correspondência interna.

Gabarito: E

---

87. (VUNESP – Aux Leg (CM Guarat.)/CM Guaratinguetá/2016) Assunto: Lei Complementar nº 95/1998 – Atos Normativos

Nos termos da Lei Complementar Federal n.º 95/98, eventual inexatidão formal de norma elaborada mediante processo legislativo regular

a) é causa de nulidade da norma.

b) não constitui escusa válida para o seu descumprimento.

c) determina que a norma não seja cumprida até sua regularização.

d) permite o descumprimento e a desobediência, se houver problema de dubiedade.

e) só permite o descumprimento da parte em que não estiver clara.

COMENTÁRIOS

a) Não se trata de causa de nulidade.

b) De acordo com o art. 18, da mencionada Lei Complementar, "eventual inexatidão formal de norma elaborada mediante processo legislativo regular não constitui escusa válida para o seu descumprimento". Como se vê, trata-se de uma questão de mera cópia do artigo.

c) Não gera tal determinação.

d) Não há tal premissa de acordo com a lei.

e) Não permite o descumprimento.

Gabarito: B

---

88. (VUNESP – Aux Leg (CM Guarat.)/CM Guaratinguetá/2016) Assunto: Lei Complementar nº 95/1998 – Atos Normativos

A Lei Complementar Federal n.º 95/98 prevê que, para fins de clareza, a redação das normas deverá

a) usar as palavras e as expressões em seu sentido incomum ou peculiar, observando sempre o vernáculo específico.

b) usar frases longas e elaboradas, evitando a concisão.

c) construir as orações na ordem direta, evitando preciosismo, neologismo e adjetivações dispensáveis.

d) buscar a uniformidade do tempo verbal em todo o texto das normas legais, dando preferência ao tempo pretérito ou ao futuro do pretérito.

e) usar os recursos de pontuação de forma abundante, apropriando-se do caráter estilístico que eles possam proporcionar.

COMENTÁRIOS

a) Sentido incomum ou peculiar das palavras prejucaria o entendimento da mensagem.

b) A concisão é um princípio da redação oficial, devendo sempre ser observado.

c) A ordem direta facilita a intepretação e a compreensão da mensagem, bem como a economia reativa a expressões desnecessárias auxilia na composição do texto.

d) Os tempos privilegiados são o presente e o futuro simples do presente.

e) A pontuação deve ser simples e sem exageros estilísticos.

Gabarito: C

---

89. (VUNESP – Ass Imp (CM Guarat.)/CM Guaratinguetá/2016) Assunto: Lei Complementar nº 95/1998 – Atos Normativos

Nos termos da Lei Complementar nº 95/98, que dispõe sobre a elaboração, a redação, a alteração e a consolidação das leis, para a obtenção de clareza nas disposições normativas é necessário

a) usar as palavras e as expressões em seu sentido técnico, empregando a nomenclatura própria, jamais utilizando o sentido comum das palavras.

b) usar os recursos de pontuação de forma abundante, utilizando-se, sempre que possível, de recursos de caráter estilístico.

c) empregar frases longas, com orações coordenadas sindéticas e assindéticas ou orações subordinadas reduzidas ou implícitas.

d) buscar a uniformidade do tempo verbal em todo o texto das normas legais, dando preferência ao tempo presente ou ao futuro simples do presente.

e) construir as orações na ordem indireta, empregando o preciosismo, o neologismo e as adjetivações fartas.

COMENTÁRIOS

a) O emprego de vocabulário técnico pode tornar a mensagem obscura ou de difícil entendimento.

b) A pontuação deve ser comedida, pouca.

c) As frases devem ser curtas e na ordem direta, de modo a evitar períodos muito longos.

d) Esse é o texto da alínea "d", do inciso I, do artigo 11 da Lei Complementar 95/1998.

e) Neologismos e preciosismos devem ser evitados a todo custo em redação oficial.

Gabarito: D

---

90. (UFMT – Aux A (PREVICÁCERES)/PREVICÁCERES/2016) Assunto: Lei Complementar nº 95/1998 – Atos Normativos

Leia a notícia para responder à questão.

Doações para Mariana são repassadas para vítimas de chuva em Sabará

Hoje em Dia
19/01/2016 12:47 – Atualizado em 19/01/2016 12:47
Flávio Tavares/Hoje em Dia/Arquivo

Tempestade do fim de semana provocou deslizamento e deixou desabrigados em Sabará

Aproximadamente quatro toneladas de doações enviadas para as vítimas da tragédia ocorrida em Mariana, na região Central de Minas, foram repassadas para as famílias afetadas pela forte chuva que atingiu Sabará, na Região Metropolitana de Belo Horizonte. [...]

Sabará foi a primeira cidade mineira a decretar, em 2016, situação de emergência em decorrência da chuva. A Defesa Civil da cidade informou que 300 moradores do município chegaram a ficar desabrigados por causa da tempestade registrada no fim de semana.

Por causa da tragédia, na segunda-feira o coordenador do órgão enviou ofício ao prefeito Duarte Júnior, de Mariana, solicitando ajuda. "As doações para Mariana foram de extrema importância, pois confortaram famílias que perderam tudo. Agora, já que a solidariedade veio em grande número para Mariana, chegou a nossa vez de retribuir e ajudar a quem precisa", declarou o chefe do Executivo de Mariana.

(Disponível em http://www.hojeemdia.com.br/. Acesso em: 27/01/2016.)

Na notícia, é apresentado que Sabará foi a primeira cidade mineira a decretar, em 2016, situação de emergência.

Sobre o documento Decreto, de acordo com a redação de documentos oficiais, é correto afirmar:

a) Ato administrativo da competência exclusiva do Chefe do Executivo, destinado a prover situações gerais ou individuais, abstratamente previstas, de modo expresso ou implícito, na lei.

b) Ato administrativo pelo qual autoridades expedem instruções sobre a organização e funcionamento de serviço.

c) Ato administrativo dirigido ao Presidente da República para propor alguma medida.

d) Ato administrativo entre unidades administrativas de um mesmo órgão, que podem estar hierarquicamente em mesmo nível ou em níveis diferentes.

COMENTÁRIOS

a) De acordo com o item 16 do Manual de Redação da Presidência da República, "Decretos são atos administrativos da competência exclusiva do Chefe do Executivo, destinados a prover situações gerais ou individuais, abstratamente previstas, de modo expresso ou implícito, na lei."

b) Essa é a definição de uma Portaria.

c) Essa é a definição de uma exposição de motivos.

d) Essa é a definição de um memorando.

Gabarito: A

---

91. (Instituto AOCP – Ana Leg (CM RB)/CM RB/Redação e Revisão/2016) Assunto: Lei Complementar nº 95/1998 – Atos Normativos

O exame da estrutura básica de uma lei talvez constitua a forma mais adequada de apreender aspectos relevantes de sua sistemática externa.

A sistematização das leis mais complexas observa, entre nós, o seguinte esquema básico: Livros, Títulos, Capítulos, Seções, Subseções e Artigo.

Assinale a alternativa correspondente ao conceito ou às características de "artigo".

a) O artigo é representado pelo sinal gráfico §.

b) No tocante à numeração, consagrou-se a práxis, hoje positivada pela Lei Complementar n.º 95, de 26 de fevereiro de 1998, de até o artigo décimo adotar a numeração ordinal.

c) É a unidade básica para apresentação, divisão ou agrupamento de assuntos num texto normativo.

d) Como anotado por Arthur Marinho, "(...) *artigo* sempre foi, numa lei, disposição secundária, em que se explica ou modifica a disposição principal".

e) Os artigos são indicados por algarismos romanos.

COMENTÁRIOS

a) Essa é a representação do parágrafo.

b) A prática é empregar o ordinal até o nono. Os algarismos arábicos são empregados do art. 10 em diante.

c) Essa é a definição de artigo, de acordo com o item 10.2.2.1 do Manual de Redação da Presidência da República.

d) Essa é a definição de parágrafo.

e) Essa é a indicação dos incisos.

Gabarito: C

92. (Instituto AOCP – Ana Leg (CM RB)/CM RB/Redação e Revisão/2016) Assunto: Lei Complementar nº 95/1998 – Atos Normativos

Na sistematização das leis e pelas normas estabelecidas no Manual de Redação da Presidência da República, ao se elaborarem os artigos em um texto normativo, algumas regras devem ser observadas.

Com relação a essas regras, informe se é verdadeiro (V) ou falso (F) o que se afirma a seguir e assinale a alternativa com a sequência correta.

( ) Cada artigo deve tratar de um único assunto.

( ) O artigo conterá, exclusivamente, a norma geral e o princípio. As medidas complementares e as exceções deverão ser expressas em parágrafos.

( ) Quando o assunto requerer discriminações, o enunciado comporá o caput do artigo, e os elementos de discriminação serão apresentados sob a forma de incisos.

( ) As expressões não deverão ser usadas em seu sentido corrente, ou seja, dever-se-á utilizar a nomenclatura técnica, peculiar ao setor de atividades sobre o qual se pretende legislar.

( ) As frases devem ser detalhadas, extensas, de forma a esclarecer qualquer informação.

a) **V – V – F – F – F**.

b) **V – V – F – F – V**.

c) **V – V – V – V – F**.

d) **V – V – V – F – F**.

e) **F – V – V – F – V**.

COMENTÁRIOS

Item 1: de acordo com Hesio Fernandes Pinheiro, cada artigo deverá tratar de um único assunto.

Item 2: trata-se do texto que especifica o emprego do artigo no MRPR.

Item 3: texto copiado exatamente das especificações sobre artigo no MRPR.

Item 4: apenas quando necessário deverá ser empregado o termo técnico.

Item 5: as frases devem ser concisas.

Gabarito: D

93. (Instituto AOCP – Ana Leg (CM RB)/CM RB/Redação e Revisão/2016) Assunto: Lei Complementar nº 95/1998 – Atos Normativos

Quanto à estrutura da lei, ela é composta por dois elementos básicos: a ordem legislativa e a matéria legislada. A ordem legislativa compreende a parte preliminar e o fecho da lei; a matéria legislada diz respeito ao texto ou corpo da lei.

Com relação às partes do ato normativo, assinale a alternativa correta.

a) O projeto de ato normativo é estruturado em três partes básicas: a parte preliminar, a parte normativa e a parte final.

b) O projeto de ato normativo é estruturado em duas partes básicas: a parte preliminar e a parte final.

c) A parte preliminar é composta apenas de epígrafe, ementa e preâmbulo.

d) A parte preliminar é composta apenas do preâmbulo, do enunciado do objeto e da indicação do âmbito de aplicação das disposições normativas.

e) A parte final é composta das normas que regulam o objeto definido na parte preliminar.

COMENTÁRIOS

a) Essa é a divisão de um ato normativo, segundo o MRPR.

b) O ato normativo é dividido em três partes.

c) Na parte preliminar há: a epígrafe, a ementa, o preâmbulo, o enunciado do objeto e a indicação do âmbito de aplicação das disposições normativas.

d) Faltou mencionar a ementa.

e) A parte final carrega as disposições sobre medidas necessárias à implementação das normas constantes da parte normativa, as disposições transitórias, se for o caso, a cláusula de vigência e a cláusula de revogação, quando couber.

Gabarito: A

94. (Instituto AOCP – Ana Leg (CM RB)/CM RB/Redação e Revisão/2016) Assunto: Lei Complementar nº 95/1998 – Atos Normativos

Assinale a alternativa correta referente a Decreto.

a) Decretos, em sua definição clássica, são atos administrativos da Competência exclusiva do Chefe do Legislativo.

b) O Decreto em sua estrutura compõe-se de dois elementos: ordem legislativa e matéria legislada.

c) Quase todos os Decretos devem ser referendados pelo Ministro competente.

d) Os Decretos são destinados a prover apenas situações gerais e não a prover as individuais.

e) Os Decretos Regulamentares são atos normativos subordinados ou secundários (*v.g.* decretos de nomeação, de aposentadoria, de abertura de crédito, de desapropriação, de cessão de uso de imóvel, de indulto de perda de nacionalidade, etc.).

COMENTÁRIOS

a) A competência é exclusiva do Chefe do Executivo.

b) Tal como as leis, os decretos compõem-se de dois elementos: a ordem legislativa (preâmbulo e fecho) e a matéria legislada (texto ou corpo da lei).

c) De acordo com o MRPR, todos os decretos serão referendados pelo Ministro competente.

d) Por definição, decretos são atos administrativos da competência exclusiva do Chefe do Executivo, destinados a prover situações gerais ou **individuais**.

e) O exemplo presentado corresponde aos decretos singulares, não aos regulamentares.

Gabarito: B

---

95. (Instituto AOCP – Ana Leg (CM RB)/CM RB/Redação e Revisão/2016) Assunto: Lei Complementar nº 95/1998 – Atos Normativos

Sobre processo legislativo, assinale a alternativa correta.

a) A presunção de validade das leis decorre da publicação.

b) Promulgação é o ato através do qual se dá conhecimento à coletividade da existência da lei. Consiste na inserção do texto promulgado na Imprensa Oficial como condição de vigência e eficácia da lei.

c) Publicação é um atestado da existência válida da lei e de sua executoriedade. Em regra é o Presidente da República que verifica se a lei foi regularmente elaborada e depois atesta que a ordem jurídica está sendo inovada, estando a lei apta a produzir efeitos no mundo jurídico.

d) Processo legislativo é o conjunto de disposições que disciplinam o procedimento a ser observado pelos órgãos competentes na elaboração das espécies normativas.

e) Promulgação é a fase que encerra o processo legislativo.

COMENTÁRIOS

a) A presunção de validade decorre da promulgação.

b) De acordo com a Lei Complementar 95/1998, *a promulgação e a publicação constituem fases essenciais da eficácia da lei. A promulgação atesta a existência da lei, produzindo dois efeitos básicos: reconhece os fatos e atos geradores da lei; indica que a lei é válida.*

c) De acordo com o Lei Complementar 95/1998, *a publicação constitui a forma pela qual se dá ciência da promulgação da lei aos seus destinatários.* É condição de vigência e eficácia da lei.

d) Lê-se na Lei Complementar 95/1998: *tal como fixado na Constituição (art. 59), o processo legislativo abrange não só a elaboração das leis propriamente ditas (lei ordinária, lei complementar, lei delegada), mas também a das emendas constitucionais, das medidas provisórias, dos decretos legislativos e das resoluções.*

e) A publicação é a fase que encerra o processo.

Gabarito: B

---

96. (Instituto AOCP – Ana Leg (CM RB)/CM RB/Redação e Revisão/2016) Assunto: Lei Complementar nº 95/1998 – Atos Normativos

Assinale a alternativa correta no que tange à Lei Complementar n.º 95, de 1998, modificada pela Lei Complementar n.º 107, de 2001, que disciplina a elaboração das leis, desde a numeração, a vigência, a sequência de articulação dos capítulos, títulos, passando pela linguagem empregada até a alteração e consolidação das leis.

a) A Lei será estruturada em três partes básicas, preliminar, normativa e parte final. A parte final compreende as disposições pertinentes às medidas necessárias à implementação das normas de conteúdo substantivo, às disposições transitórias, se for o caso, a cláusula de vigência e a cláusula de revogação, quando couber.

b) A epígrafe, grafada em caracteres minúsculos, propiciará identificação numérica singular à lei e será formada pelo título designativo da espécie normativa, pelo número respectivo e pelo ano de promulgação.

c) A contagem do prazo para entrada em vigor das leis que estabeleçam período de vacância farse-á com a exclusão da data de publicação e do último dia do prazo, entrando em vigor no dia subsequente à sua consumação integral.

d) As leis complementares, as leis ordinárias e as leis delegadas terão numeração sequencial iniciada a partir da promulgação da Constituição.

e) A ementa será grafada por meio de caracteres que a realcem e explicitará, de modo profuso e sob a forma de título, objeto da lei.

COMENTÁRIOS

a) Consoante o que disciplina a Lei Complementar 95/1998: Art. 3º A lei será estruturada em três partes básicas:

> *I – parte preliminar, compreendendo a epígrafe, a ementa, o preâmbulo, o enunciado do objeto e a indicação do âmbito de aplicação das disposições normativas;*
>
> *II – parte normativa, compreendendo o texto das normas de conteúdo substantivo relacionadas com a matéria regulada;*
>
> *III – parte final, compreendendo as disposições pertinentes às medidas necessárias à implementação das normas de conteúdo substantivo, às disposições transitórias, se for o caso, a cláusula de vigência e a cláusula de revogação, quando couber.*

b) A grafia da epígrafe é em caracteres maiúsculos.

c) A contagem do prazo para entrada em vigor das leis que estabeleçam período de vacância far-se-á com a inclusão da data da publicação e do último dia do prazo, entrando em vigor no dia subsequente à sua consumação integral. (Parágrafo incluído pela Lei Complementar no 107, de 26.4.2001).

d) As leis complementares, as leis ordinárias e as leis delegadas terão numeração seqüencial em continuidade às séries iniciadas em 1946.

e) A ementa será grafada por meio de caracteres que a realcem e explicitará, de modo conciso e sob a forma de título, o objeto da lei.

Gabarito: A

---

97. (IBFC – Ana Leg (CM Franca)/CM Franca/2016) Assunto: Lei Complementar nº 95/1998 – Atos Normativos

Assinale a alternativa correta sobre as disposições da Lei Complementar nº 95, de 26/02/1998 que dispõe sobre a elaboração, a redação, a alteração e a consolidação das leis, conforme determina o parágrafo único do art. 59 da Constituição Federal, e estabelece normas para a consolidação dos atos normativos que mencionava.

a) A lei estruturada em duas partes básicas: normativa e aplicativa.

b) A lei será estruturada em três partes básicas: preliminar, normativa e final.

c) A lei será estruturada em duas partes básicas: apresentação e normativa.

d) A lei será estruturada em três partes básicas: apresentação, descritiva e normativa.

COMENTÁRIOS

a) A estruturação é dada em três partes.

b) Essa é a instrução do MRPR sobre a estruturação das leis, de acordo com o art. 3º da Lei Complementar 95/1198.

c) Apresentação não é parte de estruturação de lei.

d) As três partes são: preliminar, normativa e final.

Gabarito: B

---

98. (FUNRIO – Tec (CM NI)/CM Nova Iguaçu/Legislativo/2016) Assunto: Lei Complementar nº 95/1998 – Atos Normativos

Com relação à redação dos atos normativos, é **CORRETO** afirmar que devem ser

a) designados por algarismos arábicos seguidos de ponto, os incisos dos artigos.

b) grafadas com letra minúscula, as alíneas de um inciso.

c) designados pela forma abreviada "Art." seguida de algarismo romano, os artigos.

d) sempre iniciados por minúsculas, os textos dos artigos.

COMENTÁRIOS

a) Os artigos são designados por algarismos, mas os incisos são indicados por algarismos romanos.

b) As alíneas devem ser grafadas com letras minúsculas.

c) O algarismo empregado é o arábico, não o romano.

d) Os textos dos artigos serão iniciados por letra maiúscula.

Gabarito: B

---

99. (UEG – Ag Adm (CM Itumb)/CM Itumbiara/Apoio ao Legislativo/2016) Assunto: Lei Complementar nº 95/1998 – Atos Normativos

A Constituição Federal, ao tratar de processo legislativo em seu artigo 59, determinou que Lei Complementar deveria dispor sobre a elaboração, redação, alteração e consolidação das leis.

Essa determinação constitucional foi recepcionada através da edição da Lei Complementar nº 95, de 26 de fevereiro de 1998, que dispõe sobre a elaboração, a redação, a alteração e a consolidação das leis e estabelece normas para a consolidação dos atos normativos que menciona, sendo que no processo legislativo, ao se elaborar uma lei ou ato normativo legal, deverá ser observado que

a) a ementa indicará o órgão ou instituição competente para a prática do ato e sua base legal.

b) a cláusula de revogação deverá enumerar, expressamente, as leis ou disposições legais revogadas.

c) o primeiro artigo do texto será grafado por meio de caracteres que o realcem e explicitará o objeto da lei.

d) se motivadamente justificado, a lei poderá conter matéria estranha a seu objeto ou a este não vinculada.

e) as leis complementares e as leis ordinárias terão numeração iniciada a partir da promulgação da Constituição.

COMENTÁRIOS

a) Por definição, a ementa é a parte do ato que sintetiza o conteúdo da lei, a fim de permitir, de modo imediato, o conhecimento da matéria legislada.

b) De acordo com a Lei Complementar 95/1998, A cláusula de revogação deverá enumerar, expressamente, as leis ou disposições legais revogadas. (Parágrafo incluído pela Lei Complementar nº 107, de 26.4.2001).

c) Não há tal disposto na lei em questão.

d) A lei não conterá matéria estranha a seu objeto ou a este não vinculada por afinidade, pertinência ou conexão.

e) As leis complementares, as leis ordinárias e as leis delegadas terão numeração sequencial em continuidade às séries iniciadas em 1946.

Gabarito: B

---

100. (VUNESP – Proc Jur (CM VP)/CM V Paulista/2016) Assunto: Lei Complementar nº 95/1998 – Atos Normativos

Assinale a alternativa correta, de acordo com as disposições da Lei Complementar nº 95/98.

a) As leis ordinárias terão numeração sequencial, reiniciando- se a numeração no começo de cada ano civil.

b) As técnicas de elaboração, redação e alteração das leis aplicam-se também aos atos de regulamentação expedidos por órgãos do Poder Executivo, no que couber.

c) A codificação consiste na integração de todas as leis pertinentes a determinada matéria em um único diploma legal.

d) Na alteração de leis, é vedada a reorganização interna das unidades em que se desdobra o artigo.

e) As disposições transitórias integram a parte normativa da lei.

COMENTÁRIOS

a) As leis complementares, as leis ordinárias e as leis delegadas terão numeração seqüencial em continuidade às séries iniciadas em 1946.

b) Lê-se na Lei Complementar 95/1998:

> *Art. 1º A elaboração, a redação, a alteração e a consolidação das leis obedecerão ao disposto nesta Lei Complementar.*
>
> *Parágrafo único. As disposições desta Lei Complementar aplicam-se, ainda, às medidas provisórias e demais atos normativos referidos no art. 59 da Constituição Federal, bem como, no que couber, aos decretos e aos demais atos de regulamentação expedidos por órgãos do Poder Executivo.*

c) Trata-se da definição de "consolidação", não de codificação: *A consolidação consistirá na integração de todas as leis pertinentes a determinada matéria num único diploma legal, revogando-se formalmente as leis incorporadas à consolidação, sem modificação do alcance nem interrupção da força normativa dos dispositivos consolidados. (Parágrafo incluído pela Lei Complementar no 107, de 26.4.2001).*

d) É admissível a reordenação interna das unidades em que se desdobra o artigo, identificando-se o artigo assim modificado por alteração de redação, supressão ou acréscimo com as letras 'NR' maiúsculas, entre parênteses, uma única vez ao seu final, obedecidas, quando for o caso, as prescrições da alínea c. (Redação dada pela Lei Complementar no 107, de 26.4.2001) (Art. 12, inciso III, alínea "d").

e) Art. 3º A lei será estruturada em três partes básicas:

> *I – parte preliminar, compreendendo a epígrafe, a ementa, o preâmbulo, o enunciado do objeto e a indicação do âmbito de aplicação das disposições normativas;*
>
> *II – parte normativa, compreendendo o texto das normas de conteúdo substantivo relacionadas com a matéria regulada;*
>
> *III – parte final, compreendendo as disposições pertinentes às medidas necessárias à implementação das normas de conteúdo substantivo, às disposições transitórias, se for o caso, a cláusula de vigência e a cláusula de revogação, quando couber.*

Gabarito: B

101. (VUNESP – Proc Jur (CM VP)/CM V Paulista/2016) Assunto: Lei Complementar nº 95/1998 – Atos Normativos

Assinale a alternativa que apresenta corretamente o nome de cada um dos três itens a seguir (extraídos do vigente Código Civil), na exata ordem em que aparecem, de acordo com a nomenclatura adotada na Lei Complementar nº 95/98.

> LEI Nº 10.406 DE 10 DE JANEIRO DE 2002.
>
> Institui o Código Civil.
>
> **O PRESIDENTE DA REPÚBLICA**
>
> Faço saber que o Congresso Nacional decreta e eu sanciono a seguinte Lei:

a) preâmbulo, ementa e epígrafe.

b) ementa, preâmbulo e epígrafe.

c) ementa, epígrafe e preâmbulo.

d) epígrafe, preâmbulo e ementa.

e) epígrafe, ementa e preâmbulo.

COMENTÁRIOS

Vejamos os itens indicados no próprio documento:

LEI Nº 10.406 DE 10 DE JANEIRO DE 2002. (Epígrafe)

Institui o Código Civil. (Ementa)

O PRESIDENTE DA REPÚBLICA (Preâmbulo)

Na ordem em que se apresenta, a única possibilidade é a letra "e". Não se faz necessário comentar as demais alternativas, uma vez que se trata de uma simples questão de inversão de ordem dos elementos.

Gabarito: E

---

102. (VUNESP – Proc Jur (CM VP)/CM V Paulista/2016) Assunto: Lei Complementar nº 95/1998 – Atos Normativos

Assinale a alternativa correta sobre a articulação e redação das leis.

a) As referências a números e percentuais devem ser grafadas por extenso, exceto datas, números de leis e quando houver prejuízo para a compreensão do texto.

b) O agrupamento de Seções constitui o Título; o de Títulos, o Capítulo; o de Capítulos, o Livro e o de Livros, a Parte.

c) Quando o artigo possuir apenas um parágrafo, será utilizada a expressão "parágrafo único", por extenso, ou a forma mista "§ único".

d) Em observância aos princípios da clareza e precisão, é vedada a utilização de siglas.

e) Na articulação de textos legais, a última unidade de desdobramento é a alínea.

COMENTÁRIOS

a) No inciso II, alínea "f", do Art. 11 da Lei Complementar 95/1998 se encontra a orientação: *grafar por extenso quaisquer referências a números e percentuais, exceto data, número de lei e nos casos em que houver prejuízo para a compreensão do texto; (Redação dada pela Lei Complementar no 107, de 26.4.2001).*

b) No inciso V, do Art. 10 da Lei Complementar 95/1998 se encontra a orientação: *o agrupamento de artigos poderá constituir Subseções; o de Subseções, a Seção; o de Seções, o Capítulo; o de Capítulos, o Título; o de Títulos, o Livro e o de Livros, a Parte.*

c) No caso de haver apenas um parágrafo, adota-se a grafia Parágrafo único (e não "§ único").

d) Usar apenas siglas consagradas pelo uso, observado o princípio de que a primeira referência no texto seja acompanhada de explicitação de seu significado.

e) As alíneas podem ser desdobradas em números cardinais.

Gabarito: A

---

103. (BIO-RIO – Tec (Manga)/Pref Manga/Administrativo/2016) Assunto: Outros Expedientes de Redação Oficial

Ato por meio do qual a administração afirma a existência de fato ou situação que pode ser verificada em assentamento público (autos, procedimentos, despachos, etc.);

a) declaração.

b) ata.

c) memorando.

d) certidão.

e) atestado.

COMENTÁRIOS

a) Declaração é uma atestação de uma situação ou fato em nome de uma instituição pública.

b) Ata é o registro de decisões provenitentes de assembleias, sessões ou reuniões.

c) Trata-se de expediente interno para tratar de assuntos de natureza administrativa.

d) Certidão é o documento que afirma a existência de fato ou situação que pode ser verificada em assentamento público, reltivo à atividade cartorária.

e) Atestado é a confirmação por escrito de fato ou situação por um indivíduo em razão de sua profissão ou cargo que ocupa.

Gabarito: D

---

104. (BIO-RIO – Tec (Manga)/Pref Manga/Administrativo/2016) Assunto: Outros Expedientes de Redação Oficial

O atestado possui a seguinte estrutura:

a) Timbre, Índice, Data, Destinatário, Assunto, Comunicação, Fecho, Local e data e Assinatura.

b) Timbre, Índice, Comunicação, Local e data e Assinatura.

c) Timbre, Índice, Data, Destinatário, Comunicação, Local e data e Assinatura.

d) Timbre, Índice, Data, Destinatário, Preâmbulo, Comunicação, Local e data e Assinatura.

e) Timbre, Índice, Data, Destinatário, Assunto, Comunicação, Local e data e Assinatura.

COMENTÁRIOS

a) Destinatário, Assunto e Fecho não são elementos do atestado. A data não pode ser repetida no atestado.

b) Esses são os elementos estruturais do atestado.

c) Destinatário não é elemento do atestado. A data não é elemento inicial do atestado.

d) Data não é elemento inicial. Destinatário não é elemento do atestado. Preâmbulo não é elemento do atestado.

e) Data não é elemento inicial. Destinatário não é elemento do atestado. Assunto não é elemento do atestado.

Gabarito: B

105. (FUNDEP - Esp SP (Uberaba)/Pref Uberaba/Secretário Executivo/2016)
Assunto: Outros Expedientes de Redação Oficial

O Edital indica o ato pelo qual se publica pela imprensa, ou nos lugares públicos, certa notícia que deve ser divulgada para conhecimento das pessoas nele mencionadas e de outras que possam ter interesse no assunto.

MEDEIROS, 2004.

Sobre os tipos de Edital, analise as afirmativas a seguir e assinale com **V** as **verdadeiras** e com **F** as **falsas**.

( ) Edital de casamento – É a solenidade dos proclamas.

( ) Edital de citação – serve para cumprir citação inicial à pessoa encontrada.

( ) Edital de praça – Anuncia a venda em hasta pública.

( ) Edital de convocação – Diz respeito a reunião ordinária ou extraordinária.

( ) Edital de finalidade – É processual.

Assinale a sequência **CORRETA**.

a) V F V V F

b) F V V F F

c) V F F V V

d) F F V V F

COMENTÁRIOS

Item 1: o edital de casamento, ou edital de proclamas, é a solenidade que o cartório emite quando os noivos dão entrada na habilitação para o casamento civil.

Item 2: trata-se do meio pelo qual se faz a citação de pessoa desconhecida, incerta ou ignorada.

Item 3: é o que se faz por ordem de juiz, pelo qual se torna público o dia, a hora e o lugar em que serão levados às hastas públicas os bens que devem ser vendidos por lei.

Item 4:Trata-se da comunicação relativa a reunião ordinária ou extraordinária.

Item 5: Não se trata de modalidade editalícia.

Gabarito: A

106. (UFMT – Aux A (PREVICÁCERES)/PREVICÁCERES/2016) Assunto: Outros Expedientes de Redação Oficial

O instrumento pelo qual uma pessoa recebe poderes de outra para em seu nome praticar atos ou administrar bens é:

a) Portaria.

b) Petição.

c) Procuração.

d) Moção.

COMENTÁRIOS

a) Ato por meio do qual o titular do órgão determina providências de caráter administrativo, visando a estabelecer normas referentes à organização, à ordem disciplinar e ao funcionamento de serviço ou procedimentos para o(s) órgão(s) e entidade(s) da Administração Pública, bem como para nortear o cumprimento de dispositivos legais e disciplinares.

b) Petição é o documento pelo qual se pleiteiam direitos preante a Justiça.

c) Procuração é o documento por meio do qual uma pessoa outora poderes a outra para praticar atos ou administrar seus bens.

d) Moção é uma proposição legislativa que oportuniza a Câmara aplaudir ou repudir todo e qualquer ato ou omissão do Poder Público em todas as esferas.

Gabarito: C

107. (IESES – APO (BAHIAGÁS)/BAHIAGÁS/Administração/2016) Assunto: Outros Expedientes de Redação Oficial

"Correspondência interna, usada tanto por empresas comerciais como por órgãos públicos, dispensa formalidades introdutórias e despedidas" define o quê? Assinale a alternativa correta:

a) Ofício.

b) Carta.

c) Memorando.

d) Ofício-circular.

e) Memorial.

COMENTÁRIOS

a) Ofício é documento de natureza externa.

b) Carta é um expediente que não é empregado por órgãos públicos.

c) Memorando é um expediente de natureza interna, mas possui formalidades estruturais. Por isso, a questão foi anulada.

d) O ofício-circular é um documento externo, idêntido ao ofício tradicional. A distinção é que possui vários destinatários.

e) O Memorial é apresentado em concursos para ingresso e promoção na carreira docente e em exames de seleção ou de qualificação. Ele permite aos leitores perceberem o conjunto de atividades desenvolvidas e, principalmente, as impressões do autor sobre essas atividades, evidenciando seu amadurecimento profissional.

Gabarito: Anulada

---

108. (Instituto AOCP – Tec Leg (CM Rio Sul)/CM Rio Sul/Área Legislativa/2016)
Assunto: Outros Expedientes de Redação Oficial

Os Atos Oficiais são meios de comunicação formal que possuem certas características, cada qual com estilo, finalidade e suportes diferentes. Em relação às características e às definições dos Atos Oficiais, assinale a alternativa correta.

a) A Portaria é uma correspondência de caráter interno da Instituição, expedida simultaneamente a diversos destinatários, com o objetivo de transmitir rotinas, orientações, procedimentos, esclarecer o conteúdo de leis, normas e regulamentos ou dar publicidade a uma informação.

b) O Edital é um documento fornecido pela administração ao interessado, afirmando a existência de ato ou assentamentos constantes de processo, livro ou documentos que se encontrem nas repartições públicas.

c) A Ata é um documento de valor jurídico, que consiste em registro narrativo fidedigno e decisões do que passou em uma assembleia, sessão ou reunião. Pode ser lavrada em livro próprio, autenticado, com páginas numeradas e rubricadas pela autoridade que redigiu os termos de abertura e de encerramento.

d) A Certidão é um instrumento de comunicação utilizado pela Administração Pública para fins de abertura de concorrência e de concurso público, provimento de cargo público, convocação de servidor, licitações e divulgação de atos deliberativos.

e) A Circular é um ato administrativo que define competências, estabelece normas e procedimentos e disciplina matéria não regulada em lei. Além disso, define situações funcionais e aplica medidas de ordem disciplinar.

COMENTÁRIOS

a) Essa é a definição de memorando circular.

b) A definição apresentada é a de certidão.

c) Essa é a definição precisa de uma ata.

d) A definição apresentada é a de edital.

e) Essa é a definição de Portaria.

Gabarito: C

---

109. (FGV – GP (CODEBA)/CODEBA/2016) Assunto: Outros Expedientes de Redação Oficial

Um funcionário recebe da chefia uma recomendação para o emprego de linguagem simples na comunicação interna da empresa.

A recomendação da chefia foi feita por meio de

a) um bilhete pessoal.

b) um padrão ofício.

c) um memorando circular.

d) uma comunicação pessoal via e-mail.

e) um parecer técnico acompanhado de exposição de motivos.

COMENTÁRIOS

a) Bilhete pessoal não é documento oficial.

b) O padrão ofício é uma estrutura de diagramação, não um documento.

c) Comunicação interna é um memorando. O problema da questão é o a indicação de ser "circular".

d) No âmbito da administração pública, as comunicações não são consideradas pessoais.

e) O parecer é documento em resposta à matéria submetida a ànalise de comissões designadas para tal atividade.

Gabarito: C

110. (Instituto AOCP – Ag Leg (CM RB)/CM RB/"Sem Área"/2016) Assunto: Outros Expedientes de Redação Oficial

O ato oficial denominado Portaria é utilizado, dentre outros, com o objetivo de

a) expedir instruções sobre a organização e funcionamento de serviço.

b) prover situações gerais ou individuais, abstratamente previstas, de modo expresso ou implícito, na lei.

c) definir os serviços sujeitos a imposto sobre serviços de qualquer natureza e suas alíquotas máxima e mínima.

d) aprovar planos plurianuais, diretrizes orçamentárias, orçamento e créditos adicionais e suplementares.

e) sustar os atos normativos do Poder Executivo que exorbitem do poder regulamentar ou dos limites de delegação legislativa.

COMENTÁRIOS

a) Essa é uma das possibilidades de utilização da Portaria.

b) Essa é a definição de dereto.

c) Trata-se de uma Lei Complementar.

d) Essa é uma das utilizações da mensagem.

e) Essa é uma das utilizações do Decreto Legislativo.

Gabarito: A

111. (Instituto AOCP – Ana Leg (CM RB)/CM RB/Redação e Revisão/2016) Assunto: Outros Expedientes de Redação Oficial

Assinale a alternativa correta no que diz respeito à Portaria.

a) Portaria é o instrumento pelo qual Ministros ou outras autoridades expedem instruções sobre a organização e funcionamento de serviço e praticam outros atos de sua competência.

b) Portaria é um ato administrativo adicional cujo objetivo é confirmar ou omitir dados emitidos em documento anterior.

c) A Portaria, em sua estrutura, contém epígrafe, preâmbulo e corpo.

d) A Portaria, em sua estrutura, contém apenas o corpo.

e) Na Portaria, não há a necessidade de assinatura.

COMENTÁRIOS

a) Correta definição de Portaria.

b) A Portaria esclarece procedimentos, não omite informações.

c) Há mais elementos, a exemplo da ementa.

d) A Portaria possui três partes: *parte preliminar: com a epígrafe, a ementa, o preâmbulo, o enunciado do objeto e a indicação do âmbito de aplicação das disposições normativas. b) A parte normativa, com as normas que regulam o objeto definido na parte preliminar. c) A parte final, com as disposições sobre medidas necessárias à implementação das normas constantes da parte normativa, as disposições transitórias, se for o caso, a cláusula de vigência e a cláusula de revogação, quando couber.*

e) A assinatura é necessária.

Gabarito: A

---

112. (CONSULPLAN – Ag Admin (Venda NI)/Pref VN Imigrante/2016) Assunto: Outros Expedientes de Redação Oficial

"Trata-se de um tipo de carta que se vale de um estilo cuja fonte é o Antigo Testamento. Na estrutura frasal predileta desse modo de escrever, abundam conjunções coordenativas e. O redator hábil que utiliza com sobriedade esse recurso obtém resultados positivos. A linguagem torna-se amena, familiar, clara e os pensamentos são ressaltados pela presença constante da conjunção e." A que estilo de redação na correspondência comercial o enunciado se refere?

a) Carta lacônica.

b) Carta dinâmica.

c) Carta monótona.

d) Carta de ladainha.

COMENTÁRIOS

a) Lacônico significa conciso, ou seja, contrário ao estilo em que as conjunções abundam.

b) O texto dinâmico é sucinto.

c) Não existe um estilo definido como carta monótona.

d) Chama-se ladainha por sua relação com a religiosidade (daí a origem no Antigo Testamento). Trata-se de estilo particular de redação para a transmissão de ideias simples.

Gabarito: D

113. (CONSULPLAN – ATA (CFESS)/CFESS/2017) Assunto: Outros Expedientes de Redação Oficial

"Uma empresa solicitou a um profissional a comprovação de sua *expertise* em técnicas para manutenção de robôs em sua linha de produção. Deverá, ainda, comprovar sua experiência em outras organizações, incluindo o parecer sobre o resultado alcançado. Para que esse documento tenha validade terá que ter a assinatura das empresas que utilizaram seu serviço e validaram o resultado." Esse documento é classificado como:

a) Carta.

b) Aviso.

c) Circular.

d) Atestado.

COMENTÁRIOS

a) A carta não tem como função a comprovação ou a atestação de algum fato.

b) O aviso é documento de competência de ministros de Estado.

c) Circular é comunicação interna ou externa que possui diversos destinatários.

d) Atestado seria a única opção cabível nessa situação, apesar de o atestado estar relacionado a fatos transitórios e de rápida modificação.

Gabarito: D

114. (CONSULPLAN – ATA (CFESS)/CFESS/2017) Assunto: Outros Expedientes de Redação Oficial

Leia a correspondência a seguir.

À Secretaria de Trânsito do Município de Serrariano – SR Rodrigo Carlos Machado, brasileiro, solteiro, lenhador, inscrito no CPF sob o número 123.456.789-12, residente e domiciliado à Rua dos Bosques, nº 181 – Jardim do Bosque, nesta cidade, vem, respeitosamente, à presença de Vossa Senhoria, solicitar a colocação de um quebra-molas em seu bairro, em frente ao Colégio Municipal, tendo em vista que o trânsito de veículos flui em velocidade elevada no local, colocando em risco a integridade física dos pedestres, especialmente das crianças que frequentam aquele estabelecimento de ensino.

Trata-se de uma correspondência do tipo:

a) Ofício.

b) Parecer.

c) Mensagem.

d) Ordem de serviço.

COMENTÁRIOS

a) A banca indica tal assertiva como a correta, entretanto não faz sentido, pois se trata de um requerimento. Essa estrutura foge ao padrão ofício.

b) Um parecer serve para fazer a avaliação de alguma matéria submetida à análise de uma comissão designada para tal finalidade.

c) Mensagem é documento empregado para os chefes dos poderes estabelecerem comunicação entre si.

d) Ordem de serviço é a formalização de um trabalho a ser realizado em uma empresa.

Gabarito: A

---

115. (BIO-RIO – Tec (Manga)/Pref Manga/Administrativo/2016) Assunto: Atas (redação oficial)

É o registro sucinto, escrito, das decisões e acontecimentos havidos em reunião, congresso, mesa-redonda, convenção, etc:

a) certidão.

b) ofício.

c) ata.

d) parecer.

e) atestado.

COMENTÁRIOS

a) Certidão é documento que comprova fatos constantes da administração pública, usualente associados à atividade cartorária.

b) Ofício é documento eminentemente externo empregado para tratar de assuntos oficiais entre órgãos da administração pública.

c) Essa é a definição precisa de ata. Item correto.

d) Parecer é o pronunciamento por escrito de uma opinião técnica que deve ser assinado e datado, deve conter o nome e o registro do profissional, emitido por um especialista (por exemplo, advogado, médico ou psicólogo) sobre determinada situação que exija conhecimentos técnicos.

e) Atestado é documento em que se afirma (dá por verdadeira) uma situação ou um fato em razão do cargo do indivíduo ou de sua profissão.

Gabarito: C

116. (FUNDEP – Esp SP (Uberaba)/Pref Uberaba/Secretário Executivo/2016)
Assunto: Atas (redação oficial)

Para Odacir Beltrão (1980, p. 124 *apud* MEDEIROS, 2004) "ata é um documento em que se registram, resumidamente, mas com clareza, as ocorrências de uma reunião de pessoas para determinado fim". Algumas normas para a lavratura de ata são fundamentais e devem ser observadas.

A esse respeito, assinale a alternativa **INCORRETA**.

a) O texto deve ser lavrado em ata, em livro próprio ou em folhas separadas, de tal modo que impossibilite a introdução de modificações.

b) O texto deve sintetizar, de maneira clara e precisa, as ocorrências verificadas.

c) O texto deve ser digitado ou manuscrito, mas sem rasuras.

d) O texto deve ser compacto, mas é necessário constar todas as alíneas de forma precisa.

COMENTÁRIOS

a) Não é possível modificar ou fazer correções posteriores à assinatura em uma ata.

b) A ata é um texto conciso, que registra as ocorrências verificadas em uma reunião ou uma sessão.

c) As duas formas de registro são admitidas, contanto que não haja rasuras.

d) Não há alíneas em uma ata.

Gabarito: D

117. (IESES – APO (BAHIAGÁS)/BAHIAGÁS/Administração/2016) Assunto: Atas (redação oficial)

Assinale a alternativa correta que corresponde a estas características: Escrito (a) de forma corrida, sem espaço de parágrafo; não admite rasuras; os erros devem ser corrigidos ao curso do texto usando-se a expressão "digo" seguida da palavra correta; seu registro é manuscrito em livro próprio com páginas numeradas e contendo termo de abertura e termo de encerramento.

a) Edital

b) Ata

c) Relatório

d) Ofício

e) Parecer

COMENTÁRIOS

a) Um edital não pode ser manuscrito.

b) Essa é a definição de uma ata, bem como seu procedimento de correção.

c) Relatório não pode ser manuscrito.

d) Ofício não pode ser manuscrito.

e) Parecer não pode ser manuscrito.

Gabarito: B

---

118. (Instituto AOCP – Ana Leg (CM RB)/CM RB/Redação e Revisão/2016)
Assunto: Atas (redação oficial)

Ata é o resumo escrito de fatos e decisões de uma assembleia, sessão ou reunião para um determinado fim.

Sobre as normas de uma ata, assinale a alternativa correta.

a) Geralmente, as atas são transcritas à mão por um secretário, em livro próprio.

b) Apesar de ser um documento jurídico, após sua lavratura, é possível, dentro de 24 horas, modificar o conteúdo.

c) Se houver necessidade de retificação do pensamento, isso só poderá acontecer ao final da ata.

d) As atas são redigidas com parágrafos e espaços para eventual acréscimo posterior à lavratura.

e) O tempo verbal preferencialmente utilizado nas atas é o presente do indicativo.

COMENTÁRIOS

a) Na composição das atas, o registro é usualmente feito à mão.

b) Não é possível fazer alterações do conteúdo de uma ata.

c) Somente será possível fazer alterações antes da assinatura.

d) Uma ata é redigida em apenas um parágrafo.

e) O tempo usual nas atas é o pretérito.

Gabarito: A

119. (Instituto AOCP - Ana Leg (CM RB)/CM RB/Redação e Revisão/2016) Assunto: Atas (redação oficial)

Observe o modelo de redação apresentada a seguir, considere suas características linguísticas, o conteúdo, a sua estrutura e assinale a alternativa correspondente.

> **COMISSÃO ESPECIAL DE INQUÉRITO**
>
> ___________ *da Reunião da Comissão* ***[Comissão]*** *das*
>
> *irregularidades existentes no* ***[Tipo]***
>
> Aos **[Dia]** dias do mês de **[Mês]** de **[Ano]**, às dez horas e trinta minutos, no
>
> Plenário **[Nome do Plenário]**, do Edifício **[Nome do Edifício]**, no Estado do Acre, realizou-se a oitava Reunião da Comissão Especial de Inquérito constituída com a finalidade de proceder a um levantamento das condições e irregularidades existentes no Sistema **[Nome do sistema]**, sob a Presidência do(a) **[Nome do Presidente]**, onde estiveram presentes os Senhores(as) **[Nome]**, **[Nome]**, **[Nome]** e **[Nome]**. Havendo número regimental, o Senhor(a) Presidente declarou abertos os trabalhos. Concedida a palavra inicialmente ao Doutor **[Nome]**., este fez uma explanação sobre o sistema **[Nome do sistema]**, suas falhas e problemas, e sobre a busca de soluções. Nada mais havendo a tratar, **[Nome]** agradeceu a presença do (citar o nome das autoridades mais importantes presentes), dos demais presentes, e declarou encerrada a reunião, da qual eu, **[Nome]**, Secretário da Comissão (na falta de um secretário efetivo, nomeia-se um dos presentes que deverá colocar Secretário ad hoc), lavrei ____ presente ______ , que vai assinada pelo Senhor Presidente, por mim e pelos presentes. (Pode-se também colocar: **[nome]** assinada pelo Senhor Presidente e por mim).
>
> ___________ aprovado (a) em reunião de **[dia]** de **[mês]** de **[ano]**
>
> (a) **[Nome]**, Presidente. (a) **[Nome]**, Secretário. (Encerrou-se ___________ constando que todos os presentes a assinarão; as assinaturas serão na sequência: 1º, secretário, presidente e demais presentes, preenchendo toda a linha).

a) Edital.

b) Atestado.

c) Declaração.

d) Alvará.

e) Ata.

COMENTÁRIOS

a) Edital não se redige em apenas um parágrafo.

b) Atestado é documento conciso e simples.

c) Declaração é documento expedido em nome de uma instituição.

d) Alvará é documento de autoridade judiciária ou administrativa em favor de alguém e no qual se ordenam ou se autorizam determinados atos.

e) A estrutura do documento apresentado é a de uma ata: apenas um parágrafo e a matéria relativa a decisões ou atividades ocorridas e uma reunião ou em uma sessão.

Gabarito: E

---

120. (FUNRIO – Tec (CM NI)/CM Nova Iguaçu/Legislativo/2016) Assunto: Atas (redação oficial)

A ata é um documento em que se registram, resumidamente, as ocorrências de uma reunião de pessoas para determinado fim. São elementos constitutivos de uma ata, **EXCETO**

a) nome e sobrenome das pessoas presentes.

b) assuntos tratados.

c) parágrafos numerados.

d) assinatura dos participantes da reunião

COMENTÁRIOS

a) Nome e sobrenome são elementos constitutivos da ata.

b) Os assuntos devem ser registrados.

c) Não há parágrafos em uma ata.

d) A ata deve conter as assinaturas dos participantes da sessão ou da reunião que origina a ata.

Gabarito: C

---

121. (Instituto AOCP – Ana Leg (CM RB)/CM RB/Redação e Revisão/2016) Assunto: Requerimento (redação oficial)

Assinale a alternativa correta para a definição de Requerimento.

a) É uma correspondência externa usada principalmente pelos órgãos de governo e autarquias.

b) É um documento específico de solicitação e, através dele, a pessoa física ou jurídica requer algo a que tem direito (ou pressupõe tê-lo), concedido por lei, decreto, ato, decisão, etc.

c) É a apresentação concisa dos pontos mais importantes de um texto.

d) É o instrumento por meio do qual a pessoa física ou jurídica outorga poderes a outra.

e) É a análise de um caso e faz parte de um processo para o qual aponta uma solução favorável ou contrária, justificando a mesma através de dispositivos legais e informações.

COMENTÁRIOS

a) O Requerimento não é um documento rotineiro de entidades do serviço público.

b) Essa é a definição de Requerimento para a comunicação oficial.

c) Essa é a definição de uma ata.

d) Essa é a definição de procuração.

e) Essa é a definição de um parecer.

Gabarito: B

---

122. (Instituto AOCP – Ana Leg (CM RB)/CM RB/Redação e Revisão/2016)
Assunto: Requerimento (redação oficial)

Assinale a alternativa correta referente à estrutura do Requerimento.

a) O requerimento exige: cabeçalho, texto e fecho.

b) O requerimento exige: cabeçalho, resumo do texto, texto e fecho.

c) O requerimento exige: invocação, texto e fecho.

d) O requerimento exige: cabeçalho, epígrafe, invocação, texto e fecho.

e) Não há a necessidade de assinatura no fecho.

COMENTÁRIOS

a) Não há necessidade de cabeçalho no requerimento.

b) Cabeçalho e remumo não são necessários no requerimento.

c) Esses são os três elementos componentes do requerimento.

d) Cabeçalho e epígafe não são elementos do requerimento.

e) Após o fecho, assina-se o documento. Apesar disso, a questão não considerou a assinatura como um elemento estrutural, mas como um elemento validacional.

Gabarito: C

---

123. (VUNESP – Ass Adm (UFABC)/UFABC/2016) Assunto: Relatório (Redação Oficial)

No cotidiano de uma organização, espera-se que o assistente em administração tenha, além de outros conhecimentos, noções para a elaboração de relatórios administrativos. Para que elabore um relatório, por exemplo, é necessário que ele conheça suas partes principais, que são:

a) cabeçalho, introdução, desenvolvimento do relatório, conclusão e recomendações.

b) capa, introdução, cronograma de atividades do assunto em questão, desenvolvimento do relatório e conclusão.

c) introdução, pesquisas constantes em relatórios anteriores do mesmo assunto, fecho, conclusão e anexos.

d) introdução, vocativos, numeração, sigla do setor e assinaturas.

e) capa, desenvolvimento, numeração, sigla do setor e fecho.

COMENTÁRIOS

a) Dentre as partes possíveis do relatório, encontram-se o cabeçalho (elemento pré-textual), a introdução, o desenvolvimento e a conclusão (para o relatório em si) e as recomendações (como um elemento pós-textual). A questão não exige todos os elementos, apenas o que considera como principais, a saber: introdução, desenvolvimento e conclusão.

b) Não há uniformidade sobre as orientações formais de relatório, mas não é necessário incluir a capa no relatório. Além disso, a ordem dos elementos está invertida.

c) Não se fala sobre o desenvolvimento do texto do relatório, o que é incorreto.

d) Nesse item, não se fala sobre o desenvolvimento do relatório (sua parte principal).

e) Faltam introdução e conclusão nessa descrição de itens do relatório.

Gabarito: A

124. (BIO-RIO – Tec (Manga)/Pref Manga/Administrativo/2016) Assunto: Outros Assuntos de Redação Oficial

Em relação ao memorando, avalie se as afirmativas a seguir são falsas (**F**) ou verdadeiras (**V**):

- É uma forma de participação ou aviso por escrito. Foi incorporado como tipo de expediente usado na administração pública para a ágil comunicação entre unidades administrativas de um mesmo órgão.
- Sua principal característica deve ser a agilidade.
- Sua tramitação deve pautar-se pela simplicidade, objetividade e clareza.
- Destina-se ao serviço interno e se caracteriza como instrumento de comunicação entre servidores e unidades de uma mesma organização.

As afirmativas são respectivamente:

a) **V**, **V**, **V** e **V**.

b) **V**, **V**, **F** e **F**.

c) **F**, **F**, **V** e **V**.

d) **V**, **F**, **F** e **F**.

e) **F**, **F**, **F** e **F**.

COMENTÁRIOS

Item 1: o memorando é expediente de natureza administrativa, empregado para tratar de assuntos oficiais entre unidades administrativas de um mesmo órgão.

Item 2: apesar de controverso, o item é verdadeiro quando menciona que a agilidade é uma característica do memorando. Pode não ser a sua principal, mas é uma característica.

Item 3: o memorando é um documento de fácil tramitação. Objetividade e clareza são elementos de composição do texto do memorando. A banca errou na formulação do item, mas não o anulou.

Item4: o memorando é expediente eminentemente interno.

Gabarito: A

125. (Instituto AOCP – Tec Leg (CM Rio Sul)/CM Rio Sul/Área Legislativa/2016) Assunto: Outros Assuntos de Redação Oficial

Correspondência é o ato ou estado de corresponder, adaptar, relatar ou oficializar acordos de uma pessoa com outra, ou seja, indica todas as formas de comunicação escrita que ligam indivíduos distantes com a finalidade de manterem trocas de ideias. Tratase, portanto, de uma comunicação efetiva por meio de papéis, cartas ou documentos. Em relação à definição de correspondência, assinale a alternativa correta.

a) Correspondência é um ato que se evidencia pela troca de informação e se caracteriza pela emissão e recepção de mensagens.

b) Correspondência é um ato que se evidencia pela imutabilidade de informação e se caracteriza pela emissão e recepção de mensagens.

c) Correspondência é um ato que se evidencia pela inalterabilidade de mensagens e se caracteriza pela emissão e recepção de informação.

d) Correspondência é um ato que se evidencia pela troca de mensagens e se segrega pela emissão e acepção de informação.

e) Correspondência é um ato que se evidencia pela troca de imutabilidade e se caracteriza pela significação e recepção de mensagens.

COMENTÁRIOS

a) Corresponder-se significa trocar informações, o que pressupõe emissão e recepção de mensagens.

b) A palavra "imutabilidade" foi empregada incorretamente nessa situação.

c) O erro está no emprego do termo "inalterabilidade".

d) Emissão não é ato de segregar (dividir) comunicação. Acepção não é ato comunicativo.

e) Novamente o emprego incorreto de "imutabilidade".

Gabarito: A

---

126. (Instituto AOCP – Tec Leg (CM Rio Sul)/CM Rio Sul/Área Legislativa/2016)
Assunto: Outros Assuntos de Redação Oficial

As correspondências oficiais e empresariais devem ser claras, objetivas, concisas, por isso as expressões coloquiais ou vulgares devem ser evitadas. Dessa forma, o estilo deve apresentar polidez, isto é, ajustamento de expressões às normas de educação ou cortesia. Além disso, deve-se considerar não apenas a área de atuação da autoridade mas também a posição hierárquica do cargo que ocupa. No que diz respeito à utilização das formas de tratamento e endereçamento empregadas nas correspondências oficiais e empresarias, assinale a alternativa correta.

a) Para o cargo ou função dos promotores, deve-se empregar o vocativo: "Ao Excelentíssimo Reverendíssimo Promotor" seguido do nome.

b) Para o cargo ou função dos auditores, deve-se empregar a abreviatura no singular "V. Revma." e no plural "V. Revmas".

c) Para o cargo ou função dos reitores, deve-se empregar o vocativo: "Ao Magnífico Reitor" ou "Ao Excelentíssimo Senhor Reitor".

d) Para o cargo ou função das demais autoridades não contempladas com tratamento específico, deve-se apresentar o vocativo "Sereníssimo + Título".

e) Para o cargo ou função dos pró-reitores, deve-se empregar a abreviatura no singular "V.A" e no plural "VV.AA".

COMENTÁRIOS

a) A forma "Reverendíssimo" é empregada para autoridade superior religiosa.

b) Essa é a forma abreviada de Vossa Reverendíssima, que não se emprega para auditores, mas para Cônegos e Monsenhores.

c) O vocativo correto seria "Magnífico Reitor", apenas. A questão deveria ser anulada.

d) A forma "Sereníssimo" não deve ser empregada para nenhuma autoridade.

e) No âmbito da redação oficial, não se abreviam pronomes de tratamento. Além disso, a questão está tratando da forma abreviada de Vossa Alteza.

Gabarito: C

---

127. (Instituto AOCP – Ag Leg (CM RB)/CM RB/"Sem Área"/2016) Assunto: Outros Assuntos de Redação Oficial

Na emissão de uma correspondência comercial, deve se evitar

a) o uso de frases simples e curtas.

b) o emprego de termos de fácil entendimento.

c) a utilização de informações irrelevantes.

d) a otimização dos trâmites da comunicação.

e) a adequação à linguagem do receptor.

COMENTÁRIOS

a) Frases simples e curtas devem ser empregadas.

b) O emprego de termos de fácil entendimento deve ser constante, para tornar clara a comunicação.

c) Informações irrelevantes devem ser evitadas a todo custo.

d) Quanto mais simples o trâmite, melhor a comunicação.

e) Deve-se buscar uma linguagem uniforme, com vistas ao entendimento geral.

Gabarito: C

---

128. (FUNRIO – Of Leg (CM Tanguá)/CM Tanguá/2016) Assunto: Outros Assuntos de Redação Oficial

A regulamentação de uma lei é um ato administrativo de competência do prefeito, expedido pelo seguinte documento:

a) Portaria

b) decreto

c) contrato

d) memorando

COMENTÁRIOS

a) A Portaria não é empregada para regulamentar uma lei.

b) De acordo com a Lei Orgânica do Município do Rio de Janeiro, A formalização dos atos administrativos da competência do Prefeito será feita mediante decreto.

c) Contrato não é instrumento de formalização de lei.

d) Memorando é expediente interno de tramitação simples. Não formaliza lei.

Gabarito: B

---

129. (FUNRIO – Tec (CM NI)/CM Nova Iguaçu/Legislativo/2016) Assunto: Outros Assuntos de Redação Oficial

A redação oficial é o meio pela qual se procura estabelecer relações de serviços na administração pública, tendo como objetivo

a) racionalizar o trabalho e diminuir o custo.

b) utilizar chavões e clichês.

c) estabelecer textos prolixos.

d) introduzir uma linguagem com pleonasmos

COMENTÁRIOS

a) De certo modo, com a padronização da redação, o trabalho é racionalizado e o custo diminui.

b) Não se empregam chavões ou clichês em redação oficial.

c) Prolixidade é algo a ser evitado em redação oficial.

d) Deve-se evitar o pleonasmo a todo custo em redação oficial.

Gabarito: A

---

130. (FUNRIO – Tec (CM NI)/CM Nova Iguaçu/Legislativo/2016) Assunto: Outros Assuntos de Redação Oficial

São princípios da redação oficial, **EXCETO**

a) adoção de formatos padronizados.

b) emprego da ortografia oficial.

c) extensão na elucidação do assunto.

d) imparcialidade e cortesia.

COMENTÁRIOS

a) Os formatos devem ser padronizados em redação oficial.

b) Deve-se empregar a ortografia oficial.

c) A elucidação deve ser breve e sucinta.

d) O texto deve primar pela imparcialidade e pela cortesia em sua composição.

Gabarito: C

---

131. (IADES – Per Cri (PC DF)/PC DF/Ciências Biológicas/2016) Suponha que o delegado Brasileiro da Silva, que atua na 100ª Delegacia de Polícia do Gama/DF, resolva escrever para o diretor Fulano de Tal de uma escola pública da região, a fim de manifestar o desejo de apresentar à comunidade escolar o projeto *Perito Criminal: conheça essa profissão.*

Considerando a situação hipotética descrita e o que prescreve o *Manual de Redação da Presidência da República* a respeito da comunicação oficial, assinale a alternativa correta.

a) A correspondência apropriada à situação seria o ofício. Nesse caso, o endereço do destinatário não deveria constar do documento, já que seria informado no envelope. Por outro lado, se a referida escola pertencesse à rede privada, o expediente mais aconselhável seria a exposição de motivos.

b) O remetente deveria empregar o vocativo Senhor (seguido do cargo respectivo do destinatário) e o pronome de tratamento Vossa Senhoria sempre que se dirigisse, ao longo do texto, ao seu interlocutor. Quanto ao fecho, a forma adequada seria Atenciosamente.

c) Por se tratar de uma correspondência que envolve autoridades do serviço público de mesma hierarquia e que tem o propósito de expor um projeto desenvolvido por uma delegacia de polícia, o destinatário deveria expedir uma exposição de motivos. Nesse caso, em especial, seria apropriado o uso de construções como Tenho o prazer de apresentar à vossa escola ou Considerando a relevância da função que exerceis para a formação de cidadãos de bem, venho por meio desta.

d) Dependendo do grau de formalidade da relação entre os interlocutores, o remetente poderia tanto expedir um ofício quanto uma exposição de motivos. Apenas no segundo caso, entretanto, o envelope deveria ter a seguinte forma de endereçamento:
Ao Ilustríssimo Senhor
Fulano de Tal
Quadra X, Conjunto Y, Lote 00, Setor Z
72400-XYZ – Brasília. DF

e) Caso o destinatário ocupasse um cargo hierarquicamente inferior ao do diretor da escola em questão, o remetente deveria optar pelo aviso e, consequentemente, poderia dispensar as informações quanto ao tipo e ao número do expediente, bem como a sigla do órgão pelo qual seria expedida tal correspondência.

COMENTÁRIOS

a) A correspondência é, de fato, o ofício. Mas formatação sugerida está em desacordo com o MRPR, pois é necessário constar o endereço do destinatário no documento.

b) A questão deveria ser anulada. Apesar de a banca considerar esse como o elemento correto, o vocativo Senhor + cargo é só para autoridades tratadas pelo pronome "Vossa Excelência", que não é o caso de Diretor de escola.

c) Além de as autoridades não serem de mesma hierarquia, não se deve empregar a segunda pessoa do plural na documentação oficial.

d) A forma "Ilustríssimo" não deve ser empregada em redação oficial.

e) Aviso é documento expedido exclusivamente por ministros de Estado.

Gabarito: B

132. (CONSULTEC – Tec (Ilhéus)/Pref Ilhéus/Assistente Administrativo/2016) Assunto:

Ao concluir um documento, o Auxiliar Administrativo digitou o termo **Pede deferimento**, que é um tipo de encerramento adequado para

a) ata.

b) ofício.

c) comunicado.

d) requerimento.

e) memorando.

COMENTÁRIOS

a) O fecho da ata é usualmente: *nada mais havendo a registrar, lavrou-se a presente ata.*

b) Para um ofício, os fechos podem ser *Atenciosamente* ou *Respeitosamente*, a depender da hierarquia.

c) Não há fecho em comunicados, de acordo com o Manual de Redação da Secretaria da Fazenda.

d) Esse é o fecho empregado para um requerimento.

e) O fecho de um memorando pode ser *Atenciosamente* ou *Respeitosamente*, a depender da hierarquia.

Gabarito: D

133. (CONSULTEC – Tec (Ilhéus)/Pref Ilhéus/Assistente Administrativo/2016) Em relação às comunicações oficiais, é correto afirmar:

a) O correio eletrônico tem estrutura flexível e, por isso, deve ser sempre redigido em linguagem formal.

b) Para a indicação de autoridades ou o encaminhamento de medida provisória, o expediente utilizado deve ser a mensagem.

c) A forma de apresentação da exposição de motivos varia conforme sua finalidade, podendo ser informativa ou propositiva de alguma medida.

d) O uso do telegrama nos órgãos da administração pública deve reservar-se a situações em que tenham sido decretadas estado de emergência.

e) O memorando é uma forma de comunicação interna e externa de determinado órgão, demandando procedimentos burocráticos complexos.

COMENTÁRIOS

a) O fato de a estrutura do correio eletrônico ser flexível não é justificativa para ser redigido em linguagem formal. Isso decorre do princípio do uso do padrão culto de linguagem.

b) A mensagem pode ser empregada para as duas finalidades mencionadas.

c) A exposição de motivos pode ser informativa (caso em que utiliza apenas o padrão ofício de diagramação) ou propositória (caso em que, além do padrão ofício, necessita da apensação de formulário explicativo). Nota-se que a questão tem duas respostas corretas.

d) Até a redação da questão está deficiente. Deve-se empregar o telegrama em situações nas quais não seja possível o emprego de qualquer outro recurso comunicativo. Nas palavras do Manual de Redação da Presidência da República: *por tratar-se de forma de comunicação dispendiosa aos cofres públicos e tecnologicamente superada, deve restringir-se o uso do telegrama apenas àquelas situações que não seja possível o uso de correio eletrônico ou fax e que a urgência justifique sua utilização e, também em razão de seu custo elevado, esta forma de comunicação deve pautar-se pela concisão*

e) Além de o memorando ser forma de comunicação interna, não demanda processos complexos.

Gabarito: C

---

134. (CONSULTEC – Tec (Ilhéus)/Pref Ilhéus/Auxiliar Administrativo/2016) Sendo o ofício um meio de comunicação interno e externo em uma organização, é correto afirmar que a redação desse documento exige uma linguagem

a) parcial e concisa.

b) formal e objetiva.

c) simples e popular.

d) requintada e clara.

e) familiar e coloquial.

COMENTÁRIOS

a) A linguagem do ofício não pode ser parcial (opinativa).

b) A linguagem deve ser formal e objetiva, para garantir o entendimento.

c) Não se emprega linguagem popular em comunicação oficial.

d) Não é possível o emprego de linguagem requintada em comunicação oficial.

e) A linguagem oficial não pode ser familiar nem coloquial.

Gabarito: B

135. (CONSULTEC – Tec (Ilhéus)/Pref Ilhéus/Auxiliar Administrativo/2016)

> N. 16-8
>
> De: Chefe Administrativo
>
> Para: Auxiliar Administrativo
>
> Comunicamos que já providenciamos um técnico para o conserto e posterior configuração do computador.
>
> 18 de abril de 2016
>
> (Rubrica)

O modelo de documento refere-se a

a) ata.

b) ofício.

c) resolução.

d) declaração.

e) memorando.

COMENTÁRIOS

Consultando o edital do concurso em questão, exige-se o conhecimento sobre formas documentais, bem como suas estruturas. A única referência feita é ao MRPR. Acontece que a estrutura documental apresentada em nada se relaciona com a estrutura do padrão ofício comentada em todas as questões do presente livro e do próprio MRPR. A questão deveria ser anulada. Mantive, porém sua participação no livro para que o leitor possa saber que algumas examinadoras não apresentam critério rigoroso para a avaliação do assunto de redação oficial.

Gabarito: E

136. (CONSULTEC – Tec (Ilhéus)/Pref Ilhéus/Auxiliar Administrativo/2016) O vocativo e o pronome de tratamento, respectivamente, que um funcionário deve utilizar quando da redação de uma correspondência para o Prefeito de um município é

a) Excelentíssimo Senhor Prefeito/Vossa Excelência.

b) Reverendíssimo Senhor/Vossa Eminência.

c) Excelentíssimo Senhor/Vossa Senhoria.

d) Vossa Eminência/Vossa Majestade.

e) Senhor Prefeito/Vossa Eminência.

COMENTÁRIOS

a) Não se emprega a forma "Excelentíssimo Senhor" para prefeitos de acordo com o MRPR.

b) O vocativo correto para o Cardeal (autoridade tratada por Vossa Eminência) é "Eminentíssimo Senhor Cardeal" ou "Eminentíssimo e Reverendíssimo Senhor Cardeal".

c) O vocativo para destinatários tratados por Vossa Senhoria é Senhor (Nome).

d) Vossa Eminência é a forma para Cardeais.

e) A forma de tratamento para o prefeito deve ser *Vossa Excelência* e seu vocativo *Senhor Prefeito.*

Gabarito: A

PALAVRAS FINAIS SOBRE REDAÇÃO OFICIAL

Se você chegou até aqui neste livro, parabéns! Já está municiado para muitas questões de Redação Oficial que poderemos encontrar nas provas de concursos. Evidentemente, há muitíssimos assuntos contemplados no campo da redação de expediente. Uma leitura apurada dos manuais sempre costuma ajudar. Além disso, digo para ficar de olho aberto para as provas que são divulgadas, a cada nova prova, aprendemos novas abordagens do mesmo assunto!

Força, guerreiro!

Algumas palavras sobre a prova discursiva

Essa parte serve para esclarecer alguns pontos relativos à prova discursiva. É preciso que os candidatos compreendam minimamente aquilo que os corretores esperam do desempenho deles.

Leia calmamente essa parte para, só então, passar à análise das redações. Assim, será mais simples a avaliação dos pontos fundamentais discutidos nesta obra.

Quando você estiver trabalhando com a produção de seu texto, considere que a mesma avaliação recairá sobre você. Desse modo, é preciso buscar o mesmo tipo de rigor empregado para fazer a análise das linhas de cada texto aqui apontado. Como se trata de uma obra a respeito da composição dos textos, não é o foco apresentar as técnicas redacionais, mas sim fazer um apanhado de provas, propostas de correção e textos escritos. Esse apanhado será útil para compreender como trabalhar a composição de sua prova discursiva.

INÍCIO DO TRABALHO

- O que é a prova discursiva?
  - ✓ É a parte da prova que serve para o candidato mostrar um pouco de si. Mostrar que possui conhecimentos a respeito de algum assunto e que possui capacidade de escrever um texto sobre um tema particular com coesão e clareza.
- Por que estudar redação?
  - ✓ A necessidade de estudar redação é evidente pelo critério de avaliação que as provas atuais de concurso costumam exigir, ou seja: a prova discursiva atualmente serve como elemento de eliminação do excedente nos concursos. Saber escrever um bom texto significa estar na frente do concorrente.

- Existem técnicas para se estudar redação?
  - ✓ Sim, existem técnicas para estudar redação, porém nenhuma é milagrosa. Fazer análise de outros textos escritos, construir resumos e extrair trechos que servem para iniciar partes de um texto são estratégias que costumam funcionar. Há que se lembrar, no entanto, que nada supera a prática cotidiana de escrita.
- Essa redação é igual à do Ensino Médio?
  - ✓ A redação de concursos difere essencialmente das redações produzidas no Ensino Médio pelo fato de não haver a necessidade de "criatividade" nos certames direcionados para os concursos públicos. Evidentemente, a superação do senso comum em um texto argumentativo é fundamental, porém os examinadores buscam apenas um texto com progressão e lógica.
- Que tipo de texto mais aparece em concurso público?
  - ✓ O texto de natureza dissertativa é praticamente uma unanimidade. Nele é possível avaliar a capacidade argumentativa ou expositiva dos candidatos.
- Como eu sei que serei capaz de escrever uma boa redação?
  - ✓ A capacidade de escrever uma boa redação congrega dois fatores: o primeiro é o conhecimento relacionado ao assunto de que o texto trata; e o segundo é a competência para estruturar um texto, ou seja, entender como explicar, exemplificar, introduzir, argumentar e concluir em um texto. Se um desses dois itens faltar, a probabilidade de o texto não ser bom é grande.
- Como e quanto praticar da redação?
  - ✓ Deve-se praticar a escrita todos os dias, ao menos um texto por dia. Desse modo, aprende-se a escrever com velocidade (o que conta muito no dia da prova) e segurança. É aconselhável que você tenha alguém que o possa acompanhar na análise dos textos, pois a opinião de outrem pode ajudar a reconhecer o que a leitura particular não percebe.

CUIDADOS ESTRUTURAIS PARA O TEXTO

- Rascunho (tempo e momento de fazer).
  - ✓ O rascunho SEMPRE deve ser feito. Jamais entregue uma redação sem ter feito o rascunho previamente. Ele serve para que você tenha capacidade de discernir entre boa ou má escrita e que haja a possibilidade de corrigir algo que não tenha ficado bom. O rascunho é sempre o primeiro item que deve ser resolvido na prova, afinal, se não entregar a redação, não passa

no concurso. Deixe para fazer a versão definitiva depois de ter passado o gabarito da parte objetiva, assim você terá tempo de "ler o seu texto com outros olhos".

- Tipo de caneta.
  - ✓ Sempre faça redações com caneta esferográfica de cor PRETA. Não questione, apenas siga essa informação! Se preciso for, leve 10 canetas para o dia da prova. A única exceção recairia sobre os editais que exigiriam caneta azul. De resto, o mandamento segue para a tinta preta.
- Erros.
  - ✓ Caso você erre na grafia de alguma palavra, o recurso a ser usado é o "tachado", ou seja, passe um traço apenas sobre a palavra. Evite colocar entre parênteses, ou utilizar correções como o emprego da palavra "digo".
- Letra.
  - ✓ O critério para a análise da letra em uma prova discursiva é apenas o da legibilidade. Isso quer dizer que sua letra não deve ser bonita, apenas legível. Recomenda-se não misturar registros de letras, mas se sua caligrafia sempre utilizar isso, não há problema.
- Hífen.
  - ✓ O hífen deve sempre ser colocado ao lado da palavra, nunca o coloque abaixo.
- Parágrafos.
  - ✓ Faça uma divisão equânime de seus parágrafos: tente equilibrar a quantidade de linhas, seguindo a lógica: 3 – 4 para uma introdução; 5 – 7 para um desenvolvimento e 4 – 5 para uma conclusão. Esses valores são calculados para um texto com até 30 linhas.
- Extensão do texto.
  - ✓ Tente utilizar períodos curtos e em ordem direta. Eles facilitam a leitura e deixam a correção mais agradável. Lembre-se de que você não está tentando ser um novo Graciliano Ramos, apenas quer passar no concurso.
- Título do texto.
  - ✓ Coloque título em um texto apenas se a banca solicitar, do contrário, não coloque título em sua redação.
- Cópia de trechos do texto.
  - ✓ Algumas bancas proíbem cópias do texto motivador. Uma maneira de burlar isso consiste em usar apenas a estrutura do texto base, ou mesmo a estrutura

dos textos da prova de Língua Portuguesa. Isso serve para os desesperados que não fazem ideia de como começar um texto ou como introduzir uma sentença. É preciso ressaltar que algumas bancas (a exemplo do CESPE) têm proposto alguns temas que exigem que o candidato se reporte ao texto base, a fim de coletar dados informados. Isso serve como um tipo de auxílio ao candidato. Apesar disso, ainda recomendo que não seja feita a cópia literal, mas uma adaptação daquilo que é informado.

- Margens (texto justificado).
  - ✓ Busque não deixar muitos espaços no fim das linhas. É importante que você busque entregar um texto com estética agradável, ou seja, bem apresentável. Um texto bem-acabado (bem organizado) costuma ser um indício de boa escrita.

TIPOLOGIAS TEXTUAIS

Chamamos de tipologia um conjunto de características que pode definir um texto em oposição a outro, ou seja, uma narração é uma narração porque não é uma dissertação nem uma descrição. É preciso conhecer minimamente a definição das tipologias com que mais convivemos, a fim de sabermos qual será alvo de prova.

As tipologias mais comuns são a narrativa, a descritiva e a dissertativa, com destaque para esta última, que é a mais cobrada em provas de concurso. Há outras tipologias (a exemplo da injunção e da prescrição), mas não convém estuda-las neste momento, uma vez que não costumam ser alvo de questões discursivas.

A tipologia narrativa apresenta uma sequência de ações e/ou eventos que são executados por um personagem em um tempo e em um espaço. Há um narrador para esses eventos e é necessário criar uma trama para que a narração se desenvolva. Abundam verbos no pretérito, para designar a ações ocorridas. Esse não é o tipo de texto mais cobrado, na verdade, é raríssimo haver uma solicitação para escrever uma narração na prova discursiva de um concurso público. Você precisa saber quais são as estruturas narrativas apenas para evitar que seu texto seja narrativo (quando a banca exigir uma dissertação)

Veja um exemplo de texto narrativo.

Um Apólogo

Machado de Assis

Era uma vez uma agulha, que disse a um novelo de linha:

— Por que está você com esse ar, toda cheia de si, toda enrolada, para fingir que vale alguma cousa neste mundo?

— Deixe-me, senhora.

— Que a deixe? Que a deixe, por quê? Porque lhe digo que está com um ar insuportável? Repito que sim, e falarei sempre que me der na cabeça.

— Que cabeça, senhora? A senhora não é alfinete, é agulha. Agulha não tem cabeça. Que lhe importa o meu ar? Cada qual tem o ar que Deus lhe deu. Importe-se com a sua vida e deixe a dos outros.

— Mas você é orgulhosa.

— Decerto que sou.

— Mas por quê?

— É boa! Porque coso. Então os vestidos e enfeites de nossa ama, quem é que os cose, senão eu?

— Você? Esta agora é melhor. Você é que os cose? Você ignora que quem os cose sou eu e muito eu?

— Você fura o pano, nada mais; eu é que coso, prendo um pedaço ao outro, dou feição aos babados...

— Sim, mas que vale isso? Eu é que furo o pano, vou adiante, puxando por você, que vem atrás obedecendo ao que eu faço e mando...

— Também os batedores vão adiante do imperador.

— Você é imperador?

— Não digo isso. Mas a verdade é que você faz um papel subalterno, indo adiante; vai só mostrando o caminho, vai fazendo o trabalho obscuro e ínfimo. Eu é que prendo, ligo, ajunto...

Estavam nisto, quando a costureira chegou à casa da baronesa. Não sei se disse que isto se passava em casa de uma baronesa, que tinha a modista ao pé de si, para não andar atrás dela. Chegou a costureira, pegou do pano, pegou da agulha, pegou da linha, enfiou a linha na agulha, e entrou a coser. Uma e outra iam andando orgulhosas, pelo pano adiante, que era a melhor das sedas, entre os dedos da costureira, ágeis como os galgos de Diana — para dar a isto uma cor poética. E dizia a agulha:

— Então, senhora linha, ainda teima no que dizia há pouco? Não repara que esta distinta costureira só se importa comigo; eu é que vou aqui entre os dedos dela, unidinha a eles, furando abaixo e acima...

A linha não respondia; ia andando. Buraco aberto pela agulha era logo enchido por ela, silenciosa e ativa, como quem sabe o que faz, e não está para ouvir palavras loucas. A agulha, vendo que ela não lhe dava resposta, calou-se também, e foi andando. E era tudo silêncio na saleta de costura; não se ouvia mais que o plic-plic-plic-plic da agulha no pano. Caindo o sol, a costureira dobrou a costura, para o dia seguinte. Continuou ainda nessa e no outro, até que no quarto acabou a obra, e ficou esperando o baile.

Veio a noite do baile, e a baronesa vestiu-se. A costureira, que a ajudou a vestir-se, levava a agulha espetada no corpinho, para dar algum ponto necessário. E enquanto compunha o vestido da bela dama, e puxava de um lado ou outro, arregaçava daqui ou dali, alisando, abotoando, acolchetando, a linha para mofar da agulha, perguntou-lhe:

— Ora, agora, diga-me, quem é que vai ao baile, no corpo da baronesa, fazendo parte do vestido e da elegância? Quem é que vai dançar com ministros e diplomatas, enquanto você volta para a caixinha da costureira, antes de ir para o balaio das mucamas? Vamos, diga lá.

Parece que a agulha não disse nada; mas um alfinete, de cabeça grande e não menor experiência, murmurou à pobre agulha:

— Anda, aprende, tola. Cansas-te em abrir caminho para ela e ela é que vai gozar da vida, enquanto aí ficas na caixinha de costura. Faze como eu, que não abro caminho para ninguém. Onde me espetam, fico.

Contei esta história a um professor de melancolia, que me disse, abanando a cabeça:

— Também eu tenho servido de agulha a muita linha ordinária!

Texto extraído do livro "Para Gostar de Ler – Volume 9 – Contos", Editora Ática – São Paulo, 1984, p. 59.

TIPOLOGIA DESCRITIVA

Um texto de natureza descritiva está centrado, evidentemente, nas características ou qualidades de algo que seja o objeto do texto. Esse objeto pode ser uma situação, uma pessoa, uma coisa etc. Enfim, diz-se que um texto descritivo focaliza o que é observável o que pode ser dito a respeito de um ente que figura como elemento principal do texto.

Há dois tipos principais de texto descritivo: o objetivo e o subjetivo. Em uma descrição objetiva, busca-se apresentar as características de um ente sem se dirigir a qualquer noção opinativa ou sentimental a respeito dele. Já, em uma descrição de natureza subjetiva, busca-se apresentar os efeitos que as características podem criar em quem faz a descrição. Em um texto de qualquer outra tipologia, é possível encontrar descrições, entretanto isso não pode ocorrer em predominância no texto. Ou seja, se for inserir algum tipo de descrição, faça-o minimamente em sua redação sob o risco de fugir da tipologia exigida.

Exemplo de texto descritivo:

> (...)
>
> *Logo à entrada paramos diante de uma lápide quadrada, incrustada nas lajes escuras, tão polida e reluzindo com um tão doce brilho de nácar, que parecia a água quieta de um tanque, onde se refletiam as luzes das lâmpadas. Pote puxou-me a manga, lembrou-me que era costume beijar aquele pedaço de rocha, santa entre todas, que outrora, no jardim de José de Arimatéia* [sic]...
>
> (...)
>
> *No entanto, descalçando as luvas, eu examinava o teto da sala, todo de cedro, com lavores retocados de escarlate. O azul liso e lustroso das paredes era como a continuação daquele céu do Oriente, quente e puro, que resplandecia através da janela, onde se destacava, pendido do muro, na plena luz, um ramo solitário de madressilva. Sobre uma tripeça, incrustada de nácar, num incensador de bronze, fumegava uma resina aromática.*
>
> (A Relíquia) Eça de Queirós

Repare na maneira como o autor insere as características que lhe parecem importantes: ele busca palavras significativas que hão de conferir um sentido especial à descrição. Isso é a característica de um texto bem redigido, quando se fala em descrição. Novamente, ressalto que não é essa a tipologia mais cobrada em um concurso público, entretanto, é preciso conhecê-la para não confundir as tipologias na hora da escrita.

TIPOLOGIA DISSERTATIVA

O texto dissertativo busca discutir opiniões, apresentar conceitos, defender pontos de vista ou informar o leitor a respeito de algo que se elege como objeto de análise. Lidamos cotidianamente com uma infinidade de textos dissertativos, mesmo que não nos demos conta disso.

Uma dissertação tem uma estrutura comum de introdução, desenvolvimento e conclusão. Cabe ao escritor perceber que cada parte é dirigida a um objetivo bem determinado. A habilidade de escrever um texto claro e coerente (no padrão dissertativo) é o que mais se cobra em um concurso público. Por essa razão, devemos nos centrar nas características fundamentais de um texto dissertativo.

TIPOLOGIA DISSERTATIVA É A MAIS COBRADA!

- Qual a razão?
  - ✓ Usa-se comumente o texto dissertativo para poder avaliar a capacidade de argumentação dos candidatos.

- Como o texto é avaliado pelo corretor?
  - ✓ Os corretores avaliam a pertinência dos argumentos, bem como a estrutura dissertativa – no caso de um texto argumentativo. Já, no caso de um texto expositivo, avalia-se o prendimento à temática proposta e a correção dos itens de resposta.
- Como posso pensar a respeito de minha nota e de meus resultados na prova discursiva?
  - ✓ É preciso saber que não se "ganha" nota na redação. Parte-se da nota máxima e, a cada "erro" ou "equívoco" redacional, o corretor faz decréscimos – os quais podem compor uma fórmula ou um desconto de simples valoração.

Tipos de texto dissertativo:

Há dois tipos principais de texto dissertativo: o expositivo e o argumentativo. Vejamos suas características fundamentais.

- Dissertativo – expositivo:
  - ✓ Conceitual: o propósito desse tipo de texto é informar, ou seja, expor e explicar conceitos.
- Perguntas e respostas: geralmente, as propostas de textos dissertativos dessa natureza trazem questionamentos que devem ser respondidos ao longo o texto.
- Mais específico: não há espaço para divagação ou acréscimo de situações. Os textos expositivos tendem a ser mais específicos e cobrarem particularmente os assuntos do edital.
- Tendência no nível superior: como é muito comum surgirem estudos de caso, o texto expositivo está se tornando algo corriqueiro em concursos de nível superior.
- Essa é uma modalidade que não busca a persuasão, apenas o esclarecimento.

Dissertativo-argumentativo:

- É o tipo de texto que exige o posicionamento em relação a alguma temática, ou seja, necessita de um ponto de vista concernente a algum assunto.
- O posicionamento em questão não precisa ser aquele em que você acredita essencialmente, deve ser aquele que será mais facilmente defendido pela argumentação do texto.
- Deve-se buscar o desenvolvimento das ideias com base argumentativa. Isso quer dizer que é fundamental explicar o posicionamento, exemplificar, criar relações de causa e consequência e enumerar pontos de atenção do texto.

- Superação do senso comum: consiste em não redigir ideias que não possuem fundamento. Deve-se buscar escrever algo que seja comprovável, a fim de que o texto não fique superficial.
- Esse é um tipo de texto que exige capacidade de convencimento, ou seja, os argumentos devem visar à persuasão do leitor que, no caso, é o corretor da redação.

Vejamos alguns exemplos de textos dissertativos, a fim de clarear os conceitos descritos.

Exemplo de texto argumentativo.

> É impossível pensar o mundo contemporâneo sem reconhecer-lhe uma das características mais marcantes e fundamentais: este é o período histórico no qual se opera a mais radical das revoluções já experimentadas pela humanidade, tanto em amplitude quanto em profundidade.
>
> Essa revolução caracteriza-se simultaneamente por uma série de avanços no conhecimento científico e pelo desenvolvimento imediato de aplicações desses novos conhecimentos à produção e à circulação de bens materiais e simbólicos. Convencionou-se denominá-la, portanto, revolução científica e tecnológica.
>
> Não se trata de um simples salto qualitativo no acúmulo de conhecimento humano, similar aos que ocorreram em outras épocas. O ritmo dessa acumulação ganhou nova velocidade, entrou em outro patamar, inusitado, uma vez que os avanços nas diferentes áreas interagem e potencializam a produção mais rápida ainda de novos conhecimentos. Nesse sentido, o que distingue a atual revolução de outros tantos definitivos marcos históricos, desde a sedentarização e a revolução na agricultura, é a tremenda rapidez, a agilidade e a amplitude das mudanças e transformações.
>
> Vilma Figueiredo; Roberto Freire e Caetano E. P. de Araújo.
> Revolução científica e tecnológica. Brasília: UnB, 1997, p. 71-2
> (com adaptações)

COMENTÁRIOS

Não vou me estender no comentário desse texto, porque teremos análises pormenorizadas à frente, mas tente perceber como a autora – já na introdução do texto – insere seu ponto de vista a respeito do assunto tratado. Logo depois de apresentar o tema e sua opinião, a autora desenvolve o texto fazendo o a defesa daquilo em que acredita.

Antes de prosseguir na estrutura dissertativa, vale a pena entender quais são os critérios de textualidade que costumam ser avaliados na correção de um texto. Dentre eles, destacarei dois que costumam povoar os editais da maioria dos concursos que exigem um texto dissertativo.

CRITÉRIOS DE TEXTUALIDADE

Os critérios de textualidade são aquilo que garante que um texto seja, de fato, um texto. Esses são alguns dos critérios que definem qual será o padrão adotado no momento de corrigir o seu texto.

- **Situacionalidade**: diz respeito ao momento em que você se encontra na hora de escrever o texto, ou seja, uma situação de avaliação. Entenda que há um propósito para o seu texto: agradar ao corretor, então, todo cuidado deve ser empregado, a fim de majorar sua nota.
- **Informatividade**: diz respeito às informações veiculadas pelo texto. De certa maneira, o texto deve buscar um meio-termo de informatividade. Se for informativo demais, será incompreensível; se for pouco informativo, será um texto prolixo.
- **Intertextualidade**: diz respeito à capacidade de o texto dialogar com outras formas, outros textos e outras ideias. Na verdade, trata-se da possibilidade de fundamentar ideias com pensamentos, legislação, reflexões de outros autores etc.
- **Aceitabilidade**: consiste, em essência, na adequação do texto para que ele seja "aceito" (compreendido) pelo examinador – estou falando da situação de prova, exclusivamente. Deve-se buscar uma adequação à proposta da prova discursiva sempre.
- **Coesão**: refere-se à amarração dos elementos do texto, à conexão, em suma.
- **Coerência**: refere-se à construção do sentido do texto; sua "noção".

COESÃO E COERÊNCIA

Esses são dois critérios de textualidade que fazem parte da principal avaliação das bancas examinadoras, portanto devemos entender mais propriamente o que cada item desses é!

- **Coesão**: como já foi dito, consiste na "amarração" dos elementos no texto por termos que garantam suas conexões. Isso se dá no emprego de pronomes, sinônimos etc.
- **Coerência**: consiste na capacidade de não se contradizer e escrever um texto condizente com a lógica da temática, que possua progressão e ordem nas ideias.

Coesão

Como mencionado anteriormente, a coesão é um tipo de amarração dos termos de uma sentença, de modo que fiquem conectados e permitam ao texto progredir. Basicamente, estabelece-se coesão do texto utilizado **pronomes**, **conjunções**, **sinônimos** e outros elementos textuais de retomada.

Exemplo:

> *Há muita confusão acerca do atentado terrorista em Paris, matando vários cartunistas. Quase só se ouve um lado e não se buscam as raízes mais profundas deste fato condenável, mas que exige uma interpretação que englobe seus vários aspectos ocultados pela mídia internacional e pela comoção legítima face a um ato criminoso. Mas ele é uma resposta a algo que ofendia milhares de fiéis muçulmanos. Evidentemente não se responde com o assassinato. Mas também não se devem criar as condições psicológicas e políticas que levem a alguns radicais a lançarem mão de meios reprováveis sobre todos os aspectos. Publico aqui um texto de um padre que é teólogo e historiador e conhece bem a situação da França atual. Ele nos fornece dados que muitos talvez não os conheçam. Suas reflexões nos ajudam a ver a complexidade deste anti-fenômeno [sic] com suas aplicações também à situação no Brasil.*
>
> *(Extraído de:* https://leonardoboff.wordpress.com/2015/01/10/eu-nao-sou-charlie-je-ne-suis-pas-charlie/*)*

Veja que eu destaquei os elementos que promovem a conexão no texto. Basta que, na hora de escrever sua redação, você consiga empregar esses recursos coesivos, a fim de deixar todo o texto unido. A minha sugestão é que você procure identificar em outros textos essas estratégias e tente adaptá-las à sua realidade. Isso dá muito certo e garante que você já tenha estruturas textuais predefinidas em sua mente. Com o tempo, isso fica automático na escrita. Entenda que o emprego aleatório de conectivos ou pronomes não garante um texto coeso. Para que isso seja feito de maneira correta, recomendo que você tenha uma boa base gramatical.

Coerência

A coerência de um texto consiste basicamente no sentido da construção. Esse sentido deve ser uno (único) e garantido pela relação estabelecida entre os elementos do texto pela progressão de ideias, pelo aprofundamento de conceitos, pelo critério de não contradição no momento de construir os argumentos, pela fundamentação de ideias, pela consistência e pela relevância dos argumentos apresentados. O texto apresentado posteriormente (apesar de ter uma carga social extremamente questionável) pode ser citado como exemplo de texto incoerente do ponto de vista externo, mas coeso internamente.

Exemplo de texto coeso, porém sem coerência externa:

> *O Vale do Paraíba é de suma importância, pois, não podemos discriminar esses importantes cidadãos. Já que existem o vale-transporte e o vale do idoso, por que não existir também o Vale do Paraíba??!!! Além disso, sabemos que os Paraíba, de um modo geral, trabalham em obras ou portarias de edifícios e ganham pouco. Então, o dinheiro que entra no meio do mês é o que vale, é muito importante para ele equilibrar sua economia familiar.*
>
> *(Autor desconhecido)*

COMENTÁRIOS

Note como o texto acima está "amarrado", ou seja, coeso entre suas linhas, mas não possui o mínimo de coerência com o mundo externo. O Vale do Paraíba é uma região socioeconômica muito importante para o Brasil. No entanto, sem saber essa informação, o autor tentou utilizar uma estratégia criativa para poder produzir um texto. De fato, conseguiu escrever um texto, mas o resultado não foi dos melhores. Seria um texto de nota "zero" para a coerência, pois não atende à temática proposta – falar sobre a importância econômica do "Vale do Paraíba".

A respeito do estabelecimento de coerência textual, costuma-se mencionar uma lista de pontos de atenção para a manutenção da coerência de um texto. São eles:

- **Relação entre os elementos do texto**: é preciso mostrar que as partes do texto se inter-relacionam, ou seja, não é adequado fazer grandes quebras de sentido – falar de assuntos muitos divergentes em parágrafos próximos. Recomenda-se tentar uma transição suave entre os assuntos do texto.
- **Progressão de ideias**: todo texto deve levar o leitor (corretor) a algum ponto, do contrário será um texto estático, moroso, cansativo. Ao escrever, lembre que há uma sequência de ideias para você aplicar em seu texto.
- **Aprofundamento de conceitos**: de nada valem muitas ideias se não forem bem exploradas. É melhor, acredite, ter poucas ideias que serão densamente analisadas do que colocar um baú de conceitos rasos e pouco esclarecedores.
- **Não-contradição**: não se pode mudar de ideia no meio da composição do texto. Isso quer dizer que, se estiver defendendo ou atacando um ponto de vista, faça-o até o fim. Não deixe que seus próprios argumentos se matem no texto.
- **Fundamentação de ideias**: ideia boa é ideia discutida e fundamentada. É preciso citar as fontes (não pode inventar, sem-vergonha!) donde as informações provêm. Explicar causas, enumerar consequências etc.
- **Consistência e relevância**: os argumentos que forem mencionados devem ser consistentes, ou seja, é importante fugir das ideias superficiais (senso comum) na redação.

Pronto! Finalizamos a explicação a respeito do que são critérios de textualidade! Daqui para frente, é necessário focalizar a estrutura comum ao texto dissertativo.

ESTRUTURA DO TEXTO DISSERTATIVO

A estrutura de um texto dissertativo é extremamente simples, porém essa simplicidade pode passar despercebida pelo candidato na hora da prova.

1. **Introdução**: que deve conter a apresentação do tema. Deve ser simples e direta, de modo a evitar "enrolações".
2. **Desenvolvimento**: a parte substanciosa do texto, pois contém as explicações (no caso de expositivo) ou os argumentos (no caso de um argumentativo).
3. **Conclusão**: a parte em que o texto deve retomar a introdução e reafirmar o que se discute nos parágrafos do desenvolvimento.

A introdução

A introdução é abertura do texto. Ela é o convite para que o corretor tenha uma boa impressão do que vai ler. Principalmente, você precisa se lembrar de que a introdução deve mencionar o tema do texto. Além disso, garanta que a tese a tese com a qual você irá trabalhar fique clara para o corretor. O item mais importante com relação à tese é a sua clareza de concepção.

Proibições da introdução

- Fazer cópia de trecho do texto.
- Iniciar o texto com uma referência descontextualizada.
- Escrever um parágrafo de "preparação".
- Iniciar o texto com a palavra "atualmente".
- Iniciar o texto com a expressão "No Brasil contemporâneo".

Estratégias de introdução

A seguir, apresento algumas estratégias para auxiliar na composição da introdução de um texto. Essas estratégias servem para aquelas pessoas que possuem muita dificuldade no momento de iniciar a escrita.

1. **Declaração**:
   - ✓ "Não há como negar que o assunto relativo aos atentados terroristas na França trouxe à tona novas preocupações para a população mundial."
2. **Questionamento**:
   - ✓ Existe um questionamento presente a cada ato de terrorismo praticado no mundo: a humanidade está realmente se unindo para combater esse inimigo nada silencioso?
3. **Relação de opostos**:
   - ✓ Há dois pontos distintos bem claros na sociedade brasileira com relação à redução da maioridade penal: a defesa da não consciência do resultado da ação por parte do indivíduo e a ideia de que a idade proposta já é suficiente para a maturidade.

4. **Referência histórica**:

✓ O problema relativo à violência urbana não é de hoje. Desde o ano de XXXX, registra-se um índice de ocorrências que supera a expectativa para um país como o Brasil.

5. **Palavra-chave**:

✓ Sustentabilidade. Esse é o mote para a nova geração de empreendedores que estiverem interessados em manter suas empresas ativas e competitivas.

O desenvolvimento

O desenvolvimento é a parte mais importante do texto, pois é nele que os elementos de avaliação estarão em sua maior parte. Argumentos e explicações devem estar nessa parte, para que o corretor possa avaliar com mais precisão. É preciso lembrar que deve haver progressão no assunto, ou seja, não é possível falar apenas sobre um item do tema, é preciso desenvolvê-lo. Deve haver lógica no desenvolvimento da argumentação, observando o critério de não repetição e não contradição. A sugestão é que haja de dois a três parágrafos de desenvolvimento para um texto de até 30 linhas.

Que fazer no desenvolvimento?

Em um texto de natureza argumentativa:

- **Aprofundar a tese apresentada na introdução**: busque aprofundar o que foi dito na introdução, ou seja, a tese que você defenderá deve ficar clara e robusta. Na hora da correção, o avaliador perceberá que você compreende quais são as estruturas de um texto argumentativo.
- **Lançar os argumentos em uma estratégia de argumentação**:

✓ Causa e consequência – é preciso levantar, em um parágrafo quais sãos as causas de algo, e – em outro – quais são as consequências daquelas ações evidenciadas.

✓ Enumeração de motivos – a estratégia mais simples consiste em elencar motivos, provas, argumentos, fatores que deem sustentação ao que se diz na tese.

✓ Discurso autorizado – consiste em fundamentar a argumentação com base na fala / citação de algum especialista a respeito do assunto. Ressalte-se o fato de que a "autoridade" mencionada deve verdadeiramente existir e ser identificada.

✓ Silogismo (se, então) – consiste em utilizar uma argumentação baseada em um raciocínio lógico que usa a estrutura de argumentação mencionada.

✓ Retrospectiva – trata-se da estratégia de distribuir cronologicamente os itens do desenvolvimento, para que construam uma linha de raciocínio baseada na progressão temporal.

- **Evidenciar que há relação entre os argumentos do texto**: como o texto se trata de uma unidade coesa, é necessário demonstrar que os trechos estão interligados. Uma estratégia interessante é usar os mecanismos de coesão para criar essa conexão.
- **Progredir argumentativamente**: é importante criar uma escala de argumentos, a fim de mostrar que existe uma relação hierarquia entre ele.

Agora, vamos analisar alguns exemplos de parágrafos dissertativos. Isso vai ilustrar o que estamos discutindo.

1) Desenvolvimento de texto argumentativo (com problemas)

Tem muita corrupção no Brasil, porque as pessoas é que são corruptas. Ninguém quer ficar pra trás e, quando vê que dá para tirar vantagem dos outros, daí tira mesmo como não vai ter ninguém para corrigir. Eu acho que não tá certo esse tipo de coisa porque, se todo mundo é corrupto, não dá para viver num país desse tipo, que não tem nem segurança para sair na rua porque até todo mundo que tá lá vivendo é corrupto também.

: fica evidente que o desenvolvimento é problemático, quando se lê o tópico frasal do parágrafo. O indivíduo afirma que há corrupção porque as pessoas são corruptas. Isso é uma tautologia, uma obviedade. Além disso, há trechos extremamente coloquiais (destaque para "ninguém quer ficar para trás"). Nota-se que não há progressão no parágrafo, pois o autor fala a respeito da mesma característica, sem desenvolver o assunto sobre o qual escreve.

2) Desenvolvimento de texto argumentativo (sem problemas)

Em primeiro lugar, pode-se dizer que o fato de a corrupção ser tão evidente em terras brasileiras é proveniente do próprio comportamento do povo. Não que o brasileiro seja corrupto, mas – ao que tudo parece indicar – é corruptível; isso quer dizer que há uma tendência à ação que desconsidera a retidão e a honestidade se houver benefício sem ônus para quem a pratica.

: esse trecho já é mais claro, pois evita repetições viciosas e aposta em uma linguagem mais formal. Além disso, a ideia passa a ser desenvolvida do parágrafo, apontando para uma possível causa da corrupção no Brasil.

O parágrafo dissertativo para o desenvolvimento de um texto

Para escrever um parágrafo de texto dissertativo, é preciso saber que há limites (características) impostos pela estrutura dissertativa. O principal é:

Tópico frasal: a ideia central do parágrafo. Deve ser clara e, preferencialmente, em ordem direta. O tópico frasal

✓ Deve conter apenas uma ideia.

✓ Deve ser curto e objetivo.

✓ Deve ser claro.

✓ Deve ser sólido.

✓ Deve ser coerente.

✓ Deve ter boa pontuação.

✓ Deve permitir o desenvolvimento de outras ideias.

A partir de um bom tópico frasal, o parágrafo deve ser preenchido com explicações, justificativas, relações de causa, exemplos etc.

Como conectar os elementos dentro de um texto

Para iniciar o desenvolvimento, você pode começar os parágrafos com algumas dessas expressões:

- Inicialmente;
- Primeiramente;
- Em primeiro lugar;
- A priori;
- Em primeira análise;
- Em primeiro plano;
- Antes de tudo;
- Desde já;

Para conectar o desenvolvimento, ou seja, para introduzir o segundo parágrafo de desenvolvimento:

- Sequencialmente;
- Posteriormente;
- Em segundo lugar;
- A posteriori;
- Acresce que;
- Em segunda análise;
- Em segundo plano;
- Do mesmo modo;
- Além disso.

CONCLUSÃO DO TEXTO DISSERTATIVO

Usualmente, o texto dissertativo encaminha o leitor para um final, que é a conclusão do texto. Ocorre que, em razão de uma tradição misteriosa, não explicada até os presentes dias, os alunos acham de devem "salvar o mundo" quando finalizam um texto. Ledo engano. Não é preciso solucionar o problema apresentado, a menos que a proposta do texto exija essa solução. Do contrário, fica muito mais complexo concluir um texto.

A missão da conclusão é encerrar o texto, identificando que o assunto proposto na introdução chegou a uma definição (o que passou pela argumentação). Para isso, é necessário que seja feita uma retomada da introdução e que se reafirmem os posicionamentos dos parágrafos. Esquematizemos de uma maneira melhor:

O que eu devo fazer na conclusão?

- Retomar a introdução.
- Reafirmar o que foi dito (ideias principais).

O que eu não devo fazer na conclusão?

- Dizer que existe apenas uma resposta para todos os problemas.
- Apostar que o ser humano pode ser um indivíduo consciente.
- Afirmar que todos devem fazer o "seu papel".
- Ser negativo e dizer que tudo está perdido.
- Deixar o texto em aberto.
- Terminar com interrogações.

Existem algumas expressões que você pode utilizar para iniciar o parágrafo de conclusão, tome nota:

- Logo,
- Portanto,
- Por conseguinte,
- Finalmente,
- Em suma,
- Em conclusão,
- Entende-se, com isso, que
- Conclui-se que
- É possível entender, após o percurso teórico traçado, que
- Desse modo

Perceba que muitas dessas expressões são conjunções ou locuções conjuntivas coordenativas conclusivas, isto é, apresentam uma ideia de conclusão para a sentença.

ESCOPO DO TEXTO

O escopo do texto é um tipo de planejamento sobre aquilo que se vai escrever. Nesse sentido, é fundamental individualizar três pontos nodais a respeito da redação:

- **Tema**: é o conhecimento mais amplo. Trata-se da grande área que contém o tema a ser abordado na escrita. Por exemplo: Segurança Pública, Política, Meio-ambiente.
- **Assunto**: é um tipo de recorte do tema, ou seja, é uma porção menor dentro daquilo a que o escritor se propõe a escrever. Por exemplo: falar sobre violência no Brasil é um assunto dentro do tema de Segurança Pública.
- **Proposta**: é a aplicação do assunto em uma dada situação, ou seja, é exatamente aquilo que a banca pede para você escrever na prova. Por exemplo: escrever sobre as estratégias para combater o crescimento da violência urbana.

Busque ficar preso à proposta. Os maiores problemas com relação à escrita são o tangenciamento (falar bem pouco sobre) do tema e a fuga (não escrever sobre o que se pede) à proposta.

ESQUELETO DE REDAÇÃO

Essa é uma estrutura genérica que você poderá utilizar para adaptar seus textos, caso esteja muito difícil de escrever na hora da prova. Entenda que essa estrutura só deve ser empregada caso você precise escrever um texto e não tiver a mínima ideia de como poderia começar sua redação.

Para a introdução:

Ao se pensar a respeito de (colocar o tema do texto), é possível afirmar que (ponto de vista sobre o assunto). Isso aponta para a necessidade de (Tese a ser defendida).

Para o desenvolvimento:

O primeiro fator que deve ser analisado em relação à situação em questão é (primeiro argumento). Entende-se, com isso, que (desdobramento da 1ª ideia).

O segundo fator importante para a reflexão é (segunda ideia). Pode-se verificar um exemplo disso em (exemplificar a ideia que se está discutindo).

Além disso, ainda se pode pensar em (terceira ideia/argumento que é a hipótese para a conclusão). Esse é o motivo/razão para se falar a respeito de (desdobramento da terceira ideia).

Para a conclusão:

Assim, a necessidade apontada inicialmente se mostra ainda mais evidente, em virtude de (retomar um ponto importante do texto). (utilizar a ideia mais conveniente para fechar o texto).

Você pode alterar esse esqueleto da maneira que achar melhor, contanto que não corrompa a parte gramatical do texto.

Veja um exemplo de aplicação dessa estrutura redacional:

Texto sobre combate ao terrorismo:

Ao se pensar a respeito **do combate ao terrorismo**, é possível afirmar que **só haverá resultados positivos se houver adesão mundial a essa bandeira.** Isso aponta para a necessidade de **uma política internacional de respeito e confluência de interesses.**

O primeiro fator que deve ser analisado em relação à situação em questão é **o fato de o terrorismo ser um fenômeno de proporções globais.** Entende-se, com isso, que **não será apenas uma nação a responsável por dirimir todos os problemas concernentes à atividade terrorista. Com isso pretende-se dizer que deve ser proposto um plano global de ação contra as organizações que visam a esse tipo de prática.**

O segundo fator importante para a reflexão é **a necessidade de estabelecer acordos entre os países (mesmo que politicamente rivais) a fim de um bem maior, que é a paz.** Pode-se verificar um exemplo disso em **na iniciativa denominada "Liga Árabe", uma força conjunta idealizada por líderes do Oriente Médio que possui como objetivo combater as organizações terroristas.**

Além disso, ainda se pode pensar em **um posicionamento das lideranças mundiais para demonstrar o repúdio ao terrorismo.** Esse é o motivo para se falar a respeito da **imposição de sanções para os países que se apoiam nas organizações terroristas para manter seu poder.**

Assim, a necessidade apontada inicialmente se mostra ainda mais evidente, em virtude de **o terrorismo ser um mal que cria medo em grande parte da população mundial. Espera-se que medidas como a da "Liga Árabe" sirvam de exemplos para novas atitudes em defesa da paz.**

ESTUDO DE CASO

Existe um tipo de prova discursiva que não costuma aparecer sempre, mas que possui cadeira cativa nos concursos de nível superior. Trata-se dos estudos de caso. Em que pese o fato de haver uma mítica a respeito desse tipo de texto, nada mais é do que um texto dissertativo comum, em que o candidato deve demonstrar conhecimento a respeito de determinado caso apresentado para análise.

As provas que exigem formações específicas podem trazer um estudo de caso. Deve-se entender que não é possível pensar em um tipo de texto para tentar "dar a volta" no corretor, pois a resposta esperada é específica, e o avaliador terá um padrão de resposta para usar como parâmetro na correção.

Uma redação que exija um estudo de caso apresentará uma situação hipotética com um problema a ser resolvido. Caberá ao aluno redigir um texto de natureza dissertativo-expositiva aplicando os pontos fundamentais para a resolução da situação apresentada.

É comum muitos professores mencionarem que, para esse tipo de texto, não é necessário fazer uma introdução. Ledo engano. Como se trata de um texto comum, sem qualquer distinção formal, deve-se buscar uma estrutura coesa para apresentar os posicionamentos de maneira coerente, logo, o mais prudente é fazer uma breve introdução retomando aquilo que a proposta trouxe. Essa alusão ao que foi proposto é a melhor maneira de se manter dentro da proposta e não pecar por fuga parcial do tema.

Veja um exemplo de proposta que exige um estudo de caso:

Concurso SEDU/ES (CESPE) – 2012

Textos de motivação:

> *O Índice de Desenvolvimento da Educação Básica (IDEB) foi criado em 2007 para medir a qualidade das escolas. O indicador é calculado com base no desempenho do estudante em avaliações do INEP e em taxas de aprovação. Assim, para que o IDEB de uma escola ou rede aumente, é preciso que o aluno aprenda, não repita o ano e frequente à sala de aula. O índice é medido a cada dois anos.*
>
> *Internet: (com adaptações)*

Considere a seguinte situação hipotética.

> *Entre os anos de 2009 e 2011, foi registrada redução, de 3,7 para 2,6 pontos, do IDEB obtido por determinada escola pública localizada na periferia da capital do estado e onde funcionam as séries finais — 8.º e 9.º anos — do ensino fundamental e o ensino médio. A escola, que possui 1.200 alunos distribuídos em 31 turmas, funciona apenas nos turnos matutino e vespertino. A grande maioria dos alunos que nela estudam encontra-se na faixa etária estabelecida para a série que estão cursando. O prédio da escola, construído na década de 70 do século passado, já passou por algumas reformas e, de modo geral, as condições de infraestrutura do local são boas. No caso de ausência de professores por um período de quinze dias, por exemplo, professores substitutos são designados para substituí-los, o que mostra que, de forma geral, a falta de pessoal não acarreta problemas graves. Recentemente, entretanto, o clima organizacional na escola pode ser descrito como tenso, tendo a equipe de direção sido substi-*

tuída após ser acusada de peculato, razão por que a gerência de ensino solicitou a abertura de sindicância para apurar os fatos e nomeou um diretor substituto para a escola. Parte dos professores está com a autoestima bastante afetada e cumpre sofrivelmente com suas obrigações, sendo os atrasos constantes e o número de atestados médicos, elevado. Além disso, está sendo implantado no estado um novo currículo para a educação básica. Após a divulgação do IDEB de 2011, o diretor nomeado convocou uma reunião pedagógica para tratar do tema e das condições da escola.

Proposta:

Considerando o caso objeto da situação hipotética acima apresentada, redija um texto dissertativo, apresentando, na condição de professor da escola convocado para a referida reunião pedagógica, propostas para elevar o IDEB da escola, de modo que ela alcance a meta proposta pelo Ministério da Educação, que é de 4,1 para 2013 e de 4,5 para 2015. Em seu texto, aborde, necessariamente, os seguintes aspectos:

- *relação entre clima organizacional e a aplicação do novo currículo; [**valor: 4,50 pontos**]*
- *bases legais para a implantação do novo currículo; [**valor: 4,50 pontos**]*
- *organização curricular e avaliações nacionais. [**valor: 5,00 pontos**]*

O Ministério da Educação implementa a política de inclusão educacional, fundamentada nos princípios éticos do respeito aos direitos humanos, na proposta pedagógica que propõe ensinar a todos os alunos, valorizando as diferenças de cada um no processo educacional e na concepção política de construção de sistemas educacionais com escolas abertas para todos. Nessa perspectiva, a educação especial envolve um amplo processo de mudanças para a implantação de sistemas educacionais inclusivos, revertendo as propostas convencionais de criar programas especiais para atender, de forma segregada, alunos com necessidades educacionais especiais e inserindo os gestores públicos e os profissionais da educação na elaboração de políticas para todos, que contemplem a diversidade humana.

Revista Educação Especial, dez./2006. Internet: (com adaptações).

Considere a seguinte situação hipotética.

A escola pública estadual Y, construída em 1998, é equipada com 15 salas de aula e três laboratórios — um para informática e dois para ciências —, cujas bancadas têm a altura de um metro. Além dos laboratórios, a escola possui uma sala especial para o ensino de artes, refeitório, cozinha, banheiros, assim como biblioteca, quadra de esportes e pátios, todos adequados para o uso de alunos não portadores de necessidades especiais. Dez das salas de aula localizam-se no segundo piso, cujo acesso se dá por meio de uma escada. A escola possui 1.060 estudantes nas séries finais do ensino fundamental. A maior parte desses alunos encontra-se na faixa etária adequada à série em que estão matriculados; apenas 10% estão defasados em relação à idade. As taxas de evasão e repetência da escola estão abaixo das médias nacionais; logo, não são motivo de grande preocupação. Os professores são habilitados para ministrar as respectivas disciplinas de atuação; entretanto, a grande maioria não possui especialização para atender alunos com necessidades especiais. Logo após a inauguração, a escola começou a receber matrículas de alunos com necessidades especiais, o que, com o passar dos anos, tem-se tornado mais frequente. Para o início do ano de 2013, o número de alunos com necessidades especiais matriculados na escola é de quatorze alunos, dos quais três são cadeirantes, quatro apresentam deficiência auditiva, dois têm deficiência visual acentuada e cinco apresentam dificuldade geral de aprendizagem. Atualmente, uma nova proposta curricular do estado está sendo implantada na escola, em conformidade com as diretrizes nacionais. Essa proposta introduz mudanças significativas em relação ao tempo de duração do ensino fundamental, o que implica, de certo modo, maior grau de inclusão, pois permite o ingresso de parcela significativa da população mais cedo na escola.

Proposta:

Redija um texto dissertativo, apresentando, na condição de professor da referida escola, propostas administrativas e(ou) pedagógicas para solucionar os seguintes problemas, descritos no caso objeto da situação hipotética acima apresentada:

- *falta de adequação do espaço físico da escola para o atendimento de alunos com necessidades especiais; [**valor: 3,50 pontos**]*
- *defasagem de 10% dos alunos em relação à idade; [**valor: 3,50 pontos**]*
- *falta de formação específica do corpo docente para atendimento da demanda, crescente, dos alunos com necessidades especiais; [**valor: 3,50 pontos**]*
- *implantação da nova proposta curricular do estado e consequente aumento da demanda por matrículas nos anos iniciais. [**valor: 3,50 pontos**]*

Em seu texto, aborde, necessariamente, a relação entre inovações curriculares, formação docente e diversidade humana.

Concurso SEBRAE – (CESPE) – 2010

As funções administrativas podem ser entendidas a partir das seguintes ações: prever, planejar, implantar, comandar, coordenar e controlar. Planejamento e organização referem-se a aspectos mais abstratos do processo administrativo, direção e controle abordam um aspecto concreto do trabalho, principalmente relacionado à condução do projeto idealizado e à verificação de que os processos estão de acordo com os objetivos previamente estabelecidos.

A. Nogueira de Faria. Introdução à administração. 2.ª ed.
Rio de Janeiro: Rio Fundo, 1993.

Tendo o texto acima como referência inicial, considere o seguinte caso hipotético.

Em uma empresa de médio porte, um evento para divulgação de um projeto de fomento a abertura de pequenas empresas foi realizado há um mês. Em uma reunião com os funcionários envolvidos, no sentido de avaliar o evento, foram detectados diversos problemas. Durante a discussão, o problema da falta de equipamentos de multimídia durante o evento foi levantado, bem como a dificuldade em transportar os convidados do aeroporto ao hotel e ao local do evento em um único veículo.

Com referência aos problemas citados no caso hipotético acima descrito, redija um texto dissertativo que, além de identificar os aspectos que podem ter falhado e causado tais problemas, proponha sugestões que a empresa poderia ter adotado para prevenir tais transtornos. Ao elaborar seu texto, contemple, necessariamente, as seguintes funções administrativas:

- planejamento;
- organização;
- direção;
- controle.

Evidentemente, pode ser que esses exemplos mencionados não estejam relacionados com a sua área de concurso. Minha intenção, entretanto, é que você apenas entenda qual é o tipo de texto que deve ser desenvolvido, mais para retirar qualquer trauma que possa haver com relação ao estudo de caso.

De alguns anos para cá, a banca CESPE desenvolveu o hábito de publicar também o padrão de resposta para os estudos de caso. É mais uma maneira de manter a transparência da avaliação e permitir que o candidato possa recorrer, no caso de questionar a correção empreendida em sua prova discursiva.

É preciso considerar que, para escrever um estudo de caso, há dois pontos fundamentais a considerar. O primeiro é que esse tipo de texto necessita de conhecimento específico, por isso é muito cobrado nos concursos de nível superior. Isso quer dizer que o candidato deve fornecer informações precisas e fundamentadas com a base teórica proveniente da área de alcance do texto. Contrariar esse princípio é pedir para tirar nota baixa. O segundo ponto é lembrar de se reportar ao texto-problema, uma vez que o estudo e caso costuma apresentar um problema que deve ser resolvido pelo candidato.

ANÁLISE DE TEXTOS DISSERTATIVOS PRODUZIDOS POR CANDIDATOS

Nesta seção, a minha intenção é mostrar para você como os candidatos partiram de informações simples para que pudessem chegar a um texto mais significativo. Você perceberá que a atribuição de nota está amparada por três pontos fundamentais:

- Atenção à temática.
  - ✓ Todos os candidatos que receberam boa pontuação tiveram a preocupação específica relativa a não fugir daquilo que a proposta trouxe como tema para o desenvolvimento da redação. Isso quer dizer que nunca é uma boa estratégia tentar desviar o foco da temática quando você não tiver o domínio do conteúdo. Entenda que a redação de concurso público é bastante técnica, ou seja, você deve saber discorrer sobre o que a banca exige.
  - ✓ É fundamental ressaltar que, em algumas provas, tem surgido uma orientação para que o candidato "desconsidere novos fatos". Esse comando começou a aparecer em função de alguns candidatos começarem a inserir fatos para dirigir o texto rumo a seus conhecimentos, mesmo que isso não fosse o que a proposta exigia. Quando a banca examinadora disser para você desconsiderar fatos novos, NÃO OUSE ACRESCENTAR QUALQUER CONDICIONAL AO TEXTO. Isso quer dizer que iniciar um raciocínio com a abordagem de qualquer elemento estranho aos itens propostos (mesmo que façam parte da matéria) pode arruinar a composição do texto.
- Progressão textual.
  - ✓ Todos os candidatos que tiveram bom desempenho na escrita das redações passaram necessariamente pela evolução do texto, ou seja, conseguiram conduzir a redação, a fim de que ela pudesse progredir. Mas como assim? Significa que cada parágrafo estendeu aquilo que o antecedente mencionava e, desse modo, criou uma ligação semântica entre os parágrafos do texto.
  - ✓ Com essa informação, você já sabe que algo extremamente relevante para garantir sua boa nota na redação é planejar o modo como o texto irá se desdobrar na argumentação ou na especificação dos subitens textuais.
- Atenção à tipologia textual.
  - ✓ Qualquer candidato que queira receber boa pontuação deve se manter fiel ao tipo de texto que a banca examinadora exige, ou seja, se ela pedir para você escrever um texto dissertativo de natureza expositiva, não deve inserir tese nem argumentos. Já, se ela pedir um texto de natureza argumentativa, você precisa deixar a tese clara e fundamentá-la com os argumentos que lhe darão sustentação.

- ✓ Isso também se aplica a qualquer outro tipo de texto: em um estudo de caso, por exemplo, você deve se adequar à escrita procedimental e especificar quais são as etapas a serem mencionadas para cumprir os requisitos do texto.

Texto 1:

Autora: Daiane Cassol

Concurso: Caixa Econômica Federal – Técnico Bancário Novo (2014)

Tema: IMPACTOS POSITIVOS E NEGATIVOS DOS AVANÇOS TECNOLÓGICOS NA VIDA MODERNA

Nota final: 19,43 (de 20,00 pontos possíveis).

FOLHA DE TEXTO DEFINITIVO DA PROVA DE REDAÇÃO

CAIXA ECONÔMICA FEDERAL — CONCURSO PÚBLICO PARA FORMAÇÃO DE CADASTRO DE RESERVA PARA O CARGO DE TÉCNICO BANCÁRIO NOVO – CARREIRA ADMINISTRATIVA — PARA USO EXCLUSIVO DO CHEFE DE SALA — CANDIDATO AUSENTE ◯ SIM — Sala: 05729

Ao se pensar a respeito dos impactos que os avanços tecnológicos causam na vida moderna, é possível afirmar que há aspectos positivos e negativos. Isso é verificado pois as informações e o conhecimento são acessados mais rapidamente trazendo benefícios, e por outro lado, se não usados de maneira adequada causa danos à sociedade.

O primeiro fator a ser analisado é que os avanços tecnológicos trouxeram pontos positivos para a vida moderna, pois as informações chegam mais rápido e em tempo real, trazendo conhecimento e aproximando as pessoas. Um exemplo disso se verifica nos telejornais, noticiários em geral, mídias sociais que promovem encontro de gerações, também na educação, pois o uso de tecnologias como computador e a internet, potencializam o ensino.

O segundo fator importante é que devido à evolução da sociedade e a vida agitada dos grandes centros urbanos as pessoas necessitam que de que tudo se adapte ao seu tempo. Isso se verifica pois o número de celulares e computadores vendidos aumenta cada vez mais, as pessoas passam a maior parte do tempo interligadas umas com as outras tanto para lazer quanto para trabalho. As empresas contam com a tecnologia para poderem atender as demandas de produção exigidas.

Por outro lado observa-se que com a Revolução Industrial a produção se intensificou, fazendo com que as pessoas consumam mais, isso faz com que a natureza sofra esses efeitos de toda essa produção quando os recursos naturais não são usados de maneira adequada, prejudicando as futuras gerações de utilizarem os recursos também

Assim, pode-se concluir que a tecnologia tem melhorado muito as condições da vida moderna quando empregada para melhorias na sociedade, e por outro lado se não usada de forma racional e sustentável prejudicará gerações futuras.

2529086563

Comentário a respeito do texto: perceba como a introdução se desenvolve. A primeira informação colocada já na primeira linha dá conta de apresentar a temática da redação "impactos dos avanços tecnológicos na vida moderna". Quando se fala de correção de redação, é exatamente isso que o corretor espera encontrar quando ele analisa o seu texto. Ele espera que você seja capaz de indicar qual é a introdução e, com isso, apresentar qual será o assunto abordado ao longo da produção textual.

Apesar de algumas imperfeições no quesito relativo à correção gramatical, é notório que a banca estava buscando um candidato que fosse capaz de desenvolver o texto de maneira articulada. Evidentemente não houve erros tão gritantes, mas isso serve para ilustrar que não é a maior necessidade do texto a correção gramatical impecável. A sentença mais importante é: mantenha-se na temática!

Como o texto exigia uma comparação entre benefícios e malefícios, a autor – inteligentemente – não negou a existência dos dois, todavia apontou para uma distinção que se desdobrou nos parágrafos do desenvolvimento.

No desenvolvimento, a autora apresentou a divisão em dois fatores que devem ser levados em consideração. O primeiro fator está relacionado aos pontos positivos trazidos pela inovação tecnológica. Note que a autora menciona a existência desses pontos e, depois, exemplifica sua abordagem do assunto, o que é fundamental para a construção da argumentação.

O segundo fator arrolado também está voltado aos pontos positivos da interferência da tecnologia na sociedade. O segundo período do parágrafo inicia uma explicação do ponto de vista mencionado. Veja que a autora emprega o elemento de coesão (o pronome 'isso') para abrir o parágrafo e explicitar mais claramente o conteúdo do parágrafo.

Para não romper com a proposta do texto, a autora demonstra um aspecto negativo que poderia ser trazido como consequência da grande demanda por tecnologia na sociedade atual. A associação da exploração dos recursos naturais e sua consequente escassez foi inteligente para fundamentar a argumentação.

A conclusão do texto retoma a introdução quando fala sobre a possibilidade de haver dois desfechos para o emprego da tecnologia, ressaltando o fato de que a repercussão positiva se deve ao bom uso que dela se faz. Perceba que o parágrafo inicia com uma conjunção conclusiva, que possui especificamente a intenção de apresentar a conclusão do texto.

Texto 2:

Autor: Leonardo Labruna.

Concurso: Agente de Polícia Federal

Proposta:

Nota Final: 12,73 (de 13 pontos possíveis)

FOLHA DE TEXTO DEFINITIVO DA PROVA DISCURSIVA | MINISTÉRIO DA JUSTIÇA (MJ) DEPARTAMENTO DE POLÍCIA FEDERAL (DPF) | DIRETORIA DE GESTÃO DE PESSOAL (DGP) COORDENAÇÃO DE RECRUTAMENTO E SELEÇÃO | CONCURSO PÚBLICO PARA PROVIMENTO DE VAGAS NO CARGO DE AGENTE DE POLÍCIA FEDERAL

PARA USO EXCLUSIVO DO CHEFE DE SALA — CANDIDATO AUSENTE ○ SIM

Sala: 01309

O mundo contemporâneo, marcado por um cenário altamente globalizado, apresenta como algumas de suas principais características a velocidade e a abrangência dos acontecimentos sociais, os quais transpõem todas as fronteiras e atingem os mais remotos pontos do globo terrestre. Nesse contexto, temas como o terrorismo passam a ter relevância ainda maior, assumindo uma escala global e passando a ser compromisso e responsabilidade não só dos governos dos países, mas de cada indivíduo habitante desses países, independentemente de serem ou não, direta ou indiretamente, afetados por esse mal que assola a humanidade.

A discussão acerca do terrorismo ganhou novos contornos após o trágico atentado de 11 de Setembro de 2001. A vulnerabilidade apresentada pela nação economicamente mais desenvolvida do mundo gerou grande preocupação e deu enorme visibilidade para grupos terroristas, a exemplo da Al Qaeda, a qual assumiu a autoria do episódio. Desde então, diversas ações similares têm sido observadas em diferentes continentes. Tais ações apresentam inúmeras motivações – desde religiosas até territoriais –, de modo que não é possível apontar uma causa pontual para o problema.

Uma das facções que ganhou maior destaque, recentemente, foi o Estado Islâmico. Dissidente da própria Al Qaeda, o grupo tem atuação em países do Oriente Médio e do norte da África. Sua principal ideologia diz respeito à formação de um grande Estado teocrático, subordinado à religião islâmica. Com uma visão intolerante e métodos violentos, prega a guerra a todos que são contrários ao cumprimento e à implementação da lei islâmica – os quais são definidos como pecadores.

O fortalecimento do Estado Islâmico – que vem atraindo seguidores de diversas regiões do planeta – alertou as autoridades de todo o mundo para a necessidade de uma nova abordagem no enfrentamento aos terroristas, pautada, principalmente, pela cooperação entre os países. Dessa forma, cresceram de forma substancial, tanto em volume como em organização, os pactos e coalizões voltados para o combate ao terrorismo, que vão muito além do interesse de apenas um país ou um bloco econômico, tratando-se, na verdade, de uma demanda mundial por paz e aceitação.

Diante desse panorama, reforça-se, ainda mais, o conceito de cidadania, o qual promove os indivíduos à condição de atores sociais – deixando de ser meros espectadores da política global –, reiterando a necessidade de cooperação entre os povos e consagrando o principal dos direitos de terceira geração: a fraternidade.

4623492189

Cebraspe — Centro Brasileiro de Pesquisa em Avaliação e Seleção e de Promoção de Eventos

Texto 3:

Autor: Ricardo Vieira Oviedo

Concurso: Departamento Penitenciário Federal – Agente Penitenciário Federal

Tema: **SEGURANÇA PÚBLICA: POLÍCIA E POLÍTICAS PÚBLICAS**

Ao elaborar seu texto, faça o que se pede a seguir.

- Disserte a respeito da segurança como condição para o exercício da cidadania. [valor: 25,50 pontos]
- Dê exemplos de ação do Estado na luta pela segurança pública. [valor: 25,50 pontos]
- Discorra acerca da ausência do poder público e a presença do crime organizado. [valor: 25,00 pontos]

Nota preliminar: 58 pontos.

Nota final: 78 pontos (de 80 possíveis), após recurso[1].

Texto:

A aplicação de procedimentos inadequados pela polícia brasileira reflete em toda a sociedade. O treinamento deficiente fornecido a essas instituições faz com que haja excesso de suas atribuições legais. Por consequência disso, faz-se necessário políticas públicas assistenciais que englobem tanto a sociedade com instituições formais.

O cidadão necessita de segurança para que possa exercer plenos direitos. Nesse contexto, parte-se de uma visão ampla que abrange desde a segurança jurídica até a segurança da liberdade em seu convívio social. Por ausência dessa condição, ocorrem afastamentos da população que deixa de exercer papel fundamental na sociedade.

Dessa forma, o Estado busca por meio de ações, implementar programas como o Pronasci que tem projetos tais como Bolsa formação e Mulheres da Paz. O primeiro, visa o incentivo por meio de um adicional na remuneração para policiais participarem de cursos de direitos humanos. O segundo, busca reduzir a violência sofrida pelas mulheres que são vítimas de estupro, da violência doméstica, do tráfico de drogas, entre outros.

A ausência do poder público, principalmente, em áreas de maior carência contribui para o aumento da violência e do crime organizado. Na falta de políticas para os jovens, espaços de lazer, esporte, saneamento, o indivíduo fica vulne-

1 Eu redigi o recurso para esse aluno. A nota foi majorada exponencialmente.

rável e acaba ingressando em facções criminosas. Com isso, torna-se um trabalho árduo aproximar novamente da sociedade aquele que fora distanciado pelo crime.

Portanto, é imprescindível que o Estado se faça presente e dê apoio assistencial aos necessitados e a seus agentes por meio de programas sociais para o exercício da cidadania.

Comentário sobre o texto: considerando a proposta do texto, o primeiro parágrafo seria desnecessário, pois o autor não apresentou a temática, tampouco desenvolveu algum dos subitens que o texto exigia. Isso não é muito positivo para a avaliação, pois pode fazer o corretor acreditar que o candidato está fugindo do tema.

A salvação do texto se inicia no segundo parágrafo, mais especificamente quando o autor resolve começar a falar sobre o primeiro subitem. A frase *O cidadão necessita de segurança para que possa exercer plenos direitos* apresenta exatamente o que a banca examinadora solicitou. O nome disso é formatação de tópico frasal. Uma vez formado, o candidato começa a discutir o desdobramento desse item, o que finaliza na ideia de que *ocorrem afastamentos da população que deixa de exercer papel fundamental na sociedade*. É bem verdade que a última sentença poderia conter uma vírgula após o substantivo "população", a fim de que fosse possível identificar a oração subordinada adjetiva (a qual deveria ser explicativa).

No segundo parágrafo de desenvolvimento, o candidato demonstra conhecimento dos mecanismos de coesão ao empregar a expressão conectiva "Dessa forma" para retomar o parágrafo antecedente e conectar com a ideia a ser discutida a partir de então. O segundo tópico exigido necessitava da menção a exemplos de programas sociais que auxiliassem no combate à violência. O candidato mencionou dois programas e os explicou, o que deu base necessária para a argumentação. O mesmo erro de pontuação (vírgula entre sujeito e verbo) apontado no parágrafo antecedente ocorreu no segundo parágrafo do desenvolvimento (na sentença: *Estado busca por meio de ações, implementar programas*). Perceba que a banca examinadora não deu tanto valor para esse desvio, preferiu pontuar o candidato por ter escrito o que foi solicitado.

No terceiro parágrafo de desenvolvimento, há o debate acerca do terceiro subitem relativo ao que a banca examinadora exigiu do candidato. O tópico frasal está já no primeiro período do texto e, posteriormente, há uma relação de causa e consequência envolvendo a não presença do Estado e a atuação de facções criminosas.

O parágrafo de conclusão encerra o texto utilizando uma conjunção coordenativa conclusiva (portanto) para fazer uma afirmação que é de valor significativo para o fechamento da dissertação.

Texto 4:

Autor: Pablio Diego da Rochca

Concurso: Agente Penitenciário Federal

Nota final: 79,79 (de 80 pontos possíveis).

A segurança pública tem sido tema recorrente nas reivindicações da população brasileira. O constante aumento nos índices de criminalidade revelam que as ações adotadas pelo Estado não estão sendo eficientemente praticadas.

O exercício da cidadania fica, muitas vezes, impedido pelo contexto atual de insegurança pública. Ser cidadão pressupõe direitos que, inevitavelmente, são condicionados pela segurança. O direito de propriedade e o direito de ir e vir são diretamente afetados pelo aumento da criminalidade. A falha do Estado, no tratamento com os jovens, também afeta o exercício da cidadania, pois estes, muitas vezes, optam pelo crime.

Algumas ações do Estado foram tomadas no sentido de melhorar o cenário da segurança. A instituição do PRONASCI foi importante para aperfeiçoar as práticas dos órgãos de segurança pública e aumentar a participação da população. Outro exemplo da ação do Poder Público foi a operação da polícia militar, em conjunto com o Exército, no complexo do alemão, na cidade do Rio de Janeiro, para a desarticulação do crime organizado naquele local. Até mesmo os mutirões do Conselho Nacional de Justiça nos estabelecimentos prisionais do país são exemplos de ações de segurança pública, já que estes locais estão inseridos no contexto do Sistema de Justiça Criminal.

A ausência do Poder Público e a presença do crime organizado agravam o problema da insegurança. Ações de educação e capacitação profissional dos jovens deveriam ser uma das prioridades do Estado, já que estes ocupam uma grande proporção nos números da criminalidade. Atividades de lazer, integração social e esportes, sobretudo nas periferias, também poderiam ajudar nesse combate. A ausência do Estado ocorre inclusive em suas próprias instituições, como acontece nos estabelecimentos prisionais, por exemplo.

Portanto, observa-se que a atenção à segurança pública é de extrema importância, pois as consequências atingem direta e indiretamente a população brasileira.

Comentário sobre o texto.

Pela leitura desse texto, fica evidente que o autor domina os princípios de escrita, quais sejam: coesão, progressão e coerência. A divisão que foi realizada permitiu delinear todas as partes da redação sem grandes problemas.

Na **introdução**, o candidato optou por apresentar a problemática relativa à segurança pública de maneira direta, porém já demonstrando a parcialidade que dota em seu posicionamento. O primeiro período (*A segurança pública tem sido tema recorrente nas reivindicações da população brasileira*) faz a apresentação da temática ampla – a segurança pública. Na sequência, o período que surge aponta para a crítica relacionada ao não cumprimento de todas as demandas relacionadas à segurança no Brasil.

Vou desmontar o segundo parágrafo para você ver como o texto desenvolve o primeiro subitem que havia na proposta.

O exercício da cidadania fica, muitas vezes, impedido pelo contexto atual de insegurança pública.

A primeira parte da oração apresenta a chamada daquilo que a banca examinadora quer, ou seja, mostra que o parágrafo vai defender a ideia de que sem segurança não se exerce a cidadania. A segunda sentença apresenta a causa do primeiro período, ou seja, o candidato utilizou a estratégia criar uma relação inversa de causa e consequência. Ótima ideia para iniciar um desenvolvimento.

Ser cidadão pressupõe direitos que, inevitavelmente, são condicionados pela segurança.

COMENTÁRIOS

O período destacado criará um fundamento da argumentação que reforça a ideia contida da abertura do parágrafo. A tentativa é de convencer o corretor de que não é possível ser cidadão sem poder contar com alguns direitos, mormente os condicionados pela segurança.

O direito de propriedade e o direito de ir e vir são diretamente afetados pelo aumento da criminalidade.

COMENTÁRIOS

Aqui, para dar mais concretude à argumentação, o candidato inclui alguns exemplos dos direitos mencionados no parágrafo anterior.

A falha do Estado, no tratamento com os jovens, também afeta o exercício da cidadania, pois estes, muitas vezes, optam pelo crime.

COMENTÁRIOS

A frase que encerra o parágrafo cria uma relação com uma parte posterior do texto, ao afirmar que há falhas do Estado, as quais podem criar situações problemáticas para o exercício da cidadania.

Vamos fazer o mesmo procedimento no terceiro parágrafo do texto.

Algumas ações do Estado foram tomadas no sentido de melhorar o cenário da segurança. A instituição do PRONASCI foi importante para aperfeiçoar as práticas dos órgãos de segurança pública e aumentar a participação da população.

COMENTÁRIOS

A estratégia do parágrafo em questão é atender ao que exige o item relacionado aos exemplos de iniciativa do Governo Federal para amenizar o problema da violência.

Outro exemplo da ação do Poder Público foi a operação da polícia militar, em conjunto com o Exército, no complexo do alemão, na cidade do Rio de Janeiro, para a desarticulação do crime organizado naquele local.

COMENTÁRIOS

Como se trata de um parágrafo dedicado a citar exemplos, esse período traz mais um exemplo da ação do Governo Federal.

Até mesmo os mutirões do Conselho Nacional de Justiça nos estabelecimentos prisionais do país são exemplos de ações de segurança pública, já que estes locais estão inseridos no contexto do Sistema de Justiça Criminal.

COMENTÁRIOS

Temos aqui mais um exemplo da ação do Governo Federal para amenizar o problema da violência. Há algo que chama a atenção na construção desse parágrafo: veja a maneira de criar a relação de progressão nesse texto: o autor abre com "algumas ações", depois usa "outro exemplo da ação" e encerra com "até mesmo", isso cria uma escala de elementos que encerra muito bem o parágrafo.

Vamos desmembrar o quarto parágrafo agora.

A ausência do Poder Público e a presença do crime organizado agravam o problema da insegurança.

COMENTÁRIOS

Esse parágrafo inicia com um tópico frasal que aponta para o terceiro subitem a ser empregado no texto (a ausência do Poder Público e a presença do crime organizado) e cria um vínculo entre ele e o que estava sendo debatido (o problema da insegurança).

Ações de educação e capacitação profissional dos jovens deveriam ser uma das prioridades do Estado, já que estes ocupam uma grande proporção nos números da criminalidade.

COMENTÁRIOS

Aqui, o candidato sugere um plano para diminuir o problema advindo da ausência do Estado. Ou seja, ele segue na mesma esteira de argumentação para defender seu ponto de vista.

Atividades de lazer, integração social e esportes, sobretudo nas periferias, também poderiam ajudar nesse combate.

COMENTÁRIOS

Nesse período, há uma explanação daquilo que se disse anteriormente, com vistas a fundamentar o que se afirmou.

A ausência do Estado ocorre inclusive em suas próprias instituições, como acontece nos estabelecimentos prisionais, por exemplo.

COMENTÁRIOS

Essa frase encerra o parágrafo, amarrando a ideia veiculada com o primeiro período do parágrafo. Desse modo, o autor iniciou a discussão e a encerrou no mesmo parágrafo. Talvez pudesse ter falado mais sobre o efeito do crime organizado em alguns estabelecimentos prisionais, mas – mesmo não falando – ainda conseguiu obter a nota máxima no subitem.

Na conclusão da dissertação, o autor usou o esquema básico: empregou uma conjunção conclusiva (portanto) e amarrou a frase final com o que trazia o parágrafo de introdução do texto.

Texto 5:

Autor: Ricardo Vieira

Tema: os ocupantes de cargos públicos, para serem eleitos, devem comprovar habilitação para o bom desempenho desses cargos, como ocorre com a investidura nos demais cargos da Administração Pública?

Texto original

> Polêmico e inadmissível, os ocupantes de cargos em comissão da administração pública preocupam toda a população brasileira, devido ao pequeno grau de instrução que muitos possuem.
>
> Em alguns casos, analfabetos conseguem burlar a Constituição Federal apresentando um pseudodiploma. Com isso, toma posse e exercem um cargo público sem mostrar, todavia, habilidade imprescindíveis ao exercício da função.

Como estabelece o artigo 37 da Constituição Federal, o candidato poderá alistar-se apenas com escolaridade mínima exigida, não necessitando de concurso público, o que facilita a investidura em cargo público sem muita seletividade.

Os detentores de tais cargos, seja em âmbito municipal, estadual ou federal, participam nas formulações e ratificações de normas legais. Essas normas são criadas no intuito de impor direito e obrigações, sendo imprescindível, conter um contexto objetivo e abrangente e, para que isso aconteça, busca-se o conhecimento do legislador.

Dessa forma, entende-se que é importantíssimo analisar criteriosamente a situação e a capacidade dos servidores detentores de cargo em comissão e, verificar uma possível alteração no texto Constitucional, selecionando candidatos através de concurso público.

Comentário sobre o texto: neste comentário, vamos desmembrar o texto da mesma maneira como fizemos com o texto anterior.

Polêmico e inadmissível, os ocupantes de cargos em comissão da administração pública preocupam toda a população brasileira, devido ao pequeno grau de instrução que muitos possuem.

COMENTÁRIOS

A introdução do texto surge com uma problematização – ou tentativa de – a respeito da temática solicitada. Apesar de coerente com a proposta da redação, o autor deveria ter tido um pouco mais de cautela ao generalizar a ideia contida no parágrafo. Veja que ele utilizou a expressão "os ocupantes de cargos em comissão", isso coloca todos os ocupantes no mesmo grupo. Outra observação é relativa ao modo de introduzir o parágrafo: a sentença foi escrita sem uma conexão lógica entre as primeiras palavras e o desdobramento da ideia, fato que demonstrou uma falha na coesão do período.

Em alguns casos, analfabetos conseguem burlar a Constituição Federal apresentando um pseudodiploma. Com isso, tomam posse e exercem um cargo público sem mostrar, todavia, habilidades imprescindíveis ao exercício da função.

COMENTÁRIOS

Note que neste parágrafo o autor do texto ainda não mencionou se os ocupantes dos cargos em comissão devem ou não comprovar habilitação. Há uma sentença que fala sobre o fato de os analfabetos conseguirem burlar a CF, mas não explica que tipo de burla é essa (se contraria algum princípio constitucional ou outra norma). Isso deveria ter sido mencionado no texto, a fim de demonstrar maior domínio do assunto.

Como estabelece o artigo 37 da Constituição Federal, o candidato poderá alistar-se apenas com escolaridade mínima exigida, não necessitando de concurso público, o que facilita a investidura em cargo público sem muita seletividade.

COMENTÁRIOS

Apenas nesse parágrafo, o candidato explica a asserção inserida no parágrafo antecedente. Não é uma estratégia muito segura, pois – se o rascunho não for bem pensado – o candidato pode esquecer de inserir essa informação, o que acarretaria um grave problema para a coerência do texto. Um ponto alto desse parágrafo é mencionar o fato de que não há muita seletividade para a investidura em cargo público em razão de não haver exigência de escolaridade mínima.

Os detentores de tais cargos, seja em âmbito municipal, estadual ou federal, participam nas formulações e ratificações de normas legais. Essas normas são criadas no intuito de impor direito e obrigações, sendo imprescindível, conter um contexto objetivo e abrangente e, para que isso aconteça, busca-se o conhecimento do legislador.

COMENTÁRIOS

Nesse parágrafo, o candidato começa a desenvolver uma relação mais concreta de argumentação, pois relaciona a necessidade de haver o conhecimento do legislador e a formulação de normas legais. Se esse parágrafo fosse a introdução da argumentação, o texto seria mais bem-sucedido, pois haveria a possibilidade de provar o ponto de vista defendido na argumentação do texto.

Dessa forma, entende-se que é importantíssimo analisar criteriosamente a situação e a capacidade dos servidores detentores de cargo em comissão e, verificar uma possível alteração no texto Constitucional, selecionando candidatos através de concurso público.

COMENTÁRIOS

Na conclusão do texto, a estratégia foi apostar na expressão coesiva que retoma o que se discutia anteriormente (dessa forma) e salientar o ponto de vista que ratifica a necessidade de avaliar a capacidade dos servidores que ocupam cargos em comissão. Há uma sugestão de alteração no texto constitucional, com vistas a solucionar o problema. Duas observações devem ser feitas a respeito do que se escreveu: a primeira é o uso do termo "detentores" não é interessante para a composição do texto, pois – na realidade – o indivíduo não é "detentor", mas sim "ocupante" do cargo em questão. A segunda observação é relativa ao uso do termo "através" (condenável na maior parte dos casos). Sugere-se que seja feita a troca pela expressão "por meio", a fim de melhorar a coerência do período.

Texto 6:

Autor: Yuri Alexander Geschwind Job

TEMA: Qual a relação entre a alta carga tributária e a criação de novas empresas?

Tem sido muito comum a pretensão alvissareira dos jovens modernos de abrir o próprio negócio. Em princípio, a ideia traz uma sensação de maior liberdade, mais autonomia, mais responsabilidade e mais lucratividade; no entanto, nem tudo são flores. Montar uma empresa exige uma minuciosa estratégia por parte do novo empresário para que não seja surpreendido por possíveis infortúnios.

A burocracia complicada, a necessidade de conhecimento em diversas áreas e as altas cargas tributárias estão entre alguns dos principais obstáculos que certamente serão enfrentados. Além disso, a estatística preocupa, mostrando a grande porcentagem de novas empresas que não sobrevivem no cenário econômico por muito tempo. Isso impende que os futuros empresários busquem a blindagem certa para seu negócio, se especializando em assuntos como: administração de recursos, pessoas e empresas, direito tributário (especialmente no que tange às empresas), economia, mercado, tecnologia etc. É que, antes de qualquer coisa, deve-se ter um pleno conhecimento sobre tudo aquilo que vai envolver o dia a dia do empresário, para que, assim, esteja um passo à frente daqueles que morrem na estrada por erros banais.

Outro ponto que merece destaque diz respeito aos impostos que a empresa terá que pagar. Embora exista o Sistema do Simples Nacional, que facilita a vida das empresas de pequeno e médio porte, a carga tributária que rodeia o setor econômico é desestimulante. Ora, normalmente, uma empresa terá funcionários, trabalhará com produtos ou serviços e possuirá um local físico. Tudo isso acarreta, para o empreendedor, obrigações tributárias de natureza trabalhista, contratual, comercial (ou industrial), dentre outras, o que fará uma grande diferença no balanço patrimonial da empresa.

Ainda, vale a pena mencionar a atenção que deve-se ter quanto a quem será contratado para trabalhar. Muitas vezes, um deslize quanto à qualidade dos trabalhadores pode ser igualmente fatal para a empresa, cabendo ao gestor todo o cuidado possível na hora de contratar pessoal. Por fim, um plano que vem sendo experimentado em grande escala é apostar no mercado virtual. Muitas novas empresas, visando a reduzir gastos, buscam meios virtuais de se trabalhar, haja vista a grande evolução das mídias sociais que se presencia.

De fato, quanto mais digital é o trabalho, menos funcionários e menos espaço físico serão necessários, o que diminuirá diametralmente os encargos financeiros e impostos de diversas naturezas a que seria submetido o empreendedor, não significando, absolutamente, que os resultados serão menores ou que o preparo exigido por parte dos integrantes estaria dispensado. O critério mais importante de sobrevivência no mercado, ressalte-se, continua sendo (e será por muito tempo) o preparo e profissionalismo de quem está no comando do negócio, aliados à criatividade de todas as pessoas envolvidas na organização.

ANÁLISE POR PARÁGRAFOS

COMENTÁRIOS

Antes de iniciar o comentário sobre a formulação do texto, preciso informar que essa dissertação se aproxima mais de um artigo de opinião do que de uma dissertação argumentativa ausente de posicionamento. Portanto, eu vou fazer comentário baseado na estrutura de texto, eventualmente destacando os pontos que poderiam ser alterados.

TEMA: Qual a relação entre a alta carga tributária e a criação de novas empresas?

Tem sido muito comum a pretensão alvissareira dos jovens modernos de abrir o próprio negócio. Em princípio, a ideia traz uma sensação de maior liberdade, mais autonomia, mais responsabilidade e mais lucratividade; no entanto, nem tudo são flores. Montar uma empresa exige uma minuciosa estratégia por parte do novo empresário para que não seja surpreendido por possíveis infortúnios.

COMENTÁRIOS

Nesta introdução, o autor utiliza a estratégia de abordagem indireta do tema da redação. Veja que ele não fala a respeito da carga tributária no início do texto, mas fala sobre a intenção de algumas pessoas de montarem o próprio negócio, o que se relaciona com a criação de novas empresas, logo, isso garante que o autor não abandonou a temática do texto.

As expressões destacadas apresentam uma natureza menos adequada para um texto do padrão dissertativo (caso fosse empregada em uma prova), uma vez que o termo "alvissareira" se trata de um tipo de arcaísmo (expressão antiquada e pouco usada) e que o termo "nem tudo são flores" trata-se de um chavão de senso comum.

A burocracia complicada, a necessidade de conhecimento em diversas áreas e as altas cargas tributárias estão entre alguns dos principais obstáculos que certamente serão enfrentados. Além disso, a estatística preocupa, mostrando a grande porcentagem de novas empresas que não sobrevivem no cenário econômico por muito tempo. Isso impende que os futuros empresários busquem a blindagem certa para seu negócio, se especializando em assuntos como: administração de recursos, pessoas e empresas, direito tributário (especialmente no que tange às empresas), economia, mercado, tecnologia etc. É que, antes de

qualquer coisa, deve-<u>se</u> ter um pleno conhecimento sobre tudo aquilo que vai envolver o dia a dia do empresário, para que, assim, esteja um passo à frente daqueles que <u>morrem na estrada</u> por erros banais.

COMENTÁRIOS

Neste parágrafo, o autor falou pouco sobre a relação entre a carga tributária e a criação de novas empresas. Perceba que essa informação vai aparecer apenas no terceiro período do texto. Seria interessante que, na abertura desse parágrafo, o autor começasse a relacionar a carga tributária à criação de novas empresas.

Há que se fazer uma observação relativa ao emprego incorreto do pronome "se" no texto. Deve-se ter muita atenção no momento de fazer uma intercalação de sentença, pois o que ocorreu no texto foi um erro de colocação pronominal: como a palavra "que" (conjunção) é atrativa, o pronome deveria ser empregando antes do verbo "dever".

O ponto alto desse parágrafo foi a capacidade do autor para citar exemplos e apontá-los como elementos fundamentais para a sobrevivência de uma empresa. O ponto baixo foi novamente um emprego de termo desnecessário e coloquial: a expressão "morrem na estrada". Uma sugestão de troca cabível seria trocar pela palavra "fracassam".

<u>Outro ponto que merece destaque diz respeito aos impostos que a empresa terá que pagar</u>. Embora exista o Sistema do Simples Nacional, que facilita a vida das empresas de pequeno e médio porte, a carga tributária que rodeia o setor econômico é desestimulante. Ora, normalmente, uma empresa terá funcionários, trabalhará com produtos ou serviços e possuirá um local físico. Tudo isso acarreta, para o empreendedor, obrigações tributárias de natureza trabalhista, contratual, comercial (ou industrial), dentre outras, o que fará uma grande diferença no balanço patrimonial da empresa.

COMENTÁRIOS

Nesse parágrafo, começa verdadeiramente aquilo que o avaliador espera ver – a discussão relativa à carga tributária. O tópico frasal que está no início do texto dá abertura para o assunto abordado e, na sentença seguinte, nota-se o ponto de vista do autor: que a quantidade de impostos que deve ser paga é desestimulante para o empresário.

Uma sugestão para que o texto ficasse mais robusto e demonstrasse mais conhecimento seria a inclusão de um descritivo a respeito de quais seriam os impostos e como isso impactaria nas empresas.

Ainda, vale a pena mencionar a atenção que <u>deve-se</u> ter quanto a quem será contratado para trabalhar. Muitas vezes, um deslize quanto à qualidade dos trabalhadores pode ser igualmente fatal para a empresa, cabendo ao gestor todo o

cuidado possível na hora de contratar pessoal. Por fim, um plano que vem sendo experimentado em grande escala é apostar no mercado virtual. Muitas novas empresas, visando a reduzir gastos, buscam meios virtuais de se trabalhar, haja vista a grande evolução das mídias sociais que se presencia.

COMENTÁRIOS

O parágrafo em apreço, infelizmente, não está relacionado com a temática plenamente, pois fala a respeito da seleção dos trabalhadores, sem mencionar a relação disso com a alta carga tributária. Talvez, se o autor tivesse a ideia de mencionar os tributos exigidos para que seja possível fornecer emprego, o parágrafo teria sido bem-sucedido nesse sentido. A sugestão é uma reformulação completa desse parágrafo.

Novamente, há um erro de colocação pronominal na sentença, pois o pronome relativo "que" deve atrair o pronome "se", de modo a manter a correção gramatical da sentença.

De fato, quanto mais digital é o trabalho, menos funcionários e menos espaço físico serão necessários, o que diminuirá diametralmente os encargos financeiros e impostos de diversas naturezas a que seria submetido o empreendedor, não significando, absolutamente, que os resultados serão menores ou que o preparo exigido por parte dos integrantes estaria dispensado. O critério mais importante de sobrevivência no mercado, ressalte-se, continua sendo (e será por muito tempo) o preparo e profissionalismo de quem está no comando do negócio, aliados à criatividade de todas as pessoas envolvidas na organização.

COMENTÁRIOS

Nesse parágrafo de conclusão, o autor não quis utilizar uma expressão de natureza conclusiva. Sua estratégia foi tentar conectar o parágrafo antecedente com o final fazendo a associação dos tributos gastos com a contratação de um novo empregado.

Faz-se também uma abordagem que discorre sobre a necessidade de haver preparo e profissionalismo para manter um negócio vivo e ativo. Essa ideia surge para apresentar o fechamento do texto. Seria mais interessante relacionar a conclusão do texto, ou seja, fazer uma retomada do que se disse na introdução para poder finalizar o texto de maneira mais coesa.

Texto 7:

Autor: Yuri Alexander Geschwind Job

Tema: alta carga tributária do Brasil e que atitudes as pessoas podem tomar em relação à corrupção.

Texto original:

Que o Brasil é um país com uma pesada carga tributária, não é novidade para ninguém. A questão a ser analisada é sob qual aspecto o vocábulo "pesada" deve ser analisado.

De início, não somos o país com uma das maiores cargas tributárias, como muitos prelecionam. Temos a 22ª maior carga tributária do mundo e, em valores absolutos, ocupamos a 49ª posição na relação dos países que mais pagam tributos per capita. Em resumo, cada contribuinte paga, em média, R$ 657 por mês de tributos. Desse montante, R$ 280 retornam na forma de aposentadoria, pensões e bolsas. Ainda, cerca de R$ 95 são gastos com educação e R$ 80 com saúde (mesmo quem não utiliza os serviços públicos nestas áreas, quer que sejam prestados com qualidade, não é mesmo?), R$ 100 vão para o governo pagar juros e os outros R$ 102 são aplicados em estradas, segurança e tudo o mais que nos cerca.

Então, o real problema do nosso país não é o valor que se paga a título tributário, mas sim a forma como são gastos esses recursos. Ora, não é lídimo comparar nossa carga tributária com a de países desenvolvidos, como os EUA, Suíça, Nova Zelândia etc., pois estes países há muito tempo já têm tudo do melhor, seus serviços são prestados com qualidade, ou seja, sua estrutura já está formada e solidificada há décadas, cabendo ao poder público apenas manter tudo como está, e dentro do possível melhorar.

Já o Brasil enfrenta uma realidade totalmente diversa, pois não temos educação, saúde, segurança, saneamento de qualidade, precisamos construir tudo isso e o meio legítimo para se chegar a esse fim é através da arrecadação de receitas pelo poder público, a qual se dá por meio do pagamento, por nós, de tributos. Esclarecido isso, é preciso entrar em um outro mérito, que é o porquê de os serviços públicos prestados por aqui serem de péssima qualidade e não parecerem melhorar nunca. A arrecadação de tributos do Brasil seria suficiente para, com sobras, prestar todo o tipo de serviços para a população, com a qualidade por todos esperada.

O fato é que, como se sabe muito bem, a corrupção é um péssimo hábito que assola o país. Esse é o grande problema responsável pela situação lamentável que se vive hoje. O dinheiro arrecadado que deveria servir ao povo (quem paga os tributos) é desviado em benefício dos políticos, como se vê nos incontáveis escândalos de corrupção de que o Brasil é palco. Contudo, a corrupção não se encontra somente nas mãos dos políticos. No Brasil, a corrupção é histórica, remonta ao período do descobrimento, isto é, nós não temos hoje mais corrupção do que tínhamos há 20 ou 30 anos.

O que acontece é que hoje ela é mais conhecida, os meios de comunicação permitem que mais pessoas conheçam de um fato em muito menos tempo do que há duas décadas. Sempre existiu corrupção em massa no Brasil, em todos os níveis da população, e ainda existe. As mesmas pessoas que reclamam, julgam e condenam os políticos são aquelas que compram o bom comportamento dos filhos com um presente, trafegam pelo acostamento das estradas, oferecem um "valor simbólico" a um policial para que não as multe, respeitam às normas de trânsito apenas quando tem radar ou não devolvem um troco quando vem a mais sem que o comerciante tenha percebido.

São essas pequenas práticas corruptivas a base da corrupção conhecida na política, só que os valores e proporções desta última são mais expressivos. São essas pessoas as responsáveis pelo histórico processo evolutivo da corrupção no Brasil. Os frutos de uma árvore se formam de acordo com a semente que se planta, ou seja, o primeiro passo para corrigir essas grandes falhas que existem no Governo é corrigir as pequenas atitudes que tomamos enquanto cidadãos, base de todo o sistema político e social do país.

Texto comentado

Que o Brasil é um país com uma pesada carga tributária, não é novidade para ninguém. A questão a ser analisada é sob qual aspecto o vocábulo "pesada" deve ser analisado.

COMENTÁRIOS

O texto inicia com uma oração objetiva direta topicalizada. Isso serve para apresentar parcialmente o assunto a ser debatido no texto. Embora isso seja feito, seria necessário relacionar a primeira parte do assunto com a corrupção. O segundo período do texto aponta para uma possibilidade de ampliação do debate.

De início, não somos o país com uma das maiores cargas tributárias, como muitos prelecionam. Temos a 22ª maior carga tributária do mundo e, em valores absolutos, ocupamos a 49ª posição na relação dos países que mais pagam tributos "per capita". Em resumo, cada contribuinte paga, em média, R$ 657 por mês de tributos. Desse montante, R$ 280 retornam na forma de aposentadoria, pensões e bolsas. Ainda, cerca de R$ 95 são gastos com educação e R$ 80 com saúde (mesmo quem não utiliza os serviços públicos nestas áreas, quer que sejam prestados com qualidade<u>, não é mesmo?</u>), R$ 100 vão para o governo pagar juros e os outros R$ 102 são aplicados em estradas, segurança e tudo o mais que nos cerca.

COMENTÁRIOS

De ordem gramatical, percebe-se que há uma vírgula após a palavra "áreas", que está separando sujeito e verbo na sentença; deve ser – portanto – retirada. Há uma expressão que não coube bem na sentença: a tentativa de conversa com o leitor – "não é mesmo?" – que deveria ser retirada para que o texto seja mais objetivo. Talvez, uma maneira de reelaborar a mesma sentença, mantendo o impacto argumentativo, mas sem apelar para uma expressão coloquial seria a seguinte: "mesmo quem não utiliza os serviços públicos nestas áreas quer certamente quer que sejam prestados com qualidade".

Ressalvas de lado, o parágrafo apresenta uma construção coesa e coerente, pois demonstra uma reflexão pautada na desmistificação da ideia de que o Brasil possui uma das maiores cargas tributárias do mundo. Há um ponto fabuloso no texto, que é a explanação sobre a distribuição hipotética dos tributos pagos pelo contribuinte brasileiro. Essa fundamentação confere consistência argumentativa para o texto, fazendo-o perfeito para a redação.

Então, o real problema do nosso país não é o valor que se paga a título tributário, mas sim a forma como são gastos esses recursos. Ora, não é lídimo comparar nossa carga tributária com a de países desenvolvidos, como os EUA, Suíça, Nova Zelândia etc., pois estes países há muito tempo já têm tudo do melhor, seus serviços são prestados com qualidade, ou seja, sua estrutura já está formada e solidificada há décadas, cabendo ao poder público apenas manter tudo como está, e dentro do possível melhorar.

COMENTÁRIOS

Nesse parágrafo, o autor faz uma conexão de natureza conclusiva em relação ao parágrafo antecedente. A abertura do período focaliza a disparidade de pagamento dos tributos e emprego dos recursos de maneira consciente. A seguir, vale-se de uma estratégia interessantíssima que é a de anular a argumentação comparativa do Brasil com outras nações consideradas mais desenvolvidas.

Já o Brasil enfrenta uma realidade totalmente diversa, pois não temos educação, saúde, segurança, saneamento de qualidade, precisamos construir tudo isso e o meio legítimo para se chegar a esse fim é <u>através</u> da arrecadação de receitas pelo poder público, a qual se dá por meio do pagamento, por nós, de tributos. Esclarecido isso, é preciso entrar em um outro mérito, que é o porquê de os serviços públicos prestados por aqui serem de péssima qualidade e não parecerem melhorar nunca. A arrecadação de tributos do Brasil seria suficiente para, com sobras, prestar todo o tipo de serviços para a população, com a qualidade por todos esperada.

COMENTÁRIOS

A abertura do parágrafo se dá por meio da justificativa em relação ao argumento antecedente na da não possibilidade de comparação Brasil com outras nações mais desenvolvidas no quesito gestão do dinheiro público. A única ressalva dessa primeira parte do parágrafo é feita sobre o termo "através". Essa palavra significa que algo há de "atravessar" (fisicamente mesmo) a arrecadação de rendas; logo, o mais correto seria empregar a expressão "por meio de", a fim de manter a correção gramatical da sentença.

Há uma introdução, nesse parágrafo, da relação entre os tributos e a corrupção. O autor optou por realizar a conexão por meio de um processo de coesão sequencial, em que abre um assunto ao fim de um período que encerra um parágrafo para introduzir o próximo (parágrafo, não período) com o desenvolvimento do tema antecedente. É uma estratégia muito inteligente, mas arriscada – se você for um escritor iniciante.

O fato é que, como se sabe muito bem, a corrupção é um péssimo hábito que assola o país. Esse é o grande problema responsável pela situação lamentável em que se vive hoje. O dinheiro arrecadado, que deveria servir ao povo (quem paga os tributos), é desviado em benefício dos políticos, como se vê nos incontáveis escândalos de corrupção de que o Brasil é palco. Contudo, a corrupção não se encontra somente nas mãos dos políticos. No Brasil, a corrupção é histórica, remonta ao período do descobrimento, isto é, nós não temos hoje mais corrupção do que tínhamos há 20 ou 30 anos.

COMENTÁRIOS

Nesse parágrafo, o autor começa a desenvolver o raciocínio mais importante para a argumentação de seu texto, pois nele haverá a conexão da alta carga tributária e a corrupção no país. Explica-se que a razão para que o dinheiro arrecadado não seja plenamente (e corretamente) distribuído para a prestação dos serviços necessários à vida do brasileiro é a enorme corrupção presente (e entranhada) no país. Note-se que o candidato não se limita a dizer que a corrupção é um problema restrito à classe política, mas amplia o espectro de sua argumentação ao afirmar que isso é uma espécie de "atavismo" (herança) do passado do próprio país.

Atente para as duas observações de ordem gramatical: uma delas é a necessária inclusão da preposição "em" antes do pronome relativo na sentença, a fim de introduzir um adjunto adverbial de lugar (para poder dar clareza à noção de viver "em" algum lugar). A segunda observação foi a inserção das vírgulas para marcar uma oração subordinada adjetiva explicativa "que deveria servir ao povo (quem paga os tributos) ". Isso mantém a unicidade e a coerência da argumentação do parágrafo.

O que acontece é que hoje ela é mais conhecida, os meios de comunicação permitem que mais pessoas conheçam de um fato em muito menos tempo do que há duas décadas. Sempre existiu corrupção em massa no Brasil, em todos os níveis da população, e ainda existe. As mesmas pessoas que reclamam, julgam e condenam os políticos são aquelas que compram o bom comportamento dos filhos com um presente, trafegam pelo acostamento das estradas, oferecem

um "valor simbólico" a um policial para que não as multe, respeitam às normas de trânsito apenas quando tem radar ou não devolvem um troco quando vem a mais sem que o comerciante tenha percebido.

COMENTÁRIOS

Há algumas afirmações problemáticas nesse texto. Como corretor, eu pontuaria negativamente as considerações mais generalizadoras do tipo "sempre existiu corrupção em massa no Brasil", "tem todos os setores". Dito isso, ainda é preciso considerar que o exemplo utilizado para esclarecer a ideia de corrupção instaurada na sociedade brasileira foi um pouco próximo do senso comum. Talvez, seria mais interessante mencionar que a sociedade brasileira não é corrupta, mas sim corruptível.

Considere-se ainda a presença de um coloquialismo na construção "apenas quando tem radar". Nesse caso, o verbo "ter" foi empregado com a intenção de significar "haver". A correção gramatical – a bem do padrão formal da gramática – seria com a seguinte redação: "apenas quando não há radar".

São essas pequenas práticas corruptivas a base da corrupção conhecida na política, só que os valores e proporções desta última são mais expressivos. São essas pessoas as responsáveis pelo histórico processo evolutivo da corrupção no Brasil. Os frutos de uma árvore se formam de acordo com a semente que se planta, ou seja, o primeiro passo para corrigir essas grandes falhas que existem no Governo é corrigir as pequenas atitudes que tomamos enquanto cidadãos, base de todo o sistema político e social do país.

COMENTÁRIOS

A estratégia eleita para formatar a conclusão desse texto foi encerrar com uma comparação entre o descontentamento frente à corrupção existente na política do Brasil e a corrupção cotidiana das pequenas atitudes dos brasileiros. Apesar de ser uma comparação pertinente, ela não serve para concluir o texto, pois não faz a conexão da segunda parte da dissertação com a primeira parte, ou seja, não relaciona a alta carga tributária com a corrupção. Mas o problema maior reside no fato de a sugestão para a correção desse problema é apontada somente no último período do texto. Isso deveria ser feito desde o início do desenvolvimento, a fim de atender ao que a proposta exigia.

Texto 8:

Autor: **Autor: Yuri Alexander Geschwind Job**

Texto original

Tema (Globalização e os impactos na natureza)

A globalização é um tema muito discutido nas últimas décadas. Embora alguns remontem sua origem ao final do século XIX, devido ao rápido crescimento de economias e culturas, é mais comum achar o tópico relacionado aos grandes avanços que intermedeiam os séculos XX e XXI, especialmente no tocante à difusão da internet e meios de telecomunicações em geral.

Voltando algumas dezenas de anos, lembramos da corrida armamentista e espacial entre a antiga União Soviética e os EUA, fator que não pode ser desconsiderado quando se fala em avanços tecnológicos. Não obstante esse caráter benéfico, percebido em maior pela parcela da população com acesso às atuais tecnologias, um ponto reiteradamente debatido e de importância cada vez mais elevada é a questão ambiental envolvida no processo de evolução tecnológica acelerada.

Ora, é certo que, aumentando a produção e a industrialização, aumenta-se a quantidade de lixo e resíduos depositados no meio. E esta não é uma particularidade das empresas e indústrias, mas da própria população que, em uma consequência lógica, consome cada vez mais. De forma semelhante, para que se produza mais são necessários recursos materiais, os quais, em sua maioria, são retirados da natureza. Isso gera uma previsão de esgotamento bastante lembrada e preocupante, pois, se o processo de globalização só tende a aumentar, a utilização desses recursos não pode tomar rumo diferente.

E mesmo sendo uma previsão para um futuro não muito próximo, como pensam os mais pessimistas, não é uma preocupação a ser deixada de lado, até porque hoje não se tem mais aquela velha ideia de recursos infinitos. É possível notar uma conscientização ambiental levemente fortalecida, que vem sendo alimentada pelos visíveis "sintomas naturais" que se repetem dia a dia pelos quatro cantos do planeta.

Então, parece razoável que, acompanhando esse processo de globalização e com a mesma intensidade e rapidez, sejam implementadas medidas de sustentabilidade e responsabilidade social e ambiental, tanto pela indústria quanto pelos consumidores. Aumentar a produção com segurança exige que se observe o futuro onde viverão as gerações vindouras, afinal, quem olha apenas para o momento presente tem um grande passado pela frente.

Texto comentado

A globalização é um tema muito discutido nas últimas décadas. Embora alguns remontem sua origem ao final do século XIX, devido ao rápido crescimento de economias e culturas, é mais comum achar o tópico relacionado aos grandes avanços que intermedeiam os séculos XX e XXI, especialmente no tocante à difusão da internet e meios de telecomunicações em geral.

COMENTÁRIOS

Na abertura desse texto, o autor utiliza o procedimento de revisão histórica para poder abranger a temática. Perceba que ele faz uma espécie de correção relativa à visão que se tem a respeito do fenômeno da Globalização. Essa introdução apresenta parcialmente a proposta, falta mencionar, ou – ao menos – apontar para, os impactos disso na natureza.

É preciso ressaltar que nem todos os concurseiros detêm esse tipo de informação em seu rol de conhecimentos prévios. É justamente por isso que algumas bancas examinadoras apresentam uma coletânea de textos a respeito da temática. Essa coletânea pode auxiliar o candidato a fundamentar suas ideias.

Voltando algumas dezenas de anos, lembramos da corrida armamentista e espacial entre a antiga União Soviética e os EUA, fator que não pode ser desconsiderado quando se fala em avanços tecnológicos. Não obstante esse caráter benéfico, percebido em maior pela parcela da população com acesso às atuais tecnologias, um ponto reiteradamente debatido e de importância cada vez mais elevada é a questão ambiental envolvida no processo de evolução tecnológica acelerada.

COMENTÁRIOS

Nesse parágrafo, o autor inicia a abordagem da questão ambiental relacionada ao fenômeno da Globalização. O modo como faz é merecedor de atenção: ele conecta a corrida armamentista da Guerra Fria com o desenvolvimento tecnológico e, por extensão, o impacto natural envolvido. Entretanto, não basta fazer menção por alto. A proposta exige uma relação direta, o que não se fez até agora.

Ora, é certo que, aumentando a produção e a industrialização, aumenta-se a quantidade de lixo e resíduos depositados no meio. E esta não é uma particularidade das empresas e indústrias, mas da própria população que, em uma consequência lógica, consome cada vez mais. De forma semelhante, para que se produza mais são necessários recursos materiais, os quais, em sua maioria, são retirados da natureza. Isso gera uma previsão de esgotamento bastante lembrada e preocupante, pois, se o processo de globalização só tende a aumentar, a utilização desses recursos não pode tomar rumo diferente.

COMENTÁRIOS

O desenvolvimento ganha mais força nesse parágrafo. Aqui, o autor decide explicitar a relação entre consumo, produção de lixo e exaurimento de recursos naturais. Essa relação está perfeitamente explicada e está lógica dentro do parágrafo. A única ressalva a ser feita em relação ao que está no desenvolvimento é que ocorre um salto significativo da relação entre os avanços tecnológicos iniciados na corrida armamentista e o consumo contemporâneo – o que poderia parecer uma incongruência de ideias no texto, mas não é de todo.

E mesmo sendo uma previsão para um futuro não muito próximo, como pensam os mais pessimistas, não é uma preocupação a ser deixada de lado, até porque hoje não se tem mais aquela velha ideia de recursos infinitos. É possível notar uma conscientização ambiental levemente fortalecida, que vem sendo alimentada pelos visíveis "sintomas naturais" que se repetem dia a dia pelos quatro cantos do planeta.

COMENTÁRIOS

O parágrafo em apreço traz um desenvolvimento da ideia de que há uma parcial conscientização em razão de alguns efeitos que a depredação natural desencadeou no planeta. Entretanto, é preciso ressaltar que há pontos que podem ser melhorados no trecho. O primeiro deles é a reescrita do primeiro período, a fim de conferir maior clareza ao texto, uma vez que há vários períodos intercalados que necessitam de pontuação. Veja:

E, mesmo sendo uma previsão para um futuro não muito próximo – como pensam os mais pessimistas –, não é uma preocupação a ser deixada de lado, ~~até porque~~ principalmente porque hoje não se tem mais ~~aquela velha ideia~~ a incorreta noção de que os recursos são infinitos.

Foram inseridas vírgulas para isolar a oração subordinada adverbial concessiva reduzida de gerúndio[2] (*mesmo sendo uma previsão para um futuro não muito próximo*); travessões para isolar uma oração subordinada adverbial conformativa (*como pensam os mais pessimistas*); a expressão *até porque* é coloquial, logo, foi removida. Além disso, optei por retirar o tom de coloquialismo da expressão "aquela velha ideia" e reescrevi a sentença.

Então, parece razoável que, acompanhando esse processo de globalização e com a mesma intensidade e rapidez, sejam implementadas medidas de sustentabilidade e responsabilidade social e ambiental, tanto pela indústria quanto pelos consumidores. Aumentar a produção com segurança exige que se observe o futuro onde viverão as gerações vindouras, afinal, quem olha apenas para o momento presente tem um grande passado pela frente.

---

2 Você pode estranhar ou até mesmo repudiar essa nomenclatura gramatical na sentença, mas eu coloco isso para mostrar o quanto é importante entender da estrutura gramatical, a fim de saber quais são os elementos empregados na escrita de um texto.

COMENTÁRIOS

Nesta conclusão, o candidato emprega a conjunção conclusiva e segue afirmando que é razoável implementar medidas de sustentabilidade para conter os impactos negativos da globalização na natureza. Apesar de a temática não ter exigido uma solução para o problema, o candidato preferiu por inserir. Não há erro nisso, entretanto, seria mais interessante que o autor desse preferência para a relação entre Globalização e os impactos ambientais. Talvez, mencionar que o impacto foi grande e continua sendo massivo e que pode trazer consequências irreversíveis para o futuro da vida humana no planeta.

PROPOSTAS E ESPELHOS

Nesta seção, minha intenção é apresentar algumas propostas de redação e, em alguns casos, os padrões de resposta que a banca examinadora publicou para referência. Antes de prosseguir, deixe-me falar algumas palavras sobre essa medida de publicar os textos que servem de referência para a correção.

Não é necessariamente algo inovador disponibilizar um modelo de resposta para que os candidatos possam perceber aquilo que a banca examinadora espera minimamente em uma prova discursiva. Trata-se de uma iniciativa que demonstra transparência por parte de quem promove o certame. Isso ajuda professores e alunos, porque estes começam a limitar aquilo que vão estudar principalmente, ao passo que aqueles vão saber, de maneira mais específica, o que é mais importante para ensinar nos cursos. Momentaneamente, a banca CESPE/UnB é a banca que mais se preocupa com esse compromisso.

A seguir apresento algumas propostas de redação (prova discursiva) seguidas pelos textos apontados como "padrão-resposta" utilizado pela banca examinadora. Minha intenção é que você leia com olhos críticos, buscando perceber a essência da produção textual em concursos públicos.

BANCA CESPE - UNB

Concurso: Departamento Penitenciário Nacional

Discursiva de nível médio

Proposta:

> Convocada pela Defensoria Pública do Rio, a comunidade do Complexo do Alemão começou a chegar duas horas antes do combinado. Enfileiraram-se em busca, principalmente, de carteiras de identidade e de trabalho, ícones da entrada na sociedade formal. Houve duas dúzias de coleta de material genético para exames de comprovação de paternidade. Foram entrevistadas 180 moradoras sobre saúde, maternidade e violência doméstica. Uma cidadã transexual foi atrás de orientação para trocar de nome. Mães pediram

tratamento psicológico para filhos com sintomas de síndrome do pânico. Segundo a presidenta da Associação de Defensores Públicos do Estado do Rio de Janeiro, "quando conversamos, percebemos que a violência permeia o discurso. Mas os moradores têm outras demandas. Denunciam a falta de alguma instituição que os defenda da vulnerabilidade". A agenda dos moradores do Alemão envolve cinco ações: moradia, saneamento, educação técnico-profissional, políticas para jovens e espaços de lazer, esporte e cultura. Flávia Oliveira. Demanda cidadã. In: O Globo, 27/5/2015, p. 28 (com adaptações).

Considerando que o fragmento de texto acima tem caráter unicamente motivador, redija um texto dissertativo acerca do seguinte tema.

SEGURANÇA PÚBLICA: POLÍCIA E POLÍTICAS PÚBLICAS

Ao elaborar seu texto, faça o que se pede a seguir.

- Disserte a respeito da segurança como condição para o exercício da cidadania. [valor: 25,50 pontos]
- Dê exemplos de ação do Estado na luta pela segurança pública. [valor: 25,50 pontos]
- Discorra acerca da ausência do poder público e a presença do crime organizado. [valor: 25,00 pontos]

Padrão de resposta esperado pela banca examinadora:

Espera-se que, relativamente ao primeiro aspecto proposto (a segurança como condição para o exercício da cidadania), o candidato ***afirme a impossibilidade real e concreta do pleno exercício da cidadania em um cenário de dramática insegurança****. Tal como dicionarizado, o conceito de cidadania remete ao "indivíduo que, como membro de um Estado, usufrui de direitos civis e políticos garantidos pelo mesmo Estado e desempenha os deveres que lhe são atribuídos". Viver em paz, sem o contínuo temor de ser vítima de agressão — venha de onde vier — passa a ser entendido como direito essencial à vida em comunidade assentada nos princípios da cidadania. Em relação ao segundo aspecto (exemplos de ação do Estado na luta pela segurança pública), espera-se que o candidato seja capaz de* ***apontar alguns exemplos da necessária ação do poder público para a conquista e a manutenção do clima de segurança coletiva nas mais diversas comunidades, sobretudo as mais vulneráveis****. Nesse sentido,* ***basta que o candidato se reporte ao próprio texto motivador****, tendo em vista que policiamento adequado e atendimento às demandas básicas da sociedade são faces de uma mesma moeda. Por fim, no que concerne ao terceiro aspecto (ausência do poder público e a presença do crime organizado), convém que o candidato* ***faça referência a uma preocupante realidade, por todos sabida: onde há omissão do Estado, a tendência é que esse vazio seja ocupado por grupos criminosos no atendimento às demandas das comunidades****. Essa realidade está presente, inclusive, em instituições penitenciárias.*

Discursiva de nível superior:

Proposta:

No passado, ligar a Zona Norte à Zona Sul do Rio de Janeiro simbolizava a esperança de aproximar a cidade partida. Hoje, crimes absurdos unem as zonas da cidade em abraços inconsoláveis. A cada dez minutos, uma pessoa é vítima de homicídio no Brasil. O discurso oficial de que segurança pública não pode ser só polícia faz sentido. A conhecida carência de políticas sociais tem parcela imensa de importância nesse quadro. Segurança não é só polícia, mas é polícia também. Paula Cesarino Costa. Contágio da indiferença.

In: Folha de S.Paulo, 21/5/2015, p. A2 (com adaptações).

Dois fatos trágicos que chocaram o Rio de Janeiro recentemente — a morte de dois jovens em um morro, depois de uma operação policial, e a de um ciclista na Zona Sul da cidade — têm uma causa semelhante, que é a incapacidade do poder público de lidar com os jovens pobres, mas a repercussão deles é bastante diversa, sem que se faça a necessária reflexão sobre isso. Para muitos, trata-se de um problema exclusivo de segurança pública. Para outros, esse é um problema ainda maior e muito mais complexo.

André Luís Machado de Castro. Menos presídios e mais escolas. In: O Globo, 22/5/2015, p. 9 (com adaptações).

Aos dezesseis anos, os jovens podem votar, isto é, escolhem os nossos representantes nas câmaras e assembleias e nos cargos executivos. Emancipados, podem realizar todos os atos da vida civil, inclusive contrair matrimônio. A verdade é que os jovens de dezesseis anos de idade têm, de regra, capacidade de entender a conduta criminosa. Carlos Velloso. Jovem de 16 anos é capaz de entender conduta criminosa.

In: O Globo, 22/5/2015, p. 9 (com adaptações).

Em vinte e cinco anos de existência do Estatuto da Criança e do Adolescente, o Estado foi o que mais infringiu a lei. Não implementou as medidas previstas no estatuto, que têm o intuito de transformar o adolescente em cidadão do bem. Com raríssimas exceções, os estabelecimentos destinados à ressocialização dos infratores são calabouços revestidos de violência e desrespeito aos direitos fundamentais dos jovens. O sistema educacional é ruim. A saúde pública é vergonhosa. Nas regiões de baixa renda, os jovens são encarados como mão de obra fácil e barata na luta diária pela sobrevivência. Na periferia urbana, eles são as principais vítimas da violência que todos querem combater.

Correio Braziliense. Editorial: O fiasco da punição a jovens infratores. 23/5/2015, p. 12 (com adaptações).

Considerando que os fragmentos de textos acima têm caráter unicamente motivador, redija um texto dissertativo acerca do seguinte tema.

SEGURANÇA PÚBLICA: DEVER DO ESTADO, DIREITO E RESPONSABILIDADE DE TODOS

Ao elaborar seu texto, faça o que se pede a seguir.

- Dê exemplos de políticas públicas para reduzir a violência e a insegurança. [valor: 25,00 pontos]
- Discorra a respeito do debate atual sobre reduzir ou não a maioridade penal. [valor: 25,50 pontos]
- Comente a respeito do sistema prisional brasileiro e da reincidência criminal. [valor: 25,50 pontos]

Padrão de resposta esperado pela banca:

Em relação ao primeiro aspecto (exemplos de políticas públicas para reduzir a violência e a insegurança), espera-se que o candidato enfatize a insubstituível ação do Estado no sentido de oferecer à população, especialmente a que se encontra em situação de risco e socialmente mais vulnerável, instrumentos essenciais à formação e ao exercício da plena cidadania. Nessa perspectiva, inscreve-se o acesso à educação pública de qualidade — inclusive com cursos de formação profissional —, aos serviços de saneamento e a um sistema público de saúde que atenda adequadamente à demanda, aos equipamentos culturais, esportivos e de lazer, o que inclui quadras poliesportivas, informática e bibliotecas, entre outros. A experiência tem demonstrado que, onde há flagrante omissão do poder público, o crime organizado se faz presente, tanto em comunidades mais carentes como no interior de presídios. No que se refere ao segundo aspecto (debate atual: reduzir ou não a maioridade penal), espera-se que o candidato mencione a discussão hoje presente no Parlamento e na sociedade acerca da redução da maioridade penal de dezoito para dezesseis anos, citando alguns argumentos que ambas as posições defendem e, se achar conveniente, nada impede que ele se posicione. Dois dos fragmentos de textos propostos remetem a posições divergentes sobre o tema. Por fim, em relação ao terceiro aspecto (o sistema prisional brasileiro e a reincidência criminal), espera-se que o candidato lembre que, tal como se encontram, nossos presídios não passam de "masmorras medievais" que ampliam consideravelmente a possibilidade de "despejar nas ruas bandidos mais perigosos, mais organizados e mais dispostos a roubar, matar e sequestrar", como lembrou recentemente importante revista semanal de informação. Afinal, o cotidiano desses presídios é marcado pelo ócio (apenas 20% dos presos trabalham), pelo analfabetismo (apenas 10% estudam) e pela liderança do crime organizado.

TCE-PA (2016)

Drogas são um problema de saúde pública, e não devem ser vistas pela lente do sistema judiciário criminal. A posição do presidente dos Estados Unidos da América,

Barack Obama, durante um debate sobre a dependência da heroína dá força a manifestações recentes de especialistas que se opõem à repressão policial para combater o consumo de entorpecentes. Recente relatório científico reuniu dados para afirmar que a chamada guerra às drogas causa danos à saúde pública. Essas argumentações jogaram pressão sobre a primeira sessão especial sobre drogas da Assembleia Geral das Nações Unidas, realizada em abril de 2016.

O Globo, 31/3/2016, p. 25 (com adaptações).

Considerando que o fragmento de texto acima tem caráter unicamente motivador, redija um texto dissertativo acerca do seguinte tema.

UM GRANDE DESAFIO: A CIVILIZAÇÃO CONTEMPORÂNEA FRENTE ÀS DROGAS ILÍCITAS

Ao elaborar seu texto, aborde os seguintes aspectos:

1- drogas ilícitas e crime organizado global; [valor: 3,50 pontos]

2- relação entre tráfico de drogas e violência; [valor: 3,00 pontos]

3- alternativas à denominada guerra às drogas. [valor: 3,00 pontos]

Padrão-resposta publicado pela banca examinadora:

Em relação ao primeiro aspecto a ser abordado ("drogas ilícitas e crime organizado global"), espera-se que o candidato enfatize o aspecto econômico-financeiro que envolve a produção, a comercialização e o consumo de drogas ilícitas em larga escala. Os elevados lucros dessa atividade, que ocorre em dimensão crescentemente mundializada, explica a poderosa presença de redes criminosas globais que se dedicam à exploração desse negócio. Essas organizações criminosas estendem suas teias em todas as direções, atingindo desde instituições financeiras que processam a lavagem do dinheiro obtido a setores governamentais de diversos países.

Quanto ao segundo aspecto ("relação entre tráfico de drogas e violência"), espera-se que o candidato aponte as drogas ilícitas como um dos elementos fomentadores da violência, especialmente em centros urbanos pelo mundo afora. A disputa pelo domínio de áreas de abastecimento e venda de drogas, em si mesma marcada pela brutalidade, envolve facções criminosas, que, no mais das vezes, assumem o controle dessas regiões, dificultando a ação do poder público, atemorizando a população e atraindo crianças e jovens para seu serviço.

Por fim, no que se refere ao terceiro aspecto proposto ("alternativas à denominada guerra às drogas"), espera-se que o candidato faça uso do próprio texto motivador, ou seja, reconheça os pífios resultados obtidos pela estratégia bélica de combate às drogas, muitas vezes criminalizando o dependente, e mencione estar havendo uma mudança de perspectiva (que até mesmo a ONU tende a adotar), o que pressupõe ver a questão como sendo de saúde pública e exige a ampliação da ação do Estado em áreas conflagradas pelo tráfico e o oferecimento de alternativas viáveis de vida para sua população, como o amparo aos dependentes.

SDS/PE – Aplicação: 2016

À medida que o crescimento urbano avança, impulsionado ou não por novos investimentos e iniciativas imobiliárias, mais desafios a administração pública e as empresas enfrentam. Atualmente, não são as migrações as responsáveis pelo caos urbano das metrópoles brasileiras, e sim a falta de políticas públicas que freiem o inchaço habitacional. Exemplo clássico é a escassez de políticas habitacionais e de atividades econômicas que criem postos de trabalho próximos às moradias, visando descentralizar essas atividades para os anéis externos das cidades, as quais, ao evoluírem e ocuparem os respectivos territórios, tendem a manter concentradas as atividades sociais e econômicas, o que alonga os deslocamentos diários dos trabalhadores em razão do congestionamento do tráfego.

Aldo Paviani. Sustentabilidade urbana: utopia ou esperança? In: Correio Braziliense, 6/5/2016, p. 13 (com adaptações).

Considerando que o fragmento de texto acima tem caráter unicamente motivador, redija um texto dissertativo acerca do seguinte tema.

URBANIZAÇÃO DA SOCIEDADE CONTEMPORÂNEA: PROBLEMAS, ALTERNATIVAS E DESAFIOS

Ao elaborar seu texto, aborde os seguintes aspectos:

1- problemas da administração pública que dificultam a ocupação urbana ordenada; [valor: 6,50 pontos]

2- alternativas para enfrentar os problemas de mobilidade nas grandes metrópoles; [valor: 6,50 pontos]

3- desafios para a defesa social resultantes do crescimento desordenado das cidades. [valor: 6,00 pontos]

Padrão de resposta publicado pela banca examinadora

No que se refere ao primeiro aspecto a ser abordado ("problemas da administração pública que dificultam a ocupação urbana ordenada"), espera-se que o candidato se reporte a pontos mencionados no próprio texto motivador, a exemplo da ausência de políticas públicas consistentes que impeçam ou reduzam significativamente o inchaço habitacional e de políticas habitacionais que priorizem a construção de moradias próximas aos locais de trabalho. O trânsito caótico gera congestionamentos que resultam em elevados custos, seja financeiro, seja físico-psíquicos.

Relativamente ao segundo aspecto ("alternativas para enfrentar os problemas de mobilidade nas grandes metrópoles"), o candidato poderá mencionar, de plano, a melhoria do transporte público, como a racionalização das linhas de ônibus, a implantação e expansão da malha ferroviária urbana e de metrô, além dos modernos veículos leves sobre trilhos e da multiplicação de seguras ciclovias.

Por ser a violência urbana um dos principais problemas enfrentados nas grandes metrópoles e consequência, inclusive, da falta de planejamento urbano e de políticas públicas habitacionais e econômicas consistentes (exemplificadas pelos processos de favelização de determinadas regiões, pelo aumento do número de pessoas sem teto, entre outros fatores que aumentam a vulnerabilidade dos indivíduos, favorecendo, assim, o aumento dos índices de violência), o candidato deve responder que o desafio da defesa social é desenvolver estratégias eficientes que garantam a segurança da sociedade, e apontar possíveis ações que possam ser realizadas para esse fim. Deve ainda observar que a atuação da defesa social deve se dar de maneira ética diante de uma série de obstáculos administrativos, burocráticos e financeiros, contribuindo, assim, para minimizar os impactos da violência, manifestada cotidianamente, inclusive, no trânsito dos grandes centros urbanos.

FUNDAÇÃO CARLOS CHAGAS

A Fundação Carlos Chagas costuma deixar os concurseiros desesperados quando aplica uma prova discursiva. Não porque haja muita dificuldade para compor a redação. Na realidade, há dois tipos de proposta que a banca pode apresentar (o que geralmente ocorre para cargos de nível superior): o primeiro tipo é um estudo de caso (que o candidato "tira de letra" se tiver conhecimento sobre o assunto); o segundo tipo é o texto dissertativo argumentativo.

Qual seria o problema, afinal? Os temas propostos! Sim, a banca FCC costuma colocar alguns trechos de texto e exigir que o candidato discorra sobre o tema abordado naquele trecho. Parece muito fácil, mas não é tão fácil assim, pois há muitos trechos extraídos e livros de filosofia ou de abstrações mais complexas do que aquilo com que o senso comum está acostumado. O mais curioso é que – em grande parte das vezes – não há um tema vocacionado, ou seja, ele não se relaciona com o cargo para o qual o candidato está prestando concurso. A banca já exigiu redação sobre o atual estado da literatura brasileira. Imagine só! As propostas que se seguem não contêm o padra de resposta, pois sua divulgação não é tradição da banca. Vale a leitura para o conhecimento.

TRT23-An.Jud.-Administrativa (2016)

Atente para o texto seguinte:

Não é de hoje que se pergunta se a existência do museu ainda faz sentido, por mais que os antigos e tradicionais museus continuem atraindo um bom público, ao passo que novos espaços não deixam de ser construídos. Contudo, à medida que a própria arte se modifica, com os quadros tradicionais cada vez mais dando lugar a instalações, a performances e aos grafites, parece crescer o número daqueles para quem, segundo Hal Foster, no artigo "Museus sem fim" (revista Piauí, edição 105, Junho/2015), "a contemplação estética é tediosa, a compreensão histórica é elitista e, mais do que isso, o museu é um lugar morto, um mausoléu". Foster discorda: "Quando bem projetados e dotados de programação inteligente, os museus admitem tanto entretenimento quanto contemplação, e nesse processo promovem também alguma compreensão." Assim, em lugar de propor que os museus permaneçam intocados, o que o historiador e crítico norte-americano propõe é torná-los capazes de nos transportar "para diferentes períodos e culturas – para diversos modos de perceber, pensar, representar e ser –, a fim de que possamos testá-los em relação a nossas próprias época e cultura, e vice-versa, e, nesse processo, quem sabe transformarmo-nos um pouco."

Escreva um texto dissertativo-argumentativo posicionando-se em relação às diferentes ideias expostas no texto acima.

TRT20-Anal.Jud.-Administrativa (2016)

O direito à cidade não pode ser concebido como um simples direito de visita ou de retorno; só pode ser formulado como direito à vida urbana.

(Adaptado de: LEVEBVRE, Henri. O direito à cidade. São Paulo, Centauro, 2011)

Entende-se por gentrificação (do inglês gentrification, "tornar nobre") o fenômeno que afeta uma região ou bairro pela alteração das dinâmicas da composição do local, tais como novos pontos comerciais ou construção de novos edifícios, valorizando a região e afetando a população de baixa renda local. Tal valorização é seguida de um aumento de custos de bens e serviços, dificultando a permanência de antigos moradores de renda insuficiente para sua manutenção no local cuja realidade foi alterada.

(http://www.pbs.org/pov/flagwars/what-is-gentrification/)

A partir dos excertos acima, elabore um texto dissertativo-argumentativo sobre o seguinte tema:

Direito à cidade

TRT14 Analista Judiciário (2016)

Segundo afirmou o neurocientista brasileiro Miguel Nicolelis, "as grandes empresas adoram a noção de que o ser humano vai se tornar obsoleto. É a terceira onda do capitalismo, em que o valor do trabalho humano é zero. Porém, o cérebro humano não pode ser reduzido a um algoritmo, portanto não pode ser copiado por um computador. Jogar xadrez é um algoritmo. Já apreciar Bach... Então, por definição, não se pode repetir o cérebro. Não há como recapitular, num computador, a história coletiva da espécie e a história individual de cada um de nós. É uma impossibilidade matemática".

(Adaptado de: http://blogs.estadao.com.br/alexandre-matias/2012/04/01/por-uma-ficcao-cientifica-menos-pessimista-e-apocaliptica/)

Considerando o que se afirma acima, redija um texto dissertativo-argumentativo, justificando seu ponto de vista.

TRT20-Anal.Jud.-Judiciária (2016) – Exemplo de proposta de estudo de caso

QUESTÃO 1

Na Rua das Pendências no 100, encontra-se estabelecido o Mercado Alimentação Ltda. Dafine, foi contratada pelo Mercado para exercer a função de faxineira no ano de 2003, tendo passado a exercer a função de estoquista em janeiro de 2009, sem a alteração de função em sua Carteira de Trabalho e Previdência Social – CTPS. No referido mercado, também exercia a função de estoquista Ceres, regularmente registrada em CTPS nesta função. Dafine descobriu que o seu salário é inferior ao salário de Ceres em R$ 500,00 e, assim, pretende ajuizar reclamação trabalhista em face de sua empregadora requerendo a equiparação salarial correspondente. Considerando que Ceres foi contratada em Julho de 2008 para exercer a função de estoquista, tendo seu contrato de trabalho sido rescindido em Fevereiro de 2016, bem como que ambas as funcionárias exerciam as mesmas tarefas, com mesma perfeição técnica e produtividade, e com o mesmo horário de trabalho, sendo que o mercado não possui quadro de pessoal organizado em carreira, responda fundamentadamente:

a. Quais são os requisitos necessários para a equiparação salarial previstos na Consolidação das Leis do Trabalho e pelo entendimento Sumulado do TST. No caso em tela eles estão preenchidos?

b. Dafine poderá ajuizar reclamação trabalhista mesmo não ocorrendo a rescisão de seu contrato de trabalho e pedir a equiparação salarial com Ceres, que já teve o seu contrato de trabalho rescindido? Justifique.

c. No caso em tela como se aplicaria o instituto da prescrição no tocante à equiparação salarial?

QUESTÃO 2

Vinícios é advogado militante na Justiça do Trabalho e está com dúvidas a respeito da indisponibilidade do Sistema Processo Judicial Eletrônico da Justiça do Trabalho – PJe-JT e a contagem dos prazos processuais, bem como a respeito da manutenção do sistema. Consultando seu colega, o advogado Tibério, sobre a indisponibilidade do sistema e a sua manutenção, este informou que há diversas situações de indisponibilidades que irão interferir nos prazos processuais, dependendo de variantes pré-determinadas na Resolução CSJT no 136/2014. Neste caso, responda fundamentadamente:

a. Tibério está correto? Exemplifique sua resposta com duas situações distintas.

b. Há alguma situação em que não ocorre a prorrogação dos prazos processuais por indisponibilidade do sistema. Exemplifique sua resposta.

c. A manutenção programada do sistema Processo Judicial Eletrônico possui dia pré-determinado para ocorrer? Como se procede a comunicação aos usuários?

BANCA ESAF

A banca ESAF não é daquelas que mais tenham temas de redação. Aliás, nos últimos tempos está passando por um ostracismo, pois coloca em cada página de suas provas que não é possível a reprodução de qualquer trecho dos certames. A proposta que se segue é um exemplo do tipo de abordagem que a banca exige na redação. Usualmente, os textos devem conter, no mínimo, 45 e, no máximo, 60 linhas – o que demanda bastante capacidade argumentativa e expositiva por parte do candidato. A banca também não costuma publicar seus padrões de resposta (haja vista o ostracismo mencionado), apesar disso, é conhecida sua predileção pela correção gramatical, o que acaba contando muitos pontos na composição da prova discursiva.

Eis uma proposta cobrada pela banca examinadora:

Concurso ANAC (2016)

Estoque são produtos acabados, guardados dentro da fábrica ou em locais destinados a essa finalidade, pelos fabricantes, ou através de um processo de distribuição por um determinado período, para posterior consumo pelos clientes internos e externos. A expedição é uma atividade de armazém relacionada a um pedido de um cliente que inclui várias tarefas até chegar o seu ponto de entrega.

Considerando a conceituação acima sobre estoque e expedição, desenvolva um texto objetivo abordando os seguintes temas:

a) a importância de estoque em uma empresa.

b) os tipos de estoques e as funções executadas por cada um.

c) os principais custos de estoque de uma empresa. d) as atividades necessárias para a expedição.

BANCA CONSUPLAN

A banca Consuplan está entre aquelas que divulgam padrões de resposta, embora com pouca ou quase nenhuma estruturação argumentativa, ou seja, mencionam apenas as ideias que esperam estar expostas ao longo da redação. Ao que parece, seus temas são vocacionados (direcionados para o cargo-algo do candidato) e o padrão exigido é o da tipologia dissertativa, com nuances de argumentação. Seguem alguns exemplos para o conhecimento a respeito dessa banca examinadora.

CONCURSO PÚBLICO – SECRETARIA DE EDUCAÇÃO PREFEITURA DE DUQUE DE CAXIAS/RJ-PROFESSOR DE INFORMÁTICA EDUCATIVA

Faremos a seguir algumas considerações a respeito da proposta de redação:

1. **Considerando os textos acima como motivadores**: através desta parte do enunciado, o candidato deve ter o entendimento de que os textos apresentados como

motivadores são subsídios para que a partir dos mesmos o candidato possa elaborar e sustentar suas ideias.

2. **Texto dissertativo-argumentativo**: a tipologia textual foi definida, portanto o não atendimento a este requisito compromete a proposta de redação.
3. **O tema**: "Capacitação e formação continuada como ingredientes indispensáveis ao sucesso do profissional da educação".

A exposição e a defesa das ideias do autor do texto deverão ser construídas tendo como centro da discussão o tema apresentado nesta proposta, tendo em vista aspectos, tais como:

- a continuidade da formação profissional do professor;
- o atendimento adequado ao surgimento de novas necessidades no cotidiano; e,
- o objetivo de proporcionar ao indivíduo meios para relacionar-se enquanto cidadão social, físico, político etc.

CONCURSO PÚBLICO – SECRETARIA DE EDUCAÇÃO PREFEITURA DE DUQUE DE CAXIAS/RJ – ESTIMULADOR MATERNO – INFANTIL

Faremos a seguir algumas considerações a respeito da proposta de redação:

1. **Considerando os textos acima como motivadores**: através desta parte do enunciado, o candidato deve ter o entendimento de que os textos apresentados como motivadores são subsídios para que a partir dos mesmos o candidato possa elaborar e sustentar suas ideias.
2. **Texto dissertativo-argumentativo**: a tipologia textual foi definida, portanto o não atendimento a este requisito compromete a proposta de redação.
3. **O tema**: "O papel e desafios do educador diante da sociedade atual".

A exposição e a defesa das ideias do autor do texto deverão ser construídas tendo como centro da discussão o tema apresentado nesta proposta, tendo em vista aspectos tais como:

- postura e ética do profissional da educação;
- o contexto da educação na sociedade do século XXI; e,
- necessidades de transformação para atender à demanda desta sociedade.

CONCURSO PÚBLICO – SECRETARIA DE EDUCAÇÃO PREFEITURA DE DUQUE DE CAXIAS/RJ – PROFESSOR II – ÁREAS INTEGRADAS

Faremos a seguir algumas considerações a respeito da proposta de redação:

1. **Considerando os textos acima como motivadores**: através desta parte do enunciado, o candidato deve ter o entendimento de que os textos apresentados como motivadores são subsídios para que a partir dos mesmos o candidato possa elaborar e sustentar suas ideias.
2. **Texto dissertativo-argumentativo**: a tipologia textual foi definida, portanto o não atendimento a este requisito compromete a proposta de redação.
3. **O tema**: "O espaço escolar e sua relevância: possibilidades pedagógicas, sociais e interacionais".

A exposição e defesa das ideias do autor do texto deverão ser construídas tendo como centro da discussão o tema apresentado nesta proposta, tendo em vista aspectos tais como:

- o ambiente escolar em sua totalidade: questões de convivência e respeito;
- a influência do ambiente escolar no aprendizado; e,
- a preservação do ambiente escolar como um espaço público.

CONCURSO PÚBLICO – SECRETARIA DE EDUCAÇÃO PREFEITURA DE DUQUE DE CAXIAS/RJ-PROFESSOR I – EDUCAÇÃO ESPECIAL, PROFESSOR I – ARTES, PROFESSOR I – PORTUGUÊS E PROFESSOR I – CIÊNCIAS

Faremos a seguir algumas considerações a respeito da proposta de redação:

1. **Considerando os textos acima como motivadores**: através desta parte do enunciado, o candidato deve ter o entendimento de que os textos apresentados como motivadores são subsídios para que a partir dos mesmos o candidato possa elaborar e sustentar suas ideias.
2. **Texto dissertativo-argumentativo**: a tipologia textual foi definida, portanto o não atendimento a este requisito compromete a proposta de redação.
3. **O tema**: "Família, escola, Estado: diferentes responsabilidades convergindo para um único objetivo no processo de educação".

A exposição e a defesa das ideias do autor do texto deverão ser construídas tendo como centro da discussão o tema apresentado nesta proposta, tendo em vista aspectos, tais como:

- a participação da família no processo de aprendizagem escolar;
- o papel da família em relação aos valores morais e éticos necessários à convivência social;
- a atuação do Estado na sua função de oferecer condições para que o trabalho concernente à escola seja

- realizado; e
- a escola como espaço de interação e socialização da cultura e do saber.

CONCURSO PÚBLICO – SECRETARIA DE EDUCAÇÃO PREFEITURA DE DUQUE DE CAXIAS/RJ – PROFESSOR I – INGLÊS, PROFESSOR ESPECIALISTA – ORIENTAÇÃO EDUCACIONAL, PROFESSOR I – HISTÓRIA E PROFESSOR I – MATEMÁTICA

Faremos a seguir algumas considerações a respeito da proposta de redação:

1. **Considerando os textos acima como motivadores**: através desta parte do enunciado, o candidato deve ter o entendimento de que os textos apresentados como motivadores são subsídios para que a partir dos mesmos o candidato possa elaborar e sustentar suas ideias.
2. **Texto dissertativo-argumentativo**: a tipologia textual foi definida, portanto o não atendimento a este requisito compromete a proposta de redação.
3. **O tema**: "A importância da educação na construção de uma consciência cidadã em relação ao patrimônio cultural e material da sociedade".

A exposição e defesa das ideias do autor do texto deverão ser construídas tendo como centro da discussão o tema apresentado nesta proposta, tendo em vista aspectos tais como:

- o conhecimento do patrimônio material, sua importância histórica e social;
- a preservação do patrimônio cultural e material de cada comunidade; e,
- a construção da conscientização através de ações de preservação e de tal patrimônio.

CONCURSO PÚBLICO – SECRETARIA DE EDUCAÇÃO PREFEITURA DE DUQUE DE CAXIAS/RJ – PROFESSOR ESPECIALISTA – ORIENTAÇÃO PEDAGÓGICA, PROFESSOR I – EDUCAÇÃO FÍSICA E PROFESSOR I – GEOGRAFIA

Faremos a seguir algumas considerações a respeito da proposta de redação:

1. **Considerando os textos acima como motivadores**: através desta parte do enunciado, o candidato deve ter o entendimento de que os textos apresentados como motivadores são subsídios para que a partir dos mesmos o candidato possa elaborar e sustentar suas ideias.
2. **Texto dissertativo-argumentativo**: a tipologia textual foi definida, portanto o não atendimento a este requisito compromete a proposta de redação.
3. **O tema**: "A importância da educação de jovens e adultos na sociedade atual".

A exposição e defesa das ideias do autor do texto deverão ser construídas tendo como centro da discussão o tema apresentado nesta proposta, tendo em vista aspectos, tais como:

- a alfabetização de adultos como uma prática de caráter político;
- o papel da educação no processo de inclusão dos jovens e adultos; e,
- os desafios da sociedade atual e suas demandas de aprendizagem.

COMO REDIGIR UM RECURSO?

Imagine o seguinte cenário: você fez tudo que poderia ter feito – estudou, treinou em casa, leu os livros necessários, escreveu um milhão de redações; mas (por algum motivo alheio à sua vontade ou ao seu controle) o bendito corretor atribuiu-lhe uma péssima nota na avaliação da prova discursiva.

Nesse momento, bate o desespero e você acha que tudo foi por água abaixo. Calma, não é bem assim! Ainda há uma saída: redigir um recurso contra correção preliminar do texto. Eu decidi colocar nesta seção algumas dicas sobre como escrever o seu recurso de modo que você possa, ao menos, pleitear alguns pontos a mais em seu texto.

Antes de tudo, você precisa saber que as bancas examinadoras possuem particularidades que devem ser compreendidas no momento dessa redação de recurso. A primeira particularidade é: AS BANCAS NÃO GOSTAM DE REVER TÓPICOS DE NATUREZA GRAMATICAL! Ou seja, não adianta você querer bater em ponto relacionado a uma vírgula, ou a um acento grave, por duas razões: o corretor não vai querer dar o braço a torcer no aspecto gramatical (admitir que errou) e esse aspecto é o que menos importa para a aquisição de pontuação. Resumindo: deixe o orgulho de lado na hora de escrever o recurso. Não brigue por coisa miúda!

Outra peculiaridade é: a pontuação começa a aumentar no momento em que você bate na parte de conteúdo do texto. Isso quer dizer que, em seu recurso, é necessário mostrar onde estão os trechos que a banca queria de você. Qual a maneira correta de fazer isso? Com frases diretas que indiquem em quais partes do texto você atendeu ao que a proposta solicitava. Esse procedimento é o mais seguro para fazer sua nota crescer na redação.

Mais uma peculiaridade interessante: não perca o seu tempo fazendo um recurso gigantesco, pois – usualmente – as bancas examinadoras preferem um recurso conciso e específico. O cara não quer ler outra redação, ele já leu a sua antes. Seja direto, conciso e específico em relação ao que está pedindo. Assim, você aumenta as chances de ganhar pontos.

Lembre-se de que redigir um recurso não é garantia de majoração de nota. Redija apenas se você tiver certeza de que sua redação atendia ao que a banca examinadora havia solicitado. Já tive experiência de um aluno – cuja redação não atendia a um dos elementos essenciais exigidos no edital (que era critério de eliminação) – que desejou interpor recurso contra a nota recebia (que era alta, inclusive, mas não o estava satisfazendo), mesmo após eu dizer que não era interessante fazê-lo. Bem, o que ocorreu? A banca examinadora eliminou o candidato na segunda correção. Portanto, esteja ciente do que pedir quando estiver escrevendo seu recurso.

Vamos resumir isso que disse e passar algumas dicas:

✓ Não recorra contra aspectos gramaticais, não vale a pena, e é difícil ganhar.

✓ Recorra somente contra conteúdo do texto, alegando que fez o que a banca solicitou.

✓ Se houver um padrão de resposta, use-o para comparar com o que você escreveu.

✓ Escreva um recurso curto, direto e simples, sem discutir com o corretor.

✓ Sempre se lembre de escrever que você solicita "a majoração da nota" ou "o aumento da pontuação atribuída".

✓ Nunca peça nova correção da prova. Você quer apenas que sua nota aumente. Se o pedido for indeferido, no máximo, a nota ficará como estiver.

✓ Algumas bancas tentam evitar recursos (a exemplo da banca CESGRANRIO). Para isso, não liberam o espelho de prova (de que parte do texto a banca tirou pontos). Isso desencoraja candidatos e professores, pois não é possível saber em que ponto atacar.

✓ Não tente reformular o seu texto no recurso. Não tente dizer "o que você quis dizer na redação", fique restrito a apontar o que está escrito que atende ao solicitado pela banca, citando – inclusive – as linhas em que o trecho ocorre.

✓ Escreva seu texto em primeira pessoa, de maneira clara e coerente. Defenda que sua redação atendida à proposta da banca examinadora. Seja polido, mas não procure impressionar a banca examinadora.

Modelo neutro[3] de recurso

> Solicito à banca examinadora a majoração da nota atribuída à minha prova discursiva. A proposta exigia que o candidato escrevesse sobre (XXXXXXX INSERIR O ASSUNTO DA PROPOSTA XXXXXXXXX). Em meu texto, atendo ao solicitado pela banca com coesão e coerência. No desenvolvimento discorro sobre (XXXXXX INSERIR AS JUSTIFICATIVAS COM BASE NO TEXTO DAQUILO QUE VOCÊ FEZ XXXXXXX). Por isso, rogo à comissão de avaliação que atribua nota majorada à minha avaliação.

3 Você pode adaptar livremente esse modelo, contanto que não cometa erros gramaticais que prejudiquem o seu texto.

PALAVRAS FINAIS

Bem, agora você já leu alguns apontamentos sobre como escrever uma redação, mais especificamente sobre como escrever um texto dissertativo. Evidentemente, há um caminho longo a ser percorrido, pois o conhecimento não significa nada se não houver prática.

Sua missão daqui para frente é trabalhar sobre a estrutura textual aprendida de modo que consiga escrever sobre qualquer assunto com desenvoltura e tranquilidade. Uma prova não pode deter você, muito menos uma redação. Não se deixe levar pela ideia de que é difícil ou de que o caminho é muito longo para você percorrer! Ninguém vence nada com apenas um dia de batalha! Escreva uma redação por semana até que consiga escrever uma redação por dia! Escreva uma redação por dia até que consiga escrever uma redação por turno! Escreva uma redação por turno até que consiga escrever uma redação por hora! Quando estiver tão profissional que conseguir escrever um texto de 30 linhas (rascunho + versão definitiva) em 45 minutos, aí – e somente aí – estará preparado para enfrentar QUALQUER tipo de prova discursiva.

Referências Bibliográficas

BRASIL. Ministério da Saúde. Secretaria-Executiva. Coordenação-Geral de Inovação Gerencial. *Manual de orientação: elaboração de portarias no Ministério da Saúde* / Ministério da Saúde, Secretaria-Executiva, Coordenação-Geral de Inovação Gerencial. – Brasília: Editora do Ministério da Saúde, 2010.

BRASIL. Presidência da República. *Manual de redação da Presidência da República*. 2. ed. rev. e atual. – Brasília: Presidência da República, 2002.

BRASIL. Senado Federal. *Manual de elaboração de textos* / Apresentação de Dirceu Teixeira de Matos. — Brasília: Senado Federal, Consultoria Legislativa, 1999.

BRASIL. Congresso. Senado. *Manual de padronização de atos administrativos normativos*. Brasília: 2012.

BRASIL. Congresso. Câmara dos Deputados. *Manual de redação*. — Brasília: Câmara dos Deputados, Coordenação de Publicações, 2004.

DELL'ISOLA, Regina Lúcia Péret. *Leitura: inferências e contexto sociocultural*. Belo Horizonte: Formato Editorial, 2001.

KOCH, Ingedore Vilaça. *A coerência textual*. São Paulo. Contexto, 2012.

_______. *A coesão textual*. São Paulo: Contexto, 2010.

_______. *Linguística textual: quo vadis?* São Paulo, v. 17, n. especial. P. 1-11, 2001.

_______. *As tramas do texto*. Rio de Janeiro: Nova Fronteira, 2008.

MARCUSCHI, Luiz Antônio. Leitura como processo inferencial num universo cultural-cognitivo. In BARZOTTO, Valdir Heitor (org.), *Estado de Leitura*. Campinas, SP: Mercado de Letras, p. 95-122, 1999.

São Paulo (Estado). Escola Fazendária do Estado de São Paulo. *Manual de redação dos atos oficiais e de comunicação da Secretaria da Fazenda*. São Paulo: Fazesp, 2008.

Rio Lei Orgânica do Município. 2. ed. rev. e ampl. Rio de Janeiro: Centro de Estudos da Procuradoria-Geral do Município, 2010.

EDITORA *Jus*PODIVM
www.editorajuspodivm.com.br